HISTOIRE

Collection dirigée

par

Michel Desgranges et Alain Boureau

LA RÉPUBLIQUE DE CHINE

XAVIER PAULÈS

LA RÉPUBLIQUE DE CHINE

Histoire générale de la Chine (1912-1949)

coordonnée par Damien Chaussende

中國通史
民國卷

Troisième tirage

PARIS
LES BELLES LETTRES
2024

www.lesbelleslettres.com

Retrouvez Les Belles Lettres
sur Facebook et Twitter

Avec le soutien d'EDF

ISBN : 978-2-251-44945-6

À Aliénor

Remerciements

Je souhaite remercier en tout premier lieu le directeur de cette série, Damien Chaussende, pour l'honneur et la confiance qu'il m'a faits en me confiant la rédaction de ce volume. Je remercie également les éditions des Belles Lettres, et en particulier leur directrice, Caroline Noirot.

Le long chemin qui s'achève avec la publication de ce livre a débuté durant mes deux années de postdoctorat de la *Japan Society for the Promotion of Science* (2005-2007) à l'université de Tokyo. La totale liberté dont je disposais alors m'a permis de lire abondamment en dehors de mon domaine de spécialité et de commencer ainsi ma réflexion sur la période républicaine. Que le professeur Takamizawa Osamu trouve ici l'expression de ma profonde gratitude pour son aide durant mon séjour au Japon.

Le séminaire « La Chine républicaine, nouvelles approches historiques » que j'anime à l'EHESS avec mes deux complices Delphine Spicq et David Serfass a été pendant presque dix ans l'indispensable laboratoire au sein duquel bien des idées ont été formulées, discutées, et mûries dans un climat de bienveillance et d'amitié. David et Delphine auront, je pense, à la lecture de ce livre, le plaisir de constater tout ce qu'il doit à cette expérience commune. Ma gratitude va également à tous les étudiants et intervenants du séminaire, malheureusement trop nombreux pour être tous cités ici.

Pour écrire ce livre, j'ai eu la chance de pouvoir faire usage d'un outil remarquable, fruit du travail de plusieurs générations de bibliothécaires : la Bibliothèque du Centre Chine. Des remerciements particulièrement justifiés sont dus à nos deux bibliothécaires actuelles, Monique Abud et Wang Ju.

Les échanges avec mes collègues du Centre d'études sur la Chine moderne et contemporaine ont été également une source de plaisir et d'inspiration. L'aide, le soutien et la confiance de ses directeurs successifs – Christian Lamouroux, Élisabeth Allès, Frédéric Obringer et Anne Kerlan – m'ont été très précieux.

Pendant les années que j'ai moi-même passées à la direction du Centre d'études sur la Chine moderne et contemporaine, j'ai eu la chance de pouvoir m'appuyer sur une équipe de choc constituée de nos deux gestionnaires Soulia Bentouhami et Laura Vernon, qui ont toujours fait preuve d'une rare patience et compétence.

Je souhaite aussi remercier mes étudiants Dominique Biehl, Martine Breton, Victor Gaumé, Maxime Giraudon, Sammantha Ho, Victoire Rouis, Tobit Vandamme, Li Wei, Xie Lingqiong. Ils m'ont apporté beaucoup, et bien davantage sans doute qu'ils ne l'imaginent.

Mes pensées vont enfin vers ma famille, mon épouse Chunyi et mes enfants. Ma fille Aliénor est née durant les longues années qui m'ont été nécessaires pour écrire ce livre, qui lui est dédié.

Introduction

Le régime en place de 1912 à 1949 est la république de Chine (*Zhonghua minguo* 中華民國). Il a donné son nom à la période, puisqu'en Chine comme en Occident, on qualifie de « période républicaine » (*minguo shidai* 民國時代) les trente-sept années qui séparent la chute de l'empire des Qing (1912) de la proclamation de la République populaire de Chine (1949).

La période républicaine revêt une importance particulière dans l'histoire parce qu'elle met un terme non seulement au règne de la dynastie Qing, mais à ce qui était la trame de l'histoire chinoise depuis plus de deux mille ans : le rythme des successions dynastiques.

La période a été longtemps appréhendée par les chercheurs comme un interrègne chaotique, avec comme fil rouge la montée en puissance du Parti communiste chinois (PCC). Cette approche téléologique n'était pas propre aux historiens chinois. Fascinés par le basculement de la Chine dans le camp socialiste en 1949, leurs homologues occidentaux ont adopté une problématique similaire dans les décennies qui ont suivi. Ils y étaient aussi contraints par les nécessités de la pédagogie : faire du PCC l'acteur principal était une manière de donner une cohérence d'ensemble à une période foisonnante, caractérisée par la faiblesse du pouvoir central et l'affirmation de nombreuses forces centrifuges[1].

1. On néglige trop souvent le fait que la plupart des historiens sont aussi des enseignants. Comme tels, ils doivent produire dans leurs cours un récit synthétique et accessible de la

Pourtant, cette perspective se heurte à des faits simples : le Parti communiste, fondé presque dix ans après la chute de l'empire, en 1921, cesse d'être un insignifiant groupuscule d'intellectuels seulement au milieu des années 1920. Et il n'est en mesure de contester la suprématie du Guomindang (國民黨, Parti nationaliste), au pouvoir depuis 1928, que très tardivement, aux alentours de 1944. Qui plus est, comme ce livre s'efforcera de le montrer, la victoire du PCC résulte d'une conjonction de facteurs particulièrement heureux, dont le parti a sans nul doute su habilement profiter, mais qui, en dernière instance, ne sont pas de son fait. Dans de telles circonstances, il n'est plus légitime de lire toute la période à la lumière de la victoire finale du PCC.

Nous n'accorderons donc pas au PCC la place que lui ménagent généralement les synthèses de la période républicaine. Choix difficile, qui oblige à reconsidérer à nouveaux frais la signification générale de la période. Choix contestable, puisqu'on pourra penser qu'il ne fait guère justice à la quantité énorme de travaux, souvent de très bonne qualité, qui ont été consacrés au PCC. Choix cependant nécessaire pour parvenir à faire émerger une interprétation de la période plus équilibrée et redonner toute leur importance aux acteurs politiques étrangers à la geste révolutionnaire, comme les seigneurs de la guerre ou les technocrates du Guomindang.

Nous ne retiendrons pas non plus la grille de lecture qui tend, depuis plus d'une vingtaine d'années, à se substituer au récit de l'épopée révolutionnaire et consiste à mettre en avant le concept de modernisation. Quelle que soit la définition qu'on en donne, la modernisation est en effet un phénomène qui s'inscrit dans un arc chronologique beaucoup plus large que la seule période 1912-1949.

De plus, la fascination pour les dynamiques de modernisation incite à laisser dans l'ombre des pans entiers de la société et de l'économie comme le secteur des services traditionnels, ou encore l'artisanat, en dépit de leur énorme importance intrinsèque. Nous nous efforcerons, enfin, de dissiper une certaine légende noire de la période, et, comme ont déjà commencé à le faire d'autres historiens, de montrer que, même en l'absence d'un pouvoir central fort, le pays enregistre des avancées

---

période dont ils sont spécialistes, exercice qui n'est pas sans influence sur leur habitus de chercheur.

significatives notamment dans les domaines de la construction de l'État, du développement économique, de l'éducation et de la vie intellectuelle.

Les sources

La première génération d'historiens (des années 1950 aux années 1970), que le contexte politique de la période maoïste privait d'accès aux archives de la Chine (et même d'accès à la Chine tout court), a fondé ses recherches sur la documentation imprimée et les fonds d'archives d'origine occidentale et japonaise. Les archives diplomatiques anglaises, américaines et françaises ont été les plus mises à contribution. Ces grandes puissances étaient à la fois les plus avides d'informations détaillées sur le pays, et les seules capables de se payer le luxe d'un maillage serré de représentations diplomatiques. On peut aussi rattacher à l'arsenal des sources diplomatiques les remarquables enquêtes effectuées par les services du chemin de fer sud-mandchourien.

Depuis les années 1980, l'accès aux archives et aux bibliothèques en Chine s'est largement ouvert et les historiens se sont trouvés confrontés à un problème inverse : la surabondance de sources. Endymion Wilkinson estime dans un article récent que la période 1912-1949 a laissé à disposition des historiens autant de sources que les trois millénaires d'histoire chinoise qui l'ont précédée[2]. Les spécialistes de la République peuvent tirer profit de sources imprimées traditionnelles déjà familières aux historiens des périodes antérieures comme les monographies locales (*difangzhi* 地方志), les œuvres littéraires comme les notes au fil du pinceau (*biji* 筆記), ou les généalogies familiales (*zupu* 族譜). L'inflation vertigineuse des sources imprimées disponibles s'explique par le développement spectaculaire de la presse et de l'édition. On répertorie au bas mot 3 000 quotidiens et des dizaines de milliers de périodiques.

L'extension inédite de la bureaucratie, ajoutée au fait que la période est proche de nous dans le temps, explique que l'on dispose également d'une quantité énorme d'archives. Dès le début des années 1950, un lieu de conservation consacré spécifiquement aux archives produites durant la période républicaine a été mis en place : les archives n° 2 de

2. E. Wilkinson, « How Do We Know What We Know About Chinese History ? », p. 24.

Nankin (les archives n° 1, localisées à Pékin, sont dédiées à la Chine impériale). Les archives n° 2 renferment essentiellement des documents issus du gouvernement central. Un réseau de dépôts d'archives provinciaux et municipaux conserve à travers tout le pays les archives locales. Il faut mentionner néanmoins que les archives du Parti communiste et celles de l'Armée populaire de libération restent hors d'atteinte. Si la tendance sur le long terme est à un accès de plus en plus ouvert aux archives, rien n'est acquis : alors que les archives n° 2 leur étaient largement ouvertes depuis deux décennies, les chercheurs voient depuis plusieurs années les portes de cette institution se fermer sous divers prétextes. La situation aux archives de Shanghai est tout à fait comparable.

D'un point de vue qualitatif, certaines sources, comme la photographie, le cinéma et la radio, sont issues de techniques inventées ou perfectionnées durant la période. Leur emploi par les historiens reste néanmoins trop anecdotique, car elles soulèvent de délicates questions de méthode. Le corpus de sources produit sous la République inclut aussi les premières statistiques et enquêtes que l'on peut considérer, selon les critères d'aujourd'hui, comme scientifiques. De grandes enquêtes sociologiques sont menées dans les premiers temps par des étrangers (celles coordonnées par l'agronome John Buck au tournant des années 1920-1930 sont demeurées justement célèbres) et, de plus en plus, par des Chinois. Les travaux des folkloristes (notamment japonais) méritent également toute l'attention des chercheurs.

Les historiens de la période républicaine peuvent également avoir recours à l'histoire orale. Pourtant, le nombre de livres dans lesquels les enquêtes d'histoire orale représentent, sinon la source principale, du moins une contribution significative est remarquablement peu important pour une période si proche de nous[3]. Pour expliquer ce fait étonnant, il faut souligner que les témoins de l'époque ont traversé après 1949 les épreuves terribles de la période maoïste, durant laquelle la vie ou la mort de chacun pouvait dépendre de son histoire personnelle et

3. Trois des plus notables réussites en ce domaine sont : I. Thireau et Hua L., *Enquête sociologique sur la Chine 1911-1949* ; J. Strauss, *Strong Institutions in Weak Polities. State Building in Republican China, 1927-1940* ; Lu H., *Beyond the Neon Lights : Everyday Shanghai in the Early XXth Century*.

familiale (malheur aux descendants des catégories sociales vilipendées par le régime communiste, comme les propriétaires fonciers). La réticence des témoins à confier leurs souvenirs de la période républicaine est donc plus que compréhensible, tout comme leur tendance à se contenter prudemment de restituer *verbatim* le discours communiste sur la période[4]. Le plus souvent, gagner leur confiance n'a rien d'une tâche facile. Ces difficultés sont quelque peu aplanies pour les témoins installés à l'étranger. Les historiens présents et à venir peuvent puiser dans les retranscriptions d'entretiens réalisés parmi eux dans le cadre de grandes enquêtes d'histoire orale, comme celle pilotée par Martin Wilbur à l'université de Columbia dans les années 1960 et 1970 notamment auprès d'anciens hauts responsables du Guomindang en exil aux États-Unis ou à Hong Kong.

En matière de sources, les fameux « matériaux pour l'histoire et la culture » (*wenshi ziliao* 文史資料) constituent une des grandes originalités de la période républicaine[5]. Ils sont le résultat d'un effort considérable impulsé par le gouvernement communiste au début des années 1960 pour récolter des témoignages portant sur l'avant-1949. L'originalité radicale de la démarche est d'exclure les héros de l'épopée communiste pour donner au contraire la parole à ceux qui n'en ont pas été partie prenante, voire s'y sont opposé. Ceux qui témoignent sont des entrepreneurs, des journalistes, des responsables du Guomindang d'échelons inférieurs, des fonctionnaires des administrations locales, des seigneurs de la guerre, bref des personnes ayant exercé à cette époque une responsabilité petite ou grande. Cette expérience éditoriale et historiographique sans équivalent a produit une énorme collection de volumes publiés en Chine à différents échelons administratifs (avec une interruption due à la Révolution culturelle), et qui continue de s'agrandir chaque année.

À l'image des *wenshi ziliao*, la masse de sources à disposition des historiens continue à croître à un rythme soutenu, et l'invention de nouvelles sources vient régulièrement bousculer les acquis de

---

4. Lors d'une enquête d'histoire orale que j'ai menée en 2005-2006 dans des maisons de retraite de la région cantonaise, la plupart des témoins, avant toute autre chose, prenaient la précaution d'entonner un couplet destiné à remercier le PCC de les avoir comblés de ses bienfaits.

5. X. Paulès, « Les *wenshi ziliao* », *Encyclopédie des historiographies*.

la recherche. Ainsi, l'accès aux archives soviétiques dans les années 1990 a-t-il renouvelé significativement l'historiographie. Plus récemment, la mise à disposition des chercheurs de l'énorme journal tenu par Chiang Kai-shek durant toute sa vie d'adulte a contribué à renouveler notre vision du personnage et, d'une façon plus large, de la politique qu'il a menée à la tête du pays durant plus de deux décennies. Le prochain tournant heuristique majeur pourrait résulter du développement du traitement des mégadonnées en lien avec la mise à disposition récente d'énormes bases documentaires, ou encore de l'usage de l'archéologie, qui n'en est qu'à ses balbutiements.

Perspective générale du volume

J'ai choisi de m'en tenir, dans cette synthèse, à la Chine historique (*China proper* selon les historiens anglo-saxons), ce que l'on appelle aussi la Chine des 18 provinces (Anhui, Fujian, Gansu, Guangdong, Guangxi, Guizhou, Henan, Hubei, Hunan, Jiangsu, Jiangxi, Shaanxi, Shandong, Shanxi, Sichuan, Yunnan, Zhejiang, Zhili/Hebei). Il s'agit de la zone dominée depuis une longue période par le peuplement Han et intégrée dans la structure administrative de l'empire. En sont exclus de très vastes espaces qui étaient soumis avant 1911, selon des modalités très diverses, à la domination des Qing : Mongolie septentrionale, Mongolie méridionale, Turkestan/Xinjiang, Mandchourie, Tibet, Taiwan. Les caractéristiques communes de ces territoires sont un peuplement très majoritairement non-Han, une absence d'intégration dans le maillage administratif standard de l'empire qui se traduit notamment par de très larges délégations de pouvoir aux élites locales. Les affaires concernant ces parties de l'empire étaient par ailleurs gérées à Pékin par des bureaux *ad hoc*. La suzeraineté chinoise s'y affirmait par des modalités fort diverses : liens d'allégeance à l'empereur, présence d'un représentant de ce dernier et parfois de modestes garnisons, etc. Les dernières décennies des Qing ont témoigné d'une volonté de procéder à une intégration plus poussée de cette périphérie en imposant un lien qu'il devient légitime de qualifier de colonial[6].

6. P. Perdue, « China and Other Colonial Empires », *The Journal of American-East Asian Relations*, vol. 16, n° 1-2 (printemps-été 2009), p. 85-103.

On assiste à des efforts pour imposer les normes administratives et juridiques chinoises. Des encouragements sont donnés à l'implantation de colons Han ainsi qu'à la promotion de la culture et de la langue chinoise[7].

Sous la République, si prononcée que soit sa faiblesse militaire et politique, jamais le pouvoir central chinois ne détourne les yeux de ces zones. Il est remarquable que de Pékin, Nankin, puis Chongqing, tous les gouvernements successifs prennent soin de revendiquer, par les divers canaux à leur disposition, une forme de tutelle sur elles. Ainsi Yuan Shikai obtient-il le principe du maintien de la suzeraineté chinoise sur la Mongolie par l'accord qui conclut le 7 juin 1915 de longues et ardues négociations tripartites entre la Chine, la Russie et la Mongolie. Pour faire pièce au dalaï-lama qui mène une politique clairement indépendantiste, le gouvernement de Pékin, dominé alors par la clique du Zhili, s'efforce de profiter de la fuite du 9e panchen-lama vers la Chine intervenue durant l'hiver 1923-1924. Début 1928, alors que le Guomindang se déchire en luttes intestines et que la reconquête militaire du Nord de la Chine reste à faire, Chiang Kai-shek prend tout de même la peine de mettre en place une commission des Affaires mongoles et tibétaines (*Meng Zang weiyuanhui* 蒙藏委員會) dans le gouvernement qu'il organise. Une dizaine d'années plus tard, en février 1940, dans une situation non moins critique, puisque replié à Chongqing avec son gouvernement suite à une série de défaites militaires face au Japon, Chiang envoie un de ses proches, Wu Zhongxin, à la cérémonie d'intronisation du nouveau dalaï-lama, pour tenter d'y réaffirmer l'existence d'un lien de vassalité avec la Chine[8].

Ces efforts contrastent avec la réalité de la situation dans ces régions sous la République. Elles sont non seulement totalement émancipées de la tutelle chinoise, mais les liens qu'elles entretiennent avec la Chine sont souvent moins étroits qu'avec d'autres puissances voisines. Les cas de Taiwan, colonie japonaise depuis 1895, ou de la Mandchourie,

7. J. Lawson, « Warlord Colonialism : State Fragmentation and Chinese Rule in Kham, 1911-1949 », p. 300.

8. Voir la belle étude de F. Jagou, *Le 9e Panchen Lama (1883-1937), enjeu des relations sino-tibétaines*, p. 10, 166-170 et 192-194 ; H. Lin, *Modern China's Ethnic Frontiers*, p. 71-72.

totalement satellisée dès 1932 par le Japon, sont les plus évidents. Par ailleurs, il faut constater aussi que la région de l'actuel Xinjiang regarde par exemple autant, voire davantage, vers Moscou que vers Pékin ou Nankin sous la République[9].

Ce n'est ni la grande diversité de ses différentes composantes, ni la rareté, toute relative, des recherches qui sont consacrées à cette périphérie qui m'a décidé à ne pas la traiter dans ce volume, mais un constat aussi simple que sa portée est considérable : l'arrimage de cette périphérie au bloc Han après 1949 n'avait rien d'une fatalité (et, de fait, ne s'est pas produit pour la Mongolie septentrionale et Taiwan). L'appartenance de ces régions à ce que l'on doit appeler « la Chine » durant la République pose clairement question.

Cela est d'autant plus vrai qu'il faut se figurer que culturellement, économiquement et humainement, la Chine des années 1912-1949 est reliée bien plus intimement à ses communautés d'outre-mer que, par exemple, au Tibet ou à la Mongolie. Je me suis donc efforcé de restituer toute l'importance du rôle des communautés de Chinois d'outre-mer durant la période républicaine. L'influence profonde qu'elles exercent en Chine doit être soulignée : jusqu'en 1924, par exemple, les forces vives du Guomindang sont situées outre-mer. De même, on n'a pas suffisamment insisté sur le fait que, en retour, la diaspora a projeté une influence chinoise dans le monde et tout particulièrement dans la région où son poids est le plus important, l'Asie du Sud-Est.

Comme les autres volumes de la série *Histoire générale de la Chine*, ce livre est organisé en deux parties. La première, divisée en cinq chapitres, offre un déroulé de l'événementiel de la période selon une périodisation tout à fait classique sur laquelle nous allons revenir brièvement ci-dessous. Elle est suivie de quatre chapitres qui abordent des thématiques très larges : l'économie, la construction de l'État, la société et la vie intellectuelle. Avec ses neuf chapitres, le livre peut offrir un socle commode pour un enseignement universitaire centré sur la période républicaine.

---

9. D. Brophy, *Uyghur Nation. Reform and Revolution on the Russia-China Frontier*, surtout chapitre 7, p. 204-232.

Le premier chapitre est consacré au séisme politique que représente la révolution de 1911, qui met fin au rythme bimillénaire des successions dynastiques. Il s'achève en 1916 avec la mort de Yuan Shikai, le dictateur ayant réussi à détourner à son profit l'onde de choc révolutionnaire. Le projet de Yuan était essentiellement centralisateur : sa mort représente le terminus d'une entreprise de recentralisation qui, elle, enjambe franchement la césure de 1911 puisqu'elle avait été engagée par les Qing notamment depuis 1901 avec une vague de réformes profondes dites Nouvelles Politiques (*xinzheng* 新政). 1916 marque le passage à une ère de désagrégation du pouvoir central et de montée de satrapes locaux, dont la puissance repose sur une force militaire attachée à leur personne : les seigneurs de la guerre (*junfa* 軍閥). Au milieu du tumulte des luttes entre seigneurs, une force politique nouvelle émerge au Guangdong au début des années 1920 sous la houlette de Sun Yat-sen, l'un des chefs révolutionnaires les plus prestigieux : le Guomindang. Aidé par les subsides et les conseillers militaires de l'Union soviétique, le Guomindang se réorganise sur le modèle bolchevique. Il intègre aussi les membres de ce qui était alors à peine plus qu'un club d'intellectuels : le Parti communiste chinois. Profitant largement de la désunion des principaux *junfa*, et en s'alliant à certains d'entre eux, le Guomindang parvient à réunifier le pays en 1928. Le troisième chapitre est consacré à la décennie de Nankin (1928-1937), pivot de la période républicaine. Durant ce temps de relatif répit, les efforts du gouvernement Guomindang installé à Nankin pour rabaisser les seigneurs de la guerre et moderniser le pays sont largement couronnés de succès. S'opposer à la menace du Japon, qui se fait de plus en plus pressante dans le nord du pays, est une tout autre affaire. Le quatrième chapitre est consacré au tournant majeur que représente la longue guerre sino-japonaise (1937-1945). Au-delà du coût humain et matériel, la guerre redistribue complètement les cartes en profitant largement à un PCC qui était au bord du gouffre en 1937. La dernière partie, consacrée à la guerre civile qui débute rapidement après la capitulation du Japon, montre qu'en dépit de l'affaiblissement subi par le Guomindang durant la guerre contre le Japon, sa défaite face au PCC était tout sauf écrite d'avance. La victoire de ce dernier doit en effet plus aux errements stratégiques de Chiang Kai-shek qu'à la supposée décomposition du Guomindang.

Il suffit de parcourir les rayons d'histoire des librairies chinoises pour constater qu'aucune autre période (et de loin) ne suscite un intérêt aussi vif de la part du grand public. Ce qui est vrai des ouvrages de vulgarisation l'est tout autant de la littérature savante : la période, aussi bien en Chine qu'en Occident, suscite une production surabondante. Il était encore possible d'écrire il y a trente ans une synthèse sur la Chine républicaine en se dispensant de recourir aux publications venues de Chine. En dehors de données factuelles, les spécialistes occidentaux n'avaient que peu de profit à retirer d'une excursion sur le vaste continent des publications historiques chinoises, figé alors dans le *permafrost* de l'orthodoxie maoïste. Réciproquement, l'historiographie occidentale restait *terra incognita* pour les historiens chinois, pour des raisons de conformité idéologique, mais aussi de langue. Cette époque est aujourd'hui révolue et on observe depuis maintenant une bonne vingtaine d'années une amélioration lente mais significative de la production historique de Chine continentale. En conséquence, certains livres, comme celui de Wang Qisheng sur l'histoire du Guomindang, sont devenus incontournables. L'un des principaux obstacles rencontrés pour écrire ce volume a donc été la masse des publications consacrées à la République. Il explique un choix qui n'a pas été sans de vifs remords : celui d'écarter la production en japonais. Outre le fait que l'historiographie japonaise est moins absolument incontournable pour cette période de l'histoire de la Chine que pour d'autres, il a été dicté par l'impérieuse nécessité de réduire à des proportions n'excédant pas les forces d'un auteur unique la masse de la littérature savante dont la substance de ce livre est tirée.

C'est un exercice nécessaire mais difficile que de tenir la balance entre les acquis de la recherche spécialisée la plus récente et les attentes d'un public assez large, que l'on imagine curieux de mieux comprendre la Chine présente à la lumière de son histoire récente. Il s'agit de rendre accessible son sujet en simplifiant, sans sacrifier trop de la complexité. Si bien des historiens se sont acquittés de cette tâche avec bonheur, peu ont atteint à une réussite aussi éclatante que Georges Duby dans son deuxième livre, *L'Économie rurale et la vie des campagnes dans l'Occident médiéval*. Ce chef-d'œuvre, qui se lit avec un égal bonheur plus d'un demi-siècle après sa parution, fut pour moi *le* modèle et n'a guère quitté ma table de travail.

Chapitre 1

La révolution de 1911

Au milieu du XVIIe siècle, rappelons-le, la Chine avait été conquise par des envahisseurs venus du Nord, les Mandchous, qui fondèrent la dernière dynastie, les Qing. Bien que, contrairement à leurs prédécesseurs Ming (1368-1644), ils soient d'ethnie non chinoise, les Qing reprennent complètement à leur compte le modèle dynastique traditionnel. Ils se considèrent donc comme dépositaires du mandat céleste (*tianming* 天命) qui faisait de l'empereur le fils du Ciel. S'ils ne touchent guère à l'organisation administrative et encore moins à la symbolique impériale, cependant, les empereurs Qing entendent maintenir pour eux-mêmes et pour les populations mandchoues une identité distincte de la masse des Han et faire perdurer la domination exercée sur cette dernière depuis la conquête. L'organisation administrativo-militaire des bannières est cruciale à cet égard. Une bannière englobe non seulement des soldats, mais aussi leurs familles et domestiques. Quoiqu'initialement les bannières ne soient pas nécessairement composées de Mandchous (il existe des bannières mongoles et de Chinois tôt ralliés aux Mandchous), on tend rapidement à confondre population des bannières et Mandchous. Dans les principales villes chinoises (et en tout premier lieu dans la capitale Pékin), les bannières sont installées dans des quartiers réservés. Leurs membres bénéficient d'un certain nombre de privilèges, en particulier des distributions en numéraire ou en nourriture. D'autre part, le système dit de la diarchie accorde une place égale aux Mandchous et aux Chinois d'ethnie Han (pourtant près de cent fois plus nombreux) dans l'organisation politico-administrative. Malgré l'existence de ces privilèges et passe-droits, la population Han accepte bien la domination mandchoue durant le XVIIIe et la première moitié du XIXe siècle. Le joug mandchou est dans le même temps rendu plus léger du fait que les populations des bannières subissent une acculturation prononcée, dont témoigne le très net recul en leur sein de la langue mandchoue au profit du chinois.

La dynastie sort très affaiblie de plusieurs grandes révoltes (Taiping et Nian) qui marquent le troisième quart du XIXe siècle. Une série de défaites et de reculades face aux puissances occidentales (guerres de l'opium, guerres contre la France, puis le Japon et enfin guerre des Boxeurs) vient entamer sérieusement son prestige et l'oblige à accorder aux étrangers des privilèges importants (extraterritorialité, concessions, etc.). Dans ce contexte émerge à la fin du XIXe siècle une opposition révolutionnaire qui s'active pour ranimer les sentiments antimandchous. La fondation de la Ligue jurée (*tongmenghui* 同盟會) à Tokyo le 20 août 1905 par Sun Yat-sen, Liao Zhongkai et Wang Jingwei représente un pas significatif vers une unification du mouvement révolutionnaire. Bien qu'il s'agisse d'une organisation encore très peu intégrée, la Ligue jurée élabore une idéologie révolutionnaire qui promeut un nationalisme antimandchou virulent, et prône l'instauration d'un régime républicain aux accents socialistes. La Ligue jurée organise divers soulèvements dans les années suivantes, notamment au Guangdong. Tous, à vrai dire, sont réprimés sans grand mal. Rien ne laisse donc présager que la révolte apparemment mineure, largement improvisée, qui survient à Wuhan le 10 octobre 1911 puisse sonner le glas des Qing.

L'étincelle de Wuhan

Malgré le développement du mouvement révolutionnaire à partir des années 1890, la dynastie mandchoue n'était pas condamnée à s'écrouler par le poids de ses insuffisances et sa propre faiblesse. Il faut se défaire de l'idée d'une dynastie sclérosée, succombant à sa propre incapacité à se réformer. Comme on le sait maintenant, la dynastie Qing a succombé bien au contraire en 1911 des suites d'un ensemble de mesures si hardies qu'il n'est pas exagéré de les qualifier de révolutionnaires[1], les Nouvelles Politiques (*xinzheng*). Mises en place en quelques années à partir de 1901, elles comportent notamment une refonte du droit, la création de nouvelles forces armées (*xinjun*) et la suppression du système des examens impériaux. Non moins radicales, les réformes institutionnelles prévoient de parvenir à une monarchie parlementaire en plusieurs étapes, la première étant l'élection d'assemblées provinciales (*ziyiju* 諮議局) au suffrage censitaire en 1909. Menées tambour battant, ces profondes réformes de structures ébranlent l'assise politique, sociale et intellectuelle traditionnelle du pouvoir impérial. Pis, certaines des institutions que la dynastie enfante lors des Nouvelles Politiques se retourneront contre elle pour devenir, comme nous le verrons bientôt, les fers de lance de la révolution.

Indépendamment de leur impact social ou politique, les Nouvelles Politiques pèsent fortement sur des finances publiques déjà fragiles. Les réformes militaires, comme celles qui touchent l'éducation, sont très coûteuses. Le renoncement aux taxes fournies par l'opium suite à l'adoption en 1906 d'un ambitieux plan d'éradication de cette drogue ne vient rien arranger. Au total, durant la première décennie du XXe siècle, les Qing ont exigé du pays un effort fiscal considérable, qui n'a pas peu contribué à alimenter le mécontentement[2]. Il s'agissait là sans nul doute d'un mal nécessaire, mais qui aurait pu être mieux étalé dans le temps.

Enfin, les dernières années de l'empire sont marquées par une tentative mal venue de recentralisation doublée d'un renforcement de la mainmise politique des Mandchous.

C'est en effet un personnage brouillon et médiocre, le régent Zaifeng, qui exerce le pouvoir au nom de son fils Puyi depuis la mort de l'impératrice douairière Cixi en novembre 1908. Yuan Shikai, un haut fonctionnaire Han, qui avait été le bras droit de Cixi et un des grands architectes des Nouvelles Politiques, est écarté en janvier 1909. Yuan Shikai avait contre lui non seulement le fait d'être Han, mais surtout d'avoir concentré trop de pouvoir entre ses mains. En particulier, ayant mis sur pied

1. D. Reynolds, *China, 1898-1912 : The Xinzheng Revolution and Japan*, p. 2-4.

2. Au Sichuan, par exemple, les recettes fiscales passent de 8,72 millions en 1900 à 18,36 millions en 1909 : S.A.M. Adshead, *Province and Politics in Late Imperial China : Viceregal Government in Szechwan, 1898-1911*, p. 123.

la composante majeure des nouvelles forces militaires, l'armée Beiyang, il entretenait des relations très étroites avec ses principaux chefs.

Le régent adopte une attitude intransigeante et maladroite vis-à-vis d'un autre acteur politique issu des Nouvelles Politiques, la très vindicative Assemblée nationale réunie à Pékin en octobre 1910, qui cherche, en particulier, à imposer le principe de la responsabilité du ministère devant elle. La constitution du premier cabinet ministériel, le 8 mai 1911, est une date importante. Elle cause en effet une profonde déception dans les rangs des élites réformistes qui restaient dans leur grande majorité loyales aux Qing. (elles souhaitent préserver la dynastie tout en faisant évoluer le régime vers une monarchie constitutionnelle). Ces constitutionnalistes constatent avec amertume que dans le premier cabinet ministériel, Mandchous et princes de sang se taillent la part du lion, à l'image du choix de Yikuang comme Premier ministre[3]. Une vague de protestations balaie le pays, et tend à devenir endémique. Mais ce sont les projets du gouvernement central de nationalisation des chemins de fer locaux qui vont provoquer la première révolte ouverte, dans la province du Sichuan en septembre 1911. À la volonté centralisatrice s'ajoutait dans ce cas particulier la nécessité de remettre d'aplomb une affaire bien mal engagée en raison d'une gestion pour le moins hasardeuse des fonds qui avaient été levés. Mécontentes de la méthode d'indemnisation proposée par Pékin, les élites locales organisent la contestation, présentant le projet de nationalisation comme le premier pas vers une aliénation de leur chemin de fer au profit des puissances étrangères. La violence disproportionnée de la répression fait basculer la province vers une révolte qui est contenue puis réprimée de façon efficace par les Qing. Il serait réducteur de ne voir dans la révolte du Sichuan qu'un simple faux départ de la révolution de 1911 : elle est un des facteurs de son déclenchement. En fixant des troupes, elle a obligé le gouvernement à dégarnir les garnisons de certaines villes, créant des circonstances favorables pour qu'une seconde étincelle jaillisse à Wuhan[4].

La révolution commence plus précisément à Wuchang, capitale de la province du Hubei, une des trois parties (avec Hankou et Hanyang) de

---

3. E. Rhoads, *Manchus & Han, Ethnic Relations and Political Power in Late Qing and Early Republican China, 1861-1928*, p. 187-204.

4. S.A.M. Adshead, *Province and Politics in Late Imperial China, Viceregal Government in Szechwan, 1898-1911*, p. 98-101 et 121.

l'agglomération qui constituent la ville de Wuhan. Les troupes de l'armée nouvelle (*xinjian lujun* 新建陸軍) y sont travaillées depuis plusieurs années par les révolutionnaires[5]. L'explosion accidentelle d'une bombe le 9 octobre dévoile un complot qui se tramait et force les révolutionnaires (surtout des hommes du rang) à passer à l'action sans attendre. Le gouverneur général Ruicheng panique et s'enfuit le 10 octobre. Hankou et Hanyang tombent aux mains des révolutionnaires les jours suivants. Les élites progressistes de la ville se rallient au soulèvement dès le 11 octobre. Un des principaux gradés, Li Yuanhong, est désigné (à son corps défendant) gouverneur militaire (*dudu* 都督) tandis que le président de l'assemblée de la province, Tang Hualong, devient gouverneur civil.

Depuis Pékin, le régent Zaifeng réplique de façon énergique en envoyant des troupes, qui parviennent à reprendre le contrôle de Hankou (27 octobre-1er novembre). Sur le terrain politique, pressé de toutes parts de faire des concessions, il sacrifie le ministère Yikuang (1er novembre) et promulgue une « charte nouvelle en 19 articles » (*shijiu xintiao* 十九新條), qui écorne sérieusement les privilèges des Mandchous dans la sphère du gouvernement[6]. Mais pendant ce temps, la révolte s'est étendue à d'autres provinces. Face à cette crise grave, le vide politique à la tête de l'État apparaît criant. Yuan Shikai fait l'objet d'appels de plus en plus répétés du régent. Mais Yuan, conscient d'être indispensable, s'applique à faire grimper le prix de son retour sur la scène politique. Cette stratégie s'avère payante : il est fait chef suprême des armées, puis Premier ministre (7 novembre). Dans les semaines suivantes, il devient clair que ses manœuvres ont pour but moins de sauver la dynastie que de consolider sa position personnelle : il place ses hommes à tous les postes clés et finit par obtenir la démission du régent Zaifeng (6 décembre). Il agit aussi sur le plan militaire, mais avec modération. Un écrasement immédiat de la révolte

5. Une analyse pénétrante des raisons expliquant la radicalisation particulièrement prononcée des troupes de Wuhan se trouve dans J. Esherick, *Reform and Revolution in China, the 1911 Revolution in Hunan and Hubei,* p. 145-150. Le récit très clair et détaillé des événements de Wuchang est p. 178-198.

6. Le chapitre de Xiaohong Xiao-Planes, « Constitutions et constitutionnalisme : les efforts pour bâtir un nouvel ordre politique (1908-1949) », constitue une référence indispensable du point de vue des réformes institutionnelles durant les dernières années des Qing et les premières de la République.

ne ferait, en effet, pas ses affaires. Après le succès initial qu'avait représenté la reprise de Hankou, il ordonne donc aux troupes sous son commandement de rester l'arme au pied. Durant ces jours où vacille le pouvoir de la dynastie, la stratégie de Yuan consiste à se ménager le rôle avantageux d'arbitre, ce qui explique qu'il prenne l'initiative d'ouvrir à ce moment des négociations avec les révolutionnaires[7].

Fig. 1 : Li Yuanhong en 1911.

7. Ch'en J., *Yuan Shih-k'ai*, p. 84-89.

La chute atypique de la dernière dynastie

L'empire était une construction politique d'autant plus robuste qu'elle avait la particularité de comporter un principe assurant son propre renouvellement. En effet, selon un schéma conceptuel élaboré dès la dynastie des Zhou (XIe siècle av. J.-C. - IIIe siècle av. J.-C.), le mandat céleste pouvait être retiré à une dynastie qui s'écartait des principes du bon gouvernement. La dynastie déchue cédait la place à une nouvelle. L'empire, lui, perdurait. La perte du mandat céleste était réputée se manifester par des anomalies climatiques et des catastrophes naturelles. Sans nier que certaines dynasties ont pu connaître un processus de délitement institutionnel, ces aléas climatiques et climatologiques étaient pleinement partie prenante de l'engrenage qui menait au changement de dynastie. Inondations et sécheresses provoquaient en effet des famines synonymes de révoltes et d'une crise budgétaire pour l'État : baisse des recettes fiscales et hausse des dépenses destinées à l'aide aux populations victimes de famines. Un scénario de succession dynastique classique s'étalait sur plusieurs années, voire plusieurs lustres. De vastes soulèvements très meurtriers balayaient le pays, dont les paysans réduits à la famine constituaient les forces vives. Il n'était pas rare que des puissances voisines de la Chine en profitent aussi pour se joindre à la mêlée. La dynastie en place peinait d'autant plus à faire face que ses propres forces militaires étaient affaiblies par l'étiage fiscal. Victorieuse, la révolte portait son chef sur le trône impérial et il fondait une nouvelle dynastie.

La chute des Qing est-elle conforme au modèle que nous venons de décrire ? Absolument pas. Le contexte de 1911 n'est pas marqué par des désastres climatiques enclenchant des famines génératrices de révoltes. Il n'y a pas eu de *fatum* climatique à la fin des Qing (certainement rien de comparable à la succession d'années terribles qui contribuent largement à expliquer la chute des Ming). Pas non plus d'intrusion de puissances voisines. Quant au déroulement des opérations, il est extrêmement rapide, puisqu'à peine quatre mois s'écoulent entre le premier coup de feu tiré à Wuchang et l'abdication de l'empereur. C'est aussi un mouvement urbain, dans lequel la population des campagnes ne joue pas de rôle. Un autre trait distingue la révolution de 1911, pratiquement exempte de batailles rangées (à l'exception de la reprise de Hankou), des révoltes traditionnelles : le coût en vies humaines. Les principales opérations militaires ont lieu durant les premières semaines de la révolution à Wuhan (en particulier la meurtrière reprise de Hankou par les troupes impériales dans les derniers jours d'octobre). Pendant cette période, on relève plusieurs milliers de morts (5 000 dans les rangs des troupes révolutionnaires en octobre[8]). Il ne faut pas non plus oublier que les populations des bannières mandchoues de certaines villes du pays (Fuzhou, Zhenjiang, Xi'an, Nankin) ont été purement et simplement massacrées[9]. Mais au total, les pertes se comptent tout au plus en dizaines de milliers. Un bilan certes non négligeable, mais à l'aune de l'histoire chinoise, et contrairement à tous les autres épisodes de transition dynastique, il est clair que la révolution n'a pas été un bain de sang.

Pour employer une métaphore médicale, au lieu d'être (comme à l'accoutumée) une infection qui se développe lentement et remonte vers le cœur de l'empire, la révolution de 1911 ressemble davantage à un cancer foudroyant qui a disséminé en quelques jours ses métastases au moyen du télégraphe.

Les événements de 1911 donnent en effet rétrospectivement raison aux Qing d'avoir manifesté vis-à-vis du télégraphe durant la période 1860-1880 des réticences qui, comme l'a montré Zhou Yongming, ne s'expliquaient nullement par des considérations d'ordre géomantique ou religieux, mais par des craintes bien fondées concernant le rôle politique que pourrait jouer cet outil de communication[10]. De toute évidence, la révolution de 1911 est fille du télégraphe. Dans les mois précédant immédiatement la révolution, les assemblées provinciales avaient pris rapidement l'habitude d'en user pour coordonner leur action et s'apporter un soutien mutuel, en agitant régulièrement la menace de leur autodissolution. La propagation rapide des nouvelles qu'il permet (la presse se chargeant de leur faire écho) explique la façon dont différentes provinces ont pu quasi simultanément se déclarer en faveur de la révolte et proclamer leur indépendance (voir carte III).

8. J. Esherick, *Reform and Revolution in China*, p. 228-229.

9. E. Rhoads, *Manchus & Han, Ethnic Relations and Political Power in Late Qing and Early Republican China, 1861-1928*, p. 187-204.

10. Zhou Y., *Historicizing Online Politics : Telegraphy, the Internet, and Political Participation in China*, p. 26-38.

Les deux premières provinces à proclamer leur indépendance à la suite du Hubei sont le Hunan et le Shaanxi (22 octobre), bientôt suivies par le Shanxi (29 octobre), le Jiangxi et le Yunnan (31 octobre)[11]. Les déclarations de sécession se succèdent ensuite durant le mois de novembre. Les provinces qui restent sous le contrôle de la dynastie à la fin 1911 sont les plus proches de la capitale : Zhili, Henan, Shandong ainsi que les trois provinces de Mandchourie.

Face à l'empire, il y a en 1911 un semblant d'alternative politique un tant soit peu organisée ; il s'agit de la Ligue jurée. Cette dernière a deux forces : son implantation parmi les communautés de Chinois d'outre-mer, qui lui apporte hommes et capitaux, et le prestige de son chef Sun Yat-sen, vétéran des luttes révolutionnaires. Originaire de la région de Canton, né en 1866, éduqué à Hawaii et Hong Kong, où il obtient un diplôme de médecine en 1892, il commence dès le milieu de la décennie 1890 à parcourir le monde pour propager ses thèses révolutionnaires et antimandchoues parmi les communautés de Chinois d'outre-mer. Tokyo est à cette époque le quartier général des révolutionnaires, où est fondée la Ligue jurée (août 1905) et d'où sont organisés les soulèvements infructueux en Chine du Sud. Cependant, la Ligue jurée, totalement étrangère au soulèvement de Wuhan, ne planifie absolument pas la révolution. S'il en était besoin, le fait que Sun soit à Denver au moment où elle éclate l'atteste.

Une des caractéristiques fondamentales de la révolution est son caractère multipolaire, qui la rend délicate à décrire dans son ensemble. Comme on vient de le voir, le mouvement révolutionnaire essaime et mûrit de façon simultanée dans les différentes provinces. Il se trouve donc une série de foyers révolutionnaires relativement indépendants les uns des autres et qui suivent des dynamiques différentes. Malgré la variété des situations locales, on peut néanmoins observer certaines constantes dans la façon dont les révolutionnaires se sont organisés pour s'emparer du pouvoir. Même si les masses paysannes peuvent

---

11. Li X. (dir.), *Zhonghua minguo shi*, 2011, volume 2 ; une carte commode récapitulant les différentes dates de déclaration de sécession figure p. 765.

servir ponctuellement de force d'appoint aux révolutionnaires, la révolution est un phénomène avant tout urbain. Par une ironie de l'histoire, la dynastie, durant le processus qu'elle avait lancé et qui était supposé mener à une monarchie parlementaire, a créé trois des institutions qui causeront sa perte. Tout d'abord, les assemblées provinciales, dotées d'une certaine légitimité par le suffrage censitaire et ce même si le corps électoral représentait moins de 1 % de la population. Les hommes qui avaient émergé en leur sein seront bientôt sinon les chefs de la révolte, du moins ceux vers qui, très tôt et presque partout, les révolutionnaires se tournent naturellement. De création un peu plus ancienne, les chambres de commerce (*shanghui* 商會, plus de 900 voient le jour à travers le pays entre 1904 et 1912) jouent elles aussi un rôle important. Elles sont généralement bien organisées et, par ailleurs, l'influence de chacune est démultipliée par un réseau de branches locales. Dotées de moyens financiers conséquents, ce sont souvent elles qui consentent les premiers prêts aux nouvelles autorités révolutionnaires dans les jours qui suivent leur installation. Pour faire face au délitement de l'administration en place, il n'est pas rare qu'elles prennent en main la gestion des affaires courantes. La dernière et non la moindre des parties prenantes dans le processus révolutionnaire est constituée par les forces militaires nouvelles (*xinjun*) organisées sur le modèle européen dès 1895 puis de façon beaucoup plus systématique à partir de 1901[12]. Ces troupes représentent presque partout le fer de lance de la révolution dont nombre de leurs officiers deviennent les leaders.

S'ajoute à ce trio un protagoniste plus classique de la chute de nombreuses dynasties : les sociétés secrètes[13]. Ces dernières, liées depuis la fin du XIXe siècle aux forces révolutionnaires, n'ont pas failli à leur rôle, s'affirmant souvent comme le bras armé de la révolte contre les autorités des Qing. La situation du Shaanxi traduit cette proximité ;

12. E. McCord, *The Power of the Gun, the Emergence of Modern Chinese Warlordism*, p. 33-39.

13. Pour un tableau d'ensemble du rôle joué par les sociétés secrètes dans la révolution de 1911 : J. Lust, « Les sociétés secrètes, les mouvements populaires et la révolution de 1911 », p. 360-392.

une alliance formelle est conclue en juillet 1910 entre trois partenaires : les révolutionnaires de la branche locale de la Ligue jurée, les chefs de la grande société secrète de la région, celle des Aînés et des Anciens (*Gelaohui* 哥老會), et l'armée nouvelle.

Le caractère multipolaire de la révolution accentue la division du clan des révolutionnaires qui est tout sauf une phalange bien ordonnée. Sa bigarrure procède de divergences idéologiques (qui préexistaient à la révolution), mais pas seulement. Du fait même de la diversité des foyers révolutionnaires qui se sont déclarés et développés de façon assez autonome, des chefs locaux de la révolution se révèlent dans le rôle de leader politique et en viennent à caresser des ambitions nationales. Pour simplifier, on peut dire que le foyer initial situé dans la région de Hubei/Hunan possède un poids particulier du fait qu'il est à l'origine du processus révolutionnaire. Bien que la révolution ait fait ses premiers pas de façon presque totalement indépendante de la Ligue jurée, cette dernière a cependant réussi, grâce notamment à l'énergie de Huang Xing, à lui faire pièce avec un foyer révolutionnaire amarré dans la basse vallée du fleuve Bleu. Lui est aussi acquise la province du Guangdong, tenue en main dès les premières semaines de la révolution par Hu Hanmin, un fidèle de Sun Yat-sen.

Dans ces conditions, les difficultés qu'éprouvent les révolutionnaires à se doter d'une organisation unifiée, condition nécessaire pour conduire les négociations en position de force, n'ont rien pour surprendre. Li Yuanhong prend l'initiative en affirmant le 7 novembre la nécessité d'organiser un gouvernement ; les révolutionnaires de la basse vallée du fleuve Bleu proposent de réunir des délégués de toutes les provinces à Shanghai pour le former. Li Yuanhong s'oppose à ce choix et obtient que cette assemblée se tienne à Wuhan. Le 2 décembre, réunis dans la concession anglaise de Hankou, les délégués décident de l'élection d'un président provisoire à la majorité des deux tiers par des représentants des provinces. Mais la contre-attaque des troupes de Yuan Shikai à Wuhan change la donne et les oblige à se reporter sur Nankin pour y installer l'assemblée et leur gouvernement. Durant les premières semaines de décembre, deux candidats se détachent nettement pour le poste de président : Li Yuanhong et Huang Xing. Pourtant, c'est Sun Yat-sen, tout juste rentré en Chine, qui est élu (à une très large majorité) président du gouvernement provisoire le 29 décembre, et proclame la république à Nankin le 1er janvier 1912[14].

Sun Yat-sen n'est pas (comme l'historiographie chinoise se plaît à le dire) élu sur son prestige et sa position de chef incontesté du mouvement révolutionnaire. Son élection est un choix par défaut, destiné avant tout à préserver l'unité du camp des révolutionnaires. Il s'agit en priorité de serrer les rangs en vue des négociations avec les Qing. Aucun doute pour tous les protagonistes : à terme, le poste de président ne peut revenir qu'à Yuan Shikai pourvu que ce dernier se déclare en faveur de la république.

La dynastie, aux abois, essaie de profiter du fait que les révolutionnaires n'offrent pas un front uni. Insistons sur le fait qu'il y a non pas déposition de l'empereur, mais abdication, et cette abdication est le résultat de négociations au cours desquelles la dynastie a obtenu un certain nombre de concessions de la part des révolutionnaires. La zone et les troupes qu'elle contrôle encore ne sont en effet pas quantité négligeable. Le cas de la province du Shandong, qui déclare son indépendance le 13 novembre avant de se rallier à nouveau à la dynastie le 30 novembre, est là pour montrer que l'élan révolutionnaire n'est pas forcément irréversible.

Au terme de tractations serrées, la dynastie accepte donc l'abdication (après une longue argutie sur le terme à utiliser pour désigner l'acte d'abdiquer, *ciwei* 辭位, qui a une nuance d'acceptation volontaire, sera le mot retenu). Pourquoi le pouvoir mandchou qui disposait encore d'atouts de poids, cède-t-il ? Plusieurs facteurs sont à considérer. Un manque certain de *leadership* crève les yeux depuis 1908. Les grands serviteurs de la dynastie possédant une stature d'hommes d'État comme Li Hongzhang, Zhang Zhidong ou encore Liu Kunyi sont tous morts durant la première décennie du XXe siècle. Il existait bien une personnalité possédant assez d'entregent et d'envergure pour se faire obéir des principales forces militaires du pays comme de la haute administration et capable, en ralliant les constitutionnalistes, de sauver la dynastie. Mais, pour le malheur de cette dernière, elle avait pour nom Yuan Shikai. Au lieu d'être le sauveur de la dynastie, il sera son fossoyeur. Des considérations morales ont pu jouer du côté des Qing : la reprise en main du pays aurait nécessité des opérations militaires très importantes, avec

14. J. Esherick, « Founding a Republic, Electing a President : How Sun Yat-sen Became *Guofu* », p. 129-152.

un coût humain considérable. Mais il faut insister aussi sur le fait que l'accord qui est conclu avec les révolutionnaires possède un contenu tout à fait substantiel. L'empereur demeure avec sa cour dans la cité interdite et conserve son titre. Réformistes et révolutionnaires à l'époque ont en effet les yeux fixés sur le Japon, où le maintien d'un empereur a accompagné les succès que le pays a connus depuis l'époque Meiji. Les populations des bannières continueront à toucher des subsides. Cet accord sera respecté, en dépit de la charge financière considérable qu'il implique, probablement parce que la présence même de l'empereur à Pékin continue de donner plus de poids à la faction qui contrôle la capitale.

1912, année de tous les possibles

Une fois l'abdication proclamée le 12 février, Sun Yat-sen propose aussitôt sa démission au profit de Yuan Shikai, qui s'est prononcé en faveur de la république. Bien que la décision soit ratifiée par l'Assemblée dès le 15 février[15], la transition s'avère longue et passablement confuse : Yuan prête serment le 10 mars, mais Sun continue d'occuper le poste jusqu'au 1er avril. Cette période est surtout marquée par le débat sur l'opportunité de déplacer la capitale à Nankin. C'est l'option retenue par Sun Yat-sen et son entourage qui avancent en particulier que Nankin était la capitale des Ming (dernière dynastie d'ethnie Han) jusqu'en 1420. Pékin pouvait effectivement incarner une certaine continuité avec la domination des Mandchous. Pourtant, ce sont des considérations avant tout tactiques qui dictent leur préférence pour Nankin : il s'agit d'affaiblir Yuan (dont tout le monde craint l'assise militaire, qui est au Nord). Mais une fois encore, le clan des révolutionnaires n'est pas unanime. L'idée qu'aucune autre ville que Pékin ne peut être considérée comme la vraie capitale a de nombreux partisans[16]. De même, il faut se garder d'opposer sommairement la Chine du Nord qui se rangerait derrière Yuan Shikai et une Chine du Sud prenant fait et cause pour les révolutionnaires et Sun Yat-sen. Ainsi, les anciens constitutionnalistes de la fin des Qing

---

15. D. Strand, *An Unfinished Republic : Leading by Word and Deed in Modern China*, p. 26-29.

16. Une excellente mise au point sur ce débat se trouve dans : C. Musgrove, *China's Contested Capital : Architecture, Ritual, and Response in Nanjing*, p. 30-35.

de la région de Shanghai comme Zhang Jian (président de l'assemblée provinciale du Jiangsu), Zhao Fengchang ou Huang Yanpei se rallient à Yuan Shikai et au choix de Pékin. Yuan obtient gain de cause car il manœuvre habilement, allant jusqu'à mettre en scène une rébellion parmi des troupes de Pékin pour justifier le caractère indispensable de sa présence au Nord. Le personnel politique issu de la révolution ainsi que l'Assemblée de Nankin plient bagage et gagnent Pékin en avril.

Parallèlement aux débats sur la capitale, les fondations d'un ordre républicain sont posées avec la Constitution provisoire qui est adoptée en mars 1912 par un Parlement (lui-même provisoire) composé de représentants des différents gouvernements de provinces. Elle est largement inspirée de celle de la IIIe République française. La perspective de voir accéder le puissant Yuan Shikai à la présidence de la République incite en effet les membres du Parlement à réduire autant que possible les pouvoirs associés à cette fonction, au profit du pouvoir législatif dont ils sont dépositaires. Yuan, dans les mois qui suivent, donne tout à fait l'impression de se prêter au jeu d'une république parlementaire. Le premier ministère (1er avril-17 juin 1912) mené par Tang Shaoyi, un proche de Yuan, dûment approuvé par le Parlement provisoire de Nankin, est pluraliste. Il comporte des personnalités issues des rangs des révolutionnaires telles que Cai Yuanpei (instruction publique) ou Song Jiaoren (agriculture). Dans les mois qui suivent, si Yuan s'accommode difficilement d'une véritable autonomie du Parlement, sur lequel il exerce maintes pressions, il ne va jamais jusqu'à la rupture. Le pacte des révolutionnaires avec Yuan est confirmé par les visites cordiales des deux principales figures de la Ligue jurée, Sun Yat-sen et Huang Xing, à Pékin durant l'été 1912. L'on pourrait s'étonner de la naïveté apparente des chefs révolutionnaires. Mais il ne faut pas faire abstraction de l'attitude habile de Yuan, qui distille aussi des gages d'adhésion aux principes de la république, ni sous-estimer le souci partagé par tous de préserver l'unité dans un climat dominé par la crainte d'une intervention étrangère. En conséquence de tout cela, il est assez logique que les révolutionnaires choisissent de miser sur les prochaines élections pour lesquelles tous se mettent en ordre de bataille.

La Ligue jurée se mue en un parti politique nommé Guomindang afin de remporter les élections (août 1912). Ce n'est pas Sun Yat-sen qui orchestre cette métamorphose. En effet, il consacre l'essentiel de l'année 1912 à se faire, à l'image de Gambetta dans la France des années 1870, le commis voyageur de la République (et du Guomindang) à travers tout le pays. Song Jiaoren, étoile montante de trente ans, s'impose comme le chef de file du parti durant cette période. Sa stratégie consiste à rallier d'autres partis politiques (« rassembler », diraient nos hommes politiques actuels). Avec une habileté certaine, Song Jiaoren va gommer les aspérités les plus radicales du programme révolutionnaire de la Ligue jurée. De cette façon, il parvient à intégrer le Parti républicain unifié de Wu Jinglian (réticent envers les mots d'ordre sociaux) et le Parti des citoyens mené par Cen Chunxuan (qui ne veut pas entendre parler du mot d'ordre de l'égalité hommes/femmes). Conséquence de cela : le programme du Guomindang se fait beaucoup plus modéré[17]. De même, en dépit de ses convictions personnelles, Song Jiaoren accepte d'y injecter une certaine dose de fédéralisme, ce qui ne peut que susciter l'intérêt des élites locales.

Le pouvoir central s'effrite durant cette période. Le flux des impôts ne remonte plus jusqu'à lui et il n'est plus en mesure de nommer les fonctionnaires locaux. Cependant, si cette dynamique amoindrit le pouvoir de Pékin, elle profite à l'échelon provincial, évitant un émiettement politique plus prononcé.

Année de tous les possibles, 1912 l'est aussi par la multitude d'expériences d'administration des élites provinciales sur lesquelles les historiens ont porté des regards assez divers. Xiaohong Xiao-Planes voit dans la période novembre 1911-septembre 1913 un court âge d'or d'efficience fiscale et administrative pour la province du Jiangsu[18]. Sous l'impulsion de son gouverneur militaire Tan Yankai, le Hunan effectue un effort considérable en faveur de l'enseignement primaire, et fait preuve d'un fort dirigisme en matière d'industrialisation. Au contraire, à Chengdu, les avancées impressionnantes enregistrées pendant la période des Nouvelles Politiques dépérissent à vue d'œil. Le degré de maturité de la strate protobourgeoisie (notoirement plus avancé dans les grandes villes de la côte) semble être la variable qui conditionne cette diversité.

17. D. Strand, *An Unfinished Republic*, p. 39-50, 199-201 et 245-254.

18. X. Xiao-Planes, *Éducation et politique en Chine. Le rôle des élites du Jiangsu, 1905-1914*, p. 325-336.

L'effervescence intellectuelle est générale ; journaux et revues prolifèrent, en l'absence de censure (la Constitution de mars 1912 garantit la liberté d'expression). À Pékin, pas moins de cinquante quotidiens voient le jour. Les associations se multiplient elles aussi à travers le pays. Si elles poursuivent des buts fort divers, toutes sont portées par le même élan nationaliste. À Shanghai, on voit cohabiter en 1912 plus de trente formations et partis politiques, dont un Parti socialiste chinois, ainsi que de nombreuses ligues féministes[19]. Les plus grands intellectuels de l'époque s'engagent dans d'intenses débats politiques, en particulier sur la forme à donner à l'État. Mais l'engagement des intellectuels va bien au-delà. Ainsi Zhang Binglin, linguiste de haute volée, fonde son propre parti. Quant au plus grand d'entre eux, à cette plume exceptionnelle qu'est Liang Qichao, il fonde en avril 1913 un grand parti conservateur rassemblant notamment les anciens constitutionnalistes : le Parti du progrès (*Jinbudang* 進步黨) afin de faire pièce à la domination du Guomindang à l'Assemblée.

Les élections (les plus démocratiques à ce jour en Chine) se tiennent durant l'hiver 1912-1913. Même si le suffrage reste censitaire, les conditions du cens sont considérablement assouplies. De 1,6 million d'électeurs aux élections des assemblées provinciales de 1909, on est passé à une quarantaine de millions, soit environ un quart des hommes adultes. L'avancée est considérable ; le pourcentage de la population inscrite sur les listes électorales est largement supérieur, par exemple, à celui du Japon à la même époque.

Les années Yuan Shikai (1913-1916)

Les élections de l'hiver 1912-1913 sont un triomphe pour le Guomindang, qui obtient la majorité dans les deux chambres. Song Jiaoren s'apprête à briguer, en vainqueur des élections et selon la logique d'un régime parlementaire, le poste de Premier ministre. Son assassinat le 20 mars 1913 met un arrêt brutal au processus d'enracinement d'une démocratie à l'occidentale. Yuan a-t-il commandité ce crime ? Il s'en défend, mais aux yeux de la très grande majorité des contemporains, il fait figure de suspect numéro un. De nos jours, les avis sont plus partagés

19. M.-C. Bergère, *Histoire de Shanghai*, p. 152-153.

parmi les historiens. Quoiqu'il en soit, les semaines qui suivent montrent que Yuan n'est nullement disposé à accepter des limites à son pouvoir. Un emprunt massif est souscrit par Yuan Shikai le 27 avril 1913 auprès des puissances étrangères, sans se soucier d'obtenir l'aval du Parlement, comme la Constitution l'exige. Il soulève l'indignation des opposants à Yuan non seulement parce que ce dernier accapare les fonds obtenus et se renforce, mais parce que les termes de l'emprunt comprennent la mise sous tutelle étrangère, à titre de garantie, de l'administration de la Gabelle. En avril, les premières sessions du Parlement nouvellement élu démontrent qu'il n'est pas décidé à s'opposer ouvertement à Yuan. Ce dernier multiplie les manœuvres habiles destinées à affaiblir et diviser le Guomindang au Parlement, usant généreusement de la corruption. Sun Yat-sen pousse au soulèvement des forces révolutionnaires mais les autres chefs du Guomindang renâclent, conscients de leur infériorité militaire. Le pays n'est pas prêt à suivre. De fait, les élites marchandes, qui avaient été un des moteurs de la révolution de 1911, ne cachent pas leur hostilité. Avides de stabilité, il n'est pas question pour elles de courir l'aventure d'une nouvelle guerre civile. Un autre sentiment entre en jeu, celui de faire primer l'unité nationale : les partisans d'une solution politique sont les plus nombreux (y compris au sein du Guomindang).

Il faut attendre le mois de juillet 1913 pour que ce qu'on appelle la Seconde Révolution débute, lorsque Yuan révoque les gouverneurs des provinces tenues par le Guomindang (Guangdong, Anhui et Jiangxi). À l'initiative de son gouverneur Li Liejun, le Jiangxi déclare son indépendance (12 juillet). Le Guangdong et l'Anhui lui emboîtent le pas, bientôt suivis par d'autres provinces du Sud (Hunan, Fujian, Sichuan)[20]. Mais le verdict des armes est rapidement favorable à Yuan. Là où ils ont lieu (surtout au Jiangxi et dans la région de Nankin), les affrontements entre sudistes et troupes de Yuan Shikai tournent à l'avantage de ces dernières. Dès début septembre, la messe est dite. Avec la mise au pas des provinces qui échappaient à son emprise, le pouvoir de Yuan sort renforcé de cette Seconde Révolution dont les chefs, Sun Yat-sen en tête, gagnent l'exil. Au Parlement, le Guomindang se disloque avant même que Yuan ne le mette hors la loi en novembre 1913.

---

20. E. McCord, *The Power of the Gun, the Emergence of Modern Chinese Warlordism*, p. 165-166.

Fig. 2 : Yuan Shikai en 1912.

Dans les premiers mois de l'année 1914, Yuan élimine un à un les derniers obstacles à son pouvoir : le Parlement est renvoyé en janvier, les assemblées locales sont dissoutes le mois suivant. Un nouveau Pacte constitutionnel (*xinyuefa* 新約法) remplace la Constitution provisoire de mars 1912 et assure une présidence à vie à Yuan (1er mai).

L'opposition, elle, est considérablement affaiblie. Regroupés à Tokyo autour de Sun, les principaux chefs de la Seconde Révolution ne restent certes pas inactifs. Mais la création du Parti révolutionnaire chinois (*Zhonghua gemingdang* 中華革命黨) le 8 juillet 1914 ne représente pas un grand danger. Sun, échaudé par l'expérience du Guomindang « première manière » comme parti parlementaire dont le contrôle lui avait échappé, entend faire reposer cette nouvelle organisation sur sa seule personne, imposant à chacun des membres un serment d'allégeance personnelle. Ce choix indispose même certains de ses plus anciens lieutenants comme Hu Hanmin ou Liao Zhongkai qui tardent à rejoindre le nouveau parti. D'autres, qui comptent parmi les grandes figures révolutionnaires (Huang Xing, Wang Jingwei, Li Liejun, Chen Jiongming) se refusent à le faire[21]. Le Parti révolutionnaire chinois prend donc plutôt des allures de groupuscule, sans consistance et à l'audience bien faible. L'activité qu'il déploie dans les mois qui suivent (un « terrorisme brouillon », selon M.-C. Bergère) ne contribue pas à en faire le pôle d'une opposition crédible à Yuan. Bien pire, l'utilisation intense que fait Sun de subsides japonais contribue à le discréditer en donnant l'impression qu'il travaille pour le Japon. De plus, les mesures d'amnistie décidées en mai 1914 (dans un premier temps elles ne concernent pas les principaux chefs, avant d'être étendues à ces derniers) envers les proscrits de la Seconde Révolution remportent un certain succès. Les retours de Tokyo se multiplient[22].

Grâce à ses pouvoirs étendus par le nouveau Pacte constitutionnel, Yuan jouit désormais de la faculté de démettre les fonctionnaires civils et militaires du plus haut rang dans les différentes provinces, ce qui traduit bien le caractère effectif de l'ascendant du pouvoir central. Yuan parvient ainsi à placer des fidèles à la tête de la presque totalité

21. M.-C. Bergère, *Sun Yat-sen*, p. 289-302.
22. E. Young, *The Presidency of Yuan Shi-k'ai*, p. 147-148.

des provinces. Il remplace par exemple à l'été 1914 le gouverneur du Shanxi, un libéral, par le chef de sa propre police secrète, Lu Jianzhang (surnommé le Boucher pour avoir fait exécuter nombre de révolutionnaires). Même des figures fameuses de la révolution de 1911 qui n'avaient pas rejoint la Seconde Révolution doivent céder leur poste, à l'image du gouverneur militaire du Hubei, Li Yuanhong[23].

Le personnel politique rallié à Yuan compte des figures intellectuelles éminentes dont une bonne part sont des leaders de la révolution de 1911. Le célèbre cabinet des talents (incarné par Zhang Jian et Liang Qichao) en est un témoignage particulièrement éclatant. Les impôts recommencent d'affluer depuis les provinces vers Pékin. Le gouvernement parvient aussi à souscrire ses premiers emprunts intérieurs en 1914 et 1915. Le projet de supprimer l'échelon administratif des provinces, s'il n'a pas été mis en application, témoigne d'un souci de réorganisation profonde de l'administration du pays qui n'exclut pas une méfiance vis-à-vis d'entités suffisamment grandes et riches pour s'engager sur la voie de l'autonomie, voire de l'indépendance. L'architecture administrative héritée de la révolution reflétait le rôle crucial joué par l'armée. Elle était notamment caractérisée par la prééminence des gouverneurs militaires provinciaux (*dudu* 都督), dont les pouvoirs outrepassaient plus ou moins largement le domaine militaire. Elle est refondue avec comme objectif de donner moins de poids au pouvoir militaire. Dans les provinces où il n'existe pas encore, le poste de gouverneur civil est créé pour faire contrepoids au gouverneur militaire, dont on s'efforce de diminuer les pouvoirs. L'effervescence intellectuelle et la liberté de parole que la révolution de 1911 avait permises et qui s'étaient maintenues jusqu'à la Seconde Révolution reculent brusquement sous l'action d'une politique qui est, sur ce plan-là au moins, franchement réactionnaire.

On a vu de quelle habileté Yuan Shikai a su faire preuve pour confisquer la révolution à son profit. Cela fait, il va confirmer qu'il possède une carrure d'homme d'État. Ses efforts pour réformer l'administration fiscale du gouvernement central témoignent de visées

23. E. McCord, *The Power of the Gun, the Emergence of Modern Chinese Warlordism*, p. 177-184.

modernisatrices, comme de la nécessité dans laquelle il s'est trouvé de louvoyer et de s'adapter aux circonstances. Dans un premier temps, de 1912 à 1914, en effet, Yuan a pour but, dans la continuité des efforts du gouvernement mandchou, d'aligner l'organisation des finances du gouvernement central sur le modèle occidental. Cette entreprise passe en particulier par l'organisation d'un budget général géré par un ministère des Finances centralisant toutes les recettes fiscales. L'objectif s'avérant trop ambitieux, il redirige ses efforts, à partir de 1915, sur une réorganisation plus traditionnelle de l'impôt foncier reposant principalement sur une simplification des conditions de sa perception et une mise à jour du cadastre[24]. Dans tous les cas, à l'arrière-plan de ses efforts on retrouve la volonté de remettre la main sur des sources d'impôts accaparées par les autorités locales. Mais les vues de Yuan sont bien plus larges : dans le domaine économique, il suscite par exemple une réforme cohérente du système bancaire comprenant la mise en place d'une banque centrale par Zhang Jian, fin lettré titulaire du plus haut degré des examens impériaux ayant développé de puissantes affaires dans le domaine du textile, qui est placé à la tête d'un grand ministère de l'Agriculture, des Forêts, de l'Industrie et du Commerce.

On a souligné à l'envi l'absence de scrupules de Yuan et son ambition dévorante. Sa puissance de travail, comme son exceptionnelle intégrité, mériteraient d'être davantage mis en avant. Mais surtout, on a trop passé sous silence le charisme qu'il dégage. Des témoignages attestent de l'admiration que lui portent des personnages aussi différents que peuvent l'être Wellington Koo, brillant diplomate occidentalisé et cosmopolite, et Yan Xishan, l'homme fort du Shanxi, un militaire d'extraction modeste, à la peau dure et aux idées courtes. À vrai dire, cet atout peut se retourner contre lui en cas d'atteinte profonde à son prestige personnel.

Le contexte international et l'influence de la guerre européenne

C'est du domaine des relations extérieures que le péril va surgir pour Yuan. C'est peu dire que la guerre de 1914-1918 a une forte

24. H. Van De Ven, « Public Finance and the Rise of Warlordism », p. 841-847.

influence sur la Chine. Certes, cette dernière ne s'engagera aux côtés des alliés franco-britanniques que tardivement, le 14 août 1917 (voir chapitre suivant). Mais la guerre a des conséquences décisives qui se feront sentir durant toute la période républicaine. En premier lieu, la concurrence des industries européennes disparaît car elles tournent à plein pour alimenter l'effort de guerre. C'est donc une époque bénie pour les industriels chinois (voir chapitre 6). À plus long terme, la guerre affaiblit démographiquement et économiquement les puissances européennes. Elle fait également naître un puissant sentiment pacifiste dans leurs opinions publiques : les Européens deviennent bien plus avares du sang de leurs soldats, ce qui réduit considérablement la latitude de leurs gouvernements de recourir comme jadis à la politique de la canonnière en Chine[25]. Enfin, en raison de la mise au ban des nations occidentales de l'Allemagne puis de la Russie soviétique, les puissances cessent de présenter un front uni face à la Chine, ce qui avait été une des clés de la domination européenne.

Cependant, comme la nature, la géopolitique a horreur du vide. La Grande Guerre, en mobilisant les principales puissances européennes, provoque l'affirmation rapide de deux étoiles montantes en Asie orientale : les États-Unis et le Japon. Profiter au mieux des opportunités commerciales qui se profilent, voilà ce qui préoccupe en premier lieu les États-Unis. Le Japon, quant à lui, a tôt fait de discerner dans cette guerre européenne qui se prolonge si opportunément une occasion inespérée de pousser ses pions en Chine. Au nom de son alliance avec le Royaume-Uni, il commence par s'emparer sans grand mal des possessions allemandes au Shandong (la garnison de Qingdao capitule le 7 novembre 1914). La Chine est placée devant le fait accompli. Le Japon n'entend pas en rester là. Le 18 janvier 1915, le gouvernement japonais adresse à Yuan Shikai une liste de 21 demandes. La teneur en est telle que leur acceptation ferait de la Chine ni plus ni moins qu'un protectorat japonais. Dans les mois qui suivent, Yuan cherche à temporiser tandis que ses diplomates s'activent, et multiplient les appels du pied en direction des puissances occidentales. Ces dernières se montrent peu enclines à laisser se mettre en place une hégémonie

25. W. Kirby, « The Internationalization of China : Foreign Relations at Home and Abroad in the Republican Era », p. 442-443.

japonaise sur l'Extrême-Orient. Le Japon est donc contraint à en rabattre quelque peu, mais les demandes qu'il formule le 7 mai 1915 demeurent exorbitantes et elles sont assorties d'un ultimatum. Yuan est au pied du mur. L'opinion publique, chauffée à blanc contre le Japon, est prête à faire bloc derrière lui. Mais Yuan est trop lucide pour ne pas tirer les conclusions de son infériorité militaire et de son isolement diplomatique : il se résout le 9 mai à passer sous les fourches caudines du Japon. La crise des 21 demandes a une influence profonde. Tout d'abord, cette humiliante reculade mine incontestablement le prestige personnel de Yuan. Mais au-delà, elle délégitime ses efforts de centralisation, puisqu'ils ne se traduisent nullement par un renforcement de la position de la Chine dans le concert international.

La chute de Yuan Shikai

Le camouflet des 21 demandes aurait eu besoin, de toute évidence, de quelque temps pour être digéré. Pourtant, quelques mois plus tard, Yuan s'engage dans une initiative bien périlleuse. Après avoir laissé certains de ses proches préparer le terrain depuis le mois d'août, il annonce le 12 décembre 1915 sa volonté de rétablir l'empire (sous la forme d'une monarchie constitutionnelle). La révolte contre les ambitions monarchistes de Yuan ne se fait pas attendre. Elle prend la tournure, désormais classique, d'une déclaration d'indépendance provinciale : celle du Yunnan à la fin 1915. Figure éminente de la révolution de 1911 au Yunnan, Cai E prend la tête des unités de la nouvelle armée au Yunnan et, de concert avec le gouverneur militaire de la province, Tang Jiyao, appelle toutes les autres provinces à se soulever. Bientôt épaulée par les forces de la province voisine du Guizhou, une armée de protection du pays (*huguo* 護國) se lance à l'assaut du Sichuan tenu par des fidèles de Yuan Shikai. Là, elles tiennent tête aux forces fidèles à Yuan. Pendant ce temps, Liang Qichao multiplie les brûlots incitant à la révolte contre Yuan. D'autres provinces importantes comme le Zhejiang se joignent à la rébellion. Au contraire, le camp de Yuan se disloque. Nombre de ses plus fidèles lieutenants ne font guère mystère de leur hostilité à ses ambitions impériales, et se détournent de lui. En suivant l'usage bien ancré de la maladie diplomatique, Duan Qirui, Xu

Shichang et Feng Guozhang se retirent de la scène politique, prétextant de soudains ennuis de santé[26].

Le geste assez piteux que constitue l'abandon définitif du retour à l'empire le 22 mars 1916 permet de conclure un cessez-le-feu au Sichuan. Cependant, il est devenu clair que le rejet porte autant sur la personne de Yuan que sur son entreprise de renforcement du pouvoir central. La mort (soudaine mais naturelle) de Yuan Shikai le 6 juin 1916 évacue une figure de l'échiquier qui demeurait centrale, mais dont l'affaiblissement politique considérable laissait mal augurer l'avenir. La division politique qui avait déjà cours dans le sud et l'ouest du pays va s'étendre désormais au nord. La période des Seigneurs de la guerre s'ouvre.

Comment Yuan a-t-il été amené à prendre une décision aussi désastreuse ? Comment comprendre ce geste alors qu'il exerçait déjà en tant que président un pouvoir presque absolu ? L'hypothèse que la certitude ou le pressentiment de sa mort prochaine l'ait incité à donner un tour héréditaire à son pouvoir personnel ne doit pas être écartée. Elle doit être interprétée moins comme le produit d'une mégalomanie personnelle que comme un geste politique (inspiré par son conseiller Frank Goodnow) destiné à se donner les moyens, par ce biais, de pousser plus loin l'entreprise de recentralisation engagée depuis 1913, voire depuis la fin du XIXe siècle.

Il faut probablement incriminer aussi sa lecture de la révolution de 1911 et de la Seconde Révolution de 1913. Pour la première, il semble avoir surestimé le ressentiment antimandchou, qui n'était qu'une des composantes de la révolution et, partant, sous-estimé le rejet de l'institution impériale elle-même parmi les élites du pays. Pour la seconde, il n'a pas vu que le ralliement des constitutionnalistes à son pouvoir personnel était de circonstance : ces derniers n'ont pas abandonné de gaieté de cœur, notamment, le principe de la responsabilité ministérielle devant le Parlement. Quoi qu'il en soit, on s'est peut-être trop focalisé sur l'échec de la tentative (il est vrai lourd de conséquences) sans s'attarder assez sur les formes qu'elle a prises. Certains aspects de la stratégie employée peuvent, certes, prêter à sourire. Par exemple, l'organisation « spontanée » de groupes de pétitionnaires parmi des catégories de la

26. P. Zarrow, *After Empire,* p. 243-249.

population comme les tireurs de pousse-pousse ou les mendiants, au sein desquelles il est permis de douter que la restauration de l'empire au profit de Yuan ait jamais constitué un sujet d'intense préoccupation. Si ces manœuvres sont cousues de fil blanc, elles traduisent néanmoins une volonté plus profonde : le projet de mettre en scène un Yuan porté à l'empire par la volonté populaire. D'autre part, la date choisie, le 1er janvier, fait écho à la proclamation de la république par Sun Yat-sen quatre ans plus tôt. C'est en tout cas un aveu de modernité, tout comme le nom de règne choisi, Hongxian 洪憲 « Grande Constitution », est en lui-même un programme politique faisant directement référence à la monarchie constitutionnelle. La restauration impériale ne prenait nullement l'aspect d'un retour au modèle de l'empire fondé sur le mandat céleste, ce qui témoigne donc, d'une façon quelque peu paradoxale, du caractère irréversible du tournant politique intervenu en 1911.

Quoi qu'il en soit, la mésaventure de Yuan invite à souligner combien la révolution de 1911 a constitué une rupture profonde en mettant fin au modèle impérial qui avait pu se perpétuer durant plus de deux mille ans. Elle introduit non seulement de nouvelles formes institutionnelles, mais aussi un changement de paradigme crucial : à la théorie du mandat céleste succède une légitimité reposant sur l'assentiment de la population.

À court terme, la révolution ne se traduit pas par ce qui était le but suprême de tous les acteurs, au-delà du rejet des Mandchous et du changement de régime : le renforcement de la puissance de la Chine. Une analogie avec la Révolution française peut être faite. Comme Tocqueville l'avait observé, par-dessus la rupture apparemment abyssale de la Révolution, se pérennise une œuvre de centralisation. Dans le cas de la révolution de 1911, personne mieux que Yuan Shikai ne personnifie cette dynamique centralisatrice. Dans la décennie suivante, le pouvoir de Pékin sera certes mis à mal, avec le déchaînement de puissantes forces centrifuges, mais le projet politique d'un État fort et centralisé, mis à part quelques années durant lesquelles le fédéralisme sera l'objet d'un certain intérêt, continuera quant à lui à être l'objet d'un consensus. La tendance à la recentralisation refera jour durant la décennie de Nankin pour se développer avec une vigueur encore redoublée après 1949.

Chapitre 2

Cliques et seigneurs de la guerre : 1916-1928

Contrairement à la décennie de Nankin, qui la suit, la période 1916-1928 est considérée de façon unanime comme autant d'années perdues pour la Chine. Le verdict est particulièrement sévère pour les historiographies communiste et nationaliste qui y voient une période d'anarchie dont ne ressortent que le mouvement du 4 mai 1919 et le temps du premier Front uni entre PCC et Guomindang (1923-1927). Bien qu'exceptionnellement féconde sur le plan intellectuel, puisqu'on y assiste à une véritable renaissance culturelle, qui sera traitée dans le chapitre 9, cette décennie est marquée avant tout par le puissant délitement du pouvoir central et la mainmise des seigneurs de la guerre sur le pays. S'ouvrant avec la mort de Yuan Shikai et s'achevant avec l'expédition du Nord, elle est souvent baptisée l'ère des Seigneurs de la guerre.

Le récit de cette période est généralement centré sur la montée en puissance du Guomindang qui se réorganise sur le modèle bolchevique et se dote d'un appareil militaire propre, sur un arrière-plan de montée du nationalisme. Ce récit traditionnel n'est pas sans vertus : il a notamment l'avantage de fournir une grille de lecture pour une période caractérisée par l'extrême complexité de sa trame événementielle. Son défaut est le téléologisme : le Guomindang, jusqu'au milieu des années 1920, ne représente pas grand-chose. Il ne domine (au mieux et de façon précaire) qu'une « base » fort restreinte, puisqu'elle se résume à la partie centrale d'une unique province, le Guangdong. Effective avec la prise de l'île de Hainan, en janvier 1926, sa mainmise sur l'ensemble de la province est en effet très tardive. Il est nécessaire de ne pas privilégier à l'excès la trajectoire du Guomindang et de faire effort pour axer le récit de cette période sur le phénomène qui prime en importance : la domination générale exercée par les seigneurs de la guerre. Ces derniers ne doivent pas être ramenés à un simple accident de l'histoire. Ils sont dignes d'attention, ont une manière à eux de faire de la politique, même si elle se traduit par une multitude de conflits, d'alliances et changements d'alliances d'une complexité décourageante. C'est seulement après avoir dressé un tableau suffisamment précis de la mainmise des seigneurs de la guerre sur le pays qu'il sera possible de saisir ce qu'a de radical le renouvellement de l'offre politique que propose le Guomindang réorganisé à partir de 1924. Et de même, il sera possible de comprendre comment, contre toute attente et toute logique militaire, il parvient à battre les principaux seigneurs de la guerre du nord et du centre de la Chine au cours de l'expédition du Nord de 1926-1928.

La rivalité des grandes cliques de Chine du Nord pour le contrôle du gouvernement

Pour comprendre la vie politique de la période qui s'ouvre avec la mort de Yuan Shikai, il convient de distinguer clairement le phénomène des cliques (en chinois : *xi* 系) de celui des seigneurs de la guerre (*junfa* 軍閥) proprement dit. Dans le nord de la Chine, trois principales cliques aspirent à jouer un rôle dans le gouvernement central et cultivent, quand il siège encore, une influence au Parlement. Dans la lutte qu'elles se livrent, le contrôle de Pékin est essentiel. C'est en effet le gouvernement siégeant à Pékin qui, avec le Parlement, incarne la légitimité républicaine ; à ce titre, il représente la Chine dans le concert international. Le gouvernement en place à Pékin bénéficie ainsi d'un accès privilégié aux emprunts contractés auprès de banques étrangères. De plus, depuis des accords conclus en 1912-1913, les Douanes maritimes et la Gabelle, deux importantes administrations dont les revenus sont affectés au remboursement de la dette de la Chine auprès des puissances étrangères, reversent leurs surplus au gouvernement de Pékin[1]. Ainsi, Pékin n'est pas seulement un symbole, c'est aussi un pactole.

À la mort de Yuan Shikai, Duan Qirui et Feng Guozhang (qui appartiennent au cercle des principaux collaborateurs de Yuan) prennent la tête des deux cliques qui émergent, respectivement, la clique de l'Anhui et celle du Zhili. Le nom de ces deux cliques est tiré non pas de leur base géographique, mais de la province d'origine de leur chef. Elles s'affrontent pour le contrôle du gouvernement de Pékin et la direction de sa politique générale. Après la mort de Feng Guozhang en 1919, la clique du Zhili est menée par Wu Peifu et Cao Kun. S'ajoute à elles une troisième clique, de développement légèrement plus tardif. En effet, profitant de la rivalité Anhui/Zhili durant la fin des années 1910, Zhang Zuolin consolide son pouvoir en Mandchourie : il est à la tête de la clique dite du Fengtian (du nom de la plus importante des trois provinces du nord-est qui constituent sa base)[2].

Les cliques comportent une composante civile avec des hommes qui aspirent non à un commandement militaire mais à des positions de pouvoir et d'enrichissement. Les ministres valsent au gré des changements d'alliances et rapports de force entre les trois cliques : dans une lettre à sa femme de 1917, Victor Segalen, témoin à Pékin de ces épisodes confus, parle de « ministres tourbillonnants ».

Il ne faut pas se figurer les cliques comme des groupes parfaitement structurés. Une clique est un peu plus qu'une alliance. Il s'agit d'une architecture fragile de réseaux de loyautés personnelles, qui possède cependant une certaine cohérence. L'analogie avec les lignages[3] (que le terme chinois *xi* incite à faire) est particulièrement pertinente. Une clique s'organise autour d'un noyau relativement stable d'héritiers en ligne directe de l'« ancêtre » de la clique (en l'occurrence Duan Qirui et Feng Guozhang) à laquelle se greffent des éléments associés plus ou moins directement. Viennent enfin s'ajouter des électrons libres :

---

1. A. Nathan, *Peking Politics*, p. 60-64 et 78-80.
2. G. McCormack, *Chang Tso-lin in Northeast China 1911-1928,* p. 33-42.
3. Un lignage est un groupe social qui regroupe théoriquement l'ensemble des individus qui descendent en ligne patrilinéaire d'un ancêtre commun. Les lignages sont l'une des principales formes d'organisation collective de la Chine du Sud. Sur ce sujet, se reporter au chapitre 7 consacré à la société.

ainsi, la clique du Zhili dans la première moitié des années 1920 est-elle construite autour du duo Wu Peifu et Cao Kun, de lignes collatérales, tandis que le ralliement d'éléments comme Feng Yuxiang reste bien plus précaire[4].

À la mort de Yuan Shikai, et conformément aux dispositions prises par ce dernier sur son lit de mort, Li Yuanhong devient le nouveau président le 7 juin. Li rappelle le Parlement chassé par Yuan en 1913 et remet en vigueur la Constitution de 1912. Plutôt falot, prototype du personnage se laissant porter par les événements, Li Yuanhong ne dispose pas d'assez de surface politique. Il n'est pas du sérail Beiyang, contrairement aux deux hommes forts qui émergent : Duan Qirui et Feng Guozhang. Ces derniers, après le retrait forcé de la vie politique de Yuan en 1908, étaient restés les chefs de l'armée Beiyang. Duan accède au poste de Premier ministre et Feng à celui de vice-président[5]. En dépit du fait que, d'un point de vue institutionnel, Li soit placé au sommet de l'État, le vrai maître du jeu politique est Duan. Néanmoins, Li Yuanhong obtient souvent l'appui du Parlement pour faire obstacle à la politique de Duan, notoirement projaponaise. Après diverses escarmouches, une crise majeure éclate au printemps 1917 à propos de l'entrée en guerre de la Chine contre l'Allemagne, à laquelle Duan est favorable. La question a des implications qui dépassent le domaine de la politique étrangère. Avec le soutien de Li Yuanhong, le Parlement vote contre l'entrée en guerre puis la destitution de Duan Qirui. Celui-ci mobilise aussitôt toute sa clientèle pour obtenir la démission de Li Yuanhong. Ce dernier, qui ne dispose pas de forces armées, tente d'allumer un contre-feu en faisant appel à Zhang Xun, le gouverneur de l'Anhui. Ce choix traduit bien la faiblesse de Li Yuanhong, car Zhang Xun ne faisait nul mystère de sa loyauté aux Qing. Zhang profite de sa présence à Pékin pour organiser un coup d'État et prononce la restauration du régime impérial (été 1917) en replaçant Puyi sur le trône. Li, à court d'expédients, prend la fuite (3 juillet). Les forces qu'aligne

4. Wou O., *Militarism in Modern China*, p. 263-265.

5. Ces événements fort complexes sont résumés avec beaucoup de clarté dans L. Pye, *Warlord Politics*, p. 17-19.

Zhang Xun ne sont pas de taille à s'opposer à la coalition générale qui se forme aussitôt contre lui, et sont balayées en moins de deux semaines.

Li Yuanhong écarté du jeu politique, les cartes sont redistribuées : Feng Guozhang accède à la présidence avec Duan Qirui comme Premier ministre. À l'automne 1917, la plateforme, fort restreinte, sur laquelle reposait la collaboration des cliques du Zhili et de l'Anhui, qui consistait principalement à s'entendre pour éliminer Li Yuanhong, puis Zhang Xun, n'existe plus[6]. Cependant, pour l'heure, leur affrontement va se produire sur le terrain des élections d'un nouveau Parlement, qui conditionnent elles-mêmes celle d'un nouveau président (le mandat de Feng arrivant à expiration en novembre 1918).

Zhang Xun, dont la finesse n'était pas la qualité principale, a semble-t-il été manipulé par les adversaires de Li Yuanhong[7]. Son coup de force est moins anecdotique qu'il n'y paraît, notamment parce qu'il a entraîné la proclamation de la dissolution du Parlement par Li Yuanhong, le 12 juin. De nouvelles élections sont organisées, pour lesquelles la clique de l'Anhui met en branle une imposante machine électorale appelée club Anfu. Cependant, cinq provinces sudistes (Guangdong, Guangxi, Yunnan, Guizhou et Sichuan) qui contestent la légitimité des élections refusent d'organiser le vote sur leur territoire. C'est l'origine du mouvement dit de défense de la Constitution (*hufa* 護法). Ce mouvement représente la convergence temporaire de trois forces politiques : Sun Yat-sen tout d'abord, le révolutionnaire antimandchou de la première heure, premier président de la République chinoise qui, marginalisé, a accumulé les fautes politiques depuis le milieu des années 1910, et voit là une occasion rêvée de se remettre en selle. Il y a aussi les membres du Parlement de 1912-1913, dissous en juin 1917, qui, jugeant leurs chances de réélection très faibles vu le contexte des élections, gagnent Canton, où ils se déclarent en « session extraordinaire » (*feichang huiyi* 非常會議) ; enfin, les seigneurs de la

6. Wou O., *Militarism in Modern China*, p. 20-24.

7. C'est ce que laisse entendre un diplomate français qui s'appuie sur des documents confidentiels qu'il a récupérés en offrant asile au chef d'état-major de Zhang Xun après la débâcle de celui-ci : MAE Nouvelle série, sous-série Chine, dossier n° 61, rapport de Conti du 24 juillet 1917.

guerre du Sud de la Chine (Lu Rongting et Tang Jiyao). Ces deux-là ont certes été partie prenante du mouvement pour la protection du pays de 1915, mais leurs intentions étaient moins de défendre la république que de profiter d'une superbe occasion pour s'émanciper du pouvoir central et consolider leurs satrapies naissantes. Deux ans plus tard, leur visée finale n'a guère varié : ils entendent surtout profiter de l'union entre les cinq provinces pour constituer un bloc, à l'unité certes très précaire, mais de nature à dissuader les forces du Nord d'entreprendre une réunification par la force.

Les élections se tiennent en mai-juin 1918 avec un corps électoral diminué (moins de 33 millions). Elles sont surtout restées célèbres pour la fraude massive et les achats de voix auxquelles elles ont donné lieu. Le nouveau Parlement connaît un fort renouvellement et il est, sans surprise, très nettement acquis à la clique de l'Anhui. Il élit comme président, le 4 septembre 1918, Xu Shichang. C'est un civil qui ne dispose ni d'une force militaire ni d'une assise territoriale. Significativement plus âgé que les autres protagonistes (64 ans), il s'est fait de très nombreux obligés parmi eux au cours de sa longue et brillante carrière dans l'administration des Qing. Si Xu est considéré comme affilié à la clique de l'Anhui, il représente aussi une alternative acceptable pour Feng Guozhang. Par ailleurs, sa stature morale ainsi que divers liens personnels lui donnent aussi l'avantage d'être un candidat acceptable pour le Sud[8].

En dépit des élections qui ont eu lieu, le gouvernement de Canton continue de rassembler autour de lui les membres du Parlement élu en 1912-1913 (dont les rangs sont complétés en 1919 pour faire bonne mesure) et se proclamer le dépositaire de la légalité républicaine. Il est néanmoins privé de la caution de Sun Yat-sen, qui, ayant constaté son incapacité à imposer son leadership à Canton, regagne Shanghai au printemps 1918.

Bien évidemment, la présence à Pékin et à Canton de deux gouvernements clamant chacun leur légitimité, et la dislocation *de facto* du pays en un poudroiement de pouvoirs locaux ne satisfont personne. Des négociations se tiennent presque sans interruption à Shanghai entre des délégations de Pékin et Canton jusqu'en mai 1919, date à laquelle

---

8. Pour suivre les méandres de ces élections, le guide le plus sûr (sur lequel je m'appuie très largement) est A. Nathan, *Peking Politics*, p. 91-113.

il devient clair qu'aucune des deux parties n'est prête à transiger sur la question des deux parlements rivaux (chacune exigeant la dissolution de l'autre). Xu Shichang, qui s'était personnellement beaucoup investi dans la réunification pacifique avec le Sud, s'en trouve affaibli politiquement et subit aussi le discrédit que jette sur son gouvernement le mouvement du 4 mai 1919. Xu représentait également la seule personnalité à même de se poser sinon en arbitre, du moins en virtuose capable de composer en jouant de son prestige entre les cliques de l'Anhui et du Zhili.

S'achève alors une période durant laquelle les affrontements entre les grandes cliques ayant émergé après la mort de Yuan Shikai avaient eu lieu à fleurets mouchetés. Plus qu'une opposition à la politique projaponaise de Duan, c'est la perspective d'une hégémonie de l'Anhui qui déclenche une courte guerre entre les deux cliques du Zhili et de l'Anhui (14-18 juillet 1920). La clique du Zhili l'emporte, grâce à l'alliance de revers qu'elle a su se ménager avec les forces de Zhang Zuolin. C'est donc la clique du Zhili désormais animée par le duo Cao Kun/Wu Peifu qui domine le gouvernement de Pékin durant les années suivantes. La défaite de l'Anhui marque aussi le terme d'une période durant laquelle le Japon, profitant de la voie laissée libre par les puissances européennes, avait tenté depuis 1916 de satelliser le gouvernement central en misant sur Duan Qirui et en accordant un soutien massif à la clique de l'Anhui. Le Japon réoriente totalement sa stratégie après la défaite de son poulain. Dès lors, il se désintéresse du gouvernement de Pékin et prend parti pour un pouvoir régional, ancré en Mandchourie, la principale région où se concentrent les intérêts japonais : celui de Zhang Zuolin. Et comme les puissances occidentales, de retour sur le théâtre extrême-oriental, n'accepteront pas que la Chine bascule sous l'influence exclusive du Japon, ce dernier met l'accent sur le renforcement de son influence en Mandchourie, tout en décourageant les ambitions nationales de Zhang Zuolin. Cette stratégie traduit aussi l'affaiblissement du gouvernement de Pékin : prétendre dominer la Chine tout entière en s'assurant du gouvernement de Pékin n'est plus une stratégie réaliste.

L'abaissement très net de la clique de l'Anhui en 1920 laisse la clique du Zhili face à face avec son alliée, la clique du Fengtian (voir carte IV). Le président Xu étant désormais cantonné à un rôle protocolaire, le gouvernement du Premier ministre, Jin Yunpeng, se borne essentiellement à expédier les affaires courantes ; tout le reste, c'est-à-dire l'essentiel, se règle entre les deux alliés. Le compromis Zhili/Fengtian finit par voler en éclats sous l'effet des ambitions grandissantes de Zhang Zuolin ; déjouant la tentative de poussée de ce dernier vers le Sud, Wu Peifu lui inflige une défaite au terme de la première guerre Zhili/Fengtian (avril-mai 1922), sans pouvoir toutefois anéantir ses forces ni l'extirper de son bastion.

Fig. 3 : Wu Peifu au milieu des années 1920.

Ayant repoussé son ennemi au Nord, la clique du Zhili entreprend alors d'en finir avec le gouvernement de Sun Yat-sen au Sud (ce dernier, de nouveau incrusté à Canton, s'y était fait élire en avril 1921 avec le titre de président). Pour aller vers une réunification, la clique avance ce qui a les apparences d'une solution de compromis : le retour de Li Yuanhong et le rappel du Parlement de 1912 à Pékin, en échange de la démission simultanée des deux présidents concurrents, Xu Shichang et Sun Yat-sen.

La tentative tourne court, par la maladresse de Li, qui torpille son propre ministère, et le refus obstiné de Sun de démissionner. Cao Kun se fait alors élire président le 5 octobre 1923, moyennant le versement de confortables pots-de-vin.

La seconde guerre Zhili/Fengtian débute en septembre 1924 avec comme prélude la lutte pour le contrôle de Shanghai entre Qi Xieyuan allié à la clique du Zhili, et Lu Yongxiang, soutenu par celle du Fengtian. Lors de cette première manche, le Zhili emporte la mise, c'est-à-dire Shanghai. Le choc frontal entre les deux cliques intervient un peu plus tard. Le 19 septembre, la principale bataille s'engage dans la région de Shanhaiguan (position clé qui commande l'accès à la Chine du Nord depuis la Mandchourie). Alors que la situation semble évoluer à nouveau favorablement pour la clique du Zhili, la trahison de l'un des principaux alliés de Wu Peifu, Feng Yuxiang, vient tout bouleverser. Le 23 octobre, Feng, qui a obtenu le concours de Yan Xishan, maître de la province du Shanxi, jette ses troupes sur Pékin où il fait prisonnier Cao Kun, le président de la République en exercice (ce qu'on appelle parfois le « coup d'État de Pékin » – *Beijing zhengbian* 北京政變). La trahison de Feng est obtenue (moyennant le versement d'une somme énorme) par l'entremise d'officiers japonais soucieux d'écarter la menace d'une défaite de leur protégé Zhang Zuolin et de l'invasion de la Mandchourie par les troupes de Zhili qui s'ensuivrait. Dans les jours qui suivent son coup de force, Feng Yuxiang se donne à bon compte des allures de champion de la cause républicaine en rebaptisant ses forces *Guominjun* 國民軍 (l'armée du peuple) puis en expulsant Puyi et sa suite de la Cité interdite (le 5 novembre). Pendant ce temps, prises à revers par la trahison de Feng Yuxiang, les forces de Wu Peifu, en dépit des efforts de ce dernier, se débandent irrémédiablement. Cela ne laisse plus à Wu qu'une seule issue : quitter le théâtre des opérations en Chine du Nord et gagner la vallée du fleuve Bleu pour tenter de refaire ses forces avec l'aide de militaristes qui, comme Qi Xieyuan, lui demeurent fidèles[9].

À Pékin, où les cartes ont été rebattues par le coup de force de Feng, le Parlement est une fois de plus dissous. Les nouveaux alliés Feng Yuxiang et Zhang Zuolin s'accordent pour sortir Duan Qirui (l'ancien chef de la clique de l'Anhui) de sa retraite et lui confier la charge de chef provisoire de l'exécutif (24 novembre). Les efforts de Duan pour reconstituer les formes de la légalité en convoquant une conférence de reconstruction le 1er février 1925 peuvent sembler assez dérisoires. Malgré tout, Sun Yat-sen croit voir là une opportunité et il se rend à Pékin dans l'espoir de s'imposer en arbitre ou du moins se mêler à un improbable *aggiornamento*. Le fameux testament politique (voir annexe 1) écrit sur son lit de mort évoque cette chimère lorsqu'il mentionne la nécessité de réunir dès que possible une Convention nationale.

Feng Yuxiang et Zhang Zuolin font bien mine de perpétuer les formes d'un gouvernement central, plaçant Duan à la tête d'un exécutif qui n'exécute plus grand-chose. Mais la substance des rapports de force demeure plus que jamais militaire : le *statu quo* entre les vainqueurs ne saurait durer. Dans les mois qui suivent, les deux s'évertuent à élargir leur zone d'influence, l'un en poussant ses pions vers le Henan, l'autre dans la région de Shanghai[10]. La guerre ouverte qui les oppose débute fin 1925. Cette fois-ci, Zhang Zuolin a obtenu l'alliance de Wu Peifu, toujours plein de ressentiment envers Feng Yuxiang. Feng et ses généraux subissent défaite sur défaite et Feng doit se résoudre à s'enfuir en URSS. La victoire de Zhang consacre son hégémonie sur la Chine du Nord.

Si les deux premières guerres entre les grandes cliques du Nord (guerre Anhui/Zhili de 1920, et première guerre Zhili/Fengtian de 1922) avaient été des affaires de quelques jours circonscrites à un théâtre d'opérations limité, la seconde guerre Zhili/Fengtian (1924) et la guerre Guominjun/Fengtian qui la suit sont des luttes terribles de plusieurs mois, qui mettent en œuvre des troupes considérables sur différents

9. L. Pye, *Warlord Politics*, p. 30.
10. A. Waldron, *From War to Nationalism : China Turning Point, 1924-25*, p. 229-239.

fronts[11]. Elles aboutissent à anémier les forces des protagonistes et ponctionnent des finances déjà précaires. En conséquence, elles créent un puissant appel d'air dont le Guomindang saura tirer profit dans les mois qui suivent.

Tous ces affrontements entre les trois grandes cliques du Nord ont pour objectif le contrôle du gouvernement de Pékin et à plus longue vue, la réunification du Nord de la Chine (au nord du fleuve Bleu). Ces cliques sont en mesure de constituer des blocs de provinces dont le nombre, à l'apogée de certaines d'entre elles, peut atteindre une dizaine. Ainsi l'horizon politique de la lutte entre elles reste-t-il celui de l'unification du pays.

Pendant ce temps-là, au sud du fleuve Bleu s'affirment des seigneurs de la guerre moins puissants, à défaut d'être moins pugnaces. Isolées géographiquement, dotées d'identités plus distinctes, les provinces du Sud (Sichuan, Yunnan, Guizhou, Guangdong et Guangxi) ne sont pas concernées directement par les grands affrontements entre les cliques Anhui, Zhili et Fengtian. Cela n'en fait pas pour autant des asiles de paix. On s'y déchire aussi bien que dans le Nord, la principale différence étant que les adversaires en présence, eux, ne sauraient caresser le rêve de réunifier le pays. L'homme fort du Yunnan, Tang Jiyao, parvient à étendre de façon peu durable son influence aux deux provinces voisines du Guizhou et du Sichuan en 1918[12]. Lu Rongting et la vieille clique du Guangxi étendent leur emprise sur le Guangdong et le Guangxi. Pour les grandes cliques du Nord, ces forces entrent seulement en ligne de compte comme alliance de revers (mais les actions effectivement concertées sont rares). Dans le cas des provinces les plus divisées, les grandes cliques du Nord s'efforcent de pousser leurs pions en se choisissant un champion parmi les rivaux qui s'y affrontent. Ainsi Wu Peifu tente-t-il de s'immiscer dans le lointain Guizhou en prodiguant son aide à Yuan Zuming ainsi qu'au Sichuan, où il mise sur Yang Sen[13].

11. Ch'i H., *Warlord Politics in China 1916-1928*, p 139-140.
12. D. Sutton, *Provincial Militarism*, p. 229.
13. Wou O., *Militarism in Modern China,* p. 95 et 118.

Qui sont les seigneurs de la guerre ?

La liquéfaction du pouvoir central dans la seconde moitié des années 1910 s'opère au profit de ceux que l'on commence à appeler les « seigneurs de la guerre » (*junfa*). Il importe de s'attarder sur eux. Dans sa magistrale étude, *Crimson Rain*, William Rowe a bien montré que la société chinoise ne manque pas de ferments de violence[14]. Pour peu que le contexte leur devienne favorable, ils s'extraient des secteurs de la société et des zones géographiques où ils demeuraient confinés durant les périodes de stabilité. La faiblesse du pouvoir central, à partir de 1916, à laquelle s'ajoute bientôt une surabondance d'armes disponibles à très bas prix consécutivement à la fin du conflit de 1914-1918, offre un contexte particulièrement favorable à leur déchaînement. De petits hobereaux locaux, des bandits, des militaires en rupture de ban peuvent en effet, à force d'audace, d'énergie et de chance, accéder au statut de seigneurs de la guerre.

Donner une définition de ce terme d'origine japonaise (*gunbatsu*) que Chen Duxiu introduit dans la langue chinoise relativement tardivement, en 1918[15], n'est pas chose aisée. On peut néanmoins avancer qu'un seigneur de la guerre a réussi à se ménager, par la grâce de la force militaire dont il dispose, le contrôle d'une certaine assise territoriale (faute de quoi, rien ne le différencie de ces chefs de bandits itinérants qui sévissent dans maintes régions). Aucun seigneur de la guerre ne songerait à utiliser ce terme hautement péjoratif (et qui le demeure tout autant aujourd'hui) pour se qualifier lui-même. Le *junfa*, en effet, c'est toujours l'autre : règle que la propagande du Guomindang reprend totalement à son compte. La définition du *junfa* se complique encore après 1926 : le terme est en effet utilisé *ad nauseam* par la propagande nationaliste pendant l'expédition du Nord pour désigner les chefs militaires ennemis du Guomindang. Mais ceux qui se rallient à sa cause, eux, cessent de l'être et reçoivent, comme d'un coup de baguette magique, leur adoubement de révolutionnaire. *A contrario*, dès

---

14. W. Rowe, *Crimson Rain, Seven Centuries of Violence in a Chinese County*.

15. A. Waldron, « The Warlord : Twentieth-Century Chinese Understanding of Violence, Militarism and Imperialism », p. 1080 et 1085.

qu'un général du Guomindang reprend ses distances et s'arroge quelque indépendance, phénomène relativement fréquent dans les années 1930, il (re)devient un *junfa*. Cet étiquetage en règle, repris par les historiens d'obédience nationaliste et communiste dans les décennies suivantes, aboutit à ranger des figures résolument progressistes parmi les *junfa*. Le cas de Chen Jiongming est probablement le plus caractéristique : ses idées démocratiques particulièrement avancées n'empêchent pas, une fois qu'il rompt spectaculairement avec Sun Yat-sen en 1922, d'être affligé de l'appellation infamante de *junfa*.

L'impossible portrait-robot

On a trop tendance à mettre en avant certains seigneurs de la guerre particulièrement hauts en couleur, comme Zhang Zongchang, le fameux « général viande de chien ». Son rôle, somme toute assez modeste (il est le maître de la province du Shandong de 1925 à 1927) ne justifie pas qu'il soit si connu. Sa célébrité provient du fait que l'on peut difficilement trouver un plus beau spécimen pour crier haro sur les seigneurs de la guerre : brutal, rapace, sans scrupule, adepte de l'opium, des jeux de hasard (contrairement à ce qu'on lit partout, son surnom ne vient pas d'un quelconque goût pour les canidés, mais d'une expression associée à un jeu de hasard qu'il apprécie particulièrement). Enfin, détail qui lui est propre, et bien de nature à alimenter les fantasmes, cet homme à femmes se constitue un véritable harem. Les contemporains se plaisent à décrire les frasques de ce croque-mitaine, volontiers repris par les historiens actuels.

Si les seigneurs de la guerre constituent à première vue un groupe très hétérogène, le profil des grands seigneurs de la guerre du Nord est tout de même assez similaire : il s'agit souvent d'anciens officiers supérieurs de l'armée Beiyang, la principale force militaire du pays à la fin des Qing, et qui appartiennent sensiblement à la même génération. Ils possèdent souvent un bagage intellectuel plus qu'honorable. Nombreux sont les lauréats du premier (Feng Guozhang, Wu Peifu) voire du second (Yan Xishan) niveau des examens impériaux[16]. Wu

16. Ch'en J., « Defining Chinese Warlords and Their Factions », p. 563-600. Cet article demeure très précieux pour décrire la variété des *junfa*.

Peifu se plaît particulièrement à prendre la posture du lettré. Durant ses campagnes, il compose ostensiblement des poèmes sur le champ de bataille. Zhang Zuolin, un ancien bandit illettré, fait exception.

Dans l'ouest et le sud du pays, les seigneurs de la guerre ont des profils beaucoup plus variés. Nombre de ceux qui deviennent des *junfa* s'appuient dès leurs débuts sur une force armée qui sert leurs ambitions : il y a donc d'anciens militaires des Qing, des chefs de milices, mais aussi des bandits. Mais ce n'est pas une règle générale : on trouve des cas d'anciens fonctionnaires civils de la fin des Qing, ou encore de révolutionnaires entraînés par leur ambition personnelle. Certains personnages ressortissent peu ou prou à toutes ces catégories. C'est le cas de Lu Rongting, homme fort qui domine notamment le Guangxi entre 1912 et 1921. Ancien bandit des confins de l'Indochine et du Guangxi, il est coopté dans les forces militaires des Qing au sein desquelles il monte rapidement en grade et devient, en 1911, un révolutionnaire de circonstance, ultime étape avant de gagner ses galons de *junfa*.

Le seigneur de la guerre n'est pas nécessairement originaire de la zone dont il s'arroge le contrôle, ce dont maints grands seigneurs de la guerre de Chine du Nord offrent l'exemple, avec encore une fois l'exception de Zhang Zuolin qui domine la Mandchourie dont il est originaire. Dans le Sud et l'Ouest, une tendance à l'émergence de satrapes d'extraction locale se dessine beaucoup plus clairement. L'origine locale est un des facteurs qui favorisent la longévité d'un seigneur de la guerre, qui peut user de ses réseaux personnels et familiaux pour asseoir sa domination. Certains seigneurs de la guerre ont une carrière éphémère, d'autres règnent sur leur domaine durant de longues années, voire des décennies. Dans ce dernier cas, la géographie vient souvent à leur secours : la longévité la plus notoire est celle de Yan Xishan qui reste inexpugnable au Shanxi durant toute la période républicaine en raison de l'isolement d'une province protégée par des montagnes et des cours d'eau. Mais il est d'autres exemples, comme Jing Yuexiu, indélogeable de son réduit du nord du Shaanxi de 1917 à sa mort en 1936.

Malgré quelques exceptions, la brièveté des carrières est cependant la norme, et elle contribue à expliquer l'absence de dynasties de seigneurs de la guerre. Il est exceptionnel qu'un fils succède à son père. Le cas de Zhang Xueliang qui, non sans de grandes difficultés, parvient à reprendre le contrôle de la Mandchourie à la mort de son père, reste unique.

Les ressorts du pouvoir des junfa

Dans le nord de la Chine, on l'a vu, certains seigneurs de la guerre contrôlent plusieurs provinces et nourrissent l'ambition d'occuper Pékin (et donc d'accaparer ce qui reste de pouvoir central). Le sud de la Chine est moins lisible : une province comme le Sichuan, fortement compartimentée, offre ainsi un biotope très favorable à la multiplication de petits satrapes locaux. C'est fort tardivement qu'un homme fort émerge pour imposer un semblant d'unification de la province. Loin d'être comparables aux grands fauves de la Chine du Nord, certains *junfa* sont des animalcules rançonnant quelques dizaines de villages. Près de Canton, Li Fulin (qui n'a pas sombré dans l'oubli en raison de l'appui qu'il offre au Guomindang au début des années 1920) n'est le maître, en tout et pour tout, que d'une grosse île du delta de la rivière des Perles.

D'une manière générale, il est bien évident que les seigneurs de la guerre cherchent à contrôler les territoires les plus étendus possibles. Mais leur appétit se porte surtout sur les régions les plus prospères, promesses de rentrées fiscales abondantes. Dans cette optique, certaines zones stratégiques sont particulièrement convoitées soit parce qu'elles recèlent des richesses minières, soit parce qu'elles sont des greniers à céréales ou encore parce qu'elles sont empruntées par des axes de communication majeurs. Le contrôle des principaux fleuves, routes et surtout chemins de fer offre maints avantages : outre les taxes que l'on peut en retirer et des facilités pour déplacer rapidement des troupes, le racket des chemins de fer est une activité très pratiquée par les différents seigneurs de la guerre.

Les grandes villes, où se concentre la richesse, sont d'autres morceaux de choix. Qu'il s'agisse de lever des impôts sur les transactions commerciales, sur les biens de consommation, sur les propriétés foncières, ou encore d'« inviter » les banques à consentir des prêts, c'est des villes qu'il faut s'assurer. Ainsi la prééminence de Liu Xiang qui s'affirme au détriment de la demi-douzaine de seigneurs de la guerre qui se partagent le Sichuan après 1927 est-elle due surtout au fait qu'il parvient à s'assurer du contrôle de Chongqing, l'une des deux principales villes de la province. Parmi les plus convoitées sont les villes qui abritent les deux grands arsenaux, héritages de la période de l'autorenforcement : Shanghai et Hanyang. Zhang Zuolin, avec l'aide du Japon, fait aussi de Moukden un arsenal de grande ampleur au début des années 1920. Au milieu des années 1920, les conseillers militaires russes de Feng Yuxiang pointent avec clairvoyance le talon d'Achille de ce dernier : il ne dispose d'aucun arsenal digne de ce nom, lacune encore aggravée par l'enclavement des territoires qu'il contrôle. Aucun seigneur de la guerre ne peut espérer jouer un rôle de premier plan sans s'assurer du contrôle de ces leviers.

Parfaitement conscients qu'ils ne sauraient gouverner par la seule force, et soucieux d'enraciner leur pouvoir dans la société locale, les *junfa* ont soin de s'associer aux élites locales. La question de leur légitimité les préoccupe beaucoup. Avec perspicacité, James Sheridan observe jusqu'à quel point les seigneurs de la guerre se montrent avides de titres officiels pour recouvrir leur mainmise personnelle, et imaginatifs pour s'en inventer d'autres lorsque ceux-ci s'avèrent inaccessibles[17]. D'autre part, ils ne se contentent pas de surveiller de près la presse de leur région afin que nul article qui leur soit défavorable ne soit publié : ils financent diverses publications pour mettre en exergue, par exemple, leurs actions philanthropiques.

Un examen d'ensemble suffit pour abandonner l'idée totalement simpliste de seigneurs de la guerre se contentant de la seule force brutale pour imposer leur loi. Cela étant dit, quelles valeurs les seigneurs de la guerre mettent-ils en avant pour légitimer leur pouvoir ? À première vue domine l'impression d'un patchwork assez déroutant dont se dégagent cependant une hostilité au régime des Qing, avec son corrélat la fidélité proclamée au régime républicain, un autoritarisme mâtiné de confucianisme et la mise en avant de sentiments régionalistes[18]. Il est par ailleurs remarquable que les seigneurs de la guerre soient sous la République les seuls acteurs politiques à chercher le secours de la religion pour fonder leur légitimité. Ce recours peut prendre plusieurs formes. De la

17. J. Sheridan, *China in Disintegration.*

18. Voir notamment : L. Pye, *Warlord Politics*, chapitre « Public Relations and Propaganda », p. 113-131.

façon la plus générale, les seigneurs de la guerre patronnent la religion populaire en construisant, restaurant ou protégeant des temples. Ils ont tendance, par ailleurs, à promouvoir le culte de héros militaires redresseurs de torts, modèles de courage et de vertu comme Yue Fei et Guan Yu ; moyen pour eux d'exalter l'élément militaire de la société (et de rehausser leur propre prestige par la même occasion). D'autres, comme Tang Jiyao au Yunnan, patronnent ostensiblement des personnages religieux d'une haute réputation (en l'occurrence Xuyun, un des plus grands maîtres bouddhistes de l'époque). Au début des années 1920, le fédéralisme devient de saison. Il est pour eux pain bénit en offrant une justification à leurs velléités d'indépendance. Le début de l'expédition du Nord incite ceux qui s'y opposent à entonner une rhétorique anticommuniste (Zhang Zuolin s'en fait une spécialité).

Le fait essentiel est cependant que les seigneurs de la guerre se montrent imperméables au renouvellement rapide des idées politiques du milieu des années 1920. Ainsi, à quelques exceptions près, ils sont demeurés réticents à mettre en avant la rhétorique ardemment nationaliste que le Guomindang et le Parti communiste ont en partage. Le mot d'ordre d'organisation et de mobilisation de la population au nom d'un idéal nationaliste et révolutionnaire, l'idée qu'on doit considérer la société non comme un donné mais comme l'objet d'une refondation démiurgique, tant de vues nouvelles qui resteront étrangères aux *junfa*[19]. Ce décalage avec l'offre politique radicalement renouvelée que proposent les partenaires du premier Front uni, et à laquelle la population souscrit de plus en plus, sera l'une des causes de leur éviction de la scène politique.

Luttes, alliances, viscosité

Les luttes entre seigneurs peuvent laisser la fausse impression d'un pur déchaînement de violence, alors qu'elles obéissent pourtant à un certain nombre de règles non écrites. Tous les coups ne sont pas permis. En particulier, l'assassinat politique (du moins entre rivaux de force égale ; on se gêne moins vis-à-vis des seconds couteaux) est une

---

19. L'étude magistrale de Mickael Tsin montre l'émergence de cette ligne politique dans le Canton du début des années 1920 : M. Tsin, *Nation, Governance, and Modernity in China, Canton 1900-1927*.

indélicatesse qui demeure très rare. Il est, de même, d'usage de laisser à un adversaire vaincu une porte de sortie. La vie politique chinoise de la période des Seigneurs de la guerre n'a pas seulement ses règles, elle a aussi ses coulisses. Hong Kong et les concessions étrangères (plus particulièrement celles de Shanghai et Tianjin) en tiennent lieu. On peut voir encore aujourd'hui certaines des imposantes demeures qu'ils s'y étaient fait bâtir, comme celle de Sun Chuanfang dans la concession anglaise de Tianjin. Nombre de seigneurs de la guerre déchus ou de politiciens en disgrâce y coulent une retraite paisible avec le magot qu'ils ont accumulé, à moins qu'ils patientent dans l'espoir que le vent tourne et qu'ils puissent tenter de faire leur retour. À sa mort, la seule possession significative de Sun Yat-sen était sa maison du 26, rue Molière dans la concession française de Shanghai. Or, Sun est d'une probité assez exceptionnelle pour son époque : en dépit des sommes immenses qui sont passées entre ses mains, seul parmi les hommes de pouvoir de premier plan, il est mort pauvre. Par conséquent, le fait même qu'il ait acquis cette maison montre qu'un refuge dans une concession est un outil indispensable dans une carrière politique sous la République. C'est là que Sun s'emploie aux intrigues nécessaires pour se remettre en selle lors des périodes les moins fastes de sa trajectoire politique, comme la traversée du désert qu'il connaît du printemps 1918 à l'automne 1920 et la période incertaine d'août 1922 à février 1923 durant laquelle, après avoir été chassé de Canton par Chen Jiongming, il négocie les termes d'une alliance du Guomindang avec l'URSS[20].

L'existence de règles tacites régissant les luttes entre seigneurs de la guerre pointe vers un autre élément d'importance : en réalité, l'indépendance d'un seigneur n'est jamais absolue et la survie de chacun passe par des alliances. On voit par exemple souvent un petit *junfa* s'efforcer, pour garder les coudées franches face au seigneur de la guerre qui contrôle l'essentiel de la province dans laquelle il s'est taillé un domaine, de se ménager l'appui d'un puissant personnage extérieur à ladite province. Il n'est pas rare non plus que des seigneurs de la guerre recherchent le soutien d'une puissance étrangère. Cela est vrai en particulier des zones périphériques d'où une aide matérielle

20. M.-C. Bergère, *Sun Yat-sen*, p. 314-324 et 344-352.

peut parvenir plus aisément à partir de territoires sur lesquels s'exerce la mainmise d'une puissance. Au Yunnan, qui jouxte l'Indochine, le seigneur de la guerre Tang Jiyao et son successeur Long Yun sont maintenus sous la tutelle française parce qu'ils dépendent des livraisons d'armes acheminées par le chemin de fer du Tonkin français et de ce même chemin de fer pour les exportations. À l'autre extrémité du pays, dans son fief du Nord-Est, Zhang Zuolin reçoit un important appui du Japon qui a fait de la Corée une colonie depuis 1910[21].

Les luttes incessantes entre seigneurs de la guerre sont également caractérisées par l'incapacité, pendant plus d'une dizaine d'années, et avant que le Guomindang ne vienne rompre l'équilibre à son profit en 1928, de faire émerger un vainqueur. On est en présence de ce qu'on peut appeler une situation de viscosité politique, notion utilisée par Dominique Barthélemy pour caractériser l'époque des premiers Capétiens[22]. Un état visqueux implique en effet que toute poussée significative produise des forces contraires dont les effets conjugués tendent à la freiner et à l'annuler.

Dans le cas qui nous intéresse, deux dynamiques principales sont à l'oeuvre. La première se met en branle dès qu'un seigneur de la guerre remporte des succès significatifs : l'inquiétude que suscite sa montée en puissance pousse les autres potentats à s'unir contre lui. Ainsi voit-on au printemps 1923 se constituer une coalition composée de Zhang Zuolin, Sun Yat-sen et Lu Yongxiang (sorte de « butte témoin » de la grandeur passée de la clique de l'Anhui, ce dernier tient toujours la province du Zhejiang). Cette coterie hétéroclite appelée l'alliance triangulaire (*sanjiao tongmeng* 三角同盟) n'a en effet d'autre raison d'être que de rassembler tous ceux dont l'intérêt est de faire obstacle à la pressante menace d'une hégémonie de la clique du Zhili[23]. La seconde dynamique est une force centrifuge qui travaille en permanence le faisceau des fidélités, lequel constitue la texture même de la puissance d'un seigneur de la guerre. Ils s'efforcent certes de le consolider en confiant des commandements ou des responsabilités civiles à des membres de leur parentèle. Phénomène très répandu et

21. G. McCormack, *Chang Tso-lin in Northeast China 1911-1928,* p. 64-68 et 131-142.

22. D. Barthélemy, *Nouvelle Histoire des Capétiens (987-1214)*, p. 24.

23. A. Nathan, *Peking Politics,* p. 212-213 et A. Waldron, *From War to Nationalism,* p. 190-196.

d'un grand intérêt, qui mériterait assurément une étude par lui-même, les frères des *junfa* sont tout particulièrement mis à contribution. Cao Rui, Cao Ying, Long Yuguang, Chen Weizhou, Liu Xianzhi : on a là une série de noms qui ne sont pas les plus connus de la période républicaine ; ces hommes ont pour point commun d'être des frères de seigneurs de la guerre et d'avoir été placés par eux à des postes stratégiques[24]. Mais, en dépit des précautions prises, il est très fréquent, surtout lorsque les forces militaires et les possessions d'un seigneur de la guerre s'accroissent significativement, que s'affirment les ambitions de subalternes avides de se tailler leur propre satrapie indépendante. Ces hommes reçoivent souvent le soutien actif et intéressé d'un seigneur de la guerre voisin trop heureux d'affaiblir un rival[25]. Deux des plus grands seigneurs de la guerre de Chine du Nord ont eu à faire face, lorsqu'ils atteignirent l'apogée de leur puissance, à la trahison d'un de leurs principaux hommes liges : Wu Peifu, contre lequel on a vu Feng Yuxiang se retourner lors de la seconde guerre Zhili/Fengtian le 23 octobre 1924, et Zhang Zuolin, confronté à son tour l'année suivante à la trahison de l'un de ses principaux lieutenants, Guo Songling[26] (novembre-décembre 1925).

L'unité nationale en péril ?

La décennie des seigneurs de la guerre est une ère d'extrême division, état ressenti de façon très générale par les contemporains comme insatisfaisant et provisoire. L'historiographie elle-même continue largement de juger la période à travers le seul prisme du péril pour l'unité nationale. Mis à part le fait que les seigneurs de la guerre règnent en maîtres sans rendre de compte au pouvoir central de Pékin, il a été souligné à l'envi que certains d'entre eux n'hésitent pas à donner la main à des puissances étrangères qui, de leur côté, s'efforcent d'en faire des relais de leur influence. Les maîtres successifs du Yunnan

24. Il s'agit des frères des seigneurs de la guerre suivants : Cao Kun, Long Jiguang, Chen Jitang et Liu Xianshi.

25. Pour une excellente analyse des réseaux de loyauté au sein des seigneurs de la guerre et de leur fragilité, voir J. Sheridan, *China in Disintegration*, p. 78-80.

26. G. McCormack, *Chang Tso-lin in Northeast China 1911-1928. China, Japan and the Manchurian idea*, p. 151-187.

ou de la Mandchourie ne pouvaient pas ne pas chercher l'appui de la puissance présente de l'autre côté de la frontière. Mais il ne faut pas exagérer la docilité de ces seigneurs vis-à-vis de leurs alliés étrangers. Zhang Zuolin n'a, par exemple, jamais été le pantin docile dont rêvaient les Japonais.

On a par ailleurs toujours tendance à mettre l'accent sur les manifestations de la désunion plutôt que sur celles qui traduisent, envers et contre tout, la résilience d'un cadre national. En réalité, la Chine n'est pas démembrée et jamais en danger de l'être. La circulation des hommes et des marchandises reste libre. Il est vrai que les *junfa* possèdent leurs propres forces armées et lèvent leurs impôts. L'importance du fait que certains font circuler leur propre monnaie ne doit pas être surestimée. Ce serait oublier qu'en Chine, battre monnaie n'a jamais constitué, de près ou de loin, un privilège régalien. Mais jamais aucun ne prétend fonder un pays indépendant et, comme tel, entretenant des relations d'État à État avec des puissances étrangères. Par ailleurs, comme le souligne Henrietta Harrison, chaque *junfa* perpétue dans la partie du pays sous sa domination la liturgie républicaine[27], notamment la mise en avant du drapeau national. C'est là, bien sûr, une manière d'affirmer leur légitimité, mais cette pratique exprime ainsi également le primat de l'unité nationale.

Il ne faut pas exagérer non plus l'impuissance de Pékin : en dépit de l'affaiblissement du gouvernement central, les décisions de ministères comme celui de la Justice ou de l'Éducation sont appliquées à travers les provinces. Certaines administrations continuent de fonctionner efficacement à l'échelle nationale, comme celle de la Gabelle ou des Postes, dont l'imposant réseau de 12 000 agences quadrille tout le territoire, ignorant des velléités d'indépendance des seigneurs de la guerre.

En définitive, l'ère des seigneurs de la guerre reste dominée par le consensus en faveur de la préservation de l'unité nationale, ainsi que, dans la pratique, par le caractère très incomplet de l'« indépendance » des seigneurs de la guerre.

---

27. H. Harrison, *The Making of the Republican Citizen. Political Ceremonies and Symbols in China, 1911-1929*, p. 105-114.

Contexte diplomatique, mouvement du 4 mai 1919 et montée du nationalisme

Le terme de mouvement du 4 mai a deux acceptions. Au sens large, il s'agit d'un mouvement intellectuel que l'on fait débuter de façon conventionnelle avec la fondation de la revue *Xin Qingnian* 新青年 (*La Nouvelle Jeunesse*) en 1915 et qui s'étend jusqu'au milieu des années 1920. C'est un mouvement qui se caractérise par son iconoclasme, et qui entreprend au nom de la science et du progrès une critique systématique des fondements mêmes de la culture chinoise. Il sera traité en détail dans le chapitre 9 consacré à la vie intellectuelle.

Au sens étroit du terme, qui nous intéressera ici, il désigne la vague de protestation provoquée par la nouvelle que les droits et avantages dont l'Allemagne jouissait avant 1914 dans la province du Shandong, au lieu d'être restitués à la Chine, passent au Japon.

Pour comprendre le caractère cuisant de la nouvelle du transfert des droits allemands au Japon, il convient de se replacer d'une part dans le contexte de l'histoire diplomatique, marquée par un redressement spectaculaire entamé dès la dernière décennie de la dynastie Qing, et, d'autre part, dans une chronologie plus resserrée, de relever l'existence dans la population d'espoirs suscités par le fait que la Chine appartient au camp des vainqueurs quand la guerre s'achève.

Deux décennies de spectaculaire redressement diplomatique de la Chine (1906-1926)

Dès 1906, l'Empire avait signé un traité avantageux avec le Royaume-Uni à propos du Tibet. De cette même puissance, elle avait, en faisant preuve d'habileté et de ténacité, obtenu la fin des importations d'opium d'Inde par une série d'accords en 1907 et 1911. Certes, la Chine doit en passer par les humiliantes 21 demandes du Japon de 1915. Mais dès l'entrée en guerre d'août 1917, la Chine commence à remonter la pente, en annulant les droits d'extraterritorialité des Allemands et Austro-Hongrois. Elle obtient de ses alliés une suspension de cinq ans des versements de l'indemnité des Boxeurs. La participation à la conférence de Versailles est en elle-même une victoire.

Avec le début des années 1920 s'ouvre une période carrément triomphale pour la diplomatie chinoise. Les accords passés avec l'Allemagne et l'Union soviétique en 1920-21 entérinent la renonciation de deux grandes puissances à leurs privilèges en Chine : leurs ressortissants ne bénéficient plus du droit d'extraterritorialité, et le versement de l'indemnité des Boxeurs prend fin[28]. Mais c'est lors de la conférence de Washington (novembre 1921-février 1922) que le gouvernement de Pékin, qui continue d'assurer la représentation diplomatique de la Chine, peut se targuer d'avoir remporté les plus remarquables succès. Il profite des dispositions très favorables de la diplomatie américaine, à l'origine de la conférence et qui entend mettre un terme à la rivalité des impérialismes et de la politique des sphères d'influence en Chine. Son autre objectif, qui, lui, n'est pas mis explicitement en avant, est de remettre en cause les avantages jugés disproportionnés et néfastes à l'équilibre des forces que le Japon s'est assurés en Chine depuis l'épisode des 21 demandes. La Chine obtient des engagements en faveur d'une renégociation des traités. Enfin, en marge de la conférence, dans le cadre de négociations bilatérales Chine-Japon, la renonciation par ce dernier aux droits sur le Shandong est conclue. L'étape suivante est la conférence sur les tarifs douaniers à Pékin ouverte le 26 octobre 1925. Les diplomates chinois utilisent habilement l'émotion suscitée par le mouvement du 30 mai 1925 pour réclamer que les promesses de Washington concernant le retour à l'autonomie douanière se concrétisent rapidement. Il est décidé le retour à l'autonomie douanière de la Chine, en échange de la suppression des douanes intérieures (les étrangers considèrent de longue date de telles taxes comme un obstacle majeur au développement de leurs exportations vers la Chine). La date d'entrée en application est fixée au 1er janvier 1929.

Les attentes déçues des négociations de Versailles

La Chine, qui s'était déclarée neutre au début des hostilités, entre en guerre contre les Empires centraux assez tardivement, le 14 août 1917. L'un des buts poursuivis est de remettre la main sur les avantages acquis par l'Allemagne. D'un strict point de vue militaire, la contribution de

28. W. Kirby, *Germany and Republican China,* p. 24.

la Chine est nulle, mais elle fournit tout de même plusieurs centaines de milliers de travailleurs aux Alliés afin de soutenir l'effort de guerre. Ces Chinois travaillent surtout dans les usines ou les ports dans des conditions souvent difficiles. Après l'armistice de novembre 1918, ils contribuent largement à la remise en état de la zone du front. En tout, environ 3 000 d'entre eux laissent la vie en Europe (morts surtout de maladie).

La guerre finie, non seulement la Chine appartient au camp des vainqueurs mais elle peut à bon droit revendiquer une contribution significative à la victoire finale. Elle escompte l'appui des États-Unis dont le président, Wilson, s'est donné pour but de faire souffler un vent nouveau de justice, de collaboration et d'égalité sur la diplomatie mondiale, et dont les 14 points datent de janvier 1918. La délégation chinoise arrive donc à la conférence de la paix réunie à Versailles avec un objectif élevé : la remise en cause du système des traités inégaux qui maintiennent le pays dans un état de demi-sujétion. L'un de ses membres, Wellington Koo, prononce un discours remarqué en ce sens en janvier 1919. Avec un tel horizon d'attente, la nouvelle du transfert des droits de l'Allemagne au Shandong est donc ressentie par l'opinion publique comme une cinglante humiliation.

Un mouvement sans précédent

L'université de Pékin, dont Cai Yuanpei a fait un lieu où liberté intellectuelle se conjugue avec excellence, s'affirme comme le foyer central de l'agitation. La première manifestation d'étudiants se produit le 4 mai 1919. Elle inaugure d'emblée de nouvelles formes d'expression politique. La mobilisation des étudiants de la capitale n'est pas la nouveauté principale. Un an auparavant, en mai 1918, ces derniers s'étaient déjà élevés contre la signature d'un accord militaire secret avec le Japon. Mais l'action entreprise avait consisté principalement à se rendre (le 21 mai 1918) à la Présidence de la République afin d'y remettre une protestation écrite, dans la droite ligne d'une tradition de remontrance exercée par l'élite lettrée envers le pouvoir politique. Par contraste, la manifestation du 4 mai 1919 s'adresse à la population pékinoise et, à travers elle, à l'ensemble du peuple chinois. Il s'agit donc d'une manifestation au sens strict où nous l'entendons aujourd'hui, c'est-à-dire une forme d'action collective organisée et destinée autant à faire pression sur les autorités qu'à produire une impression sur l'opinion publique. Elle comporte une mise en scène : les participants crient des slogans et exhibent des banderoles afin de toucher la population qui les regarde défiler[29]. La manifestation se solde par le saccage de la résidence d'un politicien projaponais et par une répression policière qui débouche sur l'arrestation de plusieurs dizaines d'étudiants. Le mouvement du 4 mai est aussi le produit de l'évolution des premières années de la République : d'un côté l'évolution de la situation politique depuis 1912 cause une grande désillusion ; d'un autre, l'absence d'un État fort fournit les conditions d'une liberté de débat et d'expression, et permet au mouvement de faire tache d'huile. En effet, si la première manifestation étudiante a lieu le 4 mai 1919 à Pékin, le mouvement ne reste confiné ni à la capitale ni aux milieux estudiantins et intellectuels. Il s'étend rapidement dans tous les grands centres urbains de la Chine. Les ouvriers se mobilisent, par le biais de leurs organisations traditionnelles (guildes) ; à Shanghai une grève de cinq jours est suivie par 60 000 travailleurs. La participation de la population au sens le plus large intervient par le moyen du boycottage. M.-C. Bergère a bien montré comment, dans le cas de Shanghai, différentes classes urbaines coordonnent leur action et communient dans la même ardeur nationaliste[30]. Largement spontané, suivi avec retard par la classe politique, le mouvement du 4 mai révèle avant tout les progrès rapides d'une conscience nationale. L'idée s'impose ainsi d'une communauté de citoyens transcendant non seulement les strates sociales mais aussi les appartenances régionalistes. L'Amicale des étudiants du Shaanxi à Pékin (*Shaanxi lüjing xuesheng lianhehui*) devient par exemple dès 1918 la Société du progrès commun (*Gongjin she*), qui s'ouvre à des vues incomparablement plus vastes, au point de devenir une des chevilles ouvrières du mouvement du 4 mai dans la capitale[31].

---

29. F. Lanza, *Behind the Gate : Inventing Students in Beijing*, p. 123 ; T. Weston, *The Power of Position*, p. 156-157.
30. M.-C. Bergère, *Histoire de Shanghai*, p. 190-194.
31. T. Weston, *The Power of Position*, p. 156.

Fig. 4 : Arrestation d'étudiants de l'université de Pékin (juin 1919).

Manifestations, grèves et boycottages sont organisés à travers le pays avec la bénédiction des seigneurs de la guerre locaux, dont un bon nombre expriment leur soutien au mouvement de Pékin, dénoncent la répression dont il fait l'objet, et apportent aide et encouragement. C'est par exemple le cas au Jiangxi alors sous la domination de Chen Guangyuan, où 3 000 étudiants manifestent dans les rues de Nanchang le 12 mai contre la répression du mouvement. Le gouverneur militaire du Sichuan, Xiong Kewu, lui, permet à deux manifestations de se tenir le 25 mai et le 8 juin. S'ils prennent les mesures nécessaires pour que le mouvement ne leur échappe pas, en protégeant ceux qui défilent, les seigneurs de la guerre s'empressent de se donner le beau rôle en bombardant le gouvernement de Pékin de télégrammes indignés. C'est au moins autant leur action que la pression populaire s'exprimant à travers grèves et boycottages qui incite le gouvernement de Pékin à donner congé à ses trois ministres les plus projaponais le 10 juin. Les délégués chinois à Versailles refusent de signer le traité.

La mobilisation débouche sur une victoire surtout symbolique (les Japonais restent solidement installés au Shandong). L'importance du mouvement tient davantage au fait qu'il marque l'origine de nouveaux comportements : de larges couches urbaines s'invitent sur la scène politique au nom d'idéaux nationalistes. Dans les années qui suivent, ces nouveaux acteurs vont prendre pleinement part à différentes crises comme celle du 30 mai 1925.

La décennie de Canton[32] : l'essor du Guomindang (1917-1926)

Pendant les huit dernières années de sa vie, Sun Yat-sen œuvre principalement à faire du Guangdong la rampe de lancement de son projet de réunification du pays. Comme on l'a vu, dans le cadre du mouvement de défense de la Constitution, il arrive le 17 juillet 1917 à Canton, alors sous la domination de Lu Rongting, le chef de la vieille clique du Guangxi. La stratégie de Sun consiste à s'opposer au gouvernement de Pékin et à revendiquer la légitimité républicaine en s'appuyant notamment sur les membres du Parlement de 1912 venus trouver refuge à Canton. Mais constatant que Lu Rongting n'est pas disposé à se mettre au service de ses ambitions nationales, Sun quitte le Guangdong au printemps 1918.

Deux ans plus tard, en octobre 1920, Chen Jiongming, l'un des anciens chefs de la révolution de 1911 au Guangdong, parvient à chasser Lu Rongting. C'est avec un enthousiasme très relatif qu'à son tour il accueille Sun, qui vient de refonder le Guomindang l'année précédente à la date très symbolique du 10 octobre[33]. En apparence, Chen, un progressiste, sincèrement attaché à la cause républicaine, peut sembler politiquement beaucoup plus proche de Sun que ne l'était Lu Rongting. Mais il penche pour une Chine fédérale : à court et moyen

---

32. J'emprunte cette expression assez heureuse (et qui fait bien entendu écho à la décennie de Nankin, l'objet du chapitre 3) à Chan M., « A Turning Point in the Modern Chinese Revolution : The Historical Significance of the Canton Decade, 1917-1927 », p. 224-241.

33. M.-C. Bergère, *Sun Yat-sen*, p. 316. Il s'agit d'une refondation car le Guomindang « première manière » était, comme nous l'avons vu dans le chapitre 1, ce parti fondé en 1912 dans l'objectif de remporter les élections parlementaires de l'hiver 1912-1913.

terme, sa priorité est de développer la province du Guangdong afin d'en faire un modèle pour le reste du pays. Voilà qui cadre mal avec l'ambition de Sun Yat-sen de faire de la province (quitte à l'écraser d'impôts) le tremplin d'une réunification militaire. En réalité, le tandem Chen Jiongming-Sun Yat-sen a tout du mariage de la carpe fédéraliste avec le lapin ne rêvant que de courir l'aventure militaire d'une expédition vers Pékin destinée à réunifier la Chine. Durant deux années, les deux hommes mènent des politiques pour ainsi dire contradictoires. En juin 1922, Chen coupe les ponts et attaque le quartier général de Sun. Ce dernier échappe de justesse à la mort et parvient à gagner Shanghai. Sun a eu ainsi l'occasion de constater qu'une nouvelle fois, le dernier mot reste à celui qui détient la puissance militaire.

Six mois plus tard, Chen Jiongming est chassé de Canton par une coalition hétéroclite de militaristes financée par Sun. Une bonne partie sont des troupes originaires d'autres provinces, que le ressac des guerres incessantes de la période a amenées là. Elles sont d'ailleurs appelées par euphémisme « armées invitées » (*kejun* 客軍). Certaines de ces forces sont assez puissantes pour constituer une menace pour le Guomindang, à l'image des 23 000 Yunnanais commandés par Yang Ximin. Sun revient au Guangdong le 21 février 1923. Il y est davantage maître du jeu qu'en 1920, même si sa situation reste extrêmement précaire. En effet, le Guomindang doit jouer des coudes parmi ses alliés indociles d'aujourd'hui (ils pressurent sans vergogne la population et rivalisent de zèle pour lever des impôts à Canton) et ses ennemis d'hier (Chen Jiongming, notamment, reste menaçant dans l'est du Guangdong).

Ces mésaventures persuadent Sun qu'il est indispensable que son parti dispose d'une armée qui soit non pas alliée, mais dont il possède l'entière maîtrise. Il a aussi acquis la conviction que jouer le jeu de la légitimité républicaine n'a plus guère de sens : à partir de 1923, Sun renonce à agiter comme il le faisait depuis cinq ans l'étendard de la défense de la Constitution et des institutions républicaines pour justifier son opposition face au Nord. Le nouveau gouvernement qu'il fonde à Canton début 1923 peut compter sur l'aide de l'URSS, avec laquelle il a négocié en janvier 1923 les accords dits Sun-Joffé. L'alliance avec l'URSS est pour Sun Yat-sen un choix de raison plus que de cœur. Il faut souligner qu'en dépit de l'accord, chacune des deux parties s'efforce de conserver d'autres options ouvertes.

L'Union soviétique continue en effet de soutenir Feng Yuxiang dans le Nord-Ouest, tandis que Sun prête toujours volontiers l'oreille aux autres puissances.

Il n'en reste pas moins que l'alliance avec l'Union soviétique marque un tournant. La personnalité remarquable qui est envoyée par Moscou pour conseiller Sun Yat-sen, Mikhaïl Borodine, est pour beaucoup dans le succès de sa mise en œuvre. Le choix de l'alliance soviétique est en effet loin de faire l'unanimité dans les rangs du Guomindang, à tel point qu'à différentes reprises, Sun devra mettre tout son prestige personnel dans la balance pour qu'elle perdure. La tactique du Front uni a le soutien de la gauche du Guomindang (Wang Jingwei, et surtout Liao Zhongkai, qui en est un des principaux artisans). *A contrario*, elle suscite d'emblée une franche hostilité dans son aile droite (Hu Hanmin). Parmi les modérés, la méfiance est plus diffuse, mais va s'accentuer au fur et à mesure que les conseillers russes prennent de l'importance et que le PCC se développe. Les débats les plus vifs portent en effet sur la place à faire aux communistes dans le parti. L'une des principales dispositions des accords Sun-Joffé, la double appartenance des communistes au PCC et au Guomindang, suscite des réticences très fortes. Il faut pourtant souligner le déséquilibre des alliés : le Guomindang, avec ses 50 000 adhérents (200 000 en comptant l'outre-mer), fait figure en 1923 de mastodonte comparé au PCC. Ce dernier, fondé en 1921, ne compte que quelques centaines de membres. Il a certes pour secrétaire général Chen Duxiu, un intellectuel auréolé d'un grand prestige. Mais ce dernier n'est pas un homme d'appareil et, de plus, il est personnellement réticent au mot d'ordre de Front uni imposé par la Troisième Internationale : c'est donc Borodine qui règle les détails de l'alliance avec le Guomindang et aplanit au jour le jour les difficultés innombrables qu'elle ne manque pas de susciter.

Le Ier congrès du parti (20-30 janvier 1924) représente un tournant capital pour le Guomindang et par contrecoup, pour tout l'échiquier politique de la période. Ce congrès dote le parti d'une organisation beaucoup plus cohérente et hiérarchisée, largement calquée sur les statuts de 1919 du Parti communiste russe[34]. En outre, le Guomindang

34. Wang Q., *Dangyuan, dangquan yu dangzheng*, p. 13-14.

met en place une organisation capable d'orchestrer une action de propagande systématique sur une vaste échelle. Les années 1924-1926 sont celles d'un développement vigoureux de la propagande, tout particulièrement à destination de l'armée et de la jeunesse des écoles. Néanmoins, on n'assiste pas à un alignement pur et simple sur le modèle bolchevique. Le Guomindang conserve certains traits originaux hérités de son passé. En tout premier lieu, il confirme le statut spécial de Sun Yat-sen. La Constitution de janvier 1924 prévoit un congrès national et un Comité exécutif central, mais place les deux sous l'autorité du *zongli* 總理, qui est nommément cité : Sun Yat-sen. Un autre texte fondamental, les *Principes fondamentaux de la construction nationale du gouvernement* (*Guomin zhengfu jianguo dagang* 國民政府建國大綱), adopté en avril 1924, reflète une certaine influence des thèses fédéralistes qui font florès en 1920-1923 : il reprend en effet l'idée d'une construction politique devant débuter par l'autonomie locale au niveau des districts et des provinces. C'est à un congrès national qu'il doit revenir de faire la synthèse[35].

D'un point de vue militaire, le Guomindang parvient à se concilier à la même époque de très précieux alliés : le triumvirat des militaristes de la nouvelle clique du Guangxi (Huang Shaohong, Li Zongren, Bai Chongxi), qui viennent de réunifier à leur profit la province éponyme. Ils garantissent son flanc ouest des dangereuses visées expansionnistes du puissant seigneur de la guerre du Yunnan, Tang Jiyao. Mais il s'agit aussi de chefs militaires très capables, qui apporteront une contribution importante à l'expédition du Nord.

Les premiers efforts de construction de l'État ont lieu dans la base de Canton sous l'impulsion de Liao Zhongkai (1923-1925) et surtout du jeune Song Ziwen, qui prend sa suite pour rationaliser la fiscalité.

Sun, qui s'était jusque-là appuyé sur des alliances (sociétés secrètes ou seigneurs de la guerre) pour se procurer des troupes, entend désormais doter le Guomindang d'un instrument militaire qui lui soit entièrement subordonné. Pour se faire, l'ouverture de l'Académie militaire de Huangpu (encore assez connue sous le rendu de sa prononciation en cantonais : Whampoa) à l'est de Canton représente une avancée

35. E. Fung, *In Search of Chinese Democracy*, p. 30.

majeure. Cette Académie bénéficie d'une aide considérable de l'URSS et son organisation est directement inspirée du modèle des écoles de commandement rouges créées par Trotski en 1918. Outre un endoctrinement intensif (des cours sur le triple démisme sont prodigués par Hu Hanmin), les cadets y reçoivent une formation militaire de grande qualité sous la férule de conseillers soviétiques dirigés par Blücher.

Fig. 5 : 16 juin 1924, cérémonie d'inauguration de l'Académie de Huangpu. Les personnages sur l'estrade sont, de gauche à droite, Liao Zhongkai, Chiang Kai-shek (directeur de l'Académie), Sun Yat-sen et son épouse Song Qingling. Le drapeau de gauche est le prototype de drapeau national mis en avant par le Guomindang (il deviendra le drapeau national officiel après l'expédition du Nord), celui de droite (soleil blanc sur fond bleu), est le drapeau du parti. L'homme imposant vêtu de blanc qui se tient au pied de l'estrade est Morris Cohen, garde du corps personnel de Sun.

La fondation de l'Académie représente aussi une fantastique opportunité pour Chiang Kai-shek. Tout juste revenu d'URSS où il avait été envoyé par Sun Yat-sen, il est nommé directeur de l'Académie le

3 mai 1924, point de départ de son ascension fulgurante. Les promotions de cadets issues de l'Académie vont jouer un rôle majeur dans la vie politique du demi-siècle suivant. Ils constitueront le fer de lance de l'expédition du Nord, puis seront un appui politique pour Chiang (même si une petite minorité d'entre eux rejoindront les rangs communistes, comme Lin Biao). L'entrée des cadets de Huangpu sur la scène politique se produit le 15 octobre 1924, lorsqu'ils massacrent la milice marchande de Canton, sur ordre de Sun. Ce bain de sang (des centaines de morts et des destructions considérables dans le quartier de Xiguan 西關) révèle la précarité de la situation de Sun à Canton même. Le détail des circonstances ayant amené le drame (des armements achetés par la milice à l'étranger avec toutes les autorisations nécessaires, mais dont la livraison est différée sur ordre du gouvernement qui entend prélever un droit très élevé) n'est pas essentiel. Ce qui conduit Sun à ordonner cette tuerie, c'est que les organisations de marchands sont susceptibles de donner corps au mécontentement général, d'autant plus qu'elles ont à leur tête un chef énergique et populaire, Chen Lianbo. En particulier, les Cantonais, déjà écrasés d'impôts, ne font montre d'aucun enthousiasme pour financer l'expédition militaire vers le Nord, qui, alors, peut paraître, sinon une lubie, du moins une entreprise particulièrement hasardeuse.

La consolidation de la base du Guomindang se poursuit durant les deux années suivantes. Une révolte de Yang Ximin et Liu Zhenhuan, deux des principaux chefs de guerre qui avaient mis au service de Sun leurs forces armées pour lui permettre de reprendre pied au Guangdong début 1923, menace une nouvelle fois d'emporter la fragile tête de pont cantonaise en juin 1925. Elle est réprimée non sans mal. Mais entretemps intervient un événement majeur : la mort de Sun Yat-sen.

1925 : la mort de Sun Yat-sen et ses suites, le mouvement du 30 mai

La disparition de Sun Yat-sen en mars 1925 est un événement d'importance pour le Guomindang, qui se trouve privé de son chef indiscuté. Elle rebat totalement les cartes non seulement parce que les statuts du Guomindang lui garantissaient un fort pouvoir personnel, mais aussi en raison du fait que strictement rien n'a été prévu dans la perspective de sa disparition. La question du leadership agite donc aussitôt un gouvernement qui s'est autoproclamé « national » au mois de juillet, et réorganisé en conséquence. Chiang Kai-shek, dernier venu dans l'aréopage des principaux dirigeants du Guomindang, ne fait dans un premier temps pas figure de successeur potentiel. Mais l'assassinat de Liao Zhongkai (30 août 1925) change la donne car il entraîne la mise à l'écart du principal représentant de l'aile droite du Guomindang, Hu Hanmin, accusé de l'avoir commandité. Deux des grands chefs historiques du Guomindang se trouvent ainsi brusquement éliminés de la course à la succesion de Sun. En octobre-novembre, la menace que Chen Jiongming continuait de faire peser depuis la partie est du Guangdong où il s'était réfugié avec ses partisans, est annihilée par Chiang Kai-shek au prix d'une campagne très difficile. Son prestige comme son poids politique s'en trouvent augmentés. Dans les mois qui suivent, la rivalité fait rage entre lui et Wang Jingwei. Ce dernier, qui a identifié la menace que représente désormais Chiang, multiplie les intrigues destinées à l'isoler. Wang pèse notamment de tout son poids pour différer l'expédition du Nord qui représente non seulement un quitte ou double militaire que les conseillers russes eux-mêmes jugent prématuré, mais est susceptible, en cas de succès, de donner à au principal chef militaire, Chiang Kai-shek, un poids démesuré.

L'émotion suivant le décès de Sun aide à faire oublier dans l'opinion publique les nombreux épisodes de sa carrière ne cadrant pas du tout avec la nouvelle rhétorique révolutionnaire du Guomindang, axée sur la dénonciation de l'impérialisme et des traités inégaux (Sun a courtisé assidûment durant toute sa carrière les puissances impérialistes pour en obtenir des fonds). Dans ce contexte, le mouvement du 30 mai 1925, qui débute alors que l'écho suscitée par sa mort n'est pas retombé, va l'élever au statut d'icône du nationalisme et de l'anti-impérialisme.

Le mouvement du 30 mai 1925 s'inscrit également dans la continuité d'une agitation nationaliste depuis le début de l'année et d'intense activisme dans le monde ouvrier, où la syndicalisation progresse à toute allure et les grèves se multiplient. Le 30 mai 1925, des policiers britanniques de la concession internationale de Shanghai ouvrent le feu sur une grande manifestation anti-impérialiste, faisant 13 morts.

Cette tuerie, en fournissant au mouvement ses martyrs, lui donne une impulsion nouvelle. Dans les mois qui suivent, un puissant sentiment national s'exprime dans les villes à travers tout le pays. Si les étudiants sont toujours à l'avant-garde, ils y sont rejoints par les ouvriers, qui ont acquis une importance nouvelle. La grève générale déclarée à Shanghai est trois fois plus suivie que celle qui avait accompagné le 4 mai 1919 (200 000 travailleurs). La vague de grèves s'étend à tout le pays dans les mois qui suivent.

Contrairement au mouvement du 4 mai, les seigneurs de la guerre (qui cette fois-ci sont une des cibles du mouvement) n'apportent qu'une seule réponse aux manifestations nationalistes et au mouvement ouvrier : la répression. Une manifestation organisée à Pékin le 18 mars 1926 pour réclamer notamment l'abrogation des traités inégaux se termine par un massacre faisant 47 tués. Au contraire, le Guomindang, lui, attise et encourage le mouvement du 30 mai 1925. Une grande manifestation anti-impérialiste organisée à Canton le 23 juin 1925 se solde par la mort de 52 personnes, tuées par les forces franco-britanniques retranchées dans la concession de Shamian. La grande grève de Hong Kong qui s'ensuit, menée au nom de l'anti-impérialisme, représente l'apogée de l'activisme du Guomindang en direction du monde ouvrier qui se manifeste depuis le début de l'alliance avec le PCC. Entre juin 1925 et novembre 1926, plus de 100 000 travailleurs de Hong Kong quittent la colonie. Ils reçoivent le soutien du gouvernement de Canton, qui arme une partie d'entre eux pour constituer des piquets chargés de faire respecter un boycottage des marchandises britanniques et le blocus de la colonie, qui se retrouve paralysée. En réalité, la mobilisation populaire reste très limitée à Canton même et rapidement les autorités de Canton prennent leurs distances vis-à-vis de l'organisation de la grève, qui menace de devenir un État dans l'État. Mais ceci n'enlève rien au fait principal : le Guomindang peut se présenter, aux yeux de l'opinion publique du pays, comme le porte-drapeau de la lutte contre l'impérialisme.

Le Guomindang promeut à cette époque l'idée que l'opération militaire qu'il projette, l'expédition du Nord, apportera la réponse aux maux du pays. Il déploie une propagande particulièrement agressive et habile qui publie des séries d'affiches assimilant les *junfa* à des bêtes féroces complices des impérialistes, dont le Guomindang va débarrasser le pays. Dans la basse vallée du fleuve Bleu, les adhésions affluent avant même l'arrivée des troupes de l'expédition du Nord : au Jiangsu, le nombre d'adhérents du Guomindang est multiplié par huit (il passe de 3 225 à 27 872) entre octobre 1926 et avril 1927[36].

Mais le Guomindang n'est pas le seul à tirer des dividendes politiques du mouvement du 30 mai 1925. Son allié le PCC, qui a consolidé son organisation depuis son IIIe congrès de juin 1923, en profite pour élargir son recrutement, notamment dans les milieux ouvriers. Il voit ses effectifs monter en flèche : 1 000 membres en janvier 1925, 10 000 un an plus tard. L'influence des communistes progresse à un rythme plus impressionnant encore, au point de susciter des inquiétudes de plus en plus vives au sein de la droite du Guomindang. Le célèbre accident de la canonnière Zhongshan, le 20 mars 1926, témoigne de l'atmosphère de crainte que cette montée en puissance inspire. Il s'agit d'un épisode particulièrement confus et difficile à interpréter, durant lequel Chiang Kai-shek, craignant (ou feignant de croire) à un coup de force dirigé contre lui, fait arrêter les chefs communistes avant, tout danger étant écarté, de faire machine arrière et de les relâcher. Dans les semaines qui suivent, il manoeuvre avec succès pour affaiblir l'aile gauche du Guomindang.

L'expédition du Nord

L'expédition du Nord désigne une suite d'opérations militaires à l'issue desquelles le Guomindang, parti de sa base du Guangdong, parvient à vaincre les principaux seigneurs de la guerre et à installer un gouvernement national à Nankin. Dans l'expédition du Nord, il convient de distinguer trois phases. La première phase (juillet 1926-mars 1927) correspond à la défaite des deux grands seigneurs de la guerre de la Chine centrale : complète et définitive pour le premier, Wu Peifu, partielle pour le second, Sun Chuanfang. Il s'ensuit une pause consécutive aux dissensions internes au Guomindang, en particulier à la rupture du Front uni. La troisième phase a lieu d'avril à juin 1928, et permet de venir à bout de Zhang Zuolin (voir carte V).

36. Wang Q., *Dangyuan, dangquan yu dangzheng*, p. 39-41.

Phase 1 : défaite de Wu Peifu et Sun Chuanfang

Ayant écarté Wang Jingwei à la suite de l'incident de la canonnière Zhongshan, Chiang Kai-shek parvient à surmonter les réserves des conseillers russes. La mise en branle de l'expédition du Nord en juillet 1926 s'explique par un contexte favorable. Le ralliement d'un seigneur de la guerre du sud du Hunan, Tang Shengzhi, est une aubaine pour franchir les régions accidentées qui commandent l'accès à cette province[37]. De plus grande portée est le fait que l'expédition du Nord bénéficie de l'appel d'air causé par la conflagration entre les deux puissances dominantes du moment. La guerre Zhili/Fengtian et la Guerre Guominjun/Fengtian du milieu des années 1920 ont anémié les forces militaires et plus encore les finances des adversaires en présence. L'expédition du Nord va bénéficier du vide que ces opérations militaires ont creusé[38].

Malgré tout, à la veille du déclenchement de l'expédition, la disproportion des forces reste trop frappante pour tabler sur un succès. Les armées du Guomindang se réduisent à 100 000 hommes, soit près de dix fois moins que les troupes des seigneurs de la guerre qu'il prétend vaincre. La comparaison, d'un point de vue qualitatif, joue certes en leur faveur : la combativité et la discipline de certaines des forces qui leur seront opposées sont en effet très faibles.

En réalité, l'atout numéro un du Guomindang à l'été 1926 réside dans la profonde désunion qui règne entre ses adversaires. La défaite et l'éclatement de la clique du Zhili bientôt suivie par la victoire de Zhang Zuolin sur Feng Yuxiang laissait planer la menace d'une hégémonie de Zhang. C'est là une authentique aubaine pour le Guomindang : même après les premières victoires qu'il remporte, ses ennemis persisteront à considérer qu'*in fine* le péril principal se situe au Nord. Durant l'année 1925 et la première moitié de 1926, intrigues, escarmouches et renversements d'alliances se succèdent les uns aux autres entre les quatre hommes forts du moment : Zhang Zuolin, Feng Yuxiang, Sun Chuanfang et Wu Peifu (ce dernier ayant retrouvé, sinon sa splendeur

37. D. Jordan, *The Northern Expedition. China's National Revolution of 1926-1928* reste tout à fait indispensable en ce qui concerne l'expédition du Nord.

38. A. Waldron, *From War to Nationalism : China Turning Point 1924-25*, p. 119-140.

passée, du moins des moyens militaires grâce à l'appui d'anciens subordonnés au Hunan et au Hubei). Un contexte particulièrement favorable dans la mesure où il empêche toute possibilité d'une coalition contre lui. *A contrario*, le Guomindang, lui, peut compter sur des alliés : outre la nouvelle clique du Guangxi déjà évoquée, il y a Feng Yuxiang, le second fer que l'URSS tient au feu en Chine du Nord-Ouest.

Dans un premier temps, Wu Peifu est la cible désignée. Soigneusement isolé, il perd pied militairement. La conquête du Hunan s'effectue facilement (juillet 1926). Celle du Hubei, marquée par le difficile siège de Wuhan est, elle, achevée en octobre. Wu Peifu, concentré sur les opérations qu'il mène contre son ennemi mortel Feng Yuxiang vers le Nord a constamment sous-estimé le danger que représentait le Guomindang. Quand il décide enfin de se retourner contre celui-ci avec l'élite de ses troupes, il est trop tard[39].

Wu Peifu aux abois (il s'affaire pour réorganiser ce qu'il lui reste de forces dans la province du Henan), l'offensive de l'armée nationaliste se tourne vers une nouvelle cible, encore plus redoutable : Sun Chuanfang. Principale force de la Chine centrale, il tient les provinces du Fujian, du Jiangxi, de l'Anhui, du Zhejiang et du Jiangsu. Sun Chuanfang avait observé les défaites de Wu Peifu en gardant l'arme au pied. Chiang Kai-shek était parvenu à ce résultat en l'assurant à plusieurs reprises que l'expédition du Nord était dirigée contre le seul Wu Peifu. Mais une fois la victoire acquise au Hubei, Chiang tourne sans délai ni états d'âme la totalité des forces disponibles contre lui. Après deux mois de très durs combats, la province du Jiangxi est conquise. Simultanément, les troupes du Guomindang stationnées dans l'est de la province du Guangdong et commandées par He Yingqin passent à l'offensive contre la province du Fujian. Sa capitale, Fuzhou, tombe le 9 décembre. Puis les troupes de Sun Chuanfang sont boutées hors de la province du Zhejiang (janvier-février 1927). Grandement facilitée par la défection de Chen Tiaoyuan, la conquête du sud de l'Anhui, en février-mars, ouvre en grand la route de Shanghai. Lorsque l'avant-garde des troupes de l'expédition du Nord fait son entrée le 22 mars 1927, les syndicats ouvriers tiennent la ville suite à la grève insurrectionnelle qu'ils ont déclenchée la veille.

---

39. Wou O., *Militarism in Modern China*, p. 123-144.

Jusque-là les succès de l'expédition du Nord s'expliquent autant par les qualités de l'armée du Guomindang que par le fait qu'il a su diviser ses adversaires. Surtout, il passe rapidement maître dans l'art d'approcher et de convaincre les généraux ennemis de trahir et de se retourner contre leur maître. Tout est bon pour parvenir à ce résultat : les espèces sonnantes et trébuchantes évidemment, les promesses de promotion, mais aussi le jeu des liens personnels et des origines régionales communes ; Donald Jordan observe judicieusement que ce sont souvent des chefs militaires originaires du sud du pays qui trahissent Wu Peifu et Sun Chuanfang. Leurs forces, dont ils conservent le commandement, sont incorporées telles quelles dans l'armée du Guomindang.

Cependant, dès novembre 1926, un accord est trouvé entre Zhang Zuolin, qui sent qu'un vent nouveau vient de se lever, et Sun Chuanfang (leur alliance prend le nom d'*Anguojun* : armée pour la pacification du pays). Certes elle ne se matérialise pas immédiatement, et les arrière-pensées restent nombreuses entre les partenaires. Il n'en demeure pas moins que le Guomindang, au lieu d'affronter ses adversaires un par un, devra faire face, désormais, à une alliance.

Les guerres entre cliques de seigneurs de la guerre étaient des opérations combinant les manœuvres politiques et les opérations purement militaires, et dont les populations restaient spectatrices. L'expédition du Nord s'en différencie dans la mesure où il s'agit aussi d'une opération politique dans laquelle le Guomindang mobilise à son profit les forces vives de la société. Longtemps, on a accordé une importance excessive aux actes de sabotage et au soutien apporté par les syndicats ouvriers pour expliquer ses succès militaires. Il est vrai que l'action des cheminots qui bloquent par divers moyens l'acheminement de matériel ou de troupes dans les territoires tenus par Wu Peifu a par exemple représenté une aide très utile. Mais Donald Jordan, au terme d'une analyse nuancée, conclut qu'au total, l'aide ainsi apportée n'a pas été un facteur décisif. Il n'en est pas moins vrai que l'avancée des armées nationalistes s'accompagne d'un travail de propagande et de mobilisation de la population, *via* la constitution de syndicats et d'unions paysannes.

Par contre, l'expédition du Nord a ceci en commun avec les opérations militaires entre seigneurs de la guerre que les combats ont au moins autant d'importance que les savantes manœuvres destinées à obtenir la défection des officiers des forces ennemies. Demeure pourtant une nuance de taille : le caractère unilatéral des défections. Le Guomindang, lui, peut compter sur la fidélité de ses généraux.

D'une façon plus générale, le Guomindang a su aussi largement profiter du ressentiment provoqué par la domination exercée par deux hommes du Nord (Wu Peifu et Sun Chuanfang) sur des provinces méridionales.

La première partie de l'expédition occasionne des contentieux avec les puissances étrangères soucieuses de protéger leurs intérêts et inquiètes des mots d'ordre nettement anti-impérialistes. Mais à ce stade, ils ne prennent pas des proportions importantes, et restent des accrochages localisés (même si à Nankin en mars 1927 plusieurs étrangers sont tués et des canonnières entrent en action). Grâce à la prudence et la modération dont il fait preuve dans la gestion de ces incidents, le Guomindang parvient au résultat visé : les puissances restent neutres.

Phase 2 : le temps des divisions

Le Guomindang a su largement profiter des divisions entre ses ennemis dans la première phase de l'expédition du Nord. Mais bientôt vient son tour d'être affaibli par des dissensions graves et durables. Il y a deux principales pommes de discorde au sein du Guomindang. Premièrement, les succès militaires de Chiang Kai-shek augmentent d'autant son poids politique et celui de ses affidés, ce qui fait grincer bien des dents. Deuxièmement, la politique de Front uni suscite une hostilité de plus en plus franche au sein d'une large aile droite.

En janvier 1927, le gouvernement du Guomindang avait quitté Canton, désormais trop excentré, pour s'installer 800 kilomètres plus au nord, à Wuhan. Les autorités de Wuhan sont dominées par l'aile gauche du Guomindang (Xu Qian et Deng Yanda) qui prend sa revanche du sérieux coup d'arrêt que lui avait infligé Chiang Kai-shek en mars 1926, et par le PCC. Un vent de gauchisme souffle sur la ville de Wuhan où grèves, meetings, parades et manifestations se succèdent. C'est également le seul moment de l'histoire du Guomindang où le féminisme militant tient le haut du pavé et de réelles avancées se produisent : la première femme chef de district entre dans ses fonctions au Hunan. Un objectif commun rassemble Borodine et l'aile gauche du Guomindang : l'élimination politique de Chiang. Et dans les mois suivants, les autorités de Wuhan multiplient les décisions destinées à miner le pouvoir de Chiang Kai-shek. Ce dernier est alors basé à Nanchang pour coordonner les principales opérations militaires dans la région du Bas-Yangzi. De plus en plus inquiète de l'influence grandissante des communistes à Wuhan, la droite du Guomindang l'y a rejoint. Chiang réussit par ailleurs à s'assurer le soutien des milieux d'affaires de Shanghai, inquiets des progrès rapides de l'activisme des communistes dans les milieux ouvriers de leur ville. Les bons offices de deux des plus grands banquiers de la place, Zhang Jia'ao et Chen Guangfu, lui donnent accès à des ressources financières considérables[40].

Le ton monte rapidement entre Wuhan et Nanchang qui échangent les anathèmes tout en cherchant à attirer les indécis dans leur camp. Ces dissensions internes ont des effets néfastes en compromettant le financement et la logistique des troupes. Les conséquences sont sérieuses sur le front : les Nordistes reprennent en avril 1927 une bonne partie du terrain qu'ils avaient perdu sur la rive gauche du fleuve Bleu dans les provinces du Jiangsu et de l'Anhui durant les semaines précédentes. Les armées du Guomindang repassent le fleuve Bleu et sont réduites à la défensive.

La brèche entre Chiang Kai-shek et la gauche du parti va s'accentuer davantage quand ce dernier décide de mettre brutalement fin au Front uni, avec le coup de Shanghai. Les 12 et 13 avril 1927, les troupes de Chiang Kai-shek, avec l'aide des gangsters de la Bande verte aux ordres de Du Yuesheng et la complicité des puissances occidentales, procèdent au désarmement et au massacre des militants et syndicalistes communistes[41]. Une terreur blanche s'étend

---

40. M.-C. Bergère, *L'Âge d'or de la bourgeoisie chinoise*, p. 241-242.

41. Pour un récit précis de ce coup de force qui a inspiré le roman d'André Malraux *La Condition humaine*, voir A. Roux, *Grèves et politique à Shanghai, les désillusions (1927-1932)*, p. 64-69.

à l'ensemble des régions contrôlées par Chiang et ses partisans dans les jours suivants. La chasse aux communistes, impitoyable, y dure tout l'été. Être convaincu ou même seulement soupçonné de sympathie pour la cause communiste vaut d'être passé par les armes. On compte au moins 40 000 victimes, parmi lesquelles Li Dazhao, l'un des principaux dirigeants communistes. Les effectifs du PCC qui tournaient autour de 60 000 avant avril 1927 retombent en quelques mois, sous l'effet des exécutions et des défections, à 10 000. La purge massive provoque au sein du Guomindang une hémorragie de jeunes membres entrés les années précédentes et qui penchaient souvent à gauche ainsi que des adhérents issus du monde ouvrier et paysan.

Dans les jours qui suivent le coup de Shanghai, Chiang Kai-shek forme un gouvernement à Nankin. Wuhan réplique en l'excluant du Guomindang. S'il compte désormais à sa tête Wang Jingwei, le principal rival de Chiang, de retour de l'étranger, le gouvernement de Wuhan n'a dans son orbite que trois provinces (Hubei, Hunan, Jiangxi). De plus, contrairement à Chiang Kai-shek, qui jouit du soutien financier des milieux d'affaires de Shanghai, l'assise financière du régime de Wuhan est très fragile. Cette faiblesse lui coûte l'alliance de Feng Yuxiang. Ce dernier, aidé depuis des années par les Soviétiques, aurait dû en toute logique se rallier à Wuhan. Las, après avoir fait monter les enchères, procédé dans lequel il excelle, Feng opte pour Nankin, qui lui garantit une aide financière plus substantielle, le 21 juin.

Dans les zones qu'il contrôle, le gouvernement de Wuhan doit aussi gérer les excès du mouvement paysan. Sous l'impulsion des militants communistes, les unions paysannes se sont particulièrement développées au Hunan et Hubei. Leurs actions se radicalisent rapidement. Les unions attaquent les demeures des propriétaires fonciers, s'emparent de leurs terres et de leurs biens pour les redistribuer aux paysans pauvres. Les notables traditionnels ne tardent pas à réagir et lèvent des milices, ce qui augmente encore le déchaînement de violence. Les communistes, bien qu'ils tentent de contenir les excès des unions paysannes, suscitent de plus en plus de méfiance. Beaucoup des chefs (au premier rang desquels Wang Jingwei) sont également conscients du fait que le PCC, allié utile dans les circonstances présentes, est tout de même un rival en puissance. Cette situation déplaît aux officiers dont un grand nombre est précisément originaire du milieu des propriétaires fonciers. Dans les mois qui suivent, on voit les principaux soutiens militaires de Wuhan se dérober les uns après les autres. C'est pour tenter de juguler cette hémorragie et de conserver le soutien des rares chefs militaires toujours attachés à leur cause que les chefs du gouvernement de Wuhan décident de rompre avec les communistes (juillet).

Profitant de ce schisme, les Nordistes relèvent la tête et reprennent l'initiative : la ville de Xuzhou retombe entre leurs mains le 25 juillet. C'est le moment que choisit Chiang Kai-shek pour annoncer (le 13 août) qu'il quitte ses fonctions. Affectant un parfait désintéressement, il déclare partir dans l'espoir de permettre de ramener l'unité. Loin de lui pourtant l'idée de renoncer, à 40 ans, à ses ambitions. En prenant ce risque calculé, son objectif est au contraire de démontrer que, sans lui, le chaos et la défaite sont certains et de préparer ainsi un retour assorti d'une position renforcée.

Dans les semaines qui suivent, la plus grande confusion règne. Militairement, on frôle la bérézina quand les chefs militaires ont la plus grande peine à repousser une audacieuse contre-attaque de Sun Chuanfang qui avait franchi le Yangzi et menaçait Nankin (bataille de Longtan, 26-31 août). Politiquement, c'est l'impasse. Au moment même où s'ouvrent enfin des négociations générales destinées à mettre fin au schisme, Wang Jingwei se discrédite en cautionnant un coup de main de ses partisans (Zhang Fakui) sur la province du Guangdong le 17 novembre. Ce coup bas provoque une indignation si générale que Wang n'a d'autre choix que de repartir en exil. Privé de son chef, les jours du gouvernement de Wuhan sont comptés.

Chiang Kai-shek, dont les partisans s'activent à préparer le retour, profite de cette période pour rehausser sa stature politique en effectuant un voyage au Japon, où lui sont prodigués les égards dus à un chef d'État. En décembre la situation est mûre et Chiang est rappelé. Il retrouve ses fonctions, qui plus est dans une position d'arbitre et de pacificateur. Seule survivance de l'« esprit de Wuhan » : un groupe de personnalités favorables à une voie médiane entre le PCC et le Guomindang. Mené par Deng Yanda, il est à l'origine du Tiers Parti (*disan dang*) qui connaîtra un certain essor dans les années suivant sa création en décembre 1927. L'arrestation puis l'élimination de Deng au mois d'août 1931 lui portent un coup fatal. La quête d'une troisième voie restera une constante, jusqu'à la victoire finale des communistes. Mais les tentatives pour lancer une organisation politique capable de constituer une alternative consistante au Guomindang et au PCC échoueront, bien loin du but, les unes après les autres.

Phase 3 : défaite de Zhang Zuolin

La troisième phase de l'expédition du Nord débute le 7 avril 1928. Dans les mois précédents, les pourparlers vont bon train. Ils sont fructueux pour le Guomindang qui non seulement confirme son alliance avec Feng Yuxiang mais s'assure un important concours, celui de Yan Xishan (le maître du Shanxi). Face à cette coalition, Zhang Zuolin se retrouve isolé[42]. Il peut compter sur un unique appui, plutôt médiocre : le reliquat des armées de Sun Chuanfang, qui se range sous sa bannière.

Au printemps 1928, la force armée du Guomindang n'a plus rien à voir avec le corps expéditionnaire de 100 000 hommes auquel elle se réduisait en juillet 1926. Ces rangs ont été grossis moins par la levée de nouvelles recrues que par l'incorporation des troupes ennemies dont les généraux ont retourné leur veste au fur et à mesure de la phase 1. En février 1928, avec ses deux alliés Feng Yuxiang et Yan Xishan (qui pèsent 100 000 hommes chacun), les forces de Nankin atteignent le million.

Le Shandong est conquis en un mois (avril). Dans la plaine du Nord, grâce à une coordination satisfaisante, le Guomindang et ses alliés prennent le meilleur sur le gros des troupes ennemies (un demi-million de soldats bien équipés) en seulement quelques semaines. Si Zhang trouve la mort le 4 juin, ses généraux continuent à se battre. Le 8 juin

42. Iriye A., *After Imperialism*, p. 193.

1928 les troupes de Yan Xishan entrent dans Pékin. Un mois après, la chute de Tianjin consacre la fin des opérations.

Cette troisième phase de l'expédition du Nord est, comme la première, caractérisée par des offensives de grande ampleur. Mais le Guomindang ayant rompu avec son ex-allié le PCC et opéré un vigoureux coup de barre à droite, la stratégie consistant à susciter des mouvements populaires afin de s'appuyer sur eux n'est plus de saison. Par ailleurs, les victoires remportées ne doivent plus rien aux défections d'officiers ennemis. Ces dernières ne sont plus aussi nécessaires du fait que le Guomindang dispose désormais d'une force militaire supérieure à celle de son adversaire. D'autre part, les mécanismes de solidarité régionale qui permettaient de détacher des généraux originaires du Sud ne jouent plus, car les forces du Guomindang ont désormais des Nordistes en face d'eux.

Comme on l'a dit, des heurts majeurs avec les puissances étrangères avaient été évités non sans mal durant la première phase de l'expédition du Nord. Le gouvernement japonais de Tanaka se montre certes inquiet de l'avancée du Guomindang en Chine du Nord qui le rapproche de sa principale zone d'influence, la Mandchourie, mais il est résolu à n'avoir recours qu'à la voie diplomatique. La présence de nombreux résidents japonais et celle de troupes chargées de les protéger faisaient du Shandong un terrain propice au déclenchement d'un incident. Il finit par se produire le 3 mai 1928, lorsque les troupes nationalistes investissent Jinan, capitale du Shandong, tout juste désertée par les Nordistes. La situation s'envenime rapidement. Dans les jours qui suivent, les forces japonaises reçoivent des renforts et attaquent les forces chinoises. Les combats font plus de 3 000 morts, essentiellement dans les rangs chinois. La principale leçon à tirer de l'incident de Jinan est qu'il révèle l'incapacité du pouvoir civil japonais d'imposer aux forces militaires présentes sur place et même à l'état-major de Tokyo une désescalade. Cette tendance se confirmera et sera lourde de conséquence. Pour l'instant, on parvient certes à circonscrire l'incendie de Jinan, mais son souvenir demeurera. Il contribuera à empêcher un rapprochement entre le nouveau gouvernement de Chiang Kai-shek et le Japon, qui restait possible à la fin des années 1920.

Fig. 6 : Zhang Zuolin vers 1924.

Zhang Zuolin est, de tous les principaux militaristes, celui qui a touché le plus près le graal d'une réunification du pays à son profit. Sa mort a donc une portée symbolique, marquant la fin de l'ère des seigneurs de la guerre. Son assassinat a aussi une autre signification. La diplomatie nippone n'était pas décidée à faire obstacle à tout prix à la réunification du pays par le Guomindang. Les Japonais ont résolu de faire de la préservation de leurs intérêts en Mandchourie la pierre d'angle de leur diplomatie vis-à-vis du Guomindang. Leur objectif est de préserver la Mandchourie d'une invasion, à plus forte raison si elle est suivie d'une réunification sous l'égide du Guomindang. Ils parviennent à convaincre Zhang Zuolin de se retirer en Mandchourie, en ayant obtenu du Guomindang la garantie qu'il ne chercherait pas à l'en déloger. C'est un *modus vivendi* somme toute acceptable par tous (même si Zhang ne renonce pas de gaîté de cœur à ses ambitions d'expansion vers le sud). Son assassinat le 4 juin 1928 est une initiative des officiers de l'armée du Guandong (*Kantōgun* 関東軍). Ce nom est donné aux forces japonaises occupant le territoire éponyme (cédé par la Chine au Japon en 1905) et qui sont également chargées d'assurer la sécurité des voies de la compagnie du chemin de fer sud-mandchourien. Leur but en supprimant Zhang est, semble-t-il, de susciter des troubles qui pourraient les amener à prendre directement le contrôle de la Mandchourie[43]. Cet assassinat est annonciateur de nombreuses actions similaires menées par les officiers des forces japonaises de leur propre initiative. Initiatives presque toujours ratifiées après coup par Tokyo, où l'influence du ministère des Affaires étrangères sur la politique extérieure devient de plus en plus faible dans les années 1930. La politique du Japon vis-à-vis de la Chine dépend désormais de têtes brûlées ultranationalistes qui vont multiplier les coups de force pour des enjeux étroitement locaux, voire pour pousser leur carrière.

Même si elle est loin d'être une promenade de santé militaire, l'expédition du Nord, n'a pas, à l'image de toutes les guerres civiles depuis la chute de l'empire, représenté une saignée démographique.

43. Iriye A., *After Imperialism*, p. 195-214.

Elle n'a pas non plus provoqué de destructions sur une vaste échelle, même si localement, comme à Wuhan, elles peuvent être significatives. Ses conséquences sont sans commune mesure avec celles occasionnées par les gigantesques révoltes des années 1850-1865 ni, comme on le verra, avec les opérations liées à la Seconde Guerre mondiale.

Au-delà du symbole, la prise de Pékin, la capitale, l'ancien centre de gravité du pouvoir Beiyang, aboutit à la reconnaissance du gouvernement du Guomindang comme représentant la Chine dans le concert international. Quelques mois plus tard, le 29 décembre 1928, Zhang Xueliang, fils et successeur de Zhang Zuolin en Mandchourie, déclare, après des mois de tergiversations et de négociations, son allégeance au gouvernement de Nankin[44]. En apparence, le triomphe de l'expédition du Nord est complet.

Fig. 7 : Chiang Kai-shek (au milieu) et les deux principaux seigneurs de la guerre alliés du Guomindang dans la dernière phase de l'expédition du Nord : Feng Yuxiang (à gauche) et Yan Xishan (à droite).

44. R. Mitter, *The Manchurian Myth*, p. 51-52.

C'est bien sûr pour le Guomindang un succès militaire et politique de toute première importance. La comparaison avec ce qu'il était seulement deux années plus tôt est plus que flatteuse. Cependant, l'expédition du Nord porte en germe certaines des faiblesses profondes qui vont miner le futur gouvernement de Nankin. Ainsi, à la fin 1928, derrière une unité de façade, le gouvernement de Nankin n'a véritablement en main que les trois provinces de la basse vallée du Yangzi : Jiangsu, Zhejiang et Anhui. Ses deux principaux alliés depuis le début de l'expédition du Nord ont largement étendu leur influence : la nouvelle clique du Guangxi contrôle non seulement sa province d'origine, mais aussi le Hunan et le Hubei. Feng Yuxiang, lui, domine les provinces du Shaanxi, du Henan et du Shandong. Yan Xishan tient solidement son bastion de toujours (le Shanxi) et la région de Pékin-Tianjin. Enfin, la Mandchourie reste le fief de Zhang Xueliang. Tous conservent l'essentiel de leur autonomie moyennant une reconnaissance d'allégeance formelle.

Chapitre 3

LA DÉCENNIE DE NANKIN (1928-1937)

La décennie de Nankin s'étend de la fin de l'expédition du Nord au déclenchement de la guerre sino-japonaise. La période tire son nom de la capitale que se choisit le nouveau régime, un choix qui traduit l'ambition d'une refondation politique.

Nankin est d'abord le rejet de Pékin. Comme certaines dynasties, le Guomindang aurait pu avoir deux capitales. Mais la volonté de déchoir ostensiblement Pékin de son rang de capitale est manifeste. Cela se traduit notamment par un changement de nom. En juin 1928, elle n'est plus Beijing, la « capitale du Nord », mais Beiping, la « paix du Nord ». Dans le même temps, la province où elle est sise, le Zhili (terme qui signifie « la province métropolitaine », traduisant le fait qu'elle relevait directement de l'administration centrale), est rebaptisée Hebei (un terme purement géographique). On a vu combien début 1912 le maintien du gouvernement de la jeune république à Pékin avait représenté un revers pour le camp des révolutionnaires. Et en 1928, Pékin incarne non seulement la dynastie déchue, mais aussi les gouvernements Beiyang animés par les grandes cliques de seigneurs de la guerre pour lesquels le Guomindang n'a pas de mots assez durs. Prendre Nankin comme capitale revient donc, pour le Guomindang, à nier toute continuité avec le pouvoir central des premières années de la

République. Bien plus, Nankin offre au nouveau régime la possibilité de donner corps à son projet de refondation politique en façonnant sa capitale par la pierre, le macadam et le béton. En termes d'urbanisme, Nankin s'apparente en effet à une page blanche. Quasiment rasée des suites de la répression de la rébellion des Taiping, la ville n'a été que très partiellement reconstruite : de ce fait, elle offre de très vastes zones constructibles.

Le choix de Nankin permet aussi de s'assurer un contrôle plus ferme sur la basse vallée du fleuve Bleu, le centre de gravité économique de la Chine, dont l'importance s'est encore renforcée avec le développement extraordinaire de Shanghai depuis 1842. Enfin, il traduit également une certaine évolution au sein du Guomindang. Les vainqueurs de l'expédition du Nord sont d'une façon générale des hommes du Sud. Mais, si les vétérans du Guomindang issus des temps héroïques de la Ligue jurée sont dans leur majorité d'origine cantonaise (Hu Hanmin, Wang Jingwei, Gu Yingfen, Zou Lu), ce n'est pas le cas de la jeune garde de trentenaires qui émerge à partir du milieu des années 1920. Qu'il s'agisse des civils (Song Ziwen, Zhu Jiahua, Chen Guofu et son frère Chen Lifu) ou des militaires (Qian Dajun et Chen Cheng), cette relève politique, comme Chiang Kai-shek, est pour une bonne part originaire du Zhejiang et du Jiangsu.

Indiscutablement, le Guomindang s'impose comme l'acteur principal durant la décennie de Nankin. Il va s'efforcer de profiter de la paix relative qui règne pour appliquer son programme de modernisation et de centralisation. Mais il ne faut pas exagérer l'accalmie qui s'est installée : le Guomindang n'a jamais véritablement les mains libres. Jusqu'en 1931-1932, les seigneurs de la guerre sont le principal péril auquel il fait face, tandis que durant les cinq années suivantes, la menace du Japon se fait de plus en plus pressante.

1928-1932 : des anciens alliés encombrants

Les troubles et révoltes qui se succèdent de 1928 jusqu'au début de l'année 1932 doivent être interprétés comme une série de répliques du séisme politique majeur qu'avait constitué l'expédition du Nord. Celle-ci a en effet totalement rebattu les cartes à deux niveaux. Elle a d'abord abouti à placer une force politique jusque-là très marginale au centre de l'échiquier politique : le Guomindang. Dans le même temps, les équilibres au sein même du parti ont été bouleversés, avec la montée de l'élément militaire et sa principale traduction : l'affirmation du leadership de Chiang Kai-shek.

Il ne faut pas exagérer, cependant, la mainmise de Chiang sur le Guomindang en 1928. Il doit composer avec des forces rivales durant toute la décennie de Nankin. Les premières années du gouvernement de Nankin sont fondées sur un *modus vivendi*, qui relève plus d'un pacte de non-agression que d'une collaboration enthousiaste, entre Hu Hanmin et Chiang. L'autre grand chef historique du Guomindang, Wang Jingwei, reste quant à lui en retrait, à l'affût d'une occasion lui permettant de revenir au premier plan, voire de supplanter Chiang.

Hu Hanmin n'a pas encore reçu l'attention qu'il mériterait de la part des historiens. Doté d'une intelligence aiguë et d'une formidable puissance de travail, fin lettré (c'est notamment un remarquable calligraphe), il a fait ses preuves d'homme d'État en gouvernant le Guangdong de 1912 à 1913. Principale figure de la droite du Guomindang au début des années 1920, il est écarté de la succession de Sun Yat-sen en 1925, comme on l'a vu, en raison de son implication vraisemblable dans l'assassinat de son rival Liao Zhongkai. S'il revient sur la scène politique à la fin de l'expédition du Nord, il y demeure relativement isolé. Cette situation, qui dessert considérablement son influence politique, s'explique en partie par sa personnalité. Nombreux sont ceux qui ont l'occasion de faire les frais de son ironie mordante. D'une manière plus générale, Hu Hanmin fait montre de l'extrême froideur de manières qui accompagne souvent les trop grandes supériorités intellectuelles.

Fig. 8 : Hu Hanmin à Paris le 27 avril 1928.

Le gouvernement constitué en octobre 1928 accorde une place significative à deux des principaux seigneurs de la guerre alliés au Guomindang : Feng Yuxiang (vice-président du Yuan exécutif et ministre des Armées) et Yan Xishan (ministre de l'Intérieur). Mais les premières tensions entre Chiang et ses alliés de la fin de l'expédition du Nord apparaissent immédiatement à propos de la réorganisation des forces militaires, pléthoriques, et dont l'entretien est ruineux. Les seigneurs de la guerre ralliés au Guomindang voient, non sans raison, dans la conférence de démobilisation organisée en janvier 1929 une manœuvre cousue de fil blanc de Chiang Kai-shek qui entend que les démobilisations portent sur toutes les forces militaires à l'exception des siennes. La conférence se solde donc par un échec annonciateur des révoltes qui vont se succéder entre début 1929 et fin 1930. Les seigneurs de la guerre prennent en effet conscience du risque que le gouvernement de Nankin parvienne à les éliminer et à installer une hégémonie complète.

Les opérations commencent par la révolte des deux plus vieux alliés du Guomindang, d'abord celle de la nouvelle clique du Guangxi (mars-avril), puis celle de Feng Yuxiang (mai). Ces deux révoltes, non coordonnées, ne mettent pas véritablement en danger Chiang, qui les met à la raison assez facilement. La guerre dite de la Plaine centrale (*zhongyuan dazhan* 中原大戰) est une affaire autrement sérieuse. Elle oppose les troupes de Chiang à une large coalition de seigneurs de la guerre[1]. 1,4 million de soldats sont aux prises, et plus de 400 000 d'entre eux seront mis hors de combat (morts et blessés). Cette guerre ruineuse et meurtrière s'étend entre mai et octobre 1930. Yan Xishan et Feng Yuxiang (qui ont obtenu l'alliance de la nouvelle clique du Guangxi dans le Sud, qui de son côté attaque le Hunan) font jeu égal avec les forces de Chiang Kai-shek. Pis, ces alliés agissent sur le terrain politique et tendent la main aux malcontents du Guomindang : durant l'été 1930 un gouvernement est fondé à Pékin, qui comporte notamment parmi ses membres Wang Jingwei. Ce gouvernement ne tarde pas à revendiquer l'héritage du Guomindang, et à entonner

1. Cette guerre est par trop négligée par l'historiographie occidentale. Il faut recourir à la monumentale histoire de la République dirigée par Li Xin pour disposer d'assez de détails : Li X. (dir.), *Zhonghua minguo shi*, vol. 5, p. 316-348.

une rhétorique sun-yatsénienne pour dénoncer la dictature de Chiang Kai-shek.

Il apparaît assez clair, dans ces conditions, que le dernier poids lourd à ne pas s'être jeté dans la mêlée, Zhang Xueliang, peut se poser en arbitre. Conscient de cela, Chiang Kai-shek pare au plus pressé en lui octroyant une énorme somme d'argent. Faisant la part du feu, il accepte même de lui abandonner *de facto* le contrôle de la région de Pékin et Tianjin. Les alliés rendent les armes en octobre 1930. La clique du Guangxi ainsi que Yan Xishan sont affaiblis, mais pas éliminés du jeu. Ils peuvent en effet compter sur des bases arrière difficiles d'accès et consolidées par la mainmise qu'ils y exercent depuis de nombreuses années : le Guangxi et le Shanxi. Ce n'est pas le cas de Feng Yuxiang, qui, une fois ses forces militaires anéanties, bascule hors de la scène politique[2].

La dernière crise majeure de la période 1928-1932 part d'une controverse au sein du Guomindang sur l'opportunité d'adopter ou non une Constitution provisoire (*yuefa* 約法). Cette controverse va mettre fin à l'alliance entre Chiang et Hu Hanmin qui s'était nouée en 1928. Chiang y est favorable, tandis que Hu Hanmin, qui se considère comme le dépositaire de l'héritage intellectuel de Sun, s'y oppose énergiquement. Il y a là, bien sûr, le choc de deux ambitions, Hu n'ayant jamais accepté la prééminence de Chiang Kai-shek. Pourtant, le terrain sur lequel elles livrent bataille, celui de la promulgation d'une Constitution provisoire, est tout sauf anodin. On se situe en effet alors, selon les idées de Sun Yat-sen, dans la phase transitoire dite de « tutelle politique » dont le but est d'éduquer le peuple à exercer son suffrage. La rédaction d'une Constitution doit intervenir plus tard, une fois élus les représentants du peuple. Elle touche une question cruciale, à savoir le rôle du parti. Hu se veut le défenseur du Guomindang (où il conserve ses principaux appuis) dont il refuse de voir le rôle s'effacer : cette Constitution provisoire lui semble un artifice destiné à hâter la fin de la phase de tutelle politique. Chiang, dont l'emprise reste au contraire relativement faible sur le parti, s'efforce de minorer son rôle.

Chiang choisit de régler le désaccord par l'intimidation et fait placer Hu Hanmin en résidence surveillée (28 février 1931), décision qui fait l'effet d'une véritable bombe. Dans les mois qui suivent, les adversaires

2. Li X. (dir.), *Zhonghua minguo shi*, vol. 5, p. 339-348.

politiques de Chiang s'organisent. Un gouvernement dissident se met en place en mai 1931 à Canton. L'importance des figures politiques qui le composent lui confère un poids politique certain : derrière Sun Ke, le propre fils de Sun Yat-sen, et (à nouveau) Wang Jingwei, on trouve un aréopage assez substantiel de figures respectées comme Gu Yingfen, Tang Shaoyi ainsi que deux diplomates de premier plan du Guomindang : Chen Youren et Wu Chaoshu. Ce n'est nullement un hasard si cette fronde choisit Canton comme capitale afin d'y installer son gouvernement. On a vu qu'un clivage était apparu au sein du Guomindang entre les membres les plus anciens, parmi lesquels les Cantonais étaient notoirement surreprésentés, et ce que nous avions appelé la « nouvelle garde », souvent originaire du Jiangsu et du Zhejiang. Or, la fronde de 1931 a indéniablement un fort accent cantonais. Ses forces vives sont constituées de vétérans du Guomindang mécontents de leur marginalisation consécutive à la montée de Chiang Kai-shek. Ce qui la rend plus préoccupante est qu'elle s'appuie non seulement sur les moyens militaires considérables du général Chen Jitang au Guangdong proprement dit, mais également sur des forces cantonaises stationnées dans d'autres parties du pays[3]. Qui plus est, le gouvernement de Canton ne se contente pas de dénoncer et d'invectiver Chiang, il s'active pour nouer des alliances. Après s'être assuré celle de la nouvelle clique du Guangxi, il tente de donner la main aux vaincus de la guerre de la Plaine centrale. Les opérations militaires commencent le 13 septembre 1931 avec l'entrée des troupes cantonaises au Hunan[4]. L'objectif est de déloger Chiang Kai-shek par la force. Bien vite, cependant, deux facteurs vont écarter la menace d'une guerre civile de vaste ampleur et pousser à un accommodement : l'agression du Japon en Mandchourie (septembre 1931) qui est bientôt suivie de la bataille de Shanghai (du 28 janvier au 5 mai 1932) et, d'autre part, l'impossibilité manifeste dans laquelle se trouvaient les Cantonais de mettre en place un gouvernement crédible sans Chiang. Ce dernier, comme il l'a fait à diverses reprises dans des périodes de crise, se retire ostensiblement du jeu politique le 15 décembre. L'essai de constituer un gouvernement autour de Sun Ke fait long feu. Chiang Kai-shek fait rapidement son retour à la fin du mois de janvier 1932.

3. D. Jordan, *China's Trial by Fire*, p. 4-6.
4. Li X. (dir.), *Zhonghua minguo shi*, vol. 5, p. 474.

Le temps de la stabilisation : 1932-1935

S'il y a un âge d'or durant la République, c'est dans ces trois années dépourvues d'opérations militaires de grande ampleur qu'il faut le chercher. En effet, durant cette période, la lutte de Nankin pour réduire les potentats locaux prend un tour plus feutré et des canaux différents. Le temps des révoltes ouvertes est passé. La seule exception est celle du Fujian. La 19e armée de route, qui, comme on le verra un peu plus loin, s'illustre lors de la bataille de Shanghai début 1932, s'était assuré rapidement le contrôle de la province du Fujian où elle avait été envoyée en garnison. Ses chefs (les principales figures sont Cai Tingkai, Li Jishen et Chen Mingshu) entrent en révolte en novembre 1933. Ils adoptent un programme nettement marqué à gauche, et lancent un appel à l'union des forces hostiles à Nankin. Cependant, les révoltés multiplient les fautes politiques, par exemple en mettant ouvertement en cause le statut quasi divin de Sun Yat-sen. Comme ils ne parviennent pas à se trouver des alliés, leur révolte est aisément circonscrite dès janvier 1934[5].

Le régime a résisté aux différents coups de tabac des années 1928-1931 en s'appuyant sur une assise géographique : la basse vallée du fleuve Bleu, zone qu'il contrôle étroitement, d'où il tire l'essentiel de ses ressources fiscales et qui offre également l'intérêt d'une position centrale. Mais le régime possède aussi une assise sociale. La thèse de l'historiographie marxiste qui voyait dans le Guomindang le défenseur des intérêts des grands entrepreneurs et capitalistes contre le prolétariat ne résiste pas à l'examen des faits. Bien que le Guomindang trouve ses soutiens avant tout dans les classes moyennes urbaines, il est fidèle au projet politique de Sun pour lequel la révolution ne devait pas épouser les intérêts d'une classe au détriment des autres. Ses seuls ennemis déclarés étaient les impérialistes et les seigneurs de la guerre[6] (rejoints par les communistes après 1927). Certes, le coup de mars 1927 et la rupture avec le PCC ont rapproché le Guomindang

5. L. Eastman, *The Abortive Revolution,* p. 85-139.

6. J. Fitzgerald, « The Irony of the Chinese Revolution : the Nationalists and Chinese Society, 1923-1927 » in J. Fitzgerald (dir.), *The Nationalists and Chinese Society, 1923-1937 : a Symposium*, 1989, p. 18-23.

de la bourgeoisie chinoise. Cependant, cette dernière déchante dans les années qui suivent lorsque le Guomindang entreprend de restreindre l'autonomie et la marge de manœuvre des organisations dominées par elle. Plutôt que d'une alliance, il faut donc parler d'une cohabitation entre la bourgeoisie et le Guomindang. Milieux industriels et sphères gouvernementales s'interpénètrent, à l'image de l'un des principaux entrepreneurs de la période, Liu Hongsheng, qui accède à des responsabilités politiques lui permettant de veiller à la préservation de ses intérêts particuliers.

Début 1932, l'option belliciste incarnée par le falot Sun Ke ne survit pas à la chute de son cabinet. Un nouvel équilibre s'impose, fondé sur une approche plus pragmatique vis-à-vis du Japon et sur l'alliance entre Chiang Kai-shek et Wang Jingwei. Les deux hommes parviennent à composer durablement car ils partagent la même conviction que l'heure n'est pas venue de se mesurer au Japon dans une guerre ouverte : la Chine est encore trop faible. Leurs avis divergent quant à la façon d'y remédier : Chiang privilégie la constitution d'un outil militaire puissant tandis que Wang, lui, voit dans la construction d'une assise économique et industrielle suffisamment solide la condition *sine qua non* pour envisager rivaliser avec l'ennemi. Même s'il y a forcément rivalité pour l'allocation des maigres ressources fiscales disponibles aux différents buts poursuivis, il n'en reste pas moins que les deux politiques ne sont nullement inconciliables[7]. Durant ces années, Chiang Kai-shek reste la figure dominante du gouvernement. Il concentre son attention sur le renforcement de l'armée et la constitution d'une puissante industrie de guerre. Wang Jingwei, quant à lui, occupe la fonction de président du Yuan exécutif (équivalente à celle de Premier ministre), sauf pendant un intervalle de quelques mois entre octobre 1932 et mars 1933. Wang se concentre sur la diplomatie et l'économie. C'est lui le maître d'œuvre de la politique de compromis vis-à-vis du Japon. Il s'allie durant ces années avec Song Ziwen, le beau-frère de Chiang, qui bénéficie d'appuis puissants dans les milieux de la banque et de la haute bourgeoisie de Shanghai. Un des produits les plus significatifs de cette alliance est la commission du Contrôle du coton, qui voit le jour en 1933. Cet organisme est destiné à améliorer l'ensemble de la filière

7. M. Zanasi, *Saving the Nation. Economic Modernity in Republican China.*

du coton, depuis la production de la matière brute jusqu'à l'industrie textile dans le but de rivaliser avec la concurrence étrangère[8] (tout particulièrement japonaise).

Fig. 9 : Sun Ke (fils de Sun Yat-sen) et son épouse à Paris le 27 avril 1928

L'alliance entre Chiang et Wang dure, non sans de sérieux orages, jusqu'au 1er novembre 1935. Ce jour-là, un attentat est commis sur

8. À propos de la Commission de contrôle du coton, voir M. Zanasi, *Saving the Nation,* p. 103-132.

Wang, semble-t-il à l'instigation d'une coterie de bellicistes en rapport avec la 19e armée de route. Gravement blessé, Wang renonce à ses différentes fonctions en décembre afin de partir se soigner en Europe[9].

Mais la stratégie d'apaisement, pour fondée qu'elle soit sur une lucide appréhension de l'état des forces militaires, se heurte à une impopularité de plus en plus grande, y compris au sein du Guomindang, ce dont témoigne par exemple la démission de Song Ziwen de toutes ses responsabilités gouvernementales le 25 octobre 1933. Partisan d'une ligne dure face aux empiétements de plus en plus flagrants du Japon, il avait été notamment l'initiateur d'un tarif douanier beaucoup plus protecteur qui avait provoqué l'ire de Tokyo[10].

Dans les rangs du Guomindang comme de l'opinion publique, la contestation porte aussi sur la nature autocratique du pouvoir. Pourtant, bien qu'il ait tiré un grand bénéfice politique de l'expédition du Nord, le pouvoir de Chiang reste précaire. S'il est parvenu à s'immiscer dans une des plus puissantes familles du pays, les Song, par la grâce de son mariage avec Meiling en décembre 1927 (voir annexe 4), sa belle-famille entend se servir de lui autant qu'il se sert d'elle. Il en est de même de la puissante Bande verte, la société secrète qui a procédé à la liquidation des communistes de Shanghai en 1927. Pour Chiang Kai-shek, elle s'apparente davantage à un allié encombrant qu'à un auxiliaire docile. Chiang est doté d'un caractère fort difficile, aussi le cercle de ses amis très intimes est-il restreint et ne comporte pas, politiquement parlant, de poids lourds : Dai Jitao (dont il adopte le fils : Jiang Weiguo), Dong Xiangguang, Huang Fu, Zhang Qun. Il peut aussi compter sur le soutien inconditionnel de ce que l'on appelle la clique de Huangpu : un groupe d'officiers formés à l'Académie de Huangpu, à l'époque où il en était directeur et avec lesquels il entretient des relations de maître à disciples.

Au sein du Guomindang, il doit composer avec des factions comme celle animée par Wang Jingwei. Derrière la façade d'un parti-État unique, la réalité de l'échiquier politique de la décennie de Nankin est très largement faite de luttes sourdes mais incessantes entre des cliques (voir chapitre 7). Les choses sont encore plus complexes du fait de l'entremêlement des relations interpersonnelles, des réseaux familiaux

---

9. À propos de cette tentative d'assassinat : voir F. Wakeman, *Spymaster*, p. 182-184.
10. P. Coble, *The Shanghai Capitalists*, p. 172.

(voir annexe 4), sans parler des liens que créent les origines régionales communes. Pour s'imposer et demeurer l'homme fort du régime, Chiang est contraint de pratiquer un jeu d'équilibre entre un nombre important groupes qui rivalisent.

L'organisation des services secrets durant la décennie de Nankin traduit de façon parlante la stratégie de Chiang Kai-shek qui essaie tout à la fois de s'appuyer sur des liens personnels et d'organiser la concurrence entre des organisations différentes pour consolider son pouvoir. Dès la fin des années 1920, l'organisation du renseignement est caractérisée par une intense rivalité entre des services différents. Elle ne se dément pas dans les années suivantes. En 1938 est officialisée la division entre deux organisations dont l'une est supposée compétente en matière de renseignement militaire et l'autre dans le domaine civil : le *Juntong* 軍統 (abréviation de *Junshi weiyuanhui diaocha tongji ju* 軍事委員會調查統計局, Bureau d'enquête et de statistiques de la commission des Affaires militaires), placé sous l'autorité de Dai Li, et le *Zhongtong* 中統 (abréviation de *Guomindang zhongyang dangbu diaocha tongji ju* 國民黨中央黨部調查統計局, Bureau d'enquête et de statistiques du Comité central du Guomindang), contrôlé lui par les frères Chen Lifu et Chen Guofu[11]. Dans la réalité, la rivalité entre le *Juntong* et le *Zhongtong* ne cessera pas.

L'œuvre du Guomindang

Pour autant, ses divisions internes ne paralysent pas le Guomindang, qui est à créditer d'importantes réalisations durant ces dix années.

Ses diplomates, qui étaient pour l'essentiel déjà en place dans les gouvernements Beiyang, obtiennent des avancées incontestables sur le terrain de la suppression des traités inégaux. Entre 1927 et 1931, ils négocient la restitution par le Royaume-Uni de son territoire à bail de Weihaiwei (traité du 18 avril 1930), de ses concessions de Hankou, Jiujiang, Jinjiang et Xiamen, sans parler de la concession belge de Tianjin[12]. La prise de contrôle *de facto* de l'administration de la Poste, alors que le traité de Washington prévoyait une cogestion avec les

11. F. Wakeman, *Spymaster*, p. 36-45 et 253.
12. J. Strauss, *Strong Institutions in Weak Polities*, p. 157.

puissances, est une autre avancée notable. La Gabelle et les Douanes maritimes, deux institutions qui étaient sous le contrôle des étrangers au titre de garanties pour le remboursement des indemnités des Boxeurs, passent sous la tutelle du ministère des Finances en 1927-1928. Le gouvernement de Nankin obtient également la restauration de l'autonomie douanière. Un nouveau tarif douanier est mis en application en février 1929, il est suivi d'un second, en mai 1933, qui fixe des droits particulièrement élevés pour les marchandises qui concurrencent le plus sévèrement la production chinoise[13].

Sur un autre terrain, les diplomates chinois vont défendre bec et ongles l'idée (pourtant éminemment discutable) selon laquelle les frontières de la Chine conçue comme un État-nation doivent coïncider avec celles de l'empire multiethnique des Qing. Ils obtiennent par exemple de la communauté internationale qu'elle reconnaisse le caractère « indiscutable » de l'appartenance de la Mandchourie à la Chine[14]. Ils savent jouer de la menace d'une hégémonie de Tokyo sur l'Extrême-Orient, qui inquiète les puissances occidentales, et les incite à prendre fait et cause pour la Chine. On peut affirmer de façon plus large que pendant toute la République, la Chine a excellé à faire de sa relative faiblesse une force. Avec une extrême habileté, elle a su se présenter comme un pays ataviquement pacifique. C'est la période où est mise en avant la Grande Muraille, comme le symbole d'un État défensif par essence[15]. Sun Yat-sen avait donné le ton dès le 5 janvier 1912, dans un manifeste adressé aux puissances étrangères : « Nous, les Chinois, nous sommes un peuple pacifique et respectueux des lois. Nous n'avons jamais engagé de guerre, sinon pour notre propre défense. » L'extension multiséculaire de l'Empire chinois est dépeinte comme la conséquence d'une sorte de subjugation culturelle miraculeuse et bénigne, à laquelle la force des armes serait restée étrangère.

Les réformes des Nouvelles Politiques s'étaient largement heurtées à la nécessité d'augmenter les recettes fiscales. Sur ce plan, le Guomindang

---

13. P. Coble, *The Shanghai Capitalists*, p. 125.

14. Sur cette question, voir P. Duara, *Sovereignty and Authenticity. Manchukuo and the East Asian Modern*, Lanham, 2003, p. 49-59.

15. P. Lorge, « The Great Wall », p. 31.

obtient des résultats significatifs : les rentrées fiscales font plus que doubler durant la décennie (870 millions en 1937 contre 334 en 1929).

Cette manne (relative) renforce l'assise du régime et c'est l'une des raisons qui lui permettent de mener avec succès de patientes négociations pour obtenir la consolidation de la dette publique. D'autre part, la dette est désormais souscrite en priorité sur le marché chinois, choix stratégique qui a des effets mélangés : contrairement aux emprunts à des consortiums bancaires étrangers, c'est un gage d'indépendance. Mais il fait courir le risque, dans le contexte d'un marché du crédit caractérisé par la pénurie de capital disponible, de renchérir considérablement l'accès au crédit et donc d'obérer l'investissement (voir chapitre 6). Les avancées de la décennie de Nankin dans le domaine fiscal ont cependant leurs limites. D'une part, les taxes pèsent à l'excès sur le secteur moderne de l'économie. Dans un pays encore dominé par le poids énorme des campagnes, la refonte de l'impôt foncier constitue une étape indispensable pour asseoir fiscalement le régime. Il s'agit cependant d'une tâche titanesque qui implique notamment de déposséder les échelons locaux qui en ont le contrôle et l'essentiel du bénéfice, et de reconstituer un cadastre. Très tôt, Nankin y renonce et fait le choix de laisser la perception et le bénéfice de cet impôt aux provinces et aux districts. D'autre part, le développement de la fiscalité directe (sur le revenu, mais aussi par exemple sur les successions, et la propriété), en projet depuis le début des années 1930, tarde à se concrétiser malgré la création d'un Bureau des contributions directes (*Zhijieshui shu* 直接稅署). Ce bureau n'est encore qu'une structure embryonnaire. La guerre contre le Japon le condamne à le rester[16]. Si, malgré des avancées notables, Nankin n'a jamais vraiment les moyens de ses ambitions, c'est en grande partie en raison de son incapacité à dégager des ressources fiscales suffisantes : les dépenses de l'État, même en prenant en compte les échelons régionaux, ne dépassent pas 6 % du produit intérieur dans la période 1931-1936, quand, par exemple, cet indicateur atteint 14,3 % aux États-Unis en 1933.

Un autre front crucial de l'action du Guomindang relève des systèmes bancaire et monétaire qui sont complètement réorganisés. Le gouvernement met la main en 1935, en utilisant les bons offices du gangster Du

---

16. J. Strauss, *Strong Institutions in Weak Polities*, p. 133-139.

Yuesheng, sur les principales banques du pays[17] (notamment la Banque de Chine, *Zhongguo yinhang* 中國銀行, et la Banque des communications, *Jiaotong yinhang* 交通銀行). À la fin de la même année, il parvient à créer une monnaie fiduciaire, le *fabi* 法幣, dont le monopole d'émission est confié à quatre banques contrôlées par le gouvernement. C'est un grand succès. L'opération délicate consistant à amener les banques privées à céder leurs réserves d'argent métal en échange de coupures de la nouvelle monnaie est menée à bien avec beaucoup d'habileté[18]. Cette réforme offre bien des avantages : elle met fin à l'atomisation de l'offre de monnaie qui avait sous l'influence des seigneurs de la guerre atteint un degré critique dans les années 1920 où près d'une trentaine de monnaies différentes pouvaient coexister[19]. L'augmentation vertigineuse des cours mondiaux de l'argent avait provoqué des exportations massives de ce métal et une déflation prononcée dans laquelle l'économie demeurait empêtrée depuis 1932-1933. Le gouvernement se dote ainsi des moyens de juguler cette déflation (et *in fine* d'enrayer la crise) en émettant de la monnaie.

Prises dans leur ensemble, les réformes des secteurs bancaire et monétaire augmentent dans de larges proportions les moyens d'intervention du gouvernement dans la sphère économique. Le groupe des grands banquiers privés de Shanghai, qui avaient conservé jusque-là une forte influence politique en cultivant des relations avec certains milieux gouvernementaux, ne lui fait plus d'ombre.

Un autre domaine de réalisations d'envergure est celui des infrastructures. L'inauguration de la ligne Canton-Hankou en 1936 complète une véritable colonne vertébrale ferroviaire reliant Pékin à Canton en passant par Zhengzhou, Wuhan et Changsha. Le désenclavement du Nord-Ouest fait un progrès décisif grâce à l'ouverture d'une radiale qui atteint Xi'an à la fin 1934. La longueur du réseau, qui atteignait presque 13 000 kilomètres en 1924 est de l'ordre de 20 000 kilomètres en 1937 (mais 40 % sont concentrés en Mandchourie).

---

17. P. Coble, *The Shanghai Capitalists*, p. 172-192 ; B. Martin, *The Shanghai Green Gang*, p. 194-199.
18. T. Shiroyama, *China during the Great Depression*, p. 183-187.
19. L. Pye, *Warlord Politics*, p. 163-164.

L'œuvre accomplie, dont on n'a abordé ici que certains des aspects principaux, possède une vraie cohérence, car elle nourrit un projet de longue haleine : la centralisation et, à terme, le renforcement de la puissance chinoise. Elle est aussi durable ; nombre de réformes laisseront une empreinte durable, à l'image de l'astucieuse loi de juillet 1928 qui parvient à imposer le système métrique comme la référence au niveau national en redéfinissant notamment certaines unités traditionnelles de façon qu'elles tombent juste en étant exprimées dans le système métrique : par exemple, une livre (*jin* 斤) équivaut à 500 grammes, comme c'est toujours le cas aujourd'hui. C'est un pas décisif vers une unification et une rationalisation des poids et mesures particulièrement nécessaires[20].

Si toutes ces réalisations sont à mettre au crédit du Guomindang, il faut noter que certaines ont été préparées depuis la période des Nouvelles Politiques et par les régimes de Beiyang. Le meilleur exemple est la refonte du droit, qui sera examinée dans le chapitre 7. Mais la mise au point du système de transcription phonétique et de romanisation que le Guomindang applique dès 1928 est elle aussi le produit d'efforts poursuivis par les gouvernements de Pékin depuis le début de la République.

Quand point la menace japonaise

À partir du début des années 1930, l'hypothèque qui pèse le plus lourdement sur le gouvernement de Nankin est clairement l'impérialisme japonais. À Tokyo, la page de la période démocratique de Taishō, inaugurée en 1912, est bel et bien tournée. Les milieux militaires ultranationalistes présentent l'expansionnisme en Mandchourie comme le seul exutoire possible à la crise économique qui frappe le pays. Cependant, si s'élabore un argumentaire destiné à justifier l'expansionnisme en direction de la Mandchourie puis de la Chine du Nord, sa mise en œuvre, elle, ne découle d'aucun plan préétabli. C'est l'improvisation qui domine et les forces militaires présentes sur place qui ont l'initiative.

20. Pour un aperçu synthétique de l'effroyable confusion du système des poids et mesures à la fin de la période impériale, voir L. Eastman, *Family, Field, and Ancestors*, p. 107-108.

En effet, la tête chercheuse de l'expansionnisme nippon en Chine est l'armée du Guandong. Après l'assassinat de Zhang Zuolin en 1928, ses officiers prennent, de 1931 à 1937, l'initiative des différents coups de main. L'état-major et le gouvernement de Tokyo, qui inclinent bien davantage à la prudence, ne soutiennent et ne ratifient qu'après coup.

La menace japonaise se matérialise en septembre 1931. L'état-major de l'armée du Guandong organise un simulacre d'attentat contre le chemin de fer sud-mandchourien le 18 septembre 1931 (incident de Moukden), dont elle accuse des « bandits chinois » d'être responsables. Dans les semaines qui suivent, les forces de l'armée du Guandong s'avancent vers le Sud en repoussant facilement les médiocres troupes du seigneur de la guerre Zhang Xueliang qui se mettent en travers de leur chemin.

Le conflit prend un tour encore plus dramatique lorsqu'il s'étend à Shanghai. Principal foyer industriel de la Chine, Shanghai abrite d'importants intérêts économiques japonais, notamment des filatures qui emploient presque 60 000 Chinois. La ville compte 20 000 ressortissants japonais. De nombreux bâtiments de la marine de guerre japonaise, jalouse des succès remportés par l'armée de terre en Mandchourie, y sont à l'ancre. C'est aussi depuis le début des opérations en Mandchourie un haut lieu de l'activisme antijaponais. Shanghai est notamment l'épicentre d'un très important mouvement de boycottage des produits japonais lancé au mois de juillet 1931 en réponse au massacre de ressortissants chinois perpétré en Corée, encore renforcé par le déclenchement des opérations militaires en Mandchourie. Inévitablement, des éléments provocateurs des deux bords trouvent là un terrain d'action idéal. La marine japonaise jette de l'huile sur le feu en lançant un ultimatum sommant le maire de s'opposer aux mouvements hostiles au Japon. Le maire Wu Tiecheng, qui a pour instructions d'arriver à un compromis, s'exécute. Mais il devient clair que le Japon recherche l'escalade militaire, et n'hésite pas à fomenter des incidents pour y parvenir. Le 28 janvier 1932, d'importantes forces d'infanterie de marine japonaises passent à l'offensive dans les faubourgs nord de la ville. Alors qu'elles croient pouvoir obtenir une victoire rapide, elles tombent sur un os. Les trois divisions de la 19e armée de route chargées de la défense du secteur résistent en effet avec acharnement. C'est un petit Stalingrad pour les troupes japonaises : la configuration urbaine et la détermination des défenseurs leur permettent de s'accrocher au terrain contre un ennemi à la puissance de feu très supérieure (sa suprématie est totale dans le domaine de l'artillerie). Durant plusieurs semaines, les soldats japonais piétinent, malgré d'importants renforts. La 19e armée tient toujours, épaulée par les renforts envoyés par le gouvernement central. Les mois de février et mars sont de grands moments d'exaltation patriotique à travers tout le pays : la ténacité des soldats qui résistent à Shanghai soulève l'enthousiasme d'une population qui suit jour après jour dans la presse leurs faits d'armes. Les chefs de la 19e armée (notamment Cai Tingkai, dont le sens aigu de la communication n'est pas étranger à la soudaine popularité) accèdent au statut de héros. Après un cessez-le-feu intervenu le 3 mars, un accord est signé le 5 mai 1932. Il se traduit par un relatif échec pour la partie japonaise, qui se retrouve isolée diplomatiquement et n'obtient pas la démilitarisation de la région de Shanghai. Le prix de cette demi-victoire pour la Chine n'est toutefois pas léger : déjà fragiles, les finances publiques sont désormais exangues. D'autre part, ce sont les faubourgs nord de Shanghai, notamment Zhabei, lieux d'une très importante concentration industrielle, qui ont servi de champ de bataille. Il n'en reste qu'un champ de ruines[21].

Pendant ce temps, en Mandchourie, les Japonais ont militairement la partie bien plus facile. Plutôt que de procéder à une annexion pure et simple des territoires conquis, option qui avait la préférence de l'armée du Guandong, le choix de susciter la création d'un État est une concession de cette dernière aux réticences de l'état-major à Tokyo. Le 1er mars 1932 est proclamé le Mandchoukouo, qui rassemble les trois provinces du Nord-Est (Fengtian, Jilin et Heilongjiang). Le choix de sa capitale Changchun, promptement rebaptisée Xinjing, « la nouvelle capitale », est grandement symbolique. Il s'agit en effet d'une ville qui est le produit de l'activité de la Compagnie (japonaise) du chemin de fer sud-mandchourien. Les Japonais abattent à ce moment une carte qu'ils conservaient dans leur jeu : l'ex-empereur Puyi, qu'ils avaient pris depuis 1924 sous leur protection. Puyi, dans un premier temps, est nommé chef de l'exécutif (執政 *zhizheng*) d'un État qui prend alors la forme d'une république. La Société des

21. D. Jordan, *China's Trial by Fire. The Shanghai War of 1932.*

Nations ayant fait connaître son hostilité à toute reconnaissance du Mandchoukouo, le Japon la quitte. L'intérêt d'une façade républicaine, qui était destinée à inciter les puissances occidentales à reconnaître le nouvel État, a donc disparu. Cette république cède deux ans plus tard la place à un empire, dont Puyi occupe le trône. Mais d'autonomie véritable, il n'est point question. Le Mandchoukouo signe rapidement des accords qui entérinent son maintien sous la tutelle de l'armée du Guandong. Ce sont des fonctionnaires japonais qui, à tous les niveaux, font tourner son administration. L'économie est placée tout entière au service des intérêts stratégiques du Japon. Enfin, 1 million de colons japonais s'installent en Mandchourie durant les années 1930[22]. Pour la Chine, la perte de la Mandchourie a une importance stratégique et militaire évidente. Mais elle contribue aussi à aggraver les difficultés économiques du pays déjà mis à mal par les grandes inondations du Yangzi de l'été 1931, dans la mesure où elle représentait un débouché très important pour l'industrie et l'artisanat chinois.

Peu de temps après, au début de l'année 1933, les Japonais ajoutent au Mandchoukouo la province du Rehe. D'escarmouches en coups de main, les opérations se rapprochent de Pékin. Le début de l'année 1933 est marqué par d'importants combats dans la zone de la Grande Muraille. L'accord de Tanggu conclu en mai 1933 y met un terme. Il stipule que les troupes japonaises restent en deçà de la Grande Muraille, au sud de laquelle une zone démilitarisée est établie. Très désiré par Chiang Kai-shek qui veut avoir les mains libres pour liquider les communistes, le répit ainsi obtenu s'avère de courte durée. Toute la période 1933-1937 est scandée par des provocations et des incidents. Ces années sont jalonnées d'une série d'accords qui sont autant d'humiliantes reculades chinoises. Entre la fin 1934 et l'année 1935, le Chahar et le Hebei entrent à leur tour progressivement dans l'orbite du Mandchoukouo. La Mongolie méridionale déclare quant à elle son indépendance le 12 février 1936, qui n'a guère d'autre signification qu'une allégeance au Japon[23].

---

22. À propos du Mandchoukouo, voir : Yamamuro S., *Manchuria under Japanese Dominion*.

23. P. Coble, *Facing Japan*, p. 209.

La situation militaire du Nord-Est est un imbroglio de négociations menées tant au niveau local que gouvernemental, sur fond de coups de main militaires, sans parler des agissements des services secrets qui se traduisent par une abondance d'assassinats et de provocations[24]. Pour compliquer le tout, le gouvernement japonais et celui de Nankin sont sans arrêt en négociations avec ceux qui se réclament d'eux sur le terrain, mais dont le degré d'allégeance est fort variable. L'armée du Guandong freine des quatre fers lorsque le gouvernement de Tokyo semble disposé à conclure une paix durable. Les reculades face au Japon prennent des formes autres que les pertes de territoires. Il s'agit notamment de révoquer des fonctionnaires jugés antijaponais dans le gouvernement central (Song Ziwen est l'exemple le plus remarquable), d'interdire les publications, les manifestations et les activités (boycottages) hostiles au Japon. Le tarif du 3 juillet 1934 représente une autre concession majeure du gouvernement chinois. Ce Trafalgar douanier abaisse les droits pour les biens massivement importés du Japon et concurrençant directement les produits chinois (comme les cotonnades), tandis qu'il les augmente pour les biens d'équipement (machines), et diverses matières premières (coton brut, carburant), qui ont pour point commun d'être indispensables au développement de l'industrie chinoise et cruciaux pour sa compétitivité[25]. De reculades en compromis humiliants, le gouvernement de Nankin paie un coût politique. Cette politique d'apaisement et de compromis fournit un terrain d'attaque rêvé aux opposants de tous poils. Hu Hanmin ne perd aucune occasion de clouer Chiang Kai-shek au pilori dans sa revue *Sanminzhuyi yuekan* 三民主義月刊 (*Le Mensuel du triple démisme*). Dans l'exercice consistant à dépeindre Chiang Kai-shek comme un capitulard, Feng Yuxiang n'est pas non plus en reste. Mais cela ne doit pas occulter un fait positif : l'émergence d'un nationalisme de résistance. Dans les années précédant 1937, c'est une épine dans le pied d'un Chiang Kai-shek. Mais il s'avérera au contraire un atout crucial durant les premières années de la guerre, lui permettant de mobiliser avec succès la population contre l'envahisseur[26].

---

24. Sur ce climat, on consultera R. Mitter, *The Manchurian Myth.*
25. P. Coble, *The Shanghai Capitalists*, p. 133-136.
26. R. Mitter, *The Manchurian Myth,* p. 157-188.

Des seigneurs de la guerre en perte de vitesse

Si les seigneurs de la guerre ne sont plus vraiment les maîtres du jeu surtout après 1932, ils restent des forces qui comptent durant toute la décennie de Nankin. Isolément, aucun n'est désormais de taille à rivaliser avec Chiang Kai-shek. Mais une alliance entre plusieurs d'entre eux peut constituer une menace crédible. On a vu comment certains potentats, et non des moindres, ont été rabaissés voire anéantis entre 1928 et 1931. Cependant, ces succès sont contrebalancés par l'apparition d'une nouvelle espèce de seigneurs de la guerre : des chefs militaires venus des rangs des forces nationalistes elles-mêmes, qui s'émancipent dans la province dont ils ont reçu la charge. Parmi les principaux, il faut placer Chen Jitang. Ce dernier parvient, en 1931, à profiter de la crise nationale provoquée par l'arrestation de Hu Hanmin pour soustraire au contrôle de Nankin la riche province du Guangdong, celle-là même qui avait servi de base pour l'expédition du Nord[27]. He Jian fait progressivement de même au Hunan après qu'il en a été nommé gouverneur entre 1929 et 1936[28], tout comme Han Fuju au Shandong.

Il n'en reste pas moins qu'en matière d'équilibre des forces avec les seigneurs de la guerre, le bilan de la décennie de Nankin, surtout après la reprise de la province du Guangdong à l'été 1936, est indiscutablement positif. Dans cette perspective, l'avancée de l'armée japonaise au nord du pays a été un moindre mal pour Nankin car elle s'est faite sur des territoires contrôlés par les seigneurs de la guerre. Les contours de l'État du Mandchoukouo correspondent peu ou prou à l'ancien territoire dévolu à Zhang Zuolin (puis, après l'assassinat de ce dernier par les Japonais, à son fils et successeur Zhang Xueliang). Les seigneurs de la guerre contrôlant plusieurs provinces étaient encore nombreux à la fin de l'expédition du Nord[29] (pour n'en citer qu'un, Feng Yuxiang avait la haute main sur le Henan, le Shaanxi et le Gansu). À la veille de la

27. Chen Jitang est le seul grand seigneur de la guerre à ne pas avoir l'honneur d'une biographie dans une langue européenne. La meilleure synthèse en chinois le concernant demeure : Zhong Z., *Chen Jitang*.

28. H. Boorman, *Biographical Dictionary of Republican China*, tome II, p. 62-63.

29. J. Sheridan, *China in Disintegration. The Republican Era in Chinese History, 1912-1949*, p. 184.

guerre de 1937, plus aucun seigneur de la guerre ne contrôle plusieurs provinces. Il demeure, au milieu des années 1930, une dernière coalition de militaristes ayant quelque ampleur et quelque cohérence : celle qui rassemble Guangdong, Yunnan et Guangxi. Elle est mise au pas à son tour en 1936.

Fig. 10 : Le grand seigneur de la guerre Chen Jitang, maître du Guangdong entre 1931 et 1936.

Il subsiste donc moins de seigneurs de la guerre, et parmi eux, il y a deux espèces en voie de disparition : les mastodontes et les minuscules. Au début des années 1930, on assiste en effet, dans différentes provinces qui restaient très divisées, à l'affirmation d'un ou de quelques seigneurs de la guerre. Au Sichuan, par excellence la province morcelée dans les années 1920, cinq seigneurs de la guerre ont fait le ménage vers 1927, en attendant que Liu Xiang ne prenne le pas au début des années 1930[30] (sans parvenir toutefois à liquider complètement les autres). La dure besogne consistant à éradiquer la multitude de petites satrapies du Shaanxi est effectuée par les forces de Feng Yuxiang entre 1927 et 1928, et parachevée par Yang Hucheng dans les années 1930. Han Fuju, lui, s'impose comme seul maître du Shandong en 1932, après avoir vaincu Liu Zhennian qui contrôlait encore l'essentiel de l'est de la province[31].

Dans la plupart des cas, si leur indépendance subsiste, Nankin parvient à leur rogner les ailes par différents moyens. On a déjà mentionné les initiatives de Chiang destinées à démobiliser leurs troupes et auxquelles ils résistent, de façon compréhensible, avec la dernière énergie. Les tentatives de soumettre les achats d'armement à l'accord du pouvoir central donnent des résultats pour le moins limités (nuls, par exemple, au Sichuan). D'autres moyens s'avèrent plus efficaces. L'un d'entre eux est d'intrumentaliser le péril que représentent les communistes. Des armées loyales à Nankin partent dans les provinces faisant face à une menace communiste pour prêter main-forte aux forces locales. Une fois stationnées sur place, ces troupes y restent et permettent à Chiang d'arrimer la province concernée au pouvoir de Nankin. C'est par exemple le cas au Guizhou en 1935, où les deux principaux satrapes, Hou Zhidan et Wang Jialie, sont écartés. Toute une panoplie d'autres moyens sont employés dans l'intention d'affaiblir directement ou indirectement les seigneurs de la guerre par un autre côté, à savoir en diminuant leurs ressources financières. Ainsi le succès de la réforme monétaire du milieu des années 1930 et les progrès de la circulation de la monnaie du gouvernement

---

30. R. Kapp, *Szechwan and the Chinese Republic, Provincial Militarism and Central Power*, p. 24-38 et 87-98. Une précieuse carte des zones contrôlées par les différents seigneurs de la guerre de cette province autour de 1932 se trouve p. 34.

31. D. Buck, *Urban Change in China : Politics and Development in Tsinan,* p. 169-170.

central (*fabi*) affaiblissent considérablement les monnaies émises localement par les seigneurs de la guerre, qui se retrouvent ainsi privés d'un levier important[32]. Pour anémier les finances de la nouvelle clique du Guangxi, Chiang Kai-shek a recours à une autre méthode qui consiste à détourner les routes de l'opium produit au Yunnan (le meilleur de Chine) vers le nord, ce qui prive la clique des droits qu'elle levait sur les cargaisons d'opium qui transitaient par la province. Moins subtiles mais à peine moins rares sont les manigances destinées à obtenir la défection d'un ou plusieurs subordonnés : c'est de cette façon que Chiang Kai-shek parvient à venir à bout de Feng Yuxian au printemps 1929, en détachant de lui ses lieutenants, Han Fuju et Shi Yousan.

Bien qu'ils soient ennemis, les échanges et les négociations entre les différents seigneurs de la guerre et le pouvoir central ne cessent jamais. Inconcevable quelques années plus tôt, une pratique se généralise au milieu des années 1930 : celle des voyages d'inspection de Chiang Kai-shek dans les fiefs des seigneurs de la guerre. Il partage notamment son temps, de mars à octobre 1935, entre le Sichuan et, dans une moindre mesure, le Yunnan et le Guizhou[33]. Durant cette période, il multiplie les apparitions publiques, les discours et les tournées d'inspection. Et même si dans la lutte qui se mène, les coups bas sont légion, on aurait tort de croire que tout est permis : Chiang ne recule pas devant le recours à des assassinats politiques, mais ils ne sont jamais dirigés contre des seigneurs de la guerre. Les deux seuls seigneurs de la guerre de quelque importance ayant été assassinés pendant la décennie de Nankin l'ont été l'un par les Japonais (Zhang Zuolin) et l'autre, Sun Chuanfang, en novembre 1935, par l'effet de la vengeance personnelle d'une jeune femme, Shi Jianqiao, dont il avait tué le père. De même, à l'adversaire vaincu et réduit à l'impuissance par la perte de son armée et de son assise territoriale, Chiang laisse généralement une porte de sortie. Le nouveau retraité part couler des jours généralement paisibles à l'étranger ou dans une concession étrangère[34].

---

32. Voir le cas du Shanxi : D. Gillin, *Warlord. Yen Hsi-shan in Shanxi Province, 1911-1949*, p. 135-136.

33. R. Kapp, *ibid.*, p. 117.

34. Ainsi voit-on fin 1930 Chiang Kai-shek imposer aux deux grands seigneurs de la guerre qu'il vient de vaincre, Feng Yuxiang et Yan Xishan, de partir à l'étranger.

Il faut aussi prendre résolument position contre une vision excessivement schématique qui dessinerait une opposition radicale entre la basse vallée du fleuve Bleu (en particulier le Jiangsu et le Zhejiang) étroitement tenue en main par le Guomindang et où ce dernier serait en quelque sorte maître en son royaume, et le reste du pays qui ne reconnaîtrait sa domination que de façon purement nominale. La réalité est plus complexe. Il n'y a pas lieu de remettre en cause l'idée que l'assise du pouvoir du Guomindang est dans la basse vallée du fleuve Bleu (sauf pour la nuancer un peu[35]). Par contre, il faut souligner que le degré et la forme du contrôle exercé par lui sur le reste du pays se décomposent selon une très large palette de nuances. Par commodité de langage, les historiens ont coutume d'affirmer que maints seigneurs de la guerre demeurent « à demi indépendants » durant la décennie de Nankin. S'ils exhibent maints exemples à l'appui de cette affirmation, ils se dispensent d'analyser un fait au moins aussi significatif, à savoir qu'ils sont tout autant « à demi dépendants ».

Cet état de fait n'est nulle part aussi clair qu'en matière de fiscalité. L'administration du ministère des Finances de Nankin quadrille bien le Zhejiang, l'Anhui et le Jiangsu, et parvient à en tirer de très importantes recettes fiscales. La plupart des autres provinces acceptent la présence à des degrés divers de certaines de ses composantes, mais elles rendent (proportionnellement) moins. D'autres comme le Sichuan, que l'on présente trop volontiers comme complètement indépendantes tolèrent bel et bien la présence des Douanes maritimes et de la Gabelle, qui étaient présentes de longue date, mais sont tombées dans l'escarcelle du ministère des Finances à la fin des années 1920[36]. De même, au Shandong, Han Fuju reverse à Nankin une partie de ses rentrées fiscales, tandis que les recettes du chemin de fer, elles, lui échappent complètement[37].

---

35. Par exemple, entre 1927 et 1935, les autorités de la province du Zhejiang parviennent à tenir le cap d'une politique de lutte résolue contre l'opium, s'opposant ainsi à la volonté de Chiang Kai-shek qui cherche au contraire à intégrer la province dans les lucratifs circuits de l'opium qu'il contrôle : A. Baumler, *The Chinese and Opium under the Republic. Worse than Floods and Wild Beasts*, p. 146-149.

36. J. Strauss, *Strong Institutions in Weak Polities*, p. 60-105 et 127-133.

37. D. Buck, *Urban Change in China : Politics and Development in Tsinan*, p. 167.

D'autre part, le bras de Nankin s'étend vers les provinces par l'intermédiaire de grandes réformes consensuelles qui sont pilotées par les ministères centraux. C'est le cas pour celle des prisons : les directives édictées à Nankin (comme celles qui l'étaient à Pékin du temps des gouvernements Beiyang du reste) sont appliquées dans tout le pays, tandis que les rapports des services pénitenciers locaux remontent la voie hiérarchique jusqu'à la capitale.

La marginalisation réussie du Parti communiste chinois

On aurait tort de surestimer l'importance de la menace que fait peser le Parti communiste chinois (PCC). Néanmoins une chose empêche de complètement négliger le PCC. Moins que ses propres forces, ce qui en fait une menace potentielle, c'est qu'il soit partie prenante d'un mouvement révolutionnaire d'ampleur mondiale appuyé sur une puissance, l'URSS, qui partage une frontière de plusieurs milliers de kilomètres avec la Chine. La révolution communiste chinoise est en effet reliée à sa devancière par un cordon ombilical qui s'appelle le Komintern. Celui-ci envoie des conseillers, prodigue une aide financière, et Moscou offre un asile sûr où les communistes chinois se réfugient, se soignent et se forment. L'aile protectrice du Komintern n'offre cependant pas que des avantages. Elle présente pour les communistes chinois l'inconvénient d'imposer des options stratégiques qui, d'une façon générale, servent davantage les intérêts à court terme de l'URSS et, comme on va le voir, de Staline, que ceux de la révolution chinoise.

Après la rupture violente de 1927, et après avoir tenté de continuer à jouer la carte du Front uni avec le gouvernement de Wuhan (voir chapitre 2), le PCC gagne la clandestinité. Chen Duxiu, rendu responsable des déboires consécutifs à la rupture du Front uni, est destitué. Qu Qiubai lui succède à la tête du Parti. Ce dernier, dont l'un des mérites principaux est sa connaissance du russe, applique une stratégie fondée sur l'idée de Staline que la Chine se trouve dans une situation révolutionnaire. Ce diagnostic (et surtout la nécessité pour Staline d'en confirmer la validité face aux critiques de Trotski) justifie de multiplier les tentatives pour soulever les masses populaires[38]. Les soulèvements communistes de la fin 1927 varient par leur nature, mais pas par leurs résultats. Tous aboutissent en effet à de rapides et sanglants échecs. Début août 1927, à Nanchang, une mutinerie dans l'armée régulière menée par des officiers gagnés à la cause communiste (Ye Ting et He Long) fait long feu. En décembre 1927, la commune de Canton prend appui sur le Lumpenproletariat urbain (notamment les tireurs de pousse-pousse). Elle est écrasée en deux jours. Mais la plus célèbre insurrection de la série est la révolte paysanne de la Moisson d'automne au Hunan (9-19 septembre 1927) menée notamment par Mao Zedong. Après son échec, il gagne, avec quelques centaines de rescapés, les monts Jinggang, aux confins du Jiangxi et du Hunan. Il parvient à se maintenir dans cette région pauvre et très reculée en s'alliant avec des bandes de brigands locaux[39]. Renforcé par les 2 000 hommes de Zhu De (mai 1928), puis les 700 de Peng Dehuai (novembre 1928), il étend progressivement la zone sous sa domination. Le soviet du Jiangxi est devenu au début des années 1930 une des principales bases rurales communistes. Le développement des soviets ruraux ne concerne que le sud du pays. Le Nord, qui était resté imperméable aux mouvements paysans dans les années 1920 (à l'exception de la province du Henan), n'en compte pas.

En novembre 1931, la base du Jiangxi devient la République soviétique chinoise. Le sommet du PCC, qui est occupé de 1931 à 1935 par un groupe de dirigeants formatés à Moscou, les 28 Bolcheviques, dont les principales figures sont Bo Gu, Wang Ming et Zhang Wentian, cherche à imposer son autorité sur les différentes bases qui se développent. Bien décidé à mettre au pas les leaders locaux (au premier rang desquels Mao), il dépêche Zhou Enlai au Jiangxi en octobre 1931. Ce dernier fait la démonstration de ses talents de manoeuvrier et parvient à ses fins : la marginalisation de Mao semble acquise après la conférence de Ningdu à l'été 1932[40]. Le Comité central (alors dirigé par Bo Gu), fuyant Shanghai, s'installe au Jiangxi en janvier 1933. Ce déplacement

38. A. Roux et Wang X., *Qu Qiubai (1899-1935). Des mots de trop* (duoyu de hua), *l'autobiographie d'un intellectuel engagé chinois*, p. 12-13.

39. S. Averill, *Revolution in the Highlands : China's Jinggangshan Base Area*, p. 81-166.

40. Hu Chi-hsi, *L'Armée rouge et l'ascension de Mao*, p. 54-75.

est l'aveu du terrible affaiblissement du PCC dans les villes, fruit de l'aventurisme (largement téléguidé par Moscou) de ses dirigeants et de la répression efficace du Guomindang. C'est aussi la confirmation du rôle désormais central qu'est appelé à jouer le soviet du Jiangxi[41].

Cette importance nouvelle du soviet ne peut manquer d'attirer l'attention du Guomindang. Son écrasement devient un objectif prioritaire. Certes, Chiang Kai-shek n'était pas resté sans réagir face au développement du soviet du Jiangxi qui dès 1930 est la cible de plusieurs campagnes d'anéantissement. Toutes échouent faute de moyens suffisants, ou parce que les troupes engagées doivent être redéployées en urgence sur des théâtres plus prioritaires. La stratégie employée doit aussi être mise en cause. Le Guomindang avait notamment cherché à faire d'une pierre deux coups en combinant élimination des communistes et mise au pas des élites rurales locales. Cette erreur est corrigée en 1933 : le Guomindang collabore avec elles au lieu de chercher à les supplanter. La cinquième campagne sera la dernière. Appuyées par les milices locales (réorganisées et renforcées par l'efficace Xiong Shihui, nommé gouverneur du Jiangxi en décembre 1931), les troupes nationalistes suivent une tactique d'encerclement méthodique. Le recours à des ceintures de blockhaus leur permet de pénétrer progressivement jusqu'au cœur du territoire tenu par les communistes.

Pour briser l'encerclement fatal qui se dessine, les communistes doivent se résoudre à fuir en octobre 1934. La propagande a par la suite magnifié la Longue Marche (*changzheng* 長征) qui s'ensuit[42]. Loin d'être une épopée, elle est pourtant avant tout une succession de manoeuvres tout à fait improvisées, un chemin de croix en direction de l'Ouest puis du Nord pour échapper à l'anéantissement. Le terme même de Longue Marche a été appliqué à cette opération seulement fin décembre 1935 par Mao[43]. À cette époque en effet, Mao s'est efforcé de réécrire l'histoire de cette fuite désespérée selon deux directions : d'une

41. Yang B., *From Revolution to Politics,* p. 47-51.

42. Zhang E., « The Long March », in Wang Ban (dir.), *Words and their Stories. Essays on the Language of the Chinese Revolution*, p. 40-49. La propagande a même été jusqu'à faire de la Longue Marche une manœuvre destinée à venir faire face à l'agression des Japonais dans le Nord.

43. Yang B., *From Revolution to Politics. Chinese Communists on the Long March*, p. 2-3.

part en faisant d'elle une manœuvre tactique dirigée par lui, d'autre part, en mettant de côté le fait qu'il y a eu en fait *plusieurs* longues marches : les combattants de différentes autres bases communistes ont cherché eux aussi leur salut vers l'Ouest.

Partis 100 000 en octobre 1934, les fuyards de la base du Jiangxi voient leurs effectifs fondre des deux tiers en six mois, moins sous l'influence des escarmouches et des batailles que sous celle des désertions et des maladies. Ayant changé maintes fois d'objectif, la Longue Marche s'achève finalement en octobre 1935. Ce qui reste de l'appareil militaire et politique central du PCC, une maigre phalange de 10 000 personnes, trouve refuge dans une région extrêmement déshéritée et reculée, où existait une base communiste de très fraîche date : le nord du Shaanxi.

La Longue Marche n'est pas seulement un désastre militaire. Sur le plan interne, le Parti ne cesse de s'y déchirer en luttes intestines. Mao en sort vainqueur en réussissant coup sur coup deux opérations qui lui permettent d'affirmer sa prééminence (à défaut de faire déjà de lui le maître incontesté). Il exploite tout d'abord au maximum la chance qui a été la sienne : écarté depuis l'été 1932 de la direction et donc des décisions sur la stratégie à suivre, il a beau jeu lors de la conférence de Zunyi (janvier 1935) de rejeter la responsabilité du désastre que représente la perte de la République soviétique chinoise. Son second coup de maître est de réussir à écarter la menace que faisait peser sur l'emprise qu'il venait de s'assurer à Zunyi le personnage de Zhang Guotao. Membre fondateur du PCC, ce dernier est un vétéran de l'activisme révolutionnaire, puisque dès 1920 il animait avec Li Dazhao un groupe d'étude marxiste. Il avait été envoyé en avril 1931 prendre la tête d'une base qui ne le cédait alors en importance qu'au soviet du Jiangxi : celle d'Eyuwan 鄂豫皖, aux confins du Hubei, du Henan et de l'Anhui. Délogées par des offensives nationalistes au début de 1933, les forces de Zhang viennent se lover dans un recoin du nord du Sichuan, profitant de la faiblesse et de la désunion des seigneurs de la guerre locaux. Mais ce répit n'est que provisoire, et sous la pression de troupes nationalistes, ils reprennent la route de l'Ouest. La jonction avec les forces de Mao s'effectue le 14 juin 1935. À ce moment, Zhang dispose de forces militaires non seulement cinq fois supérieures en nombre, mais aussi bien moins éprouvées[44]. Les désaccords avec la direction du Parti dominée par Mao se multiplient aussitôt. Deux mois plus tard, nouvelle séparation. Mao mène ses troupes sans trop d'encombres dans le nord du Shaanxi où il entreprend de consolider une nouvelle base. Zhang, lui, met le cap vers le sud avec ses hommes mais se heurte à des forces nationalistes coriaces au Sichuan. Puis, confronté à des populations hostiles, il cherche en vain à établir une base dans les confins du Tibet. Ces opérations militaires aboutissent à faire fondre ses forces en quelques mois. À la fin 1936, c'est en vaincu qu'il rejoint le nord du Shaanxi. À Yan'an (où le PCC établit sa capitale en janvier 1937), Zhang Guotao comprend que son heure est passée et qu'il n'est plus en position de remettre en cause le leadership de Mao. Il sera en avril 1938 le premier (et dernier) responsable de haut rang du PCC à faire défection au profit du Guomindang.

Dans le refuge précaire de Yan'an, le PCC panse ses plaies et entreprend de reconstituer ses forces, à commencer par son armée. D'autre part, pendant ces années, les autres petites bases communistes éparpillées s'efforcent de survivre, faisant face aux assauts des troupes du Guomindang avec des fortunes diverses[45]. La plupart subsistent souvent sous une forme très réduite. Autant de graines éparpillées qui attendent leur heure, laquelle ne tardera pas trop. Elles reprendront en effet toute leur importance quand viendra le temps de la guerre contre le Japon et du second Front uni, et qu'il s'agira de développer des bases dans les zones conquises par l'ennemi.

S'il y a bien eu marginalisation du PCC durant la décennie de Nankin, elle a suivi un processus discontinu. Avril 1927 est évidemment une date cruciale pour les communistes, qui ne peuvent plus se développer sous le parapluie du Guomindang. Une répression féroce et efficace suit la rupture du premier Front uni : les effectifs du Parti fondent. Le PCC, dans les années qui suivent, ne parvient pas à redresser significativement sa position dans les villes, en particulier dans les milieux ouvriers. S'il reconstitue cependant, petit à petit, ses forces, il le fait

44. T. Saich, *The Rise to Power of the Chinese Communist Party, Documents and Analysis*, p. 656-657.

45. C'est l'objet de l'excellent livre de G. Benton, *Mountain Fires : The Red Army's Three-Year War in South China, 1934–1938*.

en suivant une tactique tout à fait différente, dont les deux axes sont la construction de soviets ruraux et d'une force armée indépendante. Il faut cesser de faire coïncider la période 1934-1935 à la Longue Marche, une interprétation élaborée et promue par Mao lui-même dans le cadre du projet plus large de calquer l'histoire du PCC sur sa geste personnelle. En réalité 1934-1935 voit s'affirmer un mouvement plus large d'élimination systématique des soviets ruraux incrustés dans le sud du pays et dont le bilan est un franc succès du Guomindang : de 300 000 membres en 1933, les effectifs du Parti communiste sont retombés à 30 000 début 1937[46].

Fig. 11 : Mao Zedong et Zhang Guotao au printemps 1938.

46. Yang B., *From Revolution to Politics,* p. 255. On y trouve un très utile tableau de l'évolution des effectifs du PCC et de ses forces armées de 1921 à 1949, p. 307.

Vers la guerre sino-japonaise : 1935-1937

L'attentat du 1er novembre 1935 sur la personne de Wang Jingwei annonce des jours nouveaux. En effet, Wang tombe parce qu'il supportait l'essentiel de l'impopularité croissante que suscitait la politique d'apaisement face au Japon. La pression d'une opinion publique de plus en plus antijaponaise monte. Le 9 décembre 1935, des dizaines de milliers d'étudiants manifestent à Pékin pour exiger une attitude plus ferme vis-à-vis de Tokyo. Le mouvement s'étend et dans les mois qui suivent des sociétés de salut public (*jiuguo hui* 救國會) s'organisent dans tout le pays. En mai 1936, elles s'unissent en une Fédération nationale des sociétés de salut public (*Quanguo gejie jiuguo hui xiehui* 全國各界救國會協會) qui organise à l'occasion des funérailles du célèbre écrivain Lu Xun une énorme manifestation antijaponaise. Au grand scandale de l'opinion, le Guomindang répond par l'arrestation le 22 novembre 1936 des sept principaux leaders de la Fédération (surnommés dès lors les « Sept Gentilshommes », *qi junzi* 七君子).

Parmi les principales personnalités hostiles à la politique consistant à privilégier l'élimination des communistes par rapport à la lutte contre le Japon figure le fils de Zhang Zuolin, Zhang Xueliang. Bien qu'ayant dû faire retraite devant l'avancée des troupes japonaises dans le nord-est du pays, il conservait le contrôle de forces militaires conséquentes. Avec un autre chef militaire local, Yang Hucheng, il est à l'origine de ce qu'on appelle l'incident de Xi'an. Cet épisode a fait l'objet d'interprétations extrêmement différentes et reste nimbé d'un certain mystère[47]. Chiang Kai-shek se rend dans la région de Xi'an, alors contrôlée par Zhang Xueliang, afin de s'assurer sur place des mesures prises pour éradiquer les communistes du Shaanxi. Ce dernier, qui s'est considérablement rapproché des communistes, fait arrêter Chiang le 12 décembre 1936. Dans un premier temps, Chiang peut craindre pour sa vie. Mais très vite, Staline donne des ordres très précis, relayés par le PCC, pour qu'aucun mal ne lui soit fait. Depuis le VIIe congrès de l'Internationale communiste de juillet 1935, la stratégie du Komintern est en effet de constituer des fronts populaires

47. Pour un excellent point sur la question : P. Coble, *Facing Japan*, p. 342-361.

antifascistes, ce qui implique, en Chine, de rechercher un rapprochement avec le Guomindang. Staline et Chiang Kai-shek ont, par ailleurs, un ennemi commun : l'expansionnisme nippon. Sur cette base, des négociations secrètes en vue d'une alliance étaient déjà engagées depuis plusieurs années. Staline a besoin d'une Chine sinon forte, du moins pas livrée à l'anarchie et, surtout, antijaponaise.

Dès que la nouvelle de l'arrestation de Chiang est connue, un élan de sympathie d'une ampleur inattendue traverse l'opinion publique. Chacun réalise tout d'un coup qu'alors que la menace d'une guerre contre le Japon se précise chaque jour davantage, la disparition de Chiang Kai-shek replongerait à coup sûr le pays dans le chaos. Deux semaines après son arrestation, Chiang est libéré (toujours sous la pression de Moscou) sans que la teneur des engagements pris oralement vis-à-vis de ses ravisseurs soit très claire. On assiste même à un spectaculaire retournement de situation : Chiang Kai-shek retourne à Nankin avec Zhang Xueliang (qui restera son prisonnier jusqu'à la fin de ses jours). La descente d'avion est triomphale : Chiang est acclamé par une foule immense, tandis qu'on assiste à des manifestations spontanées de soutien à travers tout le pays. Incontestablement, Chiang sort renforcé de l'incident.

En réalité, les recherches les plus récentes conduisent à minorer considérablement l'influence de l'incident de Xi'an sur la suite des événements. Des négociations s'ouvrent certes en vue de la constitution d'un Front uni antijaponais, mais elles traînent en longueur. Au bout de quelques mois, Chiang écarte Yang Hucheng, place des troupes fidèles dans le sud du Shaanxi et recommence à menacer le réduit communiste. C'est bien le déclenchement de la guerre avec le Japon qui sauve les communistes de l'anéantissement auquel ils étaient promis, et non l'incident de Xi'an.

Xi'an n'a pas représenté un tournant décisif permettant d'expliquer la décision de Chiang Kai-shek de résister face à la pression japonaise. Ce fait étant établi, l'explication est-elle à trouver dans la pression de l'opinion publique ? C'est là surtout le point de vue de l'historiographie traditionnelle de la Chine communiste. Il s'agit d'un problème sensiblement plus large : engoncée dans une grille de lecture manichéenne des faits et gestes du Guomindang, cette historiographie doit parfois faire face à une difficulté bien gênante : comment rendre compte du fait que le Parti nationaliste et son chef puissent être crédités de certaines « bonnes » décisions ? L'astuce consiste tout simplement à affirmer que ces décisions n'ont été prises que « sous la pression des masses » (ces dernières, cela va sans dire, étant dûment éclairées par le PCC). Une telle démarche a conduit à largement surestimer le rôle de la pression de l'opinion publique. Comme nous allons le voir dans le prochain chapitre, la décision de Chiang Kai-shek a probablement à voir avant tout avec des considérations politiques, militaires et stratégiques froidement pesées.

Chapitre 4

La guerre contre le Japon (1937-1945)

La guerre sino-japonaise constitue un tournant de la période républicaine. Elle redéfinit de façon décisive l'équilibre géostratégique régional, en faisant disparaître la menace du Japon. Mais sa longueur rend ses conséquences sur le plan intérieur encore bien plus importantes. Ces huit années d'épreuves terribles interrompent le processus d'affermissement du pouvoir central qui avait caractérisé la décennie de Nankin. En affaiblissant le Guomindang et en ouvrant des perspectives nouvelles au PCC, la guerre redistribue complètement les cartes.

La guerre se subdivise en trois périodes : deux épisodes de guerre de mouvement, 1937-1939 et 1944-1945, encadrent cinq années durant lesquelles le front reste à peu près stable.

La guerre de mouvement : 1937-1939

La guerre a pour origine un incident bien trivial : suite à des manœuvres de troupes japonaises dans la région du pont Marco-Polo (*Lugouqiao* 盧溝橋) au sud-ouest de Pékin, un soldat est porté disparu. Les recherches pour le retrouver occasionnent un accrochage avec des troupes chinoises le 7 juillet 1937. Dans cette région, la pression japonaise avait été constante dès les lendemains de l'accord de Tanggu, alimentée par la compétition entre les différentes composantes de l'armée japonaise présentes dans cette région, l'armée du Guandong et les troupes stationnées à Tianjin, renommées en août 1937 « armée de Chine du Nord ». Dans ce contexte, l'incident du pont Marco-Polo n'avait rien de plus sérieux que de nombreux autres après lesquels un accommodement avait été trouvé. Et, de fait, dans les trois semaines qui suivent, rien ne laisse présager que les conséquences ne demeurent conscrites et se résolvent par la négociation. La temporisation face au Japon avait été la ligne de conduite dont Chiang Kai-shek n'avait pas dévié lors des années 1931-1936. Elle n'était du reste que le résultat d'une appréciation correcte du rapport de force, Chiang étant conscient de la nette infériorité de ses forces armées. Quels sont les facteurs qui l'ont incité à reconsidérer la situation et à ne pas céder cette fois-ci ?

Pourquoi Chiang Kai-shek choisit-il de faire face ?

Comme nous l'avons dit, ni la pression de l'opinion publique ni les engagements oraux pris par Chiang Kai-shek lors de l'incident de Xi'an ne peuvent expliquer pourquoi il décide en ce milieu de l'année 1937 d'accepter de courir les risques d'une guerre ouverte contre le Japon. Indiscutablement, un vent favorable souffle depuis le dénouement de l'incident de Xi'an. Le pays commence à récolter les fruits de la décennie de Nankin, et le pouvoir du Guomindang n'a jamais paru aussi solide. La menace des seigneurs de la guerre s'estompe, Nankin ayant notamment enregistré le retour dans son giron (sans coup férir) de la riche province du Guangdong à l'été 1936. Le Parti communiste est très affaibli. Sur le plan militaire, les divisions bien équipées et formées par des instructeurs allemands commencent à être opérationnelles. En novembre 1936 ont lieu les premières grandes manœuvres mettant en branle ces nouvelles forces. Il est vrai cependant que les vues trop optimistes d'Alexander von Falkenhausen, le principal conseiller militaire de Chiang Kai-shek depuis mars 1935, l'ont peut-être incité à croire que ses forces étaient désormais prêtes à faire pièce à l'armée japonaise[1].

1. W. Kirby, *Germany and Republican China*, p. 124-125 et 220-223.

Fig. 12 : L'infanterie japonaise au combat dans les faubourgs de Shanghai, 30 octobre 1937.

D'autre part, si les reculades consenties depuis 1931 pouvaient être considérées comme autant d'expédients destinés à gagner du temps, il semble bien que Chiang était résolu à ne rien céder pour ce qui est de Pékin et Tianjin. De fait, c'est dans les jours qui suivent la prise de ces deux villes par les forces japonaises (28-31 juillet) que prend forme sa résolution de courir le risque d'une guerre[2]. Le 13 août 1937, Chiang Kai-shek prend l'initiative d'étendre les hostilités à un second front qu'il croit plus favorable : Shanghai. Ce choix de Shanghai obéit à un calcul diplomatique et stratégique. Diplomatique, parce que Shanghai est le lieu où se concentrent les intérêts des puissances occidentales, dont Chiang espère, d'une manière ou d'une autre, l'intervention dans le conflit. Stratégique parce que ce terrain urbain est le plus propice à l'armée

2. Yang T., « Chiang Kai-shek and the Battles of Shanghai and Nanjing », p. 145.

chinoise (par opposition au front du nord de la Chine dont les grandes plaines constituent un terrain d'opérations où trouvait à s'exprimer facilement la supériorité matérielle nippone). Le souvenir de la résistance glorieuse des troupes chinoises lors de la bataille de Shanghai (début 1932) a probablement lui aussi contribué à convaincre Chiang Kai-shek qu'il y avait intérêt à amener le Japon sur un terrain sinon idéal du moins plus favorable à ses troupes. En face, les Japonais relèvent le gant et accentuent leur effort, alignant plus de 200 000 hommes à Shanghai[3].

Premières victoires japonaises

Chiang Kai-shek fait le choix d'aligner ses divisions d'élite sur le front de Shanghai. Durant trois mois de combats, ces troupes vont faire preuve d'une vaillance remarquable, ne cédant que pied à pied, au prix de lourdes pertes. Mais après qu'un débarquement de troupes japonaises plus au sud les menace d'encerclement, Chiang commet l'erreur d'ordonner trop tardivement la retraite qui s'effectue dans la confusion. Shanghai tombe aux mains de l'armée japonaise le 12 novembre.

Dans la très abondante historiographie consacrée à la guerre, une question revient avec insistance : Chiang a-t-il commis une erreur en engageant durablement à Shanghai les meilleures troupes dont il disposait ? On peut répondre par l'affirmative si l'on considère que son calcul était avant tout d'entraîner d'une façon ou d'une autre les Occidentaux dans la guerre. Ces derniers (dont les Japonais ont soin d'épargner les concessions) sont restés de marbre. Mais surtout, Chiang a perdu la fine fleur de son armée ainsi qu'un nombre très important des officiers les plus brillants qu'il pouvait aligner.

On doit cependant souligner que, sur le plan de la politique intérieure, Chiang Kai-shek a fait montre de sa volonté de combattre le Japon, contribuant ainsi à asseoir sa stature de leader du pays. L'engagement et, jusqu'à un certain point, le sacrifice de la fine fleur de ses forces ont incité des seigneurs de la guerre à sortir de l'expectative, se joindre à la lutte contre les forces japonaises et consentir à mettre leurs troupes sous ses ordres. Tel est le cas des militaires de la nouvelle clique du

3. Fu P., *Passivity, Resistance, and Collaboration,* p. 2-5.

Guangxi, qui demeureront fidèles durant toute la guerre. Yan Xishan fait de même, immolant quasiment son armée dans une défense acharnée de sa province, le Shanxi. Le seigneur de la guerre du lointain Yunnan, Long Yun, répond également à l'appel de Chiang Kai-shek et envoie 160 000 hommes sur le front. Rallier sous sa bannière des seigneurs de la guerre du calibre de Long et Yan, et obtenir d'eux une véritable participation à la guerre constitue un indiscutable succès pour Chiang Kai-shek. La réussite n'est cependant pas totale. En décembre 1937, la perte du Shandong constitue une douche froide. Le général Han Fuju, le maître de cette province, malgré des ordres très stricts et les moyens militaires (100 000 hommes) de les exécuter, ne fait rien pour enrayer l'avance des troupes japonaises. Tombé entre les mains de Chiang Kai-shek le 4 janvier, il paie cette inaction de sa vie au terme d'un procès expéditif.

Après la bataille de Shanghai, les troupes japonaises se dirigent vers Nankin, la capitale, évacuée à l'automne par le gouvernement du Guomindang. La prise de la ville (13 décembre) est suivie d'un massacre à grande échelle de civils et de prisonniers. Les estimations du nombre de victimes sont variables et sujettes à controverse. Elles varient de 50 000 à 300 000[4]. Les exactions des troupes japonaises entraînent l'exode de millions de civils qui fuient devant elles. Les concessions étrangères de Shanghai voient arriver des flots de réfugiés dans les premiers mois de la guerre.

Le second Front uni et l'aide soviétique

Le second Front uni a ceci de commun avec le premier : le Guomindang ne se résout à l'accepter que parce qu'il lui donne accès à une aide indispensable de l'URSS. Depuis le début des années 1930, la Chine entretenait des liens étroits avec l'Allemagne, qui lui fournissait notamment des conseillers militaires et des armes. Le rapprochement diplomatique entre l'Allemagne et le Japon (pacte anti-Komintern signé en novembre 1936) oblige le Guomindang à renoncer à une alliance que l'éloignement géographique rend de toute façon peu pertinente. Dès lors, l'URSS devient la seule puissance disponible pour faire

4. Pour une analyse synthétique et dépassionnée des raisons expliquant le massacre, voir P.-F. Souyri, *Nouvelle Histoire du Japon,* p. 523-525.

contrepoids à la menace japonaise. Pour Staline, l'évolution inquiétante de la situation en Europe, le rapprochement diplomatique entre Allemagne et Japon font planer de plus en plus nettement la menace d'une guerre à mener sur deux fronts. Il est donc de l'intérêt de l'URSS d'écarter la menace d'un effondrement de la Chine qui la laisserait face à face avec un Japon farouchement anticommuniste.

Les principes du Front uni sont fixés dans les accords conclus entre le PCC et le Guomindang en septembre 1937. Ils stipulent notamment que les troupes communistes sont placées sous le commandement du Guomindang, ce qui explique pourquoi le gros des troupes communistes prend officiellement le nom de 8e armée de route (*balujun* 八路軍). Mais le PCC, au-delà des déclarations d'intention, se refuse à placer effectivement ses soldats sous le commandement de Chiang Kai-shek, et se contente de mener quelques attaques dont l'absence d'envergure contraste avec l'abondante exploitation à des fins de propagande qu'il en tire. L'essentiel est ailleurs pour le Guomindang : entre octobre 1937 et février 1938, l'URSS envoie 297 avions militaires, 290 canons, 82 tanks, 400 véhicules motorisés. Entre mars 1938 et juin 1939, la Chine obtient trois prêts de l'URSS que Chiang utilise aussitôt pour acquérir, à des prix particulièrement avantageux, des armes soviétiques, dont 900 avions. De plus, pas moins de 5 000 instructeurs, conseillers et techniciens russes servent en Chine entre 1937 et 1941. L'aide apportée par l'Union soviétique à la Chine transite par Canton (jusqu'à sa conquête par les Japonais en octobre 1938) et par la route à travers le Xinjiang jusqu'à Lanzhou[5]. Cet appui, crucial durant les premières années de la guerre, fléchit quelque peu en 1940-1941 après le début des opérations militaires en Europe. À la suite du pacte de non-agression conclu entre URSS et Japon le 13 avril 1941, et surtout après le déclenchement de l'invasion allemande en juin 1941, il cesse complètement.

Au-delà de la seule alliance Guomindang-PCC, les premières années de la guerre sont caractérisées par une atmosphère d'unité nationale. Quelques gestes significatifs sont faits, avec notamment la libération par le Guomindang de prisonniers politiques comme Chen Duxiu ou les Sept Gentilshommes, le 9 juillet 1937. La Chine jouit d'une atmosphère

5. J. Garver, *Chinese-Soviet Relations, 1937-1945. The Diplomacy of Chinese Nationalism*, p. 155-156.

de liberté intellectuelle, particulièrement nette durant les mois pendant lesquels le gouvernement est installé à Wuhan. À cette époque se fait même jour un certain pluralisme politique : le Conseil politique du peuple (*Guomin canzhenghui* 國民參政會) est institué en juin 1938 : il s'agit d'une assemblée consultative, où siègent des représentants de toutes les forces politiques ainsi que des personnalités indépendantes. 5 % sont des femmes. Edmund Fung y voit, avec peut-être un peu d'exagération, un embryon de Parlement. Il n'en reste pas moins que (du moins dans les premières années), le Conseil politique du peuple est un vrai lieu de débats contradictoires, dont les principaux ténors n'hésitent pas à tancer des membres du gouvernement[6].

1938, la difficile conquête du moyen fleuve Bleu

Après la perte de Shanghai, de Nankin et du Bas-Yangzi, l'enjeu est désormais Wuhan, clé du Moyen-Yangzi et devenue la capitale provisoire[7]. Les observateurs ne donnent pas cher, à ce moment, de la résistance chinoise. Pourtant, il faudra à l'armée japonaise presque dix mois et l'engagement de renforts considérables pour atteindre cet objectif. C'est un tournant de la guerre. Malgré la chute de Wuhan, les troupes chinoises, parmi lesquelles les désertions restent un phénomène marginal, ont montré leur combativité. La période est aussi marquée par la prise de conscience de l'importance de la propagande à destination de l'opinion publique mondiale. Orchestrée depuis le début de la guerre par l'habile Dong Xianguang, très introduit dans le milieu des journalistes et correspondants étrangers, la réorganisation de l'activité de propagande porte ses fruits pendant la présence du gouvernement à Wuhan. Grâce à un effort de centralisation, au recrutement d'un personnel très compétent, et un budget conséquent, l'objectif visé est atteint : les médias occidentaux relaient une image de plus en plus positive de la résistance chinoise. Parmi les opinions publiques, notamment aux États-Unis, l'idée que l'aide à la Chine est une nécessité à la fois morale et stratégique fait de grands progrès durant l'année 1938.

---

6. E. Fung, *In Search of Chinese Democracy*, p. 144-182.

7. Cette phase de la guerre est magistralement dépeinte dans les chapitres 2 et 3 de S. MacKinnon, *Wuhan, 1938,* p. 18-43.

Chiang Kai-shek choisit de livrer bataille au niveau du verrou de Xuzhou, un nœud ferroviaire importantissime qui commande Wuhan tout en offrant des avantages à la défense. La victoire remportée à Taierzhuang, ville située au nord-ouest de Xuzhou, en avril 1938, la seule significative de toute la guerre, suscite un élan de ferveur nationale à travers tout le pays. Mais Taierzhuang, malgré la mise hors de combat de 20 000 soldats japonais, reste un succès local. Il n'est guère exploité et n'empêche pas Xuzhou de tomber peu après[8]. Afin de retarder l'avance des Japonais, Chiang Kai-shek prend alors la décision de faire sauter les digues du fleuve Jaune à Huayuankou en juin[9] (tout en allumant le contre-feu d'une campagne de propagande attribuant la destruction des digues à des bombardements japonais). Les suites sont cataclysmiques. Les inondations sur une très vaste échelle feront sentir leurs effets durant de longues années. Le cours du fleuve se déporte de plusieurs centaines de kilomètres : il se jette dans la mer non plus au nord mais au sud de la péninsule du Shandong. Selon une estimation, le nombre de victimes dépasse les 800 000. Des millions de réfugiés sont jetés sur les routes. Fin octobre 1938, Wuhan tombe à son tour aux mains des armées japonaises. Les mouvements de retraite des troupes chinoises tout au long de ces dix mois d'opérations s'effectuent en bon ordre et sans conséquences trop fâcheuses[10].

D'importantes opérations se produisent encore sur un front ouvert par les Japonais dans la province du Guangdong : un débarquement réussit le 12 octobre près de Huizhou, et après quelques jours seulement, la capitale provinciale, Canton, est occupée, sans résistance sérieuse. Au Hunan, Changsha est livrée aux flammes par ses propres défenseurs en novembre 1938, geste aussi dévastateur que prématuré, rendu inutile par le fait que les Japonais interrompent bientôt leur avance sur ce front.

Les enseignements de quinze mois de guerre sont fort clairs : la supériorité militaire japonaise est écrasante, particulièrement dans le domaine des blindés, de l'aviation et de l'artillerie. Selon le conseiller russe Cherepanov, l'artillerie de l'armée japonaise est quatre fois plus

8. H. Van de Ven, *War and Nationalism in China, 1925-1945*, p. 217-224.
9. D. Pietz, *The Yellow River. The Problem of Water in Modern China*, p. 105-108.
10. S. MacKinnon, *Wuhan, 1938*, p. 35-37 et 41.

puissante, et son aviation aligne treize fois plus de bombardiers[11]. Le Guomindang a perdu la Chine « utile », et depuis la chute de Canton et Wuhan, toutes les plus grandes villes du pays (à l'exception de Xi'an) sont aux mains de l'ennemi.

Chongqing devient pour sept années la nouvelle capitale de la Chine libre. Le choix de cette ville de 260 000 habitants de l'est du Sichuan s'explique par des raisons stratégiques. Située à la confluence du fleuve Bleu et de la rivière Jialing, en aval de zones qui demeurent contrôlées par le Guomindang, elle peut être ravitaillée par voie d'eau. Son climat n'a rien d'agréable, mais le brouillard offre l'avantage de la dérober aux bombardements aériens une partie de l'année. Les montagnes dont elle est entourée, enfin, la protègent d'une invasion terrestre.

1939, l'installation dans une guerre longue

C'est en 1939 que s'impose l'évidence d'une guerre longue. La prolongation des hostilités paraît le résultat logique d'une volonté du Guomindang de poursuivre la guerre et de l'impossibilité des Japonais de remporter la victoire finale en raison de l'immensité du territoire chinois.

Mais comme on s'en doute, ce scénario n'était assurément pas écrit d'avance. Les démarches pour trouver une solution diplomatique furent nombreuses durant les premiers mois du conflit, à l'initiative du Japon comme du Guomindang. Les premières tentatives sont officielles. La principale, par l'entremise de l'ambassadeur d'Allemagne en Chine (médiation Trautmann d'octobre 1937-janvier 1938), suscite dans un premier temps un certain espoir. Mais la partie japonaise pose des conditions si dures qu'elle ne peut aboutir. Par la suite, des négociations secrètes se poursuivent, en particulier par le canal de Kong Xiangxi, le beau-frère de Chiang Kai-shek et son principal ministre.

Le Japon, à vrai dire, n'a pas de ligne stratégique claire pour la conduite de la guerre. Tokyo ne fait généralement qu'avaliser après coup les initiatives prises par les officiers généraux sur le terrain. Par anticommunisme, mais également par conviction que l'URSS est la

---

11. A. Cherepanov, *As Military Adviser in China*, p. 330. Ces données reflètent la situation de juin 1939.

véritable menace, l'armée du Guandong souhaite orienter l'expansionnisme japonais vers le Nord, ce qui correspond également aux vues d'une partie de l'état-major. L'effet des purges de 1937-1938 sur la capacité de résistance de l'armée rouge est largement surestimé. Le Japon entreprend durant l'été d'importantes opérations militaires aux confins de la Mandchourie et de la Mongolie septentrionale afin de tenter d'attirer cette dernière, qui avait signé un traité la plaçant sous la protection russe trois ans auparavant, dans l'orbite du Mandchoukouo. Mais bien vite une offensive japonaise limitée en juillet-août 1939 (bataille dite de Khalkhin Gol pour les Russes, de Nomonhan pour les Japonais) se heurte à la défense vigoureuse des troupes russes placées sous les ordres d'un jeune commandant de division de 43 ans : Gueorgui Konstantinovitch Joukov. Les troupes soviétiques passent à l'offensive le 20 août et remportent une nette victoire qui se solde par la destruction presque totale d'une division japonaise. Le Japon en tire la conclusion que l'URSS n'entend pas dégarnir la défense du front oriental et qu'il a affaire à trop forte partie. Le traité germano-soviétique signé à cette époque (le 23 août 1939) au mépris du pacte anti-Komintern conclu en 1936 entre Berlin et Tokyo est une autre désillusion. Japon et URSS s'entendent dans les mois qui suivent pour respecter le *statu quo*, avant qu'un traité de non-agression en bonne et due forme ne soit signé (accords Matsuoka-Molotov d'avril 1941). L'URSS s'engage à cesser d'aider la Chine. L'expansionnisme du Japon s'oriente dès lors délibérément vers l'Asie du Sud-Est. Là, des perspectives nouvelles se font bientôt jour suite à l'effondrement de deux des principales puissances coloniales d'Asie dans la guerre européenne : les Pays-Bas et la France. Le Royaume-Uni, de son côté, a fort à faire à partir de juin 1940 pour préserver son territoire d'une invasion allemande.

En Chine même, Chiang Kai-shek ordonne deux contre-offensives durant l'année 1939. La première durant le printemps fait long feu. Au contraire, ce sont les Japonais qui prennent Nanchang (Jiangxi) en mai. Mais lorsqu'elles attaquent Changsha, la capitale de la province du Hunan, en août 1939, elles se heurtent à une résistance efficace du général Chen Cheng[12]. Interprétant ce succès comme un

12. A. Roux, *Chiang Kaï-shek*, p. 305-306.

symptôme de l'usure des forces militaires de son ennemi, Chiang décide donc d'une offensive, de plus grande ampleur, pour l'hiver 1939. C'est un nouvel échec, qui occasionne d'importantes pertes. Non seulement les troupes japonaises contiennent assez aisément les attaques chinoises, mais elles s'emparent d'une nouvelle ville importante : Nanning (au Guangxi) en novembre. Plus jamais les forces chinoises n'opteront pour l'offensive jusqu'à la fin de la guerre. Elles s'installent dans la stratégie (dite guerre d'usure : *chijiuzhan* 持久戰) prônée par un des plus influents penseurs militaires chinois de la période, Jiang Baili[13].

La guerre de position (1940-1944)

Stabilisation du front

La guerre prend une autre tournure durant ces cinq années. Aucune grande offensive n'est lancée ; les belligérants cherchent à infléchir le cours de la guerre par d'autres moyens. L'aviation prend dans ce contexte une place prépondérante. Très supérieurs dans ce domaine, les Japonais bombardent régulièrement les principales villes. Chongqing est visée plus de deux cents fois et les autres grandes villes paient également un lourd tribut humain et matériel. Les années de bombardement japonais les plus intenses sont 1938-1941. 2 600 raids sont effectués en 1939. Après 1941, il se produit une relative accalmie des bombardements. Au sol, si elles n'ont plus la même ampleur, des opérations ont tout de même lieu. Les forces japonaises poursuivent le verrouillage du littoral méridional dans l'intention de parfaire l'isolement de la zone contrôlée par Chongqing ; les principaux ports (Fuzhou, Ningbo au printemps 1941) sont pris, et la péninsule de Leizhou conquise début 1943. Déjà attaquée en 1939, Changsha l'est à nouveau à deux occasions en 1941. Défendue avec ténacité par le talentueux général Xue Yue, la ville reste cependant aux mains des troupes de Chongqing[14].

---

13. S. MacKinnon, *Wuhan, 1938,* p. 20-22.

14. Ch'i Hsi-sheng, « The Military Dimension, 1942-1945 », in Hsiung et Levine, *China's Bitter Victory*, p. 157-158.

Les services secrets des deux camps mènent une lutte sans merci[15]. Dans la zone occupée, en dépit de la protection rapprochée dont ils disposent, l'espérance de vie des collaborateurs de haut rang est faible : Fu Xiao'an, le maire de Shanghai, est assassiné en octobre 1940 ; le gouverneur de la province du Guangdong, Chen Yaozu, connaît le même sort en avril 1944. Mais les tueurs ne négligent pas de s'attaquer à un plus menu fretin. Ainsi, des hommes d'affaires de Shanghai (comme Gu Xinyi, tué en juin 1938) restés pour veiller sur leurs affaires, le paient de leur vie dès lors qu'ils se retrouvent impliqués, souvent contre leur gré, dans la vie publique orchestrée par les collaborateurs.

Dans la partie du pays occupée par l'armée japonaise, des zones de guérilla s'organisent là où la configuration géographique le permet. Presque toutes sont tenues par les communistes. Non que le Guomindang se soit délibérément privé de cette option. Bien au contraire, Chiang Kai-shek intègre dès le printemps 1939 la guérilla derrière les lignes ennemies comme une des composantes de sa stratégie d'ensemble. Mais bien vite, il apparaît que le PCC fait preuve sur ce terrain d'une capacité d'organisation infiniment supérieure. De toute évidence, c'est là un domaine où il peut faire fructifier un savoir-faire accumulé depuis 1927. Par contraste les guérillas du Guomindang périclitent, minées par les divisions. Les Japonais, pas plus que les gouvernements collaborateurs, ne restent inactifs, et mènent régulièrement des actions visant à « nettoyer » les zones de guérilla. Mais inlassablement, après chaque opération de ce genre, les bases communistes se reconstituent et recommencent à s'étendre. Cette situation inquiète le Guomindang qui voit croître simultanément les forces du PCC et les zones sous son contrôle, dans lesquelles il n'a, dans les faits, aucun mot à dire.

Le début des années 1940 marque donc aussi un tournant pour le Front uni. Si officiellement il demeure d'actualité, il a de plus en plus des airs de fiction. L'incident dit de la Nouvelle 4e armée le manifeste clairement. Il fait suite à un ultimatum de Chiang Kai-shek en octobre 1940 qui intime aux troupes communistes présentes au sud du Yangzi de repasser le fleuve dans un délai d'un mois. Il n'est

15. À propos de cette lutte à Shanghai au début de la guerre, voir F. Wakeman, *The Shanghai Badlands*.

pas entendu et, en janvier 1941, une bataille rangée se produit dans le sud de l'Anhui. Elle se solde par plusieurs milliers de morts parmi les troupes communistes. L'année 1941 est également marquée par le début du blocus économique des zones communistes par le Guomindang. Désormais, les efforts les plus importants pour sauver le Front uni sont à mettre au crédit de personnalités qui veulent donner corps à une « troisième force ». Ils sont à l'origine de la constitution de l'Association des camarades pour l'unité et la construction nationale (*tongyi jianguo tongzhihui* 同意建國同志會) créée en novembre 1939, qui donne naissance en 1941 à la célèbre Ligue démocratique (*Zhongguo minzhu tongmeng* 中國民主同盟). Si ses effectifs sont peu importants, la Ligue compte dans ses rangs des personnalités très influentes comme Liang Shuming ou Zhang Junmai.

Les mouvements de population

On a évoqué l'importance des mouvements de population durant la première année du conflit. Pendant les années de la guerre de position, ils sont moins significatifs que l'exode de 1937-1938. Les estimations les plus hautes vont jusqu'à 95 millions de réfugiés entre 1937 et 1945, mais une étude d'ensemble des mouvements de population durant cette période reste à mener. Elle confirmerait probablement ce que des indices donnent à penser[16], à savoir que les mouvements de population n'interviennent pas seulement depuis la zone occupée vers la zone libre (c'est le cas bien documenté des personnes qui choisissent par patriotisme de partir afin de s'engager pour la Chine libre ou pour les forces communistes). On enregistre aussi des mouvements dans la partie occupée entre des zones où la présence japonaise se fait plus ou moins sentir. Les retours vers la zone occupée des réfugiés qui avaient fui devant l'avancée des Japonais constituent encore un sujet tabou de l'historiographie de la période de la guerre. Ils laissent en effet entendre que des Chinois ont, en l'espèce, obéi à des préoccupations

16. Ce fut notamment l'une de mes principales surprises lors d'une série d'entretiens menés auprès de vieux Cantonais en 2006 et 2008 : un nombre significatif de personnes me racontèrent qu'après avoir fui l'avancée des Japonais, elles étaient revenues habiter dans la zone occupée au bout de quelques années.

d'ordre pratique et économique. Ils ont pourtant été, selon toute vraisemblance, importants[17]. Ainsi, la population de Hangzhou, ville d'un demi-million d'habitants à la veille de la guerre, tombée à 100 000 à la suite de sa prise par les troupes japonaises le 24 décembre 1937, est-elle déjà remontée à 320 000 en 1940. Suzhou, elle, retrouve pratiquement sa population d'avant-guerre dès la fin 1939[18]. En fait, il apparaît que l'on ne doit pas se focaliser à l'excès sur les membres de l'élite intellectuelle et urbaine qui effectuent de très longs déplacements pour se fixer dans les villes situées en profondeur dans la zone libre. La plupart des professeurs et les étudiants des grandes universités de Pékin et Shanghai refusent de demeurer dans la zone occupée, si bien qu'à partir de l'université de Pékin, de celle Qinghua et de Nankai on fonde à Kunming (province du Yunnan) une université unifiée du Sud-Ouest (*Xinan lianda* 西南聯大, généralement abrégé en *Lianda*). Pour ces élites, patriotisme et volonté de résistance ont été sans nul doute les forces motrices de l'exode. Mais dans le cas de la grande masse des réfugiés, de condition bien plus modeste, la fuite est simplement motivée par la peur des combats et des exactions. À un exil lointain (souvent hors de portée de leurs moyens) les paysans préfèrent un éloignement de quelques dizaines de kilomètres afin de pouvoir retourner chez eux dès que le danger le plus pressant se sera éloigné[19]. Les autorités des régimes de collaboration n'épargnent aucun effort pour les convaincre de rentrer chez eux pour « vivre en paix et travailler dans la joie » (*anju leye* 安居樂業), non sans succès.

La Chine et les alliés

On a vu l'importance de l'aide octroyée par l'URSS dans la première phase de la guerre. Le relais est progressivement pris par les États-Unis (complété, dans une mesure bien moindre, par le Royaume-Uni). Un premier prêt est consenti par Washington en décembre 1938. D'autres

17. Voir par exemple dans le cas de Canton un rapport du consul anglais du 18 novembre 1938 (CO 129 571/11).

18. Wu J., *Jiehou tiantang : kangzhan lunxian hou de Suzhou chengshi shenghuo*, p. 83.

19. K. Schoppa, *In a Sea of Bitterness : Refugees During the Sino-Japanese War*, p. 14-31.

suivent pendant les années suivantes. Dans le même temps, des restrictions croissantes sont imposées aux échanges commerciaux entre les États-Unis et le Japon. En juillet 1941, un embargo total est décidé. Avant même Pearl Harbour, Roosevelt se résout en novembre à une aide financière et matérielle plus massive.

Dans ses *Mémoires*, Winston Churchill décrit le sentiment d'absolue certitude de la victoire finale qui le gagne lorsqu'il apprend la nouvelle de l'attaque surprise du Japon sur Pearl Harbour le 7 décembre 1941, qui lui assure l'appui désormais inconditionnel de la première puissance industrielle du monde[20]. Au même moment, Chiang Kai-shek et avec lui toute la population chinoise font montre de sentiments de même nature. C'est un fait que Pearl Harbour change fondamentalement la donne. Matériel et conseillers vont affluer à Chongqing jusqu'à la fin de la guerre. Néanmoins, même si les États-Unis sont la première économie du monde, leur capacité de production n'est pas illimitée. Pour la Chine, l'enjeu est de peser sur une décision stratégique majeure : sur quel front d'une guerre plus que jamais mondiale l'essentiel de l'effort américain va-t-il se porter ? Afin de contrecarrer les vues de Staline et Churchill, pour qui le front prioritaire ne peut se situer qu'en Europe, Chiang Kai-shek s'efforce de faire diriger une partie beaucoup plus importante de l'effort de guerre américain vers le théâtre d'opérations asiatique. La diplomatie chinoise use de deux moyens de pression. Le premier, maintes fois invoqué, est le risque d'un écroulement militaire de Chongqing. En livrant la Chine à l'envahisseur nippon, il permettrait à Tokyo de rediriger toutes ses forces militaires contre les États-Unis sur le front de la guerre du Pacifique. Le second moyen de pression, qui n'est pas formulé de façon explicite, est la menace de conclure une paix séparée avec le Japon. L'épouse de Chiang Kai-shek, Song Meiling, se rend à plusieurs reprises en Amérique (où elle a reçu l'essentiel de son éducation) pour gagner la classe politique et l'opinion publique à la cause de la Chine. Son discours prononcé devant le Congrès le 18 février 1943 a notamment un écho important.

En dépit de ces efforts, jamais Chiang Kai-shek ne parvient à remettre en cause le caractère prioritaire du front européen pour l'effort de guerre des États-Unis. Même si l'aide militaire prodiguée par les

20. W. Churchill, *Mémoires de guerre,* tome 2, p. 171-174.

Américains est cruciale pour maintenir la capacité de résistance, son montant fait pâle figure en comparaison de celle que reçoit par exemple le Royaume-Uni (le rapport est de l'ordre de 1 à 20). Il faut noter aussi que l'ampleur de l'aide américaine est semblable à celle prodiguée par l'URSS de 1937 à 1941. La dernière année de la guerre, marquée par une forte augmentation des livraisons américaines, fait cependant exception.

Si la Chine est donc devenue une alliée, deux moments disent avec assez d'éloquence qu'elle reste un comparse de second ordre. Les opérations qui se déroulent par deux fois en Birmanie, une colonie britannique, le montrent bien. Chiang Kai-shek accepte en effet d'envoyer une partie importante de ses troupes d'élite combattre sur un terrain qui, sans être dénué d'importance stratégique (puisque l'aide américaine afflue par cette voie vers la Chine), n'est néanmoins pas du tout vital. Les opérations, qui ont lieu en avril-mai 1942, se soldent par un désastre. Leur déroulement laisse un goût particulièrement amer à Chiang, puisque les divisions chinoises placées sous le commandement de l'officier américain Joseph Stilwell sont abandonnées par ce dernier à leur sort. Si la seconde campagne de Malaisie, deux ans plus tard, se termine, elle, par une victoire, Chiang a de nouveau dû y engager une bonne part de ses meilleures divisions à un moment particulièrement critique, juste avant le début de la grande offensive japonaise Ichigō.

Le gouvernement de Chongqing s'active également pour obtenir de l'aide de la diaspora. Ses appels à l'aide sont entendus et les communautés chinoises s'organisent pour envoyer une aide en matériel et (surtout) en numéraire. En octobre 1938 se tient à Singapour un congrès des comités de Chinois d'outre-mer pour aider la Chine afin de mieux planifier l'aide et notamment d'organiser le placement des bons de la défense nationale[21].

---

21. M. Lohanda, *Growing Pains. The Chinese and the Dutch in Colonial Java, 1890-1942*, p. 164-165. Les études qui mentionnent l'aide venue d'outre-mer souffrent cependant de trois défauts majeurs : elles sont portées à vouloir exalter l'attachement des Chinois d'Outre-mer à leur pays d'origine ; elles « oublient » de mentionner qu'une partie des dons afflue non vers Chongqing mais vers la zone occupée ; enfin, les chiffres qu'elles donnent sont à la fois très partiels et peu sûrs. Il n'est pas possible de discerner l'ordre de grandeur de l'ensemble de l'aide venue d'outre-mer durant toute la durée de la guerre et donc de savoir si elle a joué un rôle vraiment significatif. Il est vraisemblable que non.

1940 : point de départ du délitement de l'État-Guomindang

Le diagnostic d'une gestion défaillante par le Guomindang d'un bout à l'autre de la guerre qui était encore dressé au début des années 1980 par Lloyd Eastman[22] n'a pas survécu aux recherches menées dans les dernières décennies. On s'accorde aujourd'hui à reconnaître que le Guomindang a répondu de façon satisfaisante au défi colossal consistant à mener pratiquement seul une guerre contre la plus grande puissance du sous-continent. L'évacuation d'une partie importante des usines de la région de Shanghai vers l'intérieur des terres constitue une réussite éloquente. Il s'agit d'un processus complexe, réalisé en plusieurs étapes : les usines sont souvent évacuées dans un premier temps vers la région de Wuhan, avant d'être transférées plus en amont du fleuve Bleu, jusqu'au Sichuan. Les usines d'armement sont les premières concernées, mais les entrepreneurs de certains secteurs jugés stratégiques (métallurgie, chimie, mécanique) font l'objet d'incitation, de coercition et d'aides financières. Les difficultés logistiques et financières énormes sont aplanies grâce à une collaboration plutôt harmonieuse entre les entrepreneurs et les différentes composantes de l'administration impliquées (au premier rang desquelles la commission des Ressources, *Ziyuan weiyuanhui* 資源委員會). La relocalisation des institutions d'enseignement supérieur et celle, moins souvent évoquée, de certains établissements d'enseignement secondaire, s'effectuent elles aussi dans un ordre satisfaisant compte tenu des circonstances.

Si l'État-Guomindang a somme toute bien tenu le choc lors des trois premières années de la guerre, 1940 est un vrai point d'inflexion. Il faut compter sur les conséquences de l'usure que provoque la longueur du conflit : la conscription, en vidant les campagnes, met en péril la production agricole tout en pesant lourdement sur les finances publiques. Les stocks qui avaient été acheminés vers l'intérieur du pays au début de la guerre s'épuisent. Des facteurs plus conjoncturels entrent en ligne de compte : une mauvaise récolte au Sichuan (après

22. L. Eastman, *Seeds of Destruction : Nationalist China in War and Revolution 1937-1949*. Eastman reconnaît cependant à l'armée nationaliste le mérite de ne point s'être écroulée.

deux bonnes années en 1938 et 1939), le grenier de la Chine libre, provoque une poussée inflationniste. Au même moment, la stratégie japonaise consistant à couper la Chine libre de ses sources d'approvisionnement extérieur enregistre un succès important avec l'occupation du nord de l'Indochine. Dès lors, les difficultés des importations pèsent fortement sur l'offre. L'inflation, dans les deux premières années du conflit, était demeurée à des niveaux qui peuvent encore être qualifiés de raisonnables : supérieurs à ceux de l'avant-guerre, ils n'excédaient cependant pas 50 % par an. Mais à partir de 1940, une spirale inflationniste s'enclenche. Elle ne s'interrompra pas jusqu'en 1949. Avec une conscription de plus en plus impopulaire, elle est la principale cause de l'érosion de la confiance du public envers le gouvernement.

L'amoindrissement de la capacité d'action du Guomindang apparaît manifeste à l'occasion de l'une des plus grandes famines de la première moitié du XXe siècle, celle qui connait le Henan en 1942-1943. Les effets de la sécheresse se trouvent démultipliés du fait que la province est traversée par le front, si bien qu'elle fournit l'essentiel de l'alimentation des deux armées se faisant face. Quand les proportions de la catastrophe sont connues, la désorganisation des transports empêche l'acheminement efficace des secours. Le bilan se solde par 1,5 à 2 millions de morts[23]. D'autres famines de moindre conséquences sont à relever dans différentes régions.

L'État adopte pourtant différentes mesures dont la principale est la réforme de l'impôt foncier. Ce dernier avait été laissé au bénéfice des provinces en 1928. Cette situation devient intenable car, par la force des choses, cet impôt constitue désormais la principale ressource fiscale. On décide qu'à partir de 1941 il abondera les caisses du gouvernement central. D'autre part, après un essai jugé concluant dans la province du Fujian en 1940, la perception de l'impôt foncier en nature (c'est-à-dire en grain et plus en numéraire) est étendue l'année suivante à toute la zone libre. Il s'agit à la fois de garantir aux autorités de disposer de stocks de céréales et d'autre part de se prémunir des effets de l'inflation. La création d'un ministère de l'Agriculture et des Forêts en juin 1940 témoigne du fait que la production agricole est devenue

23. M. Muscolino, *The Ecology of War in China. Henan Province, the Yellow River and Beyond, 1938-1950,* p. 87-119.

une des préoccupations majeures du gouvernement. Dans les années suivantes, ce ministère s'emploie, avec des moyens limités, à l'amélioration des méthodes de culture[24].

Le PCC, nouvelle force

Au sein du parti communiste, la stratégie de Mao Zedong (le renforcement du PCC doit primer toute autre considération) s'impose assez rapidement contre une ligne favorable à une collaboration étroite avec le Guomindang et conforme aux instructions de Moscou, incarnée par Wang Ming. Les forces communistes ne livrent durant les premières années de guerre qu'un seul combat d'envergure contre les troupes du Japon, l'offensive dite des Cent Régiments menée par Peng Dehuai du 20 août au 5 décembre 1940 au Shanxi et au Hebei. Après des succès initiaux dus à l'effet de surprise, la contre-attaque des troupes japonaises ne se fait pas attendre, et elle se solde par de lourdes pertes dans les rangs communistes. Elles seront cependant compensées par l'utilisation à des fins de propagande qui en est faite. Par la suite, les forces communistes se contenteront prudemment de quelques escarmouches locales afin de préserver leurs forces.

En dehors du théâtre militaire, le Parti s'emploie à améliorer son organisation, à accroître ses forces et son audience.

En interne, il exerce un contrôle de plus en plus étroit sur ses membres et montre dès cette époque un visage clairement totalitaire. À Yan'an, les jeunes gens qui se rallient à la cause communiste sont soumis à une formation militaire ainsi qu'à un endoctrinement méthodique dans des écoles de cadres avant d'être envoyés s'endurcir et faire leurs preuves dans les différentes bases. Si le Parti enregistre pendant la guerre une importante croissance de ses effectifs sans rien perdre de sa discipline de fer ni de sa cohérence doctrinale, il le doit aussi au déclenchement de véritables purges à partir de 1942. Sous couvert de « rectification du style de travail du Parti » (*zhengdun dang de zuofeng* 整頓黨的作風), de lutte contre le « dogmatisme » et le « subjectivisme », il s'agit ni plus ni moins d'éradiquer toute liberté

---

24. Shen T., « Food Production and Distribution for Civilian and Military Needs in Wartime China, 1937-1945 », p. 167-191.

d'expression et toute forme de pluralisme idéologique pour imposer une orthodoxie qui a désormais un nom : « pensée Mao Zedong » (*Mao Zedong sixiang* 毛澤東思想). Au sein du Parti, les purges violentes ne sont certes pas une nouveauté. Cependant, une innovation importante apparaît : elles s'opèrent selon des méthodes qui sont destinées autant à punir et soumettre ceux qui en sont victimes qu'à opérer en eux un véritable remodelage idéologique. Les longues et humiliantes séances publiques d'accusation se généralisent à cette époque, tout comme la rédaction d'interminables autocritiques dans lesquelles l'accusé confesse et analyse ses erreurs passées. Malheur aux rares inconscients qui, à l'image de l'écrivain Wang Shiwei, refusent de se soumettre. Ils sont broyés sans aucune pitié.

À l'égard de la population des zones dont le PCC s'est assuré le contrôle, la modération l'emporte. Des campagnes de lutte contre les propriétaires fonciers sont menées, mais leur objectif affiché n'est pas la redistribution des terres. Les propriétaires sont mis sur la sellette parce qu'on les accuse d'être des traîtres (*Hanjian* 漢奸). Mais la préoccupation principale est de mobiliser les ressources locales au service du renforcement de l'armée. En dehors de cela, la population reste relativement libre de s'organiser. Vis-à-vis des sociétés secrètes, des groupes de bandits, des milices d'autodéfense comme des organisations religieuses, le Parti ne brusque pas les choses. Mais s'il les tolère, il s'active avec beaucoup d'énergie pour coopter leurs dirigeants et les noyauter. Une fois la position du Parti affermie dans une zone donnée, la répression peut s'abattre brutalement, comme c'est le cas dans la base du Huaibei en 1944, où l'appareil du PCC entreprend d'écarter sans ménagement ses anciens alliés, les associations d'autodéfense et les sociétés secrètes[25].

Vis-à-vis des populations des villes, ce sont les thèses de la « Nouvelle Démocratie » (*xin minzhu zhuyi* 新民主主義) qui sont mises en avant : les grandes orientations en sont définies par Mao en janvier 1940. C'est une ligne modérée, selon laquelle le PCC a pour vocation de prendre la tête d'une alliance entre toutes les classes progressistes de la société (la bourgeoisie ayant donc tout à fait sa place dans le processus révolutionnaire aux côtés des paysans, des ouvriers et des intellectuels). Le programme économique est dominé par le choix pragmatique de

25. E. Perry, *Rebels and Revolutionaries in North China, 1845-1945*, p. 234-237.

rassurer la bourgeoisie et les petits entrepreneurs. Il prévoit notamment le maintien du secteur privé. Enfin, le Parti se fait le chantre de la liberté d'expression et du pluralisme politique.

Pour séduire les étudiants et la jeunesse issue des élites urbaines, le PCC parvient à se présenter comme la seule véritable force d'opposition au Japon. C'est précisément ici que le nationalisme peut expliquer les progrès rapides du PCC. Mais contrairement à la thèse de Chalmers Johnson[26], qui voyait dans la capacité du PCC à canaliser à son profit le nationalisme antijaponais des masses paysannes une des clés de son succès, le nationalisme a surtout joué pour attirer au PCC la jeunesse urbaine et les élites intellectuelles.

Enfin, au monde extérieur, le Parti présente un visage amène. Edgar Snow, auteur du best-seller *Étoile rouge sur la Chine* paru en 1937, avait beaucoup fait en Occident pour répandre une vision romantique et idéalisée de Yan'an. Il fait des émules durant toute la guerre. Tout comme Snow, chaque étranger qui se rend à Yan'an fait l'objet d'une étroite surveillance. Et on ne ménage aucun effort pour qu'il soit vite convaincu qu'égalitarisme, liberté et justice règnent à Yan'an, et que d'autre part les communistes sont les seuls à combattre réellement les Japonais. La naïveté avec laquelle tous ces observateurs se laissent leurrer aurait de quoi nous étonner si elle ne préfigurait pas celle de nos maoïstes européens visitant trente ans plus tard la Chine « dans un bocal » et subjugués eux aussi par le paradis communiste qu'était supposée être la Chine durant la Révolution culturelle.

Mao Zedong et Chiang Kai-shek, destins croisés

Si le renforcement de l'appareil politique, étatique et militaire qui se produit à Yan'an contraste avec la croissante déliquescence du Guomindang, les deux connaissent sur un point une évolution tout à fait comparable : la guerre produit un renforcement du pouvoir personnel de Mao et Chiang Kai-shek.

Le moment est venu de faire un court mais nécessaire détour par la biographie de ces deux personnages qui dominent non seulement la période républicaine, mais tout le XXe siècle chinois.

---

26. C. Johnson, *Nationalisme paysan et pouvoir communiste*.

Adversaires durant la plus grande partie de leur vie, Mao et Chiang ont, surtout dans le début de leur trajectoire, des points communs. Ce sont deux hommes du Sud, originaires du Hunan et du Zhejiang respectivement. Leur origine sociale se situe juste au-dessus du peuple, dans des milieux de tout petits notables locaux qui ne peuvent même pas prétendre être associés un tant soit peu à l'appareil d'État. Ils appartiennent *grosso modo* à la même génération, ceux qui ont une vingtaine d'années au moment de la chute des Qing. Dans leur adolescence, tous deux ont vu et ressenti douloureusement la réalité d'une Chine humiliée et dominée, point de départ commun de leur vie politique. Pareillement enthousiasmés pour la révolution de 1911, ils n'en ont pourtant été que des acteurs tout à fait secondaires. Mao, bien que rétif à toute discipline scolaire et très largement autodidacte, se révèle un grand écrivain (passé par le journalisme). Son pli anti-intellectuel se confirme dès 1918-1919, période durant laquelle il est aide-bibliothécaire à l'université de Pékin. Cet épisode, en effet, le marque au fer rouge en lui prouvant qu'il n'aura jamais sa place dans les cénacles intellectuels de premier plan. Au sein du Parti communiste dont il est un des fondateurs, Mao se révèle un meneur d'hommes, servi par un charisme aussi indiscutable que son courage physique, atouts qui permettent de faire fructifier un art consommé de diviser ses adversaires. Ses scrupules pour recourir à leur élimination physique, eux, disparaissent à partir de 1930. Mao sait aussi jouer d'un autre atout moins connu : les hommes originaires du Hunan (c'est aussi vrai, dans une mesure moindre, de la province voisine, le Hubei) dominent fortement le sommet de l'appareil du PCC. Peu à l'aise en mandarin, Mao, qui conservera toute sa vie son très fort accent hunanais, a bénéficié de ce réseau informel d'hommes unis par la pratique d'un même dialecte. Plus tardivement, il contribuera lui-même à maintenir cette prédominance des natifs du Hunan en poussant la carrière d'hommes qui en sont originaires, comme Liu Shaoqi et Ren Bishi.

Chiang Kai-shek suit lui un cursus plus classique. Ses études militaires au Japon lui offrent l'occasion d'une expérience à l'étranger et d'acquérir la maîtrise d'une langue étrangère – ce qui fera toujours défaut à Mao, lequel sort de Chine pour la première fois de sa vie à 56 ans (durant l'hiver 1949-1950, pour rencontrer Staline). Personnalité assez terne, Chiang n'est ni un stratège ni un intellectuel. Il faut bien reconnaître que son ascension est placée sous le double signe de l'habileté aux intrigues et de la chance. Après la révolution, Chiang évolue en eaux troubles parmi deux milieux qui s'interpénètrent largement : les bas-fonds du crime organisé de Shanghai et les cercles révolutionnaires. Il joue un coup de poker gagnant en juin 1922 lorsqu'il vient (au péril de sa vie) à la rescousse de Sun Yat-sen alors en danger de mort à Canton. Celui-ci, reconnaissant, l'envoie en Russie (août-novembre 1923) avant d'en faire le directeur de l'Académie de Huangpu. Chiang a donc été là où il le fallait (à la tête de Huangpu) au moment où il le fallait (à l'époque où le Guomindang constituait grâce à l'aide russe sa force militaire, dont l'Académie va former la colonne vertébrale). Il a bénéficié de l'éclipse de Xu Chongzhi qui, adossé à une puissante fratrie, était le principal chef militaire du parti au milieu des années 1920. Mais Xu, coupable de quelques erreurs ainsi que de frasques restées célèbres, passe rapidement au second plan, venant grossir la cohorte des personnages tombés aux oubliettes de l'histoire parce qu'ils aimaient trop la vie et pas assez le pouvoir. On a vu aussi comment Chiang a profité d'un concours de circonstances pour le moins heureux dans les mois suivant la mort de Sun avec l'assassinat de Liao Zhongkai et la mise à l'écart de Hu Hanmin qui s'ensuit.

Le constat auquel parviennent les nombreux travaux biographiques consacrés à Mao, notamment le livre récent d'Alain Roux, est qu'il a été servi dans son ascension par son brio intellectuel et son charisme. Bien au contraire, il est vraisemblable que Chiang Kai-shek, lui, a profité du fait que ses rivaux, peu impressionnés par sa personnalité, l'ont trop sous-estimé. Le fait que Mao soit un personnage d'une tout autre trempe que Chiang revêt une importance énorme dans la mesure où leur pouvoir personnel s'affirme durant la guerre au sein des deux partis.

On constate en effet que le reste de collégialité qui subsistait dans le fonctionnement du Guomindang s'estompe dès les premiers mois du conflit : le congrès extraordinaire de mars-avril 1938 consacre le statut prépondérant de Chiang Kai-shek en lui conférant le titre de *zongcai* 總裁, président. Peu après, la défection de Wang Jingwei le débarrasse de la dernière figure historique du Guomindang susceptible de lui faire un tant soit peu d'ombre. On serre les rangs autour d'un leader qui incarne l'esprit de résistance. La conférence du Caire (novembre 1943) où il est décidé que la reddition du Japon sera suivie par le retour de la Mandchourie, de Taiwan et des îles Pescadores à la Chine permet à Chiang Kai-shek de se donner l'image d'un chef de guerre traitant d'égal à égal avec Roosevelt et Churchill[27].

Dans le même temps, Mao parvient lui aussi à accroître sa mainmise. La dernière personne qui pouvait mettre en cause son leadership était Wang Ming, brillant théoricien rentré d'URSS en novembre 1937. Wang Ming, en bon relais des directives de Moscou, est le principal architecte de la politique du Front uni. Considérablement affaibli dès la fin 1939, Wang est évincé des sphères dirigeantes du parti en 1941 (même s'il n'en sera formellement exclu qu'en 1945).

Cependant, la montée en puissance de Mao ne résulte pas seulement de sa soif de pouvoir. C'est aussi une opération de relations publiques orchestrée par le Parti vis-à-vis du monde extérieur. Il s'agit de faire en sorte que le visage de la Chine ne soit pas celui de Chiang Kai-shek. Cette nécessité a raison des dernières réticences de certains dirigeants du plus haut niveau[28]. Le PCC met de plus en plus en avant la personnalité de Mao auprès de la noria de journalistes occidentaux venus accomplir le pèlerinage de Yan'an. L'un des obstacles qui existaient pour que Mao affirme sa prééminence était son absence de statut de théoricien. Il travaille d'arrache-pied à combler cette lacune. Ses écrits commencent à être étudiés par les cadres du Parti, et le terme de « pensée Mao Zedong » (*Mao Zedong sixiang*) fait son apparition dès le début de l'année 1941[29]. Les enfants, eux, apprennent à chanter « *Nous sommes tous les bons petits enfants du président Mao* ». C'est également pendant la guerre que le PCC se dote d'une histoire canonique : la *Résolution du Comité central du PCC à propos de quelques problèmes historiques* adoptée en avril 1945. Bien que ce texte soit essentiellement dû à la plume de Ren Bishi, sa gestation commencée quatre ans plus tôt en 1941 a été collective. La *Résolution* (qui porte seulement sur l'histoire du Parti entre 1921 et 1935) fait de Mao la figure centrale, insiste sur les événements sur

27. J. Taylor, *The Generalissimo*, p. 256. De retour en Chine après la conférence, jubilant, Chiang Kai-shek consigne dans son journal qu'il s'agit du « plus grand succès de tous les temps pour la politique extérieure de la Chine ».

28. P. Short, *Mao Tsé-toung*, p. 342-344.

29. L'expression « pensée Mao Zedong » (*Mao Zedong tongzhi de sixiang*) date d'un article de Zhang Ruxin en février 1941.

lesquels il a eu prise et fustige ses principaux rivaux (au premier rang d'entre eux, Li Lisan, Bo Gu et Wang Ming).

Mao n'a pas seulement réussi à s'imposer à la tête du PCC. Il a aussi placé au sommet de la hiérarchie du Parti des hommes à la fidélité éprouvée tels que l'efficace Liu Shaoqi qui a notamment œuvré sans relâche pour affaiblir Wang Ming en 1937-1938 et fait déjà figure de numéro deux.

Un fait mérite également l'attention, car il est lourd de sens : il s'agit du choix de Zhou Enlai à la mi-1939 de lier indissolublement son destin politique à celui de Mao (à qui il s'était opposé plusieurs fois par le passé). Pétri de sens politique, Zhou a vu avec lucidité que l'ascendant pris par Mao est irréversible. Il deviendra même dans les années et décennies qui vont suivre un modèle de soumission et de dévotion à la personne de Mao.

La Chine occupée et les gouvernements collaborateurs

L'histoire de la Chine en guerre est aussi celle des zones occupées par les Japonais : 900 000 km², pour une population de plus de 180 millions. Dès les premiers mois du conflit, plusieurs gouvernements collaborateurs sont mis en place à l'instigation des forces armées japonaises. Le « gouvernement provisoire de la république de Chine » (*Zhonghua minguo linshi zhengfu* 中華民國臨時政府) est fondé à Pékin par Wang Kemin en décembre 1937, bientôt suivi en mars 1938 par le « gouvernement restauré de la république de Chine » (*Zhonghua minguo weixin zhengfu* 中華民國維新政府) de Liang Hongzhi, installé, lui, à Nankin[30]. Mais Wang et Liang font figure, politiquement parlant, de seconds couteaux. La crédibilité des gouvernements qu'ils incarnent s'en trouve d'emblée fortement hypothéquée. Quant au personnel politique qu'ils parviennent à attirer à eux, il n'est guère brillant. Les Japonais se sont rabattus sur Wang et Liang seulement faute de mieux, après avoir poursuivi en vain de leurs assiduités des personnages d'une autre envergure, notamment deux vieilles gloires des années 1910-1920 : Wu Peifu et Tang Shaoyi. Les appels du pied des Japonais vers ces deux-là

30. J. Boyle, *China and Japan at War, 1937-1945, the Politics of Collaboration*, p. 88-92 et 110-116.

se poursuivront pour ne cesser qu'à leur mort (Tang est assassiné le 30 septembre 1938 et Wu disparaît fin 1939).

Toutefois, les principaux espoirs des Japonais vont bientôt reposer sur Wang Jingwei. L'homme est à l'évidence doté d'une personnalité complexe. Capable dans ses jeunes années de croiser le fer avec Liang Qichao à propos de la pensée de J.-J. Rousseau, son talent est tel que Cai Yuanpei le sollicite en 1917 pour occuper une chaire de professeur de littérature chinoise à l'université de Pékin et prendre ainsi place parmi la fine fleur de l'intelligentsia chinoise[31]. Ses états de service révolutionnaires sont tout aussi impeccables. Dans sa jeunesse, il avait entrepris notamment, avec un courage proche de la témérité, d'assassiner le régent Zaifeng (avril 1910). Membre fondateur de la Ligue jurée, il est depuis l'origine l'un des chefs les plus prestigieux du Guomindang. La mort de Hu Hanmin en 1936 le fait même accéder à la dignité de dernier grand leader « historique ».

La défection de Wang se fait en plusieurs temps. Hostile à l'alliance avec les communistes et partisan avant la guerre de l'apaisement avec le Japon, il mène des négociations avec les Japonais par l'intermédiaire de certains de ses adjoints depuis le début de l'année 1938. En échange d'un certain nombre d'engagements de la partie japonaise, dont la plus importante est la promesse d'un retrait des troupes japonaises, il quitte Chongqing et s'envole pour Hanoi le 18 décembre 1938. À partir de là, sa position va très rapidement s'affaiblir. Aucun des seigneurs de la guerre conservant une certaine autonomie, pas même le puissant Long Yun, maître du Yunnan, dont Wang avait tout particulièrement espéré le ralliement, ne se prononce en sa faveur. De même, à part deux personnages assez significatifs, Zhou Fohai et Chen Gongpo, aucun poids lourd du Guomindang, y compris parmi les adversaires les plus résolus de Chiang, ne franchit le pas. Wang a probablement commis l'erreur de sous-estimer la force du nationalisme de résistance que nous avons déjà évoqué et qui incite les dirigeants du Guomindang à serrer les rangs derrière Chiang. Même parmi le cercle des plus proches collaborateurs de Wang, nombre d'entre eux restent fidèles à Chongqing, comme l'économiste Gu Mengyu.

31. T. Weston, *The Power of Position*, p. 126-127.

Fig. 13 : Wang Jingwei en 1925.

Wang gagne néanmoins début mai 1939 la zone occupée et engage des pourparlers directs avec les Japonais. Conscient de son poids politique et du fait qu'il peut représenter un atout très significatif dans le jeu des Japonais, Wang négocie afin que le gouvernement qu'il veut mettre en place bénéficie d'une réelle marge de manœuvre vis-à-vis du Japon et que son autorité s'exerce sur l'ensemble de la zone occupée. Le résultat est décevant : la partie japonaise ne cède pas sur ces deux points. Mortifiés par la dureté des termes de l'accord qui se dessine, Gao Zongwu et Tao Xisheng, deux des principaux collaborateurs de Wang impliqués dans les négociations, tournent casaque début janvier 1940. Wang Jingwei inaugure néanmoins le 30 mars 1940 à Nankin un gouvernement national réorganisé[32] (*gaizu guomin zhengfu* 改組國民政府).

32. D. Serfass, « Résister ou négocier face au Japon. La genèse du gouvernement de collaboration de Nankin (janvier 1938-avril 1939) », p. 121-132.

Il faut bien se garder de placer ce gouvernement exactement sur le même plan que ceux mis en place au début de la guerre par les Japonais. Ils ont certes en partage le même anticommunisme virulent, et relaient les slogans japonais de « nouvel ordre en Asie orientale » (*Dai tōa shin chitsujo* 大東亜新秩序), puis celui de la « sphère de coprospérité de la grande Asie orientale » (*Dai tōa kyōeiken* 大東亜共栄圏) qui apparaît, lui, à l'été 1940. Selon la propagande japonaise, la sphère de coprospérité est supposée défendre et promouvoir une culture commune aux pays d'Asie orientale et affranchir ceux-ci de la domination d'un Occident dépeint comme empêtré dans le plus vil matérialisme. Cependant, alors que les autres gouvernements de collaboration sont fondamentalement hostiles au Guomindang et à sa doctrine, le régime de Wang Jingwei clame au contraire sa prétention à recueillir l'héritage de Sun Yat-sen. Son choix de Nankin comme capitale traduit la volonté d'incarner la légitimité du Guomindang. Le drapeau qu'il adopte est identique à celui qui flotte à Chongqing ; il diffère seulement par l'ajout d'un fanion jaune portant les six caractères « *heping fangong jianguo* 和平返工建國 » (paix, anticommunisme et construction nationale).

Mais l'accord-cadre (*jiben tiaoyue* 基本條約) qui est signé quelques mois plus tard, le 30 novembre 1940, traduit bien le peu d'autonomie dont dispose Wang vis-à-vis des Japonais. Dans les années qui suivent, Wang Jingwei obtient certes quelques résultats comme la rétrocession des concessions étrangères, mais, d'une façon générale, ses manœuvres échouent sur deux écueils qui minent de façon irrémédiable la légitimité de son régime : aucun début d'évacuation des troupes japonaises ne se produit, même si on lui donne la possibilité de constituer sa propre armée. D'autre part, il ne parvient pas non plus à se débarrasser du système des « conseillers » japonais, comme le puissant général Kagesa Sadaaki, qui exercent une véritable tutelle sur son gouvernement.

Wang Jingwei, qui ne s'était pas complètement rétabli des blessures reçues lors de la tentative d'assassinat dont il avait été victime en 1935, part au Japon pour recevoir des soins. Il meurt à Nagoya le 10 novembre 1944. Zhou Fohai, qui contrôlait déjà les Finances et était l'interlocuteur privilégié des conseillers japonais, devient la principale figure du régime collaborateur et le demeure jusqu'à la fin de la guerre.

1944-1945 : retour à la guerre de mouvement

De l'offensive Ichigō à la capitulation

Les deux dernières années de guerre sont un paradoxe : la Chine va en effet frôler la catastrophe avec l'offensive Ichigō avant de se retrouver quelques mois plus tard dans le camp des vainqueurs par la grâce de la victoire de son allié américain dans la guerre du Pacifique.

En mai 1944 survient un coup de grisou aussi inattendu que dévastateur, la vaste offensive japonaise appelée *ichigō sakusen*[33] 一号作戦 (« opération numéro un ») voir carte IX. Même si toute la lumière n'a pas été faite sur ses objectifs, il semble qu'en lançant cette offensive, l'état-major japonais poursuit deux buts principaux. Il s'agit tout d'abord d'obtenir le contrôle d'une zone continue entre la Mandchourie et l'Indochine, afin de pallier la domination américaine sur les mers, qui paralyse ses communications. L'autre objectif est d'anéantir les bases aériennes américaines établies au Guangxi (Guilin, Liuzhou). L'importance de ces bases tenait non seulement à leur rôle sur le front chinois, mais aussi à leur utilisation pour des opérations de bombardement sur le Japon. Les opérations débutent au Nord, dans le Henan : en avril-mai, les troupes japonaises progressent facilement et balayent les troupes nationalistes de l'ouest de la province. Mais c'est le Sud de la Chine qui constitue le terrain des principaux affrontements et en particulier le Hunan (province d'autant plus « utile » qu'elle est largement excédentaire en riz). Les deux principales villes, Hengyang et Changsha, tombent aux mains des troupes japonaises. Les armées chinoises battent piteusement en retraite aussi sur le front du Guangxi.

Ichigō est pour le Japon un franc succès. Il révèle crûment l'usure avancée d'une armée nationaliste prise totalement au dépourvu, et qui en quelques mois se retrouve au bord de l'effondrement complet. Au début du mois de décembre 1944, le général américain Wedemeyer estime que la chute de Guiyang est une question de jours et prédit celle de Kunming pour début février. Dressant un bilan sans équivoque de la

---

33. Pour un récit détaillé de l'offensive Ichigō, on peut se reporter à T. Hara, « The Ichigo Offensive », p. 392-402.

tenue des troupes chinoises, il écrit : « La situation ne fait qu'empirer depuis juin. Depuis la défense de Hengyang, où ils se sont battus correctement, les Chinois n'ont offert aucune résistance digne de ce nom[34]. » À la mi-décembre, au moment précis où la survie même du régime de Chongqing paraît compromise, l'offensive, qui a atteint ses objectifs, s'arrête à l'initiative des Japonais eux-mêmes.

Dans le cadre de la campagne Ichigō, les troupes japonaises infligent de très lourdes pertes aux forces du Guomindang. L'effort financier nécessaire pour faire face à cette offensive a aussi pour effet d'accentuer les difficultés budgétaires du gouvernement de Chongqing et la déstabilisation de l'économie.

Si aucune opération significative n'aura plus lieu jusqu'à la fin de la guerre, l'année 1945 réserve une ultime déconvenue au Guomindang. En février 1945, à la conférence de Yalta, Staline s'était engagé à déclarer la guerre au Japon trois mois après la fin des combats sur le front européen. L'entrée en guerre de l'URSS contre le Japon intervient dans la nuit du 8 au 9 août 1945. Contrairement à ce que l'on pourrait croire, elle n'est pas anecdotique sur le plan militaire. La campagne dure une dizaine de jours. En effet, même si les termes de la capitulation sont prononcés par Hirohito le 14 août, le cessez-le-feu n'est conclu en Mandchourie que le 19. Certaines unités continuent même de se battre jusqu'au 26 août. Les troupes soviétiques ont envahi la Mandchourie (atteignant certains objectifs situés 800 kilomètres en deçà du front initial). Elles ont infligé de très lourdes pertes à l'armée du Guandong (de l'ordre de 80 000 morts). Quant aux conséquences politiques de cette campagne, elles sont encore plus considérables car, désormais, l'URSS a son mot à dire dans le nord-est de la Chine.

Le bilan de la guerre

Le bilan de la guerre est terrible pour la Chine. L'armée du Guomindang, en raison d'une infériorité matérielle criante autant que de la défaillance de ses services de santé, a subi des pertes humaines bien plus considérables que son adversaire. Deux millions de militaires,

34. WO 106/3588.

dont 84 généraux nationalistes, sont morts. Les pertes civiles sont bien plus importantes, le nombre total de victimes se situant aux alentours de 10 millions[35]. Mais cette saignée est répartie sur une période de plus de huit ans, ce qui en diminue quelque peu la portée. De plus, elle ne concerne pas seulement les hommes jeunes, parce qu'elle a touché largement les populations civiles. Et, contrairement aux grandes révoltes du troisième quart du XIXe siècle, qui avaient creusé des vides localisés dans certaines parties de la Chine (basse vallée du Fleuve Bleu) la guerre n'entraîne pas de grands déséquilibres interrégionaux. Par ailleurs, la guerre de 1937-1945 a certes pesé sur la natalité, mais pas au point de provoquer l'apparition de « classes creuses » (il faudra une catastrophe encore bien pire, le Grand Bond en avant, pour que la Chine connaisse ce phénomène). La Chine, qui n'a pas encore entamé sa transition démographique, est dotée d'une natalité vigoureuse, promesse d'un rattrapage rapide. Il ne manquera pas de se produire dans les années 1950.

Le théâtre d'opérations chinois a rivalisé d'horreur avec d'autres fronts de la Seconde Guerre mondiale non seulement en raison du nombre de victimes, et des massacres de civils comme ceux de Nankin, mais aussi parce que les moyens mis en œuvre ont changé : les forces japonaises ont développé sur une échelle inégalée les expérimentations bactériologiques sur des êtres humains ; elles ont aussi propagé la peste au moyen de bombardements, par exemple sur les villes de Quzhou et Ningbo en octobre 1940[36].

Le bilan sur le plan matériel n'est pas moins lourd et se reflète dans l'écart enregistré avec l'avant-guerre dans le domaine de la production industrielle. Certaines villes ont été anéanties, comme Changsha et Wuhan (détruite par les bombardiers américains en décembre 1944). Le démantèlement sur une vaste échelle des installations industrielles de Mandchourie (le pendant de celui qui se déroule à l'autre extrémité de l'Eurasie en Allemagne de l'Est) par les troupes russes dans

35. Ge J. (dir.), *Zhongguo renkou shi*, tome 6 (1910-1953, rédigé par Hou Yangfang), p. 581-582. Certains historiens plaident pour des estimations bien plus élevées. Nombre de personnes sont mortes de façon indirecte (famine et épidémies notamment). Le chiffre officiel actuellement mis en avant par le gouvernement chinois est de 35 millions.

36. K. Schoppa, *In a Sea of Bitterness*, p. 285-301.

l'immédiat après-guerre est une catastrophe d'un autre genre. Ce pillage en règle aboutit à rayer pratiquement de la carte une des principales régions industrielles de la Chine. En 1947, la production d'acier de la Mandchourie est de l'ordre du centième de ce qu'elle était à l'époque japonaise[37]. Les voies de communication ont eu également à souffrir. À ces destructions et pillages s'ajoutent, pour les infrastructures toujours existantes, les conséquences de huit années de sous-investissement. Moins visibles, elles n'en hypothèquent pas moins elles aussi lourdement l'avenir[38].

À la veille de la guerre, Wang Jingwei pensait qu'une guerre totale contre le Japon ne pourrait que faire le jeu des communistes. Il était donc prêt à consentir des sacrifices importants pour préserver la paix avec le Japon. L'appréciation de Chiang Kai-shek était différente. Il avait acquis depuis des années la certitude qu'une guerre finirait par opposer les Occidentaux au Japon en Asie. Ces derniers étaient donc destinés à devenir des alliés de la Chine et à lui permettre de triompher du Japon[39]. Par une curieuse ironie, tous deux avaient raison : Pearl Harbour et la capitulation japonaise de 1945 donneront raison dans un premier temps à Chiang. Mais quatre ans plus tard se vérifiera la prédiction de Wang Jingwei : la guerre, anémiant le Guomindang, a fait le lit du PCC.

Car on peut l'affirmer sans hésiter, le vrai vainqueur de la guerre est le PCC. La comparaison entre sa situation avant-guerre et celle de 1945 parle d'elle-même. Son réduit de 92 000 km² (la superficie du Portugal) peuplé de 1,5 million d'habitants a décuplé pour atteindre 900 000 km² (pour une population de plus de 100 millions d'habitants). Le Parti compte désormais plus d'1 million d'hommes sous les armes (ils étaient 40 000 en 1937). C'est alors que ses forces militaires prennent le nom d'armée de libération (*jiefangjun* 解放軍). Le PCC, de

37. W. Kirby, « The Chinese War Economy », in Hsiung J. et S. Levine, *China's Bitter Victory*, p. 185-186 et 204-205.

38. Voir par exemple le cas du réseau d'adduction d'eau de Tianjin étudié par D. Spicq, *L'Avènement de l'eau courante à Tianjin, Chine, 1900-1949*, p. 177-193.

39. Sun Y., *China and the Origins of the Pacific War 1931-1941*, p. 16-17 et 42-43 ; M. Zanasi, *Saving the Nation*, p. 207-209 ; J. Boyle, *China and Japan at War*, p. 351-352 et 358-359.

funambule qui avait dansé au bord du précipice durant la décennie de Nankin, s'est mué en un lutteur puissant, taillé pour affronter au corps à corps le Guomindang lors du dernier acte de la période républicaine.

Ce bilan particulièrement brillant dont peut s'enorgueillir le PCC est le résultat de deux facteurs : une stratégie pertinente, et des circonstances incroyablement favorables. En effet, il n'était pas écrit que la guerre favorise à ce point le PCC. Qu'il nous soit permis de repasser en accéléré le film des opérations afin de mieux réaliser combien il s'apparente à une succession de hasards exceptionnellement favorables aux communistes.

Tout d'abord, après le sursis de l'incident de Xi'an, le déclenchement de la guerre, en imposant le Front uni, sauve le PCC. La Longue Marche aurait pu s'avérer plus longue encore et se solder par un anéantissement total. Les premiers mois de l'offensive du Japon et le choix de résister pied à pied à Shanghai ont cassé les reins de l'armée nationaliste, en anéantissant une bonne part de ses troupes d'élite. Plausible à la fin 1937, le scénario d'une capitulation, en permettant aux envahisseurs de mettre en place un gouvernement de collaboration qui aurait forcément eu des accents fortement anticommunistes, présentait assurément de grands dangers pour le PCC. Il ne se réalise pas. Au contraire, la Chine s'installe dans une guerre de huit années, ce qui est une autre chance. La longueur des opérations permet de fixer les troupes du Guomindang, de miner l'économie du pays et de désorganiser le parti nationaliste. Le fait que les Japonais ne tiennent en main que d'une manière très imparfaite (et encore moins après le début des opérations de la guerre du Pacifique) la zone dont ils ont chassé le Guomindang ouvre des perspectives immenses au PCC. Malgré les efforts du Guomindang, à la fin de la guerre, on a, outre la base principale du Shaanxi-Suiyuan, un chapelet d'une quinzaine de bases communistes qui s'est enkysté derrière les lignes ennemies à travers tout l'est du pays, depuis la Chine du Nord jusqu'au centre montagneux de l'île de Hainan (voir carte VIII). Quant à la puissante offensive Ichigō lancée en mai 1944, elle a le très bon goût de concerner surtout le sud de la Chine. Ses coups de boutoir sont dirigés presque exclusivement contre les troupes de Chiang Kai-shek. Le Guomindang y perd des forces militaires, voit la déstabilisation de l'économie s'accentuer, mais surtout, ce qui hypothèque le plus gravement l'avenir, entame très sérieusement son crédit auprès du principal atout qu'il gardait dans sa manche : l'allié américain.

La soudaineté de la reddition, conséquence des bombardements atomiques d'Hiroshima et Nagasaki, surprend le Guomindang mal préparé aux conséquences d'une défaite japonaise que chacun savait inéluctable mais que nul n'avait prévue si rapide. Paradoxalement, la guerre s'achève en quelque sorte trop tôt pour que le Guomindang ait pu préparer la paix mais aussi pour qu'il puisse espérer tirer parti de l'affaiblissement japonais dans la guerre du Pacifique et ainsi, sinon reconquérir tout le terrain perdu, du moins obtenir quelques succès propres à redorer son blason.

L'entrée en guerre *in extremis* de l'URSS contre le Japon est de grande conséquence d'un point de vue politique. Elle donne en effet à l'URSS un rôle prépondérant dans le nord-est de la Chine. Même si les troupes soviétiques entretiennent des rapports souvent assez tendus avec le PCC, elles favoriseront néanmoins le renforcement militaire de ce dernier en leur livrant dans les mois suivant la capitulation une bonne part de l'équipement provenant des troupes japonaises.

En 1972, Mao déclara à Tanaka Kakuei, le Premier ministre japonais en exercice, que le Parti communiste chinois (PCC) devait être reconnaissant au Japon de son agression car, sans elle, il ne serait jamais parvenu au pouvoir. Pour provocante que soit cette affirmation, elle traduit bien le fait que la guerre de 1937-1945 a radicalement modifié le rapport de force entre Guomindang et PCC et permit *in fine* à celui-ci de s'imposer durant la guerre civile de 1945-1949. On peut même aller plus loin et affirmer que le Japon fut, dans l'optique du PCC, l'ennemi idéal : assez fort pour infliger une litanie de défaites au Guomindang et l'anémier dans une guerre d'usure, mais pas assez pour remporter une victoire totale ni pour tenir solidement les vastes territoires conquis.

Chapitre 5

La guerre civile (1945-1949)

Sous la plume des historiens, la courte période de quatre années qui va de la fin de la guerre sino-japonaise à la proclamation de la République populaire de Chine est traitée généralement comme la chronique d'une mort annoncée (celle de l'hégémonie du Guomindang sur la Chine continentale) dont les raisons profondes et plus contingentes sont passées en revue. Nous ne dérogerons pas à la règle. Toutefois il est opportun d'insister d'emblée sur le fait que non seulement la défaite du Guomindang n'avait rien d'une fatalité, mais qu'on pouvait légitimement l'estimer fort improbable au lendemain de la capitulation du Japon.

Une donne très favorable au Guomindang

Les dividendes politiques et symboliques de la victoire

On a vu combien la guerre avait profité avant tout au PCC, au point de lui ouvrir un nouvel horizon politique. Il n'en demeure pas moins que la victoire de 1945 apporte des avantages très substantiels au Guomindang, qui incarne le gouvernement légitime de la Chine.

Sur un plan strictement militaire, conformément aux termes de la capitulation, les troupes japonaises ne se rendent qu'aux forces du Guomindang. Le potentiel militaire de ces dernières se trouve renforcé par les énormes quantités de matériel qui tombent entre leurs mains.

Le Guomindang peut à bon droit se targuer à l'issue de la guerre d'avoir fait accéder la Chine au rang de grande puissance. Ce statut se trouve concrétisé par l'obtention d'un des cinq sièges permanents au Conseil de sécurité de l'ONU, dont le chinois devient l'une des cinq langues officielles. Dès 1943, le gouvernement de Chongqing avait obtenu une autre mesure très symbolique du nouveau statut de la Chine : l'abrogation par les États-Unis de toutes les lois restreignant l'émigration chinoise sur leur sol depuis les premières mesures d'exclusion de 1882 (Magnuson Act, 17 décembre 1943). Entre autres choses, il devenait possible pour les émigrés chinois d'accéder à la nationalité américaine.

Les territoires occupés successivement par le Japon font retour à la Chine (y compris Taiwan). La rétrocession du territoire à bail de Guangzhouwan par la France se fait un peu attendre, mais elle intervient néanmoins. Seules les deux plus anciennes possessions européennes, Hong Kong et Macao, échappent au mouvement. Derniers vestiges du système dit des traités inégaux, les concessions et l'extraterritorialité ne sont plus que de pénibles souvenirs.

Les termes de la capitulation du Japon permettent aussi, pour la première fois depuis les Qing[1], à la puissance chinoise de se projeter à l'étranger : les 200 000 hommes du général Lu Han occupent l'Indochine au nord du 16e parallèle à partir de la fin août 1945. Elles se paient le luxe d'installer leur quartier général à Hanoi, dans le palais du gouverneur général. Jusqu'à leur retrait en mai-juin 1946, ces forces d'occupation s'efforceront sans grand succès de favoriser la montée de partis politiques modérés pour faire barrage au Vietminh.

À l'intérieur, les nationalistes enregistrent une autre victoire notable en mettant fin à l'autonomie relative dont continuait de jouir au Yunnan

---

1. Les dernières décennies du XIXe siècle ont vu les Qing exercer, en particulier vis-à-vis de la Corée, une tutelle politique qui tenait bien moins de la suzeraineté traditionnelle que d'une domination franchement impérialiste : K. Larsen, *Tradition, Treaties, and Trade : Qing Imperialism, 1850-1910.*

Long Yun, que l'on pouvait considérer (avec les différents Ma dispersés dans le Nord-Ouest) comme le dernier spécimen d'une espèce désormais presque éteinte : les seigneurs de la guerre. Long est neutralisé par un habile coup de force à la fin de l'année 1945 et sa province passe sous le contrôle du gouvernement central.

Le Guomindang peut donc envisager de capitaliser sur le prestige retiré de la victoire : la visite de Chiang Kai-shek à Pékin le 16 décembre 1945 est un triomphe durant lequel il se fait acclamer par 100 000 jeunes gens enthousiastes place Tian'anmen.

Fig. 14 : Chiang Kai-shek
quelques jours après la capitulation du Japon.

Le rebond économique de l'immédiat après-guerre

La défaite du Japon et la fin des privilèges dont jouissaient les étrangers ouvrent des perspectives dans un autre domaine, celui de l'économie. La disparition de la redoutable concurrence des produits japonais en Chine même, ainsi que sur les marchés de l'Asie du Sud-Est, représente une chance formidable pour l'industrie chinoise. De même, la concurrence des industriels étrangers installés en Chine a elle aussi quasiment été réduite à néant des suites de la guerre. Par exemple les cigarettiers étrangers, qui représentaient plus de 60 % de la production avant-guerre, plafonnent aux environs de 15 % en 1946-1947.

Les conditions d'un puissant rebond économique sont donc présentes et celui-ci a bien eu lieu durant les deux premières années de l'après-guerre. Il s'agit là d'un fait généralement ignoré par les historiens occidentaux ; quant aux Chinois, ils ne veulent voir dans cette reprise qu'une « prospérité en trompe-l'œil[2] » (*xujia fanrong* 虛假繁榮). Ce faisant, ils commettent l'erreur de projeter sur 1946-1947 le spectre du marasme économique (bien réel) des deux années suivantes.

Dans le principal secteur industriel (le textile), une fois rétablis les circuits d'approvisionnement en matière première, les années 1946-1947 correspondent à un âge d'or bref mais réel. À Shanghai, la production de filés de coton retrouve et dépasse les niveaux maximums d'avant-guerre dès 1947 ; l'optimisme règne parmi les entrepreneurs, qui réinvestissent massivement leurs profits[3]. Autre indice d'un climat d'optimisme propice au redémarrage de l'économie : les investissements des Chinois d'outre-mer reprennent eux aussi de plus belle en 1946-1947.

Certes, des données statistiques générales sur la production industrielle ou sur le produit intérieur brut dans les années d'après-guerre font défaut[4]. On dispose tout de même des données de la produc-

---

2. Fang X. (dir.), *Shanghai jindai minzu juanyan gongye*, p. 240.

3. Wang J., « Le troisième âge d'or de l'industrie cotonnière de Shanghai (1946-1947) », in Y. Chevrier et X. Xiao-Planes (dir.), *Citadins et Citoyens*, p. 437.

4. D'une façon plus générale, la pénurie de statistiques par rapport à ce que j'ai appelé le « petit âge d'or statistique de la décennie de Nankin » explique que l'on passe sous

tion d'électricité, qui peuvent fournir un indicateur acceptable du niveau général de l'activité industrielle. À première vue, les chiffres au niveau national peuvent sembler vraiment peu impressionnants (+ 5,6 % entre la mi-1945 et la mi-1947). Mais ce résultat modeste s'explique par une chute vertigineuse de la production d'électricité de 61,4 % en Mandchourie, région qui représentait presque les trois quarts de la production d'électricité à la fin de la guerre. C'est là le résultat de l'occupation soviétique : les troupes russes ont procédé au démantèlement systématique des industries et des installations génératrices d'électricité. Ces différents facteurs étant pris en compte, il est clair que les données catastrophiques de la Mandchourie obèrent une croissance extrêmement vigoureuse dans tout le reste du pays[5].

De même, dans le domaine des finances publiques, mises à mal par les huit années de guerre, les opportunités permettant d'opérer un redressement sont indiscutablement présentes. L'inflation qui sévit présente au moins un avantage : permettre de liquider assez facilement la dette intérieure (la dette extérieure, elle, est exprimée en devises étrangères). C'est chose faite à la mi-1946, quand l'État chinois annonce la liquidation de ses emprunts à leur valeur nominale. Cette opération équivaut *ipso facto* à une annulation de la dette intérieure à un coût dérisoire pour les finances publiques. Bien entendu, ce tour de passe-passe, qui aboutit à ruiner les détenteurs des bons du Trésor, a un coût politique. D'autre part, l'État s'arroge un puissant levier avec la confiscation générale puis la nationalisation des avoirs japonais en Chine. Il faut noter que cette nationalisation s'effectue sans prendre en compte les revendications d'éventuels anciens propriétaires chinois : à Tianjin par exemple, les forces japonaises avaient confisqué la grande majorité des industries au début de la guerre. Mais, fin 1945, au lieu de faire retour aux anciens propriétaires chinois spoliés ou à leurs descendants, elles tombent directement dans l'escarcelle de l'État[6]. À la même époque, Song Ziwen nationalise l'ensemble des ex-filatures japonaises

---

silence ces deux années de vigoureuse croissance économique : X. Paulès, *Encyclopédie des historiographies*.

5. Y. Cheng, *Foreign Trade and Industrial Development of China,* p. 166-170 et 268.
6. B. Sheehan, *Industrial Eden : a Chinese Capitalist Vision*, p. 153.

et les rassemble pour constituer une Compagnie du développement de l'industrie textile chinoise (*Zhongguo fangzhi jianshe gongsi* 中國紡織建設公司), premier grand groupe d'État de l'industrie textile chinoise[7].

Le Guomindang dispose donc dans son jeu d'atouts considérables à la sortie de la guerre. Mais il ne saura pas les faire fructifier. Sa gestion des suites de la victoire de 1945 s'accompagne d'erreurs majeures qui vont rapidement fragiliser sa position.

La sortie de guerre : 1945-1946

Le rôle de l'URSS et des États-Unis

La guerre civile se joue sur un arrière-plan de guerre froide. Chacun des protagonistes, Guomindang et PCC, reçoit l'aide de l'un des nouveaux supergrands. L'appui logistique des États-Unis est crucial en septembre et octobre 1945 en assurant le transport aérien de troupes depuis l'ex-Chine libre vers les régions occupées afin de désarmer les troupes japonaises. À part une interruption, l'aide matérielle américaine ne fait pas défaut. Il faut bien voir qu'elle a un coût : le PCC a beau jeu de dépeindre Chiang Kai-shek comme une marionnette de l'impérialisme américain.

En Mandchourie, les troupes communistes récupèrent les armes des forces japonaises *via* les troupes soviétiques d'occupation du maréchal Malinovski. Et lorsque les troupes russes évacuent la Mandchourie (mars-mai 1946), les communistes chinois se rendent maîtres de l'essentiel de la région[8]. Mais il serait tout à fait faux de faire de la victoire du PCC le fruit d'une *realpolitik* de Staline qui contrasterait avec les excès de scrupules des États-Unis, trop prompts à juger infréquentable leur allié le Guomindang. Le soutien apporté par l'Union soviétique au PCC épouse une sinusoïdale. Staline n'éprouve aucun excès d'enthousiasme à l'égard du PCC. Il a jusque très tard cru possible et même souhaitable de s'entendre avec la Chine du Guomindang, dont il avait obtenu le 5 janvier 1946 une concession majeure avec la reconnaissance

7. Wang J., *Jindai Shanghai mianfangye de zuihou huihuang*, p. 42-57.
8. S. Levine, *Anvil of Victory*, p. 77-82.

de l'indépendance de la Mongolie septentrionale[9]. Début 1949 encore, l'URSS semble s'attacher à la cause du Guomindang, qui apparaît pourtant aux yeux de tous comme à peu près perdue. Un épisode est significatif : le gouvernement nationaliste, devant l'approche des armées communistes, demande à cette époque aux diplomates étrangers de fermer leurs ambassades de Nankin et de les transporter à Canton. L'URSS est, de toutes les puissances, la seule à obtempérer, alors que les autres maintiennent leurs représentants à Nankin, afin de préparer la transition avec le nouveau pouvoir communiste. Staline a donc été prudent, très prudent, se montrant soucieux comme toujours de faire primer l'intérêt de l'Union soviétique, aux dépens de toute autre considération. Au total, si le rôle de l'URSS et des États-Unis ne doit pas être ignoré, la victoire du PCC ne s'est pas jouée là.

Premières passes d'armes

Bien que les deux protagonistes soient tendus vers le même objectif qui est de demeurer seul maître du pays (l'idée d'une partition répugne autant à Chiang qu'à Mao Zedong), la façade du Front uni est maintenue durant encore un peu plus d'une année. En effet, face à une opinion publique avide de paix, le PCC pas plus que le Guomindang ne peuvent se permettre de donner l'impression d'être à l'origine de la rupture. La première phase de leur affrontement a lieu à fleurets mouchetés.

Les négociations s'ouvrent à Chongqing immédiatement après la capitulation japonaise en vue de former un gouvernement de coalition. En dehors de la déclaration commune de bonnes intentions dite accords du Double Dix (*shuangshi xieding* 雙十協定) car paraphée le 10 octobre, elles ne mènent à aucun résultat tangible. Elles sont surtout mises à profit par Mao pour promouvoir, avec l'aide de Zhou Enlai, l'image d'un Parti communiste champion de la démocratie, de l'union et de la paix. Durant les mois qu'il passe à Chongqing, il rencontre de nombreuses personnalités, diplomates occidentaux, politiciens de

9. C. Atwood, « Sino-Soviet Diplomacy and the Second Partition of Mongolia », in S. Kotkin et B. Elleman, *Mongolia in the Twentieth Century. Landlocked Cosmopolitan*, p. 137-158.

différents bords, rimaillant à l'occasion avec des hommes de lettres. Son charisme fait merveille, contrastant favorablement avec le transparent Chiang qui, durant les quatre années suivantes, va faire la démonstration que le costume de maître absolu de la Chine est taillé trop large pour lui[10].

Le général Marshall, un des chefs de guerre américains les plus prestigieux, est envoyé en Chine en décembre 1945 pour jouer les médiateurs et aider à constituer un gouvernement de coalition. Une conférence politique consultative, où sont représentées l'ensemble des forces politiques, se réunit à Chongqing début 1946. Elle trace de grandes orientations politiques : établissement d'un gouvernement de coalition, adoption d'une Constitution, cessez-le-feu et réduction des forces armées. L'une des étapes cruciales prévues est la convocation d'une Assemblée nationale devant comporter des représentants du Guomindang, du PCC, de la Ligue démocratique et des autres petits partis. Mais ce sont là des chimères : ni le PCC ni le Guomindang ne veulent d'une paix de compromis. Le Guomindang se sait le plus fort, et, bientôt conforté par des succès militaires, n'entend pas renoncer à exercer seul le pouvoir. Quant au PCC, il n'est pas question pour lui de renoncer à une force armée autonome, pas plus qu'aux territoires qu'il administre sans rendre de comptes à personne.

La sortie de guerre ratée du Guomindang

Si la partie s'annonçait déséquilibrée, le Guomindang va rapidement la relancer en multipliant les erreurs. Les territoires anciennement occupés par les Japonais sont soumis à ce qui ressemble à s'y méprendre à un pillage en règle par les fonctionnaires fraîchement débarqués des ex-zones libres. Mais surtout, le taux de conversion de la monnaie mise en circulation dans les zones occupées durant la guerre est fixé à un niveau extrêmement bas. En conséquence, des millions de personnes voient leur épargne s'évaporer. Dans le même temps, le Guomindang opte pour une épuration *a minima*. Ainsi, parmi

---

10. Telle est en tout cas l'une des conclusions de la belle biographie qu'Alain Roux a consacrée à Chiang Kai-shek : A. Roux, *Chiang Kaï-shek. Le grand rival de Mao*, p. 480-481.

les dirigeants civils et militaires des gouvernements de collaboration, environ 2 700 sont exécutés (les plus notables d'entre eux sont Chen Gongbo et Liang Hongzhi) et 2 300 condamnés à perpétuité[11] (parmi eux, Zhou Fohai). Si l'épuration est moins bâclée qu'on l'a cru et pour l'essentiel passe par des procès respectant les formes juridiques, il transparaît une volonté assez claire de ménager les cadres des forces militaires des régimes collaborateurs dans la perspective de la guerre à venir contre le PCC.

Le régime s'avère incapable de liquider un autre héritage de la guerre : l'hyperinflation. Contrairement à la période de la guerre durant laquelle une certaine inertie avait prévalu, les autorités prennent pourtant une succession d'initiatives. La dernière d'entre elles est la création d'une nouvelle unité monétaire, le yuan-or, assortie d'une tentative de blocage autoritaire des prix qu'orchestre à Shanghai le fils de Chiang Kai-shek, Jiang Jingguo. Indiscutablement énergique, cette action n'en est pas moins bien trop tardive[12]. Aux effets délétères de l'inflation s'ajoutent ceux d'une spéculation de plus en plus effrénée, qui s'effectue au détriment de l'investissement[13].

Une autre erreur du Guomindang est de s'aliéner, par une inutile brutalité, les élites intellectuelles. L'université *Lianda*, restée un sanctuaire de la liberté académique durant la guerre, est mise au pas en novembre-décembre 1945, avec quatre morts. En juillet 1946, deux membres importants de la Ligue démocratique sont liquidés : Li Gongpu et Wen Yiduo.

L'Assemblée nationale se réunit bien en novembre-décembre 1946, mais sans les communistes ni leurs alliés de la Ligue démocratique : le 18 novembre, Zhou Enlai, le principal négociateur du camp communiste, quitte en effet définitivement la table des négociations. Au mois de janvier suivant, Marshall, ayant constaté l'inutilité de ses efforts de médiation, rentre aux États-Unis. Désormais, seules les armes vont parler.

---

11. J. Boyle, *China and Japan at War, 1937-1945 : The Politics of Collaboration*, p. 332-333.

12. Le chapitre « The Losing Battle with Inflation » du livre de J. Spence fournit une excellente synthèse des efforts déployés : *The Search for Modern China*, p. 445-451.

13. S. Pepper, *Civil War in China. The Political Struggle, 1945-1949*, p. 118-121.

Le temps des militaires : 1946-1949

D'ampleur limitée, les premières opérations militaires de 1946 avaient souri, d'une façon générale, au Guomindang. Au mois de mai, le général Du Yuming remporte sur les troupes commandées par Lin Biao une importante bataille à Siping en Mandchourie. 40 000 combattants communistes sont tués, et la retraite prend des allures de débandade. Le cessez-le-feu imposé le 6 juin 1946 par la médiation américaine avait été accepté de très mauvais gré par le Guomindang, car il offrait un répit salutaire à des forces communistes aux abois. Prétendre que sans ce cessez-le-feu providentiel l'issue de la guerre civile aurait été différente n'est que pure spéculation. Il n'en reste pas moins que les communistes ont reçu là un appui tout à fait crucial pour ne pas perdre ce qui allait devenir le principal terrain d'affrontement : la Mandchourie.

Suite à la rupture définitive des négociations, les opérations militaires commencent sur une vaste échelle au début de 1947 en Chine du Nord. La supériorité numérique et matérielle du Guomindang (en particulier dans le domaine de l'aviation et des blindés) semble écrasante. Il occupe par ailleurs la presque totalité du pays au début des opérations. Une offensive du général Hu Zongnan aboutit en mars 1947 à une victoire surtout symbolique : la prise de la capitale communiste, Yan'an[14]. Succès de prestige seulement, car grâce à l'efficacité de son renseignement militaire, le Parti communiste avait eu connaissance des plans de cette opération. De telle sorte que, si la chute de sa capitale ne peut être évitée, du moins son évacuation est-elle bien organisée.

Importante dans tous les conflits, la question du renseignement joue un rôle particulièrement crucial dans celui-ci parce que les services secrets communistes prennent assez rapidement un ascendant décisif.

Durant la guerre, le *Juntong*, dirigé d'une main de fer par Dai Li, avait pris une ampleur impressionnante, au point, à la sortie du conflit, d'éclipser totalement son concurrent le *Zhongtong*. Il

---

14. O. Westad, *Decisive Encounters : The Chinese Civil War, 1946-1950,* p. 151-152.

comptait des dizaines de milliers d'agents, son propre système de prisons ainsi que toute une administration parallèle. Cet inquiétant mastodonte du renseignement était loin d'être inefficace durant la guerre sino-japonaise[15]. On a vu qu'il s'y entendait pour semer la terreur et la mort parmi les collaborateurs de la zone occupée. Mais Dai Li était aussi capable, par exemple, de tenir Chiang Kai-shek informé de la teneur précise des délibérations du Conseil des ministres du gouvernement japonais. La mort de cet irremplaçable exécuteur des basses œuvres de Chiang (dans un accident d'avion en mars 1946) est un coup très dur pour le Guomindang. Il avait sans aucun doute concentré entre ses mains un pouvoir trop considérable, de telle sorte que sa disparition aboutit à désorganiser le *Juntong*. Les services secrets nationalistes demeurent certes capables de quelques actions d'éclat : ainsi, un raid parfaitement ciblé sur Mao échoue-t-il d'extrême justesse le 18 mai 1948. Cependant, il est clair que la capacité des communistes à retourner pendant la guerre civile des hauts responsables du Guomindang n'a pas son pendant côté nationaliste. Le général Liu Fei, membre de l'état-major, n'est qu'un cas particulièrement spectaculaire d'espion à la solde des communistes au plus haut niveau du commandement nationaliste[16]. Le PCC dispose donc de l'énorme avantage de pouvoir lire dans le jeu de son adversaire. Et les premières opérations militaires à grande échelle montrent rapidement qu'ils ont d'autres atouts importants à faire valoir. On a probablement exagéré le poids de l'appui qu'accorde (plus ou moins spontanément) la population aux forces communistes. Lucien Bianco souligne à raison que, si les ouvriers avaient apporté une contribution significative aux troupes du premier Front uni durant l'expédition du Nord par le biais des grèves, sabotages et insurrections destinés à désorganiser l'arrière de l'ennemi, ils ne jouent plus un rôle aussi important durant la guerre civile[17].

---

15. F. Wakeman, *Spymaster,* p. 242-319.
16. L. Eastman, *Seeds of Destruction*, p. 166 ; Chen L., *The Storm Clouds over China,* p. 211.
17. L. Bianco, *Les Origines de la révolution chinoise*, p. 145.

Fig. 15 : Janvier 1949, les troupes communistes et leur organisation de propagande défilent à Pékin.

Il faut accorder davantage d'importance à la motivation plus forte des troupes communistes, conséquence d'un effort constant d'endoctrinement politique. Au niveau du commandement, les chefs militaires communistes présents sur le terrain (Chen Yi, Liu Bocheng, Nie Rongzhen) se montrent supérieurs aux généraux du Guomindang qui leur sont opposés (Chen Cheng, Du Yuming, Wei Lihuang). Le Guomindang n'était pas dépourvu de chefs de valeur, mais Chiang Kai-shek a commis dans ce domaine une de ses plus lourdes erreurs. La fidélité à sa personne primant à ses yeux sur toute autre considération, il écarte systématiquement les chefs les plus capables, leur préférant des hommes liges moins compétents. Selon un rapport du renseignement britannique d'avril 1948, les postes du haut commandement de l'armée nationaliste sont attribués à ceux qui peuvent se prévaloir de liens personnels étroits à Chiang Kai-shek ou de leur poids politique au sein du Guomindang. L'auteur de ce rapport souligne qu'il est exceptionnel que des officiers n'ayant à leur crédit que la seule excellence dans le domaine militaire accèdent à d'importantes fonctions de commandement[18]. L'exemple le plus évident est le maintien à l'écart de Bai Chongxi, l'ancien seigneur de la guerre du Guangxi, pour lequel Chiang éprouvait une hostilité personnelle semble-t-il fortement mêlée de jalousie.

Mais c'est probablement au niveau du commandement suprême que la guerre civile s'est jouée. D'une part, tandis que Chiang Kai-shek peine à se faire obéir par ses officiers généraux présents sur le terrain, la chaîne de commandement fonctionne très bien dans l'armée rouge. Mais surtout, Lin Biao se reprend après la grave erreur de Siping. Son génie stratégique se confirme de bataille en bataille quand, face à lui, Chiang Kai-shek prouve à diverses occasions qu'il n'a rien d'un grand chef de guerre.

Le rapport de force entre les deux armées s'inverse ainsi suite à une erreur stratégique majeure de Chiang qui laisse ses meilleures troupes se faire encercler et capituler en Mandchourie (novembre 1948). Le siège de Changchun (mai 1947-octobre 1948) constitue un épisode particulièrement atroce d'une guerre civile qui n'en manque pourtant pas. 200 000 civils, soit plus de la moitié de la population de la ville, meurent de froid et de faim[19].

Au même moment s'engage la bataille de Huaihai 淮海, dont le théâtre est délimité au sud par la rivière Huai 淮 et à l'est par la ville côtière de Haizhou 海州 au Jiangsu (d'où son nom). Elle met aux prises 1,8 million d'hommes de part et d'autre entre novembre 1948 et janvier 1949. Dernière chance pour les nationalistes de renverser le cours de la guerre, elle se solde pour eux par un complet désastre.

L'Armée populaire de libération franchit le Fleuve Bleu sans problème le 21 avril. Nankin et Shanghai tombent presque sans coup férir. Il faut souligner qu'au-delà de la maestria avec laquelle les opérations

---

18. WO 208/4569 : rapport secret daté du 8 avril 1948.
19. D. Lary, *China's Civil War*, p. 62-63 et 122-127.

militaires sont menées par l'APL, le PCC planifie soigneusement la prise de pouvoir des villes. Deux contributions à un ouvrage collectif récent illustrent bien ce phénomène, qu'il s'agisse de préserver des destructions l'appareil de production des usines et ateliers (ce qui implique, de façon pour le moins paradoxale, de freiner l'enthousiasme de certains milieux ouvriers avancés), mais aussi d'assurer la continuité du maintien de l'ordre[20].

Côté Guomindang, tout espoir est perdu ; les opérations militaires visent essentiellement à couvrir le repli sur Taiwan. L'effondrement nationaliste est accéléré par les revirements de plusieurs chefs du Guomindang qui passent à l'ennemi avec les hommes sous leur commandement comme le gouverneur de la province du Hunan, Cheng Qian, au mois d'août 1949. En tournant casaque en décembre 1949, le gouverneur du Yunnan, Lu Han, met fin aux espoirs de Chiang Kai-shek de faire de cette province un ultime bastion anticommuniste. À tous ces ralliés de la dernière heure, le PCC offre des sinécures assorties de tous les honneurs voulus. Mais il n'en laissera aucun jouer un véritable rôle politique dans le nouveau régime.

La République populaire de Chine est déclarée le 1er octobre 1949 à Pékin, lors d'une cérémonie parfaitement orchestrée rassemblant une foule de 300 000 personnes place Tian'anmen. Pendant ce temps, la conquête du sud du pays se poursuit. Canton tombe deux semaines plus tard, le 14 octobre. L'île de Hainan est prise en avril 1950. Le nouvel État, dont la reconnaissance par l'URSS et les démocraties populaires ne se fait pas attendre, installe sa capitale à Pékin (qui retrouve son nom de Beijing). Le drapeau rouge à cinq étoiles jaunes (toujours utilisé aujourd'hui) est adopté. Arboré pour la première fois le 30 septembre, ce dernier est parfaitement représentatif de la politique de la Nouvelle Démocratie. Une grosse étoile représente le Parti communiste, entourée par quatre autres plus petites qui figurent les classes sociales auxquelles il est allié (ouvriers, paysans, petite bourgeoisie et capitalistes nationaux). La disposition des étoiles et leur différence de taille laissent voir clairement le rôle dominant du Parti.

---

20. A. Roux, « Le syndrome de Ye Gong : le Parti communiste chinois et les ouvriers à la veille de la prise de Shanghai », p. 512-532 ; F. Wakeman, « Liberation : the Shanghai Police, 1942-1952 », p. 463-480.

Fig. 16 : Exécution de communistes par le Guomindang, vers 1948.

La sclérose du Guomindang

On ne peut cependant faire de la défaite du Guomindang la pure conséquence de facteurs militaires. Dans un livre important, Lloyd Eastman[21] avait établi le diagnostic d'un Guomindang en état de putréfaction en 1945. Il pointait, en particulier, la corruption. Ce diagnostic mérite d'être nuancé et remis en perspective.

La question de la corruption

Certes, il ne manque pas d'exemples pour illustrer la corruption dans les derniers mois précédant la défaite du Guomindang. Dans ses souvenirs de jeunesse, le linguiste Charles Li décrit comment un incendie se déclare dans l'immeuble qu'il habite avec sa tante. S'étant rués à l'extérieur, ses habitants observent, impuissants, les progrès des flammes. Ils se reprennent à espérer après l'arrivée des pompiers. Mais

21. L. Eastman, *Seeds of Revolution*, p. 129.

ces derniers demandent alors, le plus naturellement du monde, quelle somme les occupants sont prêts à leur payer pour qu'ils consentent à entrer en action[22]. Il est compréhensible que des exemples aussi dramatiques frappent les imaginations. Néanmoins, la corruption s'explique en grande partie (très classiquement) par le fait que les salaires des fonctionnaires sont minés par l'inflation au point de rendre proprement impossible leur survie[23]. Il est vrai cependant que la corruption ne concerne pas seulement le menu fretin de fonctionnaires qui ne peuvent plus joindre les deux bouts. Elle affecte également le plus haut niveau de l'appareil politique. On voit, par exemple, la puissante et opulente famille Kong détourner sans vergogne l'aide américaine. Le sauve-qui-peut général des derniers mois conduit à des scènes marquantes comme celle de la fuite de Yan Xishan, l'ancien seigneur de la guerre du Shanxi rallié au Guomindang, abandonnant dans sa fuite ses gardes du corps à une mort quasi certaine sur le tarmac d'un aéroport, afin de pouvoir faire décoller son avion, trop lourdement lesté par sa réserve personnelle d'or[24].

Que ce soit l'indiscipline militaire, la corruption, la concussion, il faut souligner que le sentiment de plus en plus certain d'une défaite complète ne peut qu'inciter les hommes en place à privilégier leur intérêt personnel au détriment du service de l'État. On songe à l'armée française en déroute après la bataille de Waterloo telle que Stendhal la dépeint dans *La Chartreuse de Parme*. En d'autres termes, l'odieuse corruption qui sévit sur une vaste échelle est probablement davantage un symptôme de la faillite du parti que l'une de ses causes.

Absence de renouvellement au sein du Guomindang

La sclérose du Guomindang se manifeste avant tout par un fait resté étonnamment négligé par les historiens : l'absence de renouvellement de ses dirigeants. En 1945-1949, un constat s'impose : les personnalités qui occupent les postes de premier plan sont les mêmes depuis

22. Li C., *The Bitter Sea. Coming of Age in China before Mao*, p. 98-100.
23. S. Pepper, *Civil War in China. The Political Struggle, 1945-1949*, p. 156-157.
24. Chen L, *The Storm Clouds over China*, p. 213.

deux décennies. Des hommes jeunes, efficaces et énergiques étaient à la manœuvre durant l'expédition du Nord et la décennie de Nankin ; les mêmes, vingt ans après, apparaissent usés jusqu'à la corde par une trop longue carrière politique. Aucun sang neuf par exemple parmi les sept chefs du Yuan exécutif (fonction équivalente à celle de Premier ministre) qui se succèdent entre 1945 et 1949. Aucun brillant quadragénaire comparable à Chen Yun, Deng Xiaoping, Gao Gang ou Peng Zhen (tous nés entre 1902 et 1905), qui gravissent quatre à quatre les échelons jusqu'au sommet de l'appareil du PCC durant les années 1940. Étudié par Lloyd Eastman, le mouvement *Gexin* 革新, initié au sein du Guomindang en 1944 par Liang Hancao, Xiao Zheng et Gu Zhenggang, est supposé être dirigé contre la corruption et le népotisme, mais il doit surtout être interprété comme l'expression du profond malaise des cadres de niveau moyen du Guomindang qui se heurtent à l'impossibilité d'accéder aux responsabilités les plus élevées[25]. Blocage d'autant plus funeste qu'il frappe les très fortes cohortes de membres du Guomindang ayant adhéré au milieu des années 1920, dans la fleur de leur jeunesse, lorsque le parti était à l'apogée de son prestige et de son élan révolutionnaire. Ces carrières bloquées ne sont pas seulement le symptôme de l'absence de renouvellement au sommet de l'État, elles ont un effet très pernicieux en incitant les hommes concernés à jouer une carte purement personnelle. On a là un autre canal qui alimente la corruption au sein du Guomindang.

Un homme jeune rejoint pourtant l'aréopage des dirigeants les plus importants durant la période de la guerre civile. Le problème est qu'il s'agit du fils de Chiang Kai-shek, Jiang Jingguo[26] (né en 1910). Si bien que, loin de venir contredire le diagnostic d'un blocage, cette unique exception le renforce au contraire. Les qualités de Jiang Jingguo ne sont pas en cause : intègre, volontaire, doté d'un esprit délié et d'une grosse force de travail, il a fait ses preuves lorsque son père lui a confié le soin d'administrer la partie méridionale de la province du Jiangxi, demeurée sous contrôle nationaliste, entre 1939 et 1944. Toutefois, son ascension rapide après 1945 traduit avant tout le fait que Chiang, qui approche de la soixantaine, prépare sa succession sur un mode

25. L. Eastman, *Seeds of Destruction,* p. 108-129.
26. J. Taylor, *The Generalissimo's Son*, p. 99-115 et 131-182.

autocratique et quasi dynastique (la passation de pouvoir, de fait, se réalisera à Taiwan deux décennies plus tard).

D'autre part, la prééminence désormais incontestée de Chiang Kai-shek ne signifie pas la fin des luttes entre cliques rivales au-dessous de lui. Bien au contraire, ces dernières redoublent d'intensité, notamment en raison des perspectives qu'ouvre la reprise en main des territoires occupés. On les voit se disputer le contrôle de Shanghai, notamment par syndicats et sociétés secrètes interposés, dès les premiers mois suivant la capitulation japonaise.

L'impossible mue démocratique

Compte tenu de l'état dans lequel se trouve le Guomindang, il n'est guère étonnant que sa mutation démocratique se soit révélée impossible. Les projets de passage du stade de la tutelle politique à celui de la Constitution que la guerre avait fait avorter reviennent à l'ordre du jour. Cela ne correspond pas seulement au respect d'une feuille de route imposée par les écrits de Sun Yat-sen. Une pression s'exerce sur le Guomindang, à la fois intérieure et extérieure. Face à un Parti communiste qui se donne à bon compte des allures de champion de la démocratie, aussi bien que pour se présenter sous un jour plus favorable à l'allié américain, dont l'aide est plus que jamais nécessaire, une démocratisation du régime s'impose. Il s'agit dans un premier temps essentiellement d'affichage : ainsi, les gouvernements successifs sont-ils supposés être « de coalition » parce qu'ils font place à quelques personnalités extérieures au Guomindang. Il n'en reste pas moins que la réalité du pouvoir demeure fermement dans les mains de ce dernier. Si longtemps attendue, la Constitution est adoptée le 25 décembre 1946 et promulguée le 1er janvier (elle est connue sous le nom de Constitution de 1947). Largement inspirée par Zhang Junmai, il s'agit d'un texte plutôt libéral, qui stipule notamment la liberté d'association, de religion et d'expression. En matière de gouvernement, il prévoit un régime semi-présidentiel, avec un Parlement élu exerçant un contrôle sur l'exécutif[27].

Des élections pour le Parlement sont organisées lors de l'hiver 1947-1948 (fin novembre-début janvier). En dépit de l'élargissement

27. E. Fung, *In Search of Chinese Democracy,* p. 291-292.

considérable du corps électoral et de l'adoption du suffrage universel direct (masculin), elles ne sont pas un modèle du genre, puisqu'elles se caractérisent notamment par un système de candidature officielle qui évoque un peu le Second Empire. Dans la foulée, Chiang est élu président de la République par les députés à une écrasante majorité. L'élection surprise de Li Zongren à la vice-présidence (contre Sun Ke qui avait le soutien de Chiang Kai-shek) ne doit pas faire illusion. De plus, quelques semaines plus tard, le 10 mai 1948, le fonctionnement normal des institutions est suspendu et le président de la République se voit accorder les pleins pouvoirs[28].

Alors que la perspective d'une défaite totale se précise, Chiang démissionne de son poste de président le 21 janvier 1949 et le vice-président Li Zongren lui succède. Dans les semaines qui suivent, Li opte pour la seule alternative qui reste au joueur d'échecs qui ne peut plus espérer gagner parce que ses forces sont trop affaiblies par rapport à celles de son adversaire : chercher la partie nulle, le pat. Li sait mieux que quiconque que les armées du Guomindang ont été anémiées et démoralisées par une succession de défaites, et que tout espoir de victoire militaire s'est envolé. Mais le Guomindang tient bien le pays au sud du Yangzi, zone où les communistes n'ont pas de troupes et bien peu de partisans. Son plan consiste à opter résolument pour la défensive en figeant le front sur la formidable ligne de défense naturelle qu'est le Yangzi. Face au Nord communiste, la partie sud du pays pourrait ainsi rester aux mains du Guomindang, avec une aide accrue des États-Unis à qui il s'efforce de donner des gages de libéralisme[29]. Cette stratégie, qui restait la seule alternative, ne pourra jamais être mise en œuvre car nombre de chefs militaires continuent à prendre leurs ordres auprès du seul Chiang. Ce dernier ne renonce jamais à diriger les affaires en sous-main, privant Li Zongren de toute capacité d'agir avec les forces qui restent à disposition. En particulier il ne veut pas entendre parler d'une partition du pays, et sabote le projet de figer le front sur le Yangzi. La prétendue passation de pouvoir de janvier 1949 n'est qu'une mascarade, ultime manifestation de l'incapacité du Guomindang de s'écarter de pratiques dictatoriales.

---

28. X. Xiao-Planes, in Will, Delmas-Marty, *La Chine et la démocratie*, p. 290.
29. Tong T., Li T., *The Memoirs of Li Tsung-jen*, p. 491, 504 et 509-513.

Sclérosé, divisé, corrompu, dirigé par un chef médiocre, le parti nationaliste a clairement failli. Il faut néanmoins souligner que le Guomindang ne s'est pas écroulé sous le seul poids de ses propres insuffisances. Le PCC ne s'est pas contenté de mettre sur pied un appareil politique et militaire plus performant que celui de son ennemi. Il a aussi su affaiblir son adversaire, en distillant une habile propagande (qui dénonce par exemple la sujétion de Chiang à l'allié américain) mais aussi en infiltrant des agents à tous les niveaux de l'appareil administratif et militaire du Guomindang. Ainsi, certains des excès de la politique du Guomindang, en particulier en matière de répression de la presse, sont semble-t-il l'œuvre d'agents communistes infiltrés dans les autorités chargées de la censure[30]. En d'autres termes, la faiblesse du Guomindang s'explique aussi en grande partie par la force et l'habileté de son adversaire.

La politique du PCC

Comme on l'avait relevé, durant la guerre sino-japonaise, la stratégie de modération du PCC avait été un facteur fondamental de ses progrès. Dans la guerre civile également, comme des auteurs l'ont souligné à juste titre, la victoire est le fruit de la « Nouvelle Démocratie » et non celle d'un socialisme qui n'est alors qu'un horizon tout à la fois lointain et incertain[31]. Et même lorsqu'il est devenu clair que la victoire ne peut plus échapper aux communistes, Mao Zedong réaffirme que la collaboration avec la bourgeoisie (rebaptisée « bourgeoisie nationale ») reste plus que jamais à l'ordre du jour. Nombre d'étrangers présents en Chine s'y laissent prendre, croyant être en présence d'un « parti soi-disant communiste », comme un diplomate portugais l'écrit dans un rapport en 1946[32]. Ils ne sont pas les seuls : des intellectuels libéraux

30. F. Wakeman, « Liberation : the Shanghai Police, 1942-1952 », p. 511.

31. A. Dirlik, R. Prazniak, « The 1911 Revolution : an End and a Beginning », p. 224. Sur l'ambiguïté du mana « démocratie » tel qu'il est mis en avant par le PCC dès les années 1920, voir M. Bonnin, « Servante, épouvantail ou déesse, la démocratie dans le discours du pouvoir et dans celui de la dissidence en Chine », in Will et Delmas-Marty, *La Démocratie en Chine*, p. 493-498.

32. Arquivo histórico-diplomático (Lisbonne, Portugal), *Consulado de Portugal em Cantao* : Dossier 162 (Processo n° 6), Relatório consular 1946, p. 5-7.

de premier plan comme Zhang Dongsun ou Luo Longji (alors l'un des principaux théoriciens des droits de l'homme en Chine) se laissent eux aussi convaincre de la bénignité du PCC[33].

Même si une inflexion plus radicale se fait jour, notamment durant les deux années 1946-1947, la politique dans les zones rurales reste dominée par le pragmatisme et l'adaptation à la diversité des situations locales[34]. Le PCC s'y entend pour faire plier les considérations de nature idéologique aux impératifs dictés par l'objectif de la victoire militaire. La modération est de mise dans les zones récemment conquises : on se borne à la réduction des fermages et à des remises de dettes. Un radicalisme plus prononcé se dessine dans celles qu'il administre depuis plus longtemps : il se traduit par une redistribution des terres, voire l'esquisse d'une collectivisation. Comme on le voit en Mandchourie, progressivement, les cadres locaux du Parti resserrent l'étau sur la classe des notables ruraux (par confiscation de ses biens, destruction de son prestige et élimination physique).

Le PCC, qui se trouve pour la première fois de son histoire maître de territoires d'une importance significative, parvient à les exploiter en vue d'un objectif unique : la victoire militaire. La méthode employée pour recruter des soldats et des travailleurs prend la forme d'une combinaison réussie de contrainte et d'incitation : une propagande bien rodée exalte le rôle des soldats qui combattent pour la cause du PCC, mais son efficacité est renforcée par les avantages parfaitement concrets prodigués à leur famille (aide matérielle, éducation et soins gratuits). Tant que l'étendue des zones contrôlées par le PCC reste limitée (jusqu'à la fin de l'année 1947), la ponction qui leur est imposée est particulièrement importante. Les paysans ayant bénéficié d'une redistribution des terres sont particulièrement sollicités. Dans un district de l'est de la province du Heilongjiang dont la population se monte à 60 000 personnes, on lève pas moins de 5 000 hommes. Même si, par la suite, la conquête de nouveaux territoires permet de mieux répartir l'effort, il n'en reste pas moins que le fantassin de base issu des rangs de la paysannerie du Nord a été le premier instrument de la conquête de la Chine par le PCC.

---

33. E. Fung, *In Search of Chinese Democracy,* p. 294 et 315-316.
34. O. Westad, *Decisive Encounters,* p. 38-40, 116-137 et 279.

Faut-il pour autant dépeindre les forces communistes comme une masse homogène, bien entraînée, disciplinée, et soigneusement endoctrinée ? La réalité est plus nuancée. Les hommes formés durant la guerre contre le Japon forment certes un noyau de troupes aguerries et très bien entraînées et correspondent à ce modèle. Les soldats sont mieux traités, ce qui limite l'ampleur des désertions. Mais les procédés de recrutement peuvent être tout à fait expéditifs et ne guère différer de ceux employés par le Guomindang. En Mandchourie, dans les mois suivant la capitulation japonaise, on ratisse très large pour recruter : on puise 75 000 hommes dans les fort médiocres troupes de l'ancien Mandchoukouo, et on recrute aussi quantité d'hommes de sac et de corde. Plus tard, à l'époque des premières grandes avancées, la rapidité prime toute autre considération dans les zones tout juste conquises. De plus, les premières grandes victoires apportent des masses de prisonniers. Ils font l'objet d'une attention toute particulière : une fois convenablement endoctrinés, ils viennent grossir les rangs de l'armée communiste. De plus, il est caricatural de faire des victoires communistes la seule conséquence de la supériorité du nombre et de la conviction politique. Les conseillers soviétiques apportent en effet une expertise indispensable et encore trop souvent sous-estimée.

Si, comme nous l'avons vu, la spirale des défaites et le sauve-qui-peut qui s'ensuit contribuent à noircir le tableau du Guomindang, de façon symétrique, l'élan victorieux qui entraîne les forces communistes tend, lui, à occulter des faiblesses pourtant bien réelles : corruption et favoritisme ne sont pas absents de l'appareil bureaucratique du Parti. Dans le domaine militaire, on déplore, outre l'absence d'aviation et de marine, des interférences occasionnelles mais inopportunes de Mao Zedong[35]. Et si le talent stratégique de Lin Biao est indéniable, il a pourtant commis lui aussi des erreurs, surtout au début des opérations. La principale d'entre elles a été de livrer une bataille conventionnelle en avril-mai 1946 pour conserver les grandes villes de Mandchourie récemment acquises[36]. Ce faux pas aurait pu sérieusement prêter à conséquence sans les erreurs stratégiques bien pires commises par

35. O. Westad, *Decisive Encounters*, p. 10.
36. S. Levine, *Anvil of Victory*, p. 98-100.

le commandement des forces nationalistes, sur lesquelles nous avons déjà suffisamment insisté.

Une troisième force introuvable

Comme on l'a vu, la Ligue démocratique a été fondée en 1941. La Ligue est à la fois une coalition de petits partis politiques (comme le Parti social-national de Zhang Junmai) d'associations (Association pour l'enseignement professionnel de Huang Yanpei) et une nébuleuse de personnalités, souvent très prestigieuses, qui y adhèrent à titre individuel (Luo Longji, Wu Han). La Ligue restera une organisation très peu structurée qui compte surtout par son autorité morale. Au début des années 1940, la Ligue peut nourrir l'espoir d'une évolution de l'État-Guomindang vers un régime constitutionnel et démocratique. Dans les dernières années de la guerre et l'immédiat après-guerre, la puissance nouvelle du PCC change complètement la donne. Il apparaît désormais clair que la démocratisation ne peut prendre seulement la forme d'une réforme institutionnelle, mais doit passer aussi par la constitution d'un gouvernement de coalition. Or, l'analyse faite par les intellectuels comme par le médiateur américain est que le face-à-face PCC/Guomindang constitue un obstacle insurmontable à toute tentative allant en ce sens. Mais toutes leurs démarches pour constituer *in extremis* une troisième force politique crédible[37] et qui serait l'indispensable ciment d'un gouvernement de coalition tournent court. En effet, les gages de démocratisation (Constitution du 1er janvier 1947, élection d'une Assemblée nationale) sont jugés insuffisants par des élites intellectuelles déjà désabusées. À l'image de la Ligue démocratique qui penche de plus en plus vers les communistes (au point que le Guomindang décide de la dissoudre en octobre 1947), le rejet du Guomindang, conjugué au pouvoir d'attraction du PCC condamnent cette troisième force à rester virtuelle.

---

37. E. Fung, *In Search of Chinese Democracy. Civil Opposition in Nationalist China, 1929-1949*, p. 230-232 et 289-293.

Le repli sur Taiwan, une victoire du Guomindang ?

Dans les mois suivant la capitulation japonaise, la reprise en main de Taiwan par le Guomindang, bien que préparée de longue date, est particulièrement maladroite. Les élites taiwanaises, qui dans leur écrasante majorité ne maîtrisent pas le mandarin, sont ostensiblement écartées des responsabilités. L'administration de l'île est prise en main par des fonctionnaires venus du continent. Sur le plan économique, la situation se détériore très rapidement et la population doit subir des avanies nouvelles pour elle : difficultés d'approvisionnement, chômage et inflation[38]. La volonté d'éradiquer dès octobre 1946 l'usage de la langue japonaise, qui était très répandu, fait encore monter d'un cran la tension, en suscitant une forte opposition. La situation devient explosive. L'étincelle survient dans la soirée du 27 février 1947 à Taipei. Suite à une intervention de la police dans le cadre d'une banale affaire de contrebande ayant mal tourné, une émeute se forme. L'agitation ne retombe pas et le lendemain, les violences dirigées contre des continentaux se multiplient. Le soulèvement s'étend rapidement à toute l'île tout en prenant une orientation nettement sécessionniste. Le gouverneur, le général Chen Yi, perdant le contrôle de la situation, des renforts sont envoyés du continent (8-9 mars). La reprise en main de l'île ne se fait guère attendre et se solde par un bain de sang. Les estimations varient, mais on peut estimer que probablement 10 000 personnes sont tuées[39]. Une véritable chape de plomb s'abat sur l'île.

Il faut bien entendu mettre largement en cause la maladresse personnelle de Chen Yi, plein de ressentiment envers une population qui ne montre guère d'admiration pour ses « libérateurs » et encore moins d'empressement à renier l'héritage de la période japonaise. La disproportion de la réaction suggère que pour le Guomindang il n'est pas question de courir le moindre risque d'y perdre le contrôle de la situation. C'est là un indice suggérant que l'option d'un repli sur l'île en cas

38. Lin H., *Accidental State. Chiang Kai-shek, the United States and the Making of Taiwan*, p. 40-45.

39. V. Louzon, « Une révolte postcoloniale entre Chine et Japon », p. 85-97.

de défaite sur le continent est alors déjà d'actualité. Cette hypothèse cadre bien avec ce qu'avance l'un des récents biographes de Chiang Kai-shek, selon lequel ce dernier envisage et commence à organiser le repli dès l'automne 1946[40].

C'est vraisemblablement parce qu'il a été anticipé que ce repli s'avère une indéniable réussite. L'affaire présente pourtant bien des difficultés logistiques. Tout en s'efforçant de donner le change et de brouiller les pistes afin de ne pas laisser croire à l'option du repli à Taiwan, Chiang l'avait préparé avec soin. Plus de 2 millions de personnes sont transportées (dont 500 000 soldats). Les réserves de devises et de métaux précieux sont acheminées sur l'île. Sans oublier près de 6 000 caisses contenant les objets les plus précieux des anciennes collections impériales, qui, en décembre 1948 et janvier 1949, prennent le chemin de Taiwan.

Il ne s'agit pas ici d'écrire l'histoire de Taiwan après 1949, mais de souligner quelles données nouvelles sont à l'origine du maintien du régime sur l'île puis de son impressionnant développement dans les décennies qui suivront.

Il faut bien considérer d'abord combien Taiwan semble, fin 1949, sous la menace d'une invasion prochaine. Les États-Unis, très pessimistes quant aux possibilités de survie du régime de Chiang Kai-shek, prennent la décision de ne pas inclure l'île dans leur périmètre de défense. Ils ne se résoudront à le faire qu'après le déclenchement de la guerre de Corée. Grande était donc la tentation pour les cadres du Guomindang de se réfugier en masse sous des cieux offrant plus de garanties (comme Hong Kong ou les États-Unis). En fait, à cet égard, la situation se révélera optimale pour le Guomindang. D'une part, les hiérarques, comme Chen Lifu, Kong Xiangxi et Song Ziwen, choisissent majoritairement l'exil (le premier retournera cependant finir sa vie à Taiwan en 1966). Ces hommes étaient les chefs des principales familles et cliques dont les rivalités perpétuelles avaient beaucoup contribué à affaiblir le gouvernement, surtout après la décennie de Nankin. Différés, comme nous l'avons déjà dit, depuis bien trop longtemps, un renouvellement et un rajeunissement au sommet du Guomindang peuvent enfin avoir lieu avec l'arrivée, dans

40. J. Tayor, *The Generalissimo*, p. 362-363 et 397.

les années 1950, d'hommes neufs au profil de technocrates comme Yin Zhongrong, Li Guoting, et Yan Jiagan. Ils seront les grands artisans de la modernisation du régime et du développement économique de Taiwan dans les décennies suivantes. D'autre part, l'évaporation massive des cadres de niveau intermédiaire, elle, n'a pas lieu : par exemple, 104 des 180 membres du Yuan de contrôle gagnent Taiwan. Comme il est raisonnable de penser que ce sont les plus motivés et les moins corrompus qui suivent Chiang dans son exil, ce dernier dispose d'un réservoir d'administrateurs de valeur.

Mais pour le reste, les données ne sont pas du tout les mêmes. L'île de Taiwan fait figure, relativement, de pays de cocagne, car restée épargnée par les combats terrestres, et bénéficiant des infrastructures construites durant les cinquante années de colonisation japonaise. La confiscation des terres des entreprises et des ressortissants japonais est également une aubaine pour les nouvelles autorités.

Chen Cheng, gouverneur depuis décembre 1948, est à l'origine de deux mesures cruciales. D'une part, en créant une monnaie locale, il parvient à préserver l'île de l'hyperinflation dramatique qui sévissait au même moment sur le continent. La hausse des prix, qui atteint en 1949 le niveau élevé mais encore supportable de 300 %, sera domptée durant les années suivantes (moins de 10 % en 1954). D'autre part, à partir de 1949, une habile réforme agraire crée une couche de petits propriétaires évidemment acquise au régime qui lui a permis d'accéder à ce statut.

Chiang Kai-shek, conseillé par son fils, prend soin de ne pas laisser les sociétés secrètes comme la Bande verte (*qingbang* 青幫) s'implanter sur l'île.

Enfin, il faut évidemment considérer le changement d'échelle : l'administration d'un pays-continent est une tout autre gageure que celle d'une île plus petite que la Suisse (et qui comptait seulement environ 6 millions d'habitants en 1945). Un tel biotope n'est pas propice au développement des potentats locaux (seigneurs de la guerre). Pour les mêmes raisons, le cauchemar d'une subversion communiste est peu probable. Les zones potentielles de guérilla peuvent en effet être assez aisément circonscrites. Enfin, à partir du déclenchement de la guerre de Corée, les États-Unis ne lésinent plus sur leur soutien. Qu'on en juge : l'aide prodiguée par les États-Unis au Guomindang entre 1949 et 1953 est plus importante que celle qu'ils lui avaient accordée lors de la guerre civile (1945-1949), période d'une durée comparable mais durant laquelle le Parti nationaliste administrait la Chine tout entière ! Entre 1951 et 1960, l'aide américaine se monte à 6 % du PIB de l'île.

Du côté de l'intelligentsia, le divorce d'avec le Guomindang est consommé vers 1948. La jeunesse intellectuelle rallie dans sa quasi-totalité le clan communiste. Chez leurs aînés, moins enthousiastes envers le PCC, on a plutôt le diagnostic d'un terrible gâchis. Et, en dépit de quelques exceptions (comme Hu Shi, ou le philologue Fu Sinian), une proportion faible le suivront à Taiwan et peu gagneront l'exil (comme le mathématicien Chen Xingshen). Il est remarquable que des personnalités à qui leur renom aurait assuré une carrière universitaire aux États-Unis ou en Europe, telles que Qian Duansheng ou Xiao Qian, restent en Chine. Il ne faut pas mettre leur ralliement sur le compte de leur naïveté. Peu s'illusionnent sur les desseins du PCC : dans leur correspondance privée et leurs journaux intimes émerge souvent l'idée que leur génération sera sacrifiée, mais que ce sacrifice sera fécond pour préparer l'avenir[41]. Ils veulent croire néanmoins en la construction d'une Chine nouvelle et contribuer au redressement national. La situation est comparable pour les entrepreneurs qui sont bien peu à choisir de suivre le Guomindang à Taiwan.

1949 marque la fin du règne continental du Guomindang, dont l'expérience de gouvernement domine de façon indiscutable la période républicaine. Au-delà du verdict de défaite au terme de la guerre civile, la déconfiture du Guomindang s'explique plus largement, comme nous l'avons signalé, par la guerre de 1937-1945 et des circonstances qui ont très généreusement servi les intérêts de son adversaire. Mais constater que Chiang Kai-shek et le Guomindang ont mal négocié la guerre civile ne doit pas nous dispenser de nous interroger sur le projet politique porté durant deux décennies par le parti.

De ce point de vue, le constat s'impose que le Parti nationaliste a, somme toute, appliqué avec une remarquable fidélité et un certain

41. C. Vidal, « D'un régime à l'autre : les intellectuels ralliés au pouvoir communiste, 1948-1952 », p. 41-60.

succès le programme fixé par son fondateur, Sun Yat-sen. La lutte contre l'impérialisme et les seigneurs de la guerre, demeurés deux de ses fils directeurs, aboutit à l'abolition des traités inégaux, et la disparition de ses derniers de l'échiquier politique. Même si les résultats n'ont pas répondu aux attentes, des avancées ont eu lieu dans la construction de l'État, dans la modernisation de l'économie couplée, surtout à partir des années 1940 à l'avènement du puissant secteur public que Sun appelait de ses vœux[42].

Les principales inflexions de Chiang Kai-shek à la ligne politique énoncée par Sun ont été l'affirmation d'un pouvoir personnel[43], l'abandon de la stratégie de mobilisation des masses et surtout la militarisation progressive du régime et de la société.

42. X. Paulès, « The Afterlife of Sun Yat-sen during the Republic (1925-1949) », in A. Baumler, *Routledge Handbook of Revolutionary China*, p. 165-179.

43. La personnalisation du pouvoir ne figurait certes pas dans les directives de Sun, mais il est vrai que ce dernier exerçait déjà lui-même un *leadership* prononcé, qu'il ne cessait de chercher à institutionnaliser et à renforcer.

Chapitre 6

Tableau de bord de l'économie chinoise

Faire de la Chine un pays « riche et puissant » est un objectif partagé par toutes les composantes de l'élite de la période républicaine. L'idée que, pour un pays, la prospérité constitue l'une des bases de la puissance n'est pas neuve. Elle remonte au moins au *Guanzi*, un recueil de textes datants du Ve au Ier siècle avant J.-C. qui devient à la fin des Han la référence canonique en matière de pensée économique. Mais, depuis la fin du XIXe siècle, on tend à assimiler de plus en plus prospérité et développement industriel. Dans différents écrits, Sun Yat-sen affirme clairement que ce dernier est une des conditions de l'émancipation politique de la Chine. Sun considère aussi que l'État doit jouer un rôle moteur dans le processus d'industrialisation. Par conséquent, une fois parvenu au pouvoir, le Guomindang entend agir en vue d'un rattrapage industriel de l'Occident aussi rapide que possible. Cela n'exclut pas l'existence de divergences d'interprétations du credo de Sun, notamment concernant la priorité à donner au développement respectif de l'industrie légère et de l'industrie lourde. De même, si tous s'accordent à penser que la puissance militaire ne se conçoit qu'assise sur une industrie évoluée, l'allocation des ressources fiscales entre armée et industrie fait débat.

Du fait qu'elle occupe une place aussi centrale parmi les préoccupations des élites politiques de la République, il n'y a rien d'étonnant que la question de l'industrialisation, de son rythme et de son ampleur ait dominé les travaux d'histoire économique. Deux questions ont particulièrement structuré le débat scientifique dans les années 1970-1980 : la concurrence et les investissements occidentaux ont-ils été un facteur d'émulation ou au contraire constitué un obstacle au développement d'un capitalisme industriel chinois ? La plupart des historiens concluent désormais que les effets positifs de la présence occidentale l'emportent. La seconde question, qui est de savoir si le Guomindang a été un État prédateur ou au contraire un catalyseur pour la modernisation, n'a, quant à elle, pas été tranchée de façon définitive.

Un peu plus tardivement, dans les années 1990, ont émergé un ensemble de questions ne relevant pas des relations entre sphères politiques et économiques. La question de la croissance économique que la Chine enregistre durant la période a fait couler beaucoup d'encre. Les historiens se situent là en terrain mouvant, tant les données demeurent incomplètes, malgré l'apparition, à l'époque étudiée, des premiers instruments de mesure statistiques. Ils se trouvent contraints de déployer des trésors d'astuce et d'imagination pour bâtir des raisonnements dont la sophistication est inversement proportionnelle à la quantité de données fiables dont ils peuvent faire usage. Le principal historien à s'être emparé de cette question est Thomas Rawski. Dans un livre remarquable, Rawski dresse le tableau d'un secteur industriel chinois en pleine expansion durant les deux premières décennies de la période républicaine. Cette vue, radicalement nouvelle à l'époque, fait désormais l'objet d'un assez large consensus. Beaucoup plus controversées demeurent en revanche ses estimations de la croissance du secteur agricole. Également très optimistes (avec un rythme tournant selon Rawski à 1,5 % par an entre 1914 et 1936), elles le conduisent, en raison du poids très dominant dudit secteur dans le produit intérieur brut chinois, à conclure que la République a été une période de vigoureuse croissance économique.

Depuis quelques années, en partie sous l'influence de spectaculaires résultats économiques enregistrés par la Chine durant les dernières décennies et en partie en raison de l'intérêt pour la thématique de la modernisation, le sujet dominant est celui de l'émergence d'un modèle de capitalisme à la chinoise, et ce dès les années 1910. L'accent est mis sur les entreprises, objets d'études monographiques. L'historien américain Sherman Cochran, auteur de certaines des plus remarquables d'entre elles, a contribué plus qu'aucun autre à montrer les multiples facettes d'un capitalisme à la fois original et performant. Parallèlement se dessine une tendance de fond à un déplacement des recherches de l'appareil productif vers la sphère de la consommation. La multiplication des études monographiques s'est cependant accompagnée d'un certain désintérêt pour les tableaux d'ensemble. Ainsi, les excellents travaux de T. Rawski ou A. Feuerwerker[1] datent d'une quarantaine d'années. Ils attendent toujours d'être remplacés. La magistrale synthèse récente de Richard Von Glahn, *The Economic History of China*, s'arrête à l'aube du XXe siècle.

C'est donc un nécessaire essai de synthèse que propose ce chapitre. La présentation de l'insertion de la Chine dans le concert économique international sera suivie d'un tableau par secteur d'activité (primaire, secondaire, tertiaire). Bien que scolaire en apparence, cette approche présente un avantage important : ne pas placer d'emblée la focale sur la problématique de l'industrialisation ou sur celle de la modernisation.

La Chine dans la conjoncture internationale

L'économie de la jeune Chine républicaine reçoit de l'Europe, dès 1914, un cadeau (bien involontaire) : longue orgie autodestructrice pour les pays qui y sont engagés, la Première Guerre mondiale ouvre de formidables opportunités économiques au reste du monde. S'il est vrai que dans certains pays comme l'Argentine, la guerre a pu avoir des effets économiques contrastés, la Chine fait partie, au même titre que les États-Unis ou l'Espagne, des non-belligérants qui ont prospéré durant ces années.

Le secteur primaire tire bénéfice de l'énorme demande en matières premières que le conflit génère et du contexte de hausse générale des prix. Le cas du tungstène, essentiel pour l'industrie de l'armement, est probablement le plus spectaculaire : la région de Dayu, située

1. T. Rawski, *Economic Growth in Prewar China*, Berkeley, University of California Press, 1989 ; A. Feuerwerker, « Economic Trends, 1912-1949 », in *Cambridge History of China*, p. 28-127.

aux confins du Guangdong et du Jiangxi, qui recèle le plus important gisement du monde, connaît une spectaculaire envolée économique en raison de l'énorme demande pour ce métal[2].

Surtout, les pays d'Asie se trouvent débarrassés durant quatre années de la concurrence de l'industrie manufacturière européenne. Non seulement cette dernière se reconvertit pour alimenter l'économie de guerre, mais l'augmentation importante des coûts du fret maritime (contrecoup de la guerre sous-marine) agit comme une barrière douanière qui protège les marchés asiatiques. Certes, la Chine doit compter avec les États-Unis et le Japon, qui ne ménagent pas leurs efforts pour se substituer aux producteurs européens. Il n'en reste pas moins que le desserrement de la concurrence européenne est une aubaine pour l'industrie chinoise ; les marges dégagées sont énormes. Elles permettent à des affaires lancées à cette époque par des entrepreneurs audacieux de connaître un essor fulgurant. Ainsi en est-il du groupe Shenxin 申新, fondé à Shanghai en 1915, qui deviendra en moins de vingt ans la plus grande entreprise de filés de coton du pays. Le secteur textile n'est pas le seul à profiter de ces années fastes ; une foule d'industries légères (notamment de biens de consommation) lui emboîtent le pas : meunerie, papier, caoutchouc, entre autres[3].

Le contexte international devient moins idyllique dans l'après-guerre marqué notamment par le retour progressif des Européens sur les marchés d'Asie. La conjoncture économique des années 1920 reste pourtant globalement favorable. L'Amérique, lancée à pleine vitesse sur la voie du fordisme et de la société de consommation, est alors la locomotive de la croissance mondiale. Le coup d'arrêt de 1929 n'a pas d'impact immédiat en Chine en raison d'une chute brutale des cours de l'argent lors des premières années de la crise (ce métal perd plus de la moitié de sa valeur sur les marchés mondiaux entre 1928 et 1931). La monnaie chinoise étant fondée sur l'étalon-argent, cette baisse a un effet équivalent à une dévaluation : elle rend les exportations plus compétitives et renchérit les importations. La Chine subira quand même, avec retard, le contrecoup. Cependant, du fait même de

2. W. Kirby, « The Internationalization of China, Foreign Relations at Home and Abroad in the Republican Era », p. 447-448.

3. J. Fewsmith, *Party, State and Elites in Republican China,* p. 46-48.

son retard économique, à l'image de l'ensemble de l'Asie hors Japon, elle sera moins touchée que le peloton des pays les plus industrialisés. L'impact de la crise s'y fait sentir de façon très différenciée selon le niveau de développement économique et d'ouverture des régions : alors qu'elle touche assez rudement la basse vallée du fleuve Bleu, son impact est déjà nettement moindre au Sichuan. Elle s'avère presque indolore pour des provinces reculées comme le Yunnan et le Guizhou[4].

En dépit des aléas de la conjoncture internationale, la période 1911-1937 est marquée par une croissance faible mais continue du commerce extérieur, qui s'explique en partie par la diminution tendancielle des coûts du fret. Le commerce ne se contracte que de façon temporaire, sous l'effet de la grande crise, au début des années 1930. Il a la particularité de passer par un nombre de ports assez réduit, en tête desquels trônent Shanghai et Hong Kong. Le second XIXe siècle avait vu la domination écrasante de certains produits à l'importation (opium puis cotonnades) comme à l'exportation[5] (thé et soie comptaient pour plus de 90 % dans les années 1870). Durant toute la période républicaine, la tendance à la diversification s'affirme. Cependant, malgré quelques progrès, la Chine reste globalement trop dépendante de ses exportations de matières premières, de produits agricoles non ou peu transformés (à la soie et au thé se sont ajoutés le soja et différents minerais), tandis que le premier poste des importations est toujours occupé par les produits manufacturés.

Les échanges commerciaux internationaux représentent une partie du PIB difficile à estimer mais qui tourne probablement autour de 10 % et se trouve orientée globalement à la hausse. De ce point de vue, la Chine se place derrière les nations les plus industrialisées, ce qui n'a rien d'étonnant car le degré d'ouverture d'un pays est toujours étroitement corrélé à son degré de développement économique. Plus remarquable est le fait qu'elle se situe aussi derrière des pays comme l'Inde, le Canada, l'Australie ou l'Argentine. Cela n'a rien à voir avec une tendance atavique au repli. Il s'agit d'un banal effet de taille : les très grands pays prennent toujours proportionnellement plus faiblement part au commerce international. Ainsi, les exportations d'un autre

4. T. Wright, « Distant Thunder : The Regional Economies of Southwest China and the Impact of the Great Depression », p. 697-748.

5. P. Richardson, *Economic Change in China,* p. 43-44.

pays-continent, les États-Unis, ne représentent-elles que 3,6 % de son PIB dans les années 1920 ; à la même époque, celles des Pays-Bas dépassent 17 %[6].

Au total, bien qu'un habitant de la planète sur cinq soit chinois, la Chine ne contribue qu'à hauteur de 1 % environ au commerce mondial.

Le Royaume-Uni était depuis le milieu du XIXe siècle le principal partenaire commercial de la Chine. Le Japon, qui le talonne dès le début du XXe siècle, ne bénéficie pas seulement de sa position géographique : les produits de son secteur manufacturier sont fort bien adaptés au marché chinois. Ils ont du mal à s'imposer sur les marchés occidentaux, où l'on considère qu'ils laissent à désirer sur le plan de la qualité. *A contrario*, en Chine, le retard industriel du pays rend la concurrence des produits locaux moins redoutable. D'autre part, le pouvoir d'achat des consommateurs chinois étant plus faible, le prix peu élevé des produits nippons devient un avantage décisif. Dans la lancée de sa spectaculaire progression durant la Première Guerre mondiale, le Japon s'impose au milieu des années 1920 comme principal partenaire économique de la Chine. Après 1945 et jusqu'en 1949, ce sera le tour des États-Unis d'occuper cette position.

Si les partenaires économiques principaux changent, le déficit de la balance commerciale, lui, reste une constante ; seul le contexte exceptionnellement favorable de la guerre de 1914-1918 permet presque d'atteindre l'équilibre. En faisant de la mobilisation en faveur des produits dits « nationaux » un de ses thèmes centraux[7], le nationalisme chinois fait donc écho à un fait réel : le déficit commercial. Le refrain continu dénonçant l'appauvrissement voire le risque d'anéantissement du pays des suites de l'invasion des marchandises étrangères se heurte cependant à la réalité des chiffres : la balance des paiements s'avère bien mieux équilibrée que la balance commerciale. Le déficit commercial est en effet compensé par deux facteurs : les investissements rentrants en provenance des économies les plus industrialisées (Royaume-Uni, Japon et États-Unis principalement) et les flux de capitaux provenant des communautés de Chinois d'outre-mer. Il y a bien entendu

6. A. Maddison, *The World Economy : a Millenium Perspective*, p. 363.

7. K. Gerth, *China Made : Consumer Culture and the Creation of the Nation,* p. 102-105.

les mandats que les émigrés (Asie du Sud-Est, Amérique du Nord, Amérique du Sud/Caraïbes, par ordre d'importance décroissante) envoient à leurs familles. Les blanchisseurs chinois installés dans de grandes villes américaines font vivre des régions entières dans l'extrême sud du pays. Les Chinois d'outre-mer sont aussi des investisseurs. Toutefois, n'en déplaise à une historiographie chinoise qui veut voir en eux des patriotes dévoués corps et âme au développement de leur pays d'origine, il ne faut pas exagérer leur importance. Tout d'abord, les Chinois d'outre-mer investissent infiniment plus dans les contrées d'Asie du Sud-Est, où ils ont leur résidence et leurs affaires, qu'en Chine même. De plus, leurs investissements en Chine se bornent presque exclusivement aux deux provinces dont ils sont pour l'essentiel originaires : le Guangdong et le Fujian. D'autre part, les investissements sont réservés à des secteurs bien particuliers, en tout premier lieu l'immobilier. Dans la région de Kaiping, dans l'ouest du Guangdong, plus d'un millier de *diaolou* 碉樓 matérialisent aujourd'hui encore cet effort. Les *diaolou* sont des tours de plusieurs étages, à la vocation résidentielle et défensive. Construites pour l'essentiel en béton armé, elles mêlent des éléments d'architecture occidentale et chinoise. Elles ont dans leur grande majorité été édifiées dans les années 1920-1930, avec l'argent envoyé par les émigrés.

Outre l'immobilier, les investissements des Chinois d'outre-mer concernent, quoique dans une mesure bien moindre, les services, en particulier le secteur des transports. En définitive, très peu trouvent à s'investir là où le besoin de capitaux et de savoir-faire se fait le plus cruellement ressentir, c'est-à-dire dans le secteur industriel.

Le système financier et monétaire

Les travaux de recherche portant sur les secteurs financier et monétaire sont souvent délaissés par les historiens de l'économie chinoise. Cela bien à tort, tant il s'agit d'éléments cruciaux du développement économique.

Les carences du système financier

Il serait d'autant moins légitime de négliger l'influence du système financier chinois étant donné qu'à l'évidence, celui-ci est marqué dans son ensemble par une relative fragilité.

Le premier rouage de ce système, celui dont le maillage est le plus fin, est le mont-de-piété (*diandang* 典當). La littérature progressiste ou communiste dépeint ces établissements comme des repaires d'usuriers, figures repoussoirs typiques de la société d'avant 1949, qui tirent profit sans aucun scrupule des aléas familiaux, des difficultés des paysans au moment de la soudure ou des mauvaises récoltes. Pourtant, les monts-de-piété remplissent assez efficacement la fonction de prêteur de petites sommes à court terme pour les ménages. Ceux-ci peuvent par ailleurs compter sur diverses formes de tontines et de prêts entre particuliers.

Au début de la période républicaine, hormis les monts-de-piété, le système bancaire est constitué de trois protagonistes : les *qianzhuang* 錢莊 (banques traditionnelles), les *piaohao* 票號 (appelées aussi banques du Shanxi) et les grandes banques occidentales comme la HSBC (*Hong Kong and Shanghai Banking Corporation*). Ces dernières sont des acteurs importants, dont les deux rôles principaux sont de prêter au gouvernement et de financer le commerce international. Les *qianzhuang* ont un rôle essentiellement local. Elles accordent surtout des prêts à court terme et des facilités de trésorerie aux artisans, commerçants et petits industriels. Quant aux *piaohao,* dont le réseau couvre tout le territoire, elles ont pour activités principales les transferts d'argent et les lettres de change. S'étant associées de plus en plus étroitement au régime impérial durant la seconde moitié du XIXe siècle, la révolution représente pour elles un ébranlement redoutable, que l'aveuglement et l'immobilisme de leurs dirigeants ont tôt fait de transformer en coup de grâce. Le déclin des *qianzhuang*, quant à lui, est plus tardif : dans les années 1920, elles vivent en symbiose avec les banques modernes, dont l'essor leur profite. Mais ce *modus vivendi* ne dure qu'un temps : elles connaissent le destin du pot de terre face au pot de fer et sont condamnées à décliner dans les décennies qui suivent[8].

---

8. Cheng L., *Banking in Modern China,* p. 10-39.

Le système bancaire traditionnel n'était pas sans vertus. Il jouait correctement son rôle pour financer des affaires de proportions moyennes, par exemple les filatures de soie[9]. Cependant, *piaohao* et *qianzhuang* n'ont pas les reins assez solides pour financer des entreprises de large ampleur telles que les chemins de fer, les mines et l'industrie lourde[10]. Ces dernières nécessitent des investissements plus importants et de plus long terme. Les banques chinoises de type moderne apparues au début du siècle peuvent-elles y pourvoir ? Les années 1920 voient un important essor de leur capitalisation, qui s'accompagne d'un mouvement de concentration. Leurs progrès s'accélèrent durant la décennie de Nankin ; elles développent notamment leur réseau de succursales dans l'intérieur du pays afin de profiter de taux d'intérêt plus élevés. On ne peut plus dire, en l'état présent de la recherche, que ces banques ont totalement failli à leur mission de drainer l'épargne et de l'orienter vers l'investissement. En particulier, elles se sont montrées capables de capter l'épargne d'une partie significative de la population urbaine. Et, s'il est vrai que ces banques n'ont probablement pas assez financé les entreprises du secteur de production, elles n'en sont pas entièrement responsables : pour couvrir ses emprunts, l'État préempte une trop grosse proportion des capitaux dont elles disposent.

Les marchés financiers ne peuvent constituer une alternative aux insuffisances des banques. Bien que la bourse de Shanghai soit inaugurée en juillet 1920 et que le statut de société à responsabilité limitée soit défini par les lois de 1914 et 1929, le rôle de ces deux acteurs essentiels du développement du capitalisme en Europe est peu important. Le modèle de la société par actions demeure très mal accepté par les entrepreneurs chinois.

Au total, le secteur financier chinois n'a pas permis à l'économie chinoise de pallier une de ses faiblesses structurelles : le manque de capitaux. Durant les siècles précédents, ce manque s'était notamment traduit par des taux d'intérêt plus élevés par rapport non seulement à

---

9. Eng R., *Economic Imperialism in China Silk Production and Exports, 1861-1932*, p. 77-80.

10. D. Faure, *China and Capitalism : a History of Business Enterprise in Modern China*, p. 42-43.

l'Europe occidentale, mais aussi au Japon et à l'Inde[11]. Les arbitrages entre un capital rare (et donc cher) et une force de travail surabondante ont donc tendance à s'y faire en faveur de cette dernière. Cela n'est pas forcément rédhibitoire pour tous les secteurs, comme nous le verrons avec les industries de biens de consommation. Il n'en reste pas moins que Sun Yat-sen insiste à raison sur la contrainte majeure que la rareté du capital fait peser sur le développement économique de la Chine. Dans un de ses textes les plus connus, le *Plan de reconstruction nationale* (*Jianguo fanglüe*), Il prône de le surmonter en ayant recours aux capitaux étrangers. Leçon retenue par Deng Xiaoping qui, un demi-siècle plus tard, appliquera cette recette avec succès. À partir de 1978, l'essor de la Chine s'est appuyé sur un recours massif à des investissements d'origine étrangère.

Progrès et crise du système monétaire

La situation du système monétaire est paradoxale sous la République. On a vu que la spirale inflationniste des années 1940-1949 est l'une des principales causes ayant conduit à la victoire du PCC.

Il n'y a pas lieu de revenir ici sur la flambée des prix durant ces années-là, si ce n'est pour souligner qu'on ne doit pas en conclure que l'inflation aurait joué pendant toute la période républicaine un rôle uniformément négatif, voire destructeur. C'est même le contraire qui est vrai : la Chine connaît depuis les années 1890 jusqu'en 1933 une longue période d'inflation modérée. Ce phénomène s'explique surtout sous la République par l'augmentation de la quantité de monnaie en circulation, elle-même la conséquence de l'essor des

---

11. K. Pomeranz, *Une grande divergence*, p. 274-278. Pomeranz tente d'avancer des arguments pour expliquer que ce niveau élevé des taux d'intérêt n'a pas pu constituer un frein trop important au développement économique. C'est l'un des rares points faibles de ce livre brillant. Une des raisons qui rendent sa démonstration peu convaincante est qu'elle se fonde principalement sur l'idée, très contestable en elle-même, que les paysans qui empruntaient en apportant une terre en garantie étaient encouragés à le faire (en dépit, donc, des taux élevés) parce que de toute façon « il était fort difficile [pour le créancier] en Chine de saisir des terres en garantie ». De plus, ce dernier point ne cadre guère avec le tableau que Pomeranz présente à son lecteur quelques chapitres plus tôt (p. 126-129) d'un marché des terres agricoles remarquablement libre et fluide.

banques modernes qui émettent du papier-monnaie. Sur le plan de l'inflation, le climat est donc tout à fait favorable au développement des affaires.

De plus, il ne faut pas oublier deux progrès notables qu'enregistre le système monétaire chinois au milieu des années 1930 : l'abandon de l'étalon argent au profit du papier-monnaie et l'unification monétaire. Celle-ci se matérialise dans les années 1930 sous l'action du Guomindang. Elle est très positive tant la multiplicité des monnaies régionales émises par les différents seigneurs de la guerre (et les communistes) surtout depuis les années 1920 avait des effets négatifs. Cette multiplicité compliquait les opérations commerciales tout en étant un obstacle à un marché national des capitaux. Autre inconvénient, ces monnaies avaient tendance à fluctuer de manière brusque les unes par rapport aux autres, en lien avec les heurs et malheurs de la politique locale. On assiste aussi au recul, dans une mesure un peu moindre, de la circulation des devises provenant de pays voisins. Dans de très grandes parties de la Chine, elles représentaient une portion importante de la monnaie en circulation, comme la piastre indochinoise dans la province du Yunnan, ou encore le dollar de Hong Kong dans la région du delta de la rivière des Perles.

Le secteur primaire

Si la fragilité du secteur financier est un élément important des dynamiques de transformation de l'économie chinoise durant la période, il convient d'accorder une place majeure à ce qui en constitue toujours le socle, invariable depuis l'Antiquité : l'agriculture.

La très lente transformation du secteur agricole

Si, presque partout, l'agriculture chinoise reste très majoritairement tournée vers les cultures, l'élevage occupant une place marginale, la diversité des situations défie les généralisations. En schématisant, on peut opposer Chine du Nord et du Sud. Anthropisées à l'extrême, les campagnes du Nord sont tournées vers une agriculture sèche qui privilégie la culture du blé. Au sud du fleuve Bleu, les paysans bénéficient d'un climat et d'une hydrographie bien plus favorables ; l'irrigation y est développée sur une vaste échelle. La saison végétative, notoirement plus longue, permet plusieurs récoltes par an. Le riz y est la céréale dominante.

Sous la République, la production agricole contribue au PIB à hauteur de plus des deux tiers[12] et, surtout, elle mobilise près de 80 % de la main-d'œuvre. L'augmentation de la production, limitée mais réelle, est due essentiellement à l'augmentation de la surface cultivée. Celle-ci ne s'effectue plus guère au détriment des forêts, comme ce fut largement le cas, avec des conséquences écologiques désastreuses, lors des deux siècles précédents. Dans les provinces les plus densément peuplées, la couverture forestière peut désormais être qualifiée de résiduelle : de 5 à 10 % de la surface du Guangdong et du Guangxi dans les années 1930, encore moins dans une bonne partie de la Chine du Nord. Le principal moteur de l'expansion des surfaces cultivées est le développement rapide de l'agriculture dans les immenses plaines de la Mandchourie.

Une timide croissance des rendements est néanmoins vraisemblable. Elle est due à une intensification du travail (par exemple, des sarclages plus soigneux) et à la diffusion de techniques plus efficaces. Comme leurs ancêtres, les paysans de l'époque républicaine continuent à perfectionner les assolements et à apprendre à tirer le meilleur profit des différents terroirs à leur disposition. L'emploi des tourteaux de soja (déjà communs dans la région du Bas-Yangzi au XVIIIe siècle) continue ainsi à se généraliser lentement. Des variétés américaines de coton de meilleur rendement se diffusent[13]. Au total cependant, les améliorations techniques sont minimes. On n'est clairement pas engagé dans un prélude à la révolution verte avec sa trinité (variétés à hauts rendements, engrais chimiques et pesticides). La surface irriguée continue de croître (dans la vallée de la Wei par exemple), même si cette tendance générale n'exclut pas des reculs ponctuels, là où les infrastructures d'irrigation souffrent des désordres politiques. Enfin, la pratique de la double récolte du riz, qui permet une augmentation considérable des rendements, poursuit son lent mouvement de diffusion

12. Ma D., « Economic Growth in the Lower Yangzi Region of China in 1911-1937 : A Quantitative and Historical Analysis », p. 367.

13. R. Myers, *The Chinese Peasant Economy*, p. 75 et 179-183.

vers le nord, à partir de son foyer d'origine, la province du Guangdong. C'est durant ces années qu'elle tend à devenir significative au Hunan.

La série des progrès que l'on vient d'évoquer sont bien davantage les ultimes contrecoups d'un mouvement qui s'inscrit dans la longue durée, puisqu'impulsé depuis les Ming[14] et consécutif, entre autres choses, à l'arrivée de plantes venues d'Amérique (maïs, arachide, pomme de terre et patate douce) qui avait considérablement élargi la gamme des plantes à cultiver.

Deux autres phénomènes de longue haleine se poursuivent : le progrès de la spécialisation régionale et le développement des cultures commerciales. Ils sont même amplifiés sous l'action du désenclavement provoqué par l'extension du réseau des transports et de la monétisation accélérée de l'économie des zones rurales. La circulation des céréales est particulièrement intense et il faut signaler qu'elle ne se limite pas à des flux entre zones excédentaires et déficitaires. Il est des régions entières, au Henan ou au Guangdong par exemple, qui se consacrent à la culture de variétés de riz de haute qualité afin d'approvisionner les marchés des grandes villes, voire l'outre-mer. Pour leur propre consommation, leurs habitants se rabattent sur des riz médiocres, qui leur parviennent d'autres provinces.

L'exemple le plus parlant du lien entre progrès des transports et progrès de l'agriculture commerciale concerne la Mandchourie. Là, l'essor du chemin de fer se trouve être à l'origine d'un développement rapide de la culture du soja, largement tourné vers l'exportation : en 1930, la Mandchourie produit 60 % du soja commercialisé dans le monde. D'autres cultures commerciales connaissent un vigoureux essor, comme le coton, l'arachide ou le tabac. La sériciculture, même si elle pâtit de la concurrence japonaise (de meilleure qualité et qui suit mieux les évolutions de la demande européenne), continue à progresser jusqu'au début des années 1930. Elle essuie un sérieux coup de tabac quand la crise de 1929 entraîne une baisse brutale de la demande étrangère et une chute vertigineuse des prix. L'invention de la rayonne,

---

14. L. Bianco, « La société rurale » in Bergère, Bianco, Domes (dir.), *La Chine au XXe siècle*, p. 264-267. Le chapitre de L. Bianco reste inégalé par sa clarté et son brillant esprit de synthèse.

qui se diffuse largement dès le milieu des années 1920, n'arrange rien[15] (le Nylon ne se mêle à la danse qu'en 1939). La concurrence internationale fait également émerger des concurrents redoutables pour le thé (Inde, Ceylan) et la canne à sucre (Java). Cependant, le recul le plus notable enregistré par une culture commerciale durant la période de la République concerne le pavot. Il se trouve relégué bien loin des niveaux atteints lors de l'apogée qu'il avait connu à la fin du XIXe siècle. Dans ce cas précis, ce ne sont ni le contexte économique général ni la concurrence d'un autre pays qui sont en cause, mais le changement de perception vis-à-vis de l'opium et son corrélat, la baisse de la consommation[16].

Si la montée en puissance quantitative des cultures commerciales en Chine ne fait aucun doute, le problème de la qualité se pose souvent. Ainsi, la culture du coton dans la province du Jiangsu connaît une extension énorme dans les années 1920 pour alimenter le secteur textile de Shanghai. Mais dans le même temps, la qualité de la fibre, elle, ne montre aucune amélioration.

Enfin, l'expansion des cultures commerciales est également remise en cause par la guerre de 1937-1945, qui désorganise la production industrielle et gêne considérablement la circulation des matières premières. Les statistiques fiables font défaut pour les années de guerre, mais on voit par exemple pour le coton, une des principales cultures commerciales, que les niveaux de production de 1946-1948 font pâle figure par rapport à ceux du milieu des années 1930.

D'une façon générale, on a eu trop tendance à dramatiser les effets socio-économiques négatifs induits par la conversion enthousiaste de certaines régions à une ou plusieurs cultures commerciales (voir à ce sujet le chapitre 8). Sans nier qu'elle présente l'inconvénient d'une dépendance à la fluctuation des cours ou à l'émergence de nouveaux concurrents, il faut cependant souligner que ce diagnostic doit beaucoup, d'une part, au positionnement idéologique de certains historiens et, d'autre part, à un banal effet de sources. Dans une excellente étude, Robert Eng exhibe des preuves convaincantes pour montrer qu'en dépit

15. Li L., *China's Silk Trade, Traditional Industry in the Modern World, 1842-1937*, p. 72-138.

16. X. Paulès, *L'Opium, une passion chinoise*, p. 84-86.

des aléas de la conjoncture mondiale, les paysans ayant opté pour la sériciculture n'ont, dans l'ensemble, qu'à s'en féliciter[17]. D'une façon générale, les cultures commerciales nécessitent une charge de travail plus importante tout en rapportant plus. Ainsi, le cas de la province du Shandong révèle combien l'adoption de la culture du tabac s'avère profitable, en fournissant du travail à la main-d'œuvre rurale pendant la morte-saison. Toutefois, si les bénéfices que retirent les paysans des cultures commerciales sont réels, ils n'apparaissent pas de façon évidente dans les sources et il faut un travail patient et rigoureux de la part des historiens pour les mettre au jour. Les malheurs qui peuvent découler des cultures commerciales (famines, endettement massif, révoltes), eux, y sont au contraire particulièrement saillants.

Enfin, en cas de déboires, notamment lorsque la baisse des prix s'avère durable, il reste toujours le recours d'un retour vers les cultures vivrières (ou vers une autre culture commerciale). C'est le cas pour la sériciculture de la région de Wuxi où les paysans abattent les mûriers pour faire place à des rizières : alors qu'ils occupaient 30 % des terres en 1927, ce chiffre tombe à moins de 7 % en 1932.

Extraction minière : triomphe du charbon, émergence du pétrole

S'il ne fait nul doute que l'agriculture occupe dans le secteur primaire une place tout à fait capitale, cela ne justifie pas de passer sous silence, comme c'est souvent le cas, l'extraction minière. Elle constitue une activité en pleine croissance dans le premier XXe siècle, en particulier suite à la providentielle hausse de la demande internationale durant les années 1914-1918. La période républicaine est marquée par l'inauguration d'un règne qui se poursuit jusqu'à nos jours : celui du charbon. Cela ne signifie ni que cette énergie n'était pas utilisée auparavant ni que le bois cesse de jouer un rôle significatif. Ce dernier demeure en effet essentiel non seulement pour la consommation des foyers ruraux (chauffage, cuisine), mais aussi pour certaines activités comme la petite métallurgie et la porcelaine (les célèbres fabriques de Jingdezhen ne se

17. Eng R., *Economic Imperialism in China Silk Production and Exports, 1861-1932*, p. 137-147.

tournent vers le charbon qu'après 1949). Néanmoins, pour les transports modernes (train, navigation à vapeur) comme pour l'industrie, le recours au charbon s'impose. L'importance du charbon se trouve aussi augmentée du fait que l'électricité est produite uniquement à partir de cette énergie. Or, la croissance de la production d'électricité est très soutenue. Elle fait des progrès rapides non seulement dans les plus grandes agglomérations, mais aussi dans les petites villes, où elle arrive souvent avec la mise en place de l'éclairage public. Alors que seulement 100 000 tonnes de charbon sont utilisées pour produire de l'électricité en 1912, il en faut presque 3 millions en 1936.

Fig. 17 : Transport du charbon à Shanghai vers 1930.

La ressource est présente en grande abondance dans le sous-sol de la Chine ; c'est surtout le transport après l'extraction qui pose problème. Les gisements sont en effet principalement localisés dans le Nord, où le transport par voie d'eau est le plus souvent impossible.

De petites mines aux méthodes rudimentaires d'extraction (Shanxi) peuvent répondre à une demande très locale susceptible de se satisfaire d'une qualité médiocre. Cependant, lorsque le rail ou l'eau permettent d'acheminer le charbon extrait vers des marchés relativement éloignés, des investissements et une technologie plus élaborée sont mobilisés pour l'exploitation des gisements. Les deux principaux bassins houillers sont ceux de Kailuan (Hebei) et Fushun (Liaoning) : ils emploient plus de 40 000 mineurs chacun[18]. La croissance de la production est spectaculaire (16 millions de tonnes en 1926, 58 millions en 1942). Au début des années 1930, ce secteur d'activité se classe troisième pour la valeur ajoutée, devancé seulement par les filatures de coton et l'industrie du tabac.

Contrairement à la tendance qui se fait alors jour dans les pays les plus développés, le charbon ne pâtit pas de la concurrence du pétrole et reste pratiquement la seule source d'énergie du secteur moderne de l'économie durant toute la période. Bien qu'en valeur absolue son importance soit marginale, le pétrole est un produit stratégique indispensable pour les armées. Il est presque exclusivement importé. La progression des troupes japonaises en 1937-1938, en coupant les circuits d'importation, pose donc un grave problème. Le gouvernement réagit en mettant en exploitation les champs pétrolifères situés en plein désert de Gobi à Yumen (province du Gansu). Au milieu des pires difficultés, des installations de raffinage sont construites, ce qui permet de traiter le brut extrait sur place. Les produits finis sont ensuite acheminés en déployant des trésors d'ingéniosité et de persévérance jusqu'à Chongqing. La Chine parvient ainsi à l'autosuffisance en hydrocarbures[19].

---

18. T. Wright, *Coal Mining in China's Economy and Society, 1895-1937*, p. 23-24, 35-76 et 200-201.

19. Lim T., « Oil for the Center from the Margins ». Les champs pétrolifères de Yumen sont dignes d'attention pour une autre raison : leur mise en exploitation est en effet l'un des très rares exemples d'une collaboration fructueuse entre le PCC et le Guomindang.

Le secteur secondaire

Pas plus que le secteur primaire ne se confond avec l'agriculture, le secteur secondaire ne se limite à l'industrie, même si c'est sur cette dernière que les sources nous renseignent le mieux. Les effectifs des ouvriers des usines modernes, qui ont tant accaparé l'attention des chercheurs, restent extrêmement réduits par rapport à ceux de l'artisanat. L'historien Wang Di observe judicieusement que, dans les années 1910, l'effectif des travailleurs employés dans les usines modernes à travers toute la Chine (qu'il estime, généreusement, à 1,5 million environ) est d'un ordre de grandeur comparable à celui des employés de l'artisanat d'*une seule province*[20] (2,1 millions au Sichuan en 1912).

L'industrie et l'essor d'un capitalisme chinois

Le secteur manufacturier (c'est-à-dire qui utilise des machines) représente seulement 2,1 % du PIB en 1933. Il se signale par son dynamisme, avec une moyenne de 8,1 % de croissance annuelle entre 1912 et 1936 ; un taux qui place la Chine au niveau du Japon et loin devant les États-Unis. Ce secteur est dominé par la production de l'industrie légère et celle des biens de consommation. En effet, durant la période républicaine, les entrepreneurs chinois s'affirment et concurrencent avec succès les importations et les entreprises étrangères installées en Chine dans les domaines qui ne requièrent pas d'investissement massif et reposent sur des techniques assez simples : textile, cigarettes, chimie légère, agroalimentaire. Leurs produits sont moins chers, moins sophistiqués, mais aussi de moins bonne qualité. *A contrario*, le secteur de l'industrie lourde et plus encore celui des biens de production reste insuffisamment développé. Le manque de capitaux et la difficulté de les mobiliser constituent l'un des obstacles principaux à son développement. En 1933, la production de la Chine représente une part significative de celle du Japon pour les filés de coton (79 %) ou la confection (63 %), nettement plus faible pour le

20. Wang D., *The Teahouse*, p. 86.

ciment (19 %) et franchement dérisoire pour l'acide sulfurique (3 %) et l'acier[21] (1 %).

La part des entreprises étrangères dans l'industrie est importante mais pas prépondérante. Durant les années 1930, 30 % de l'emploi et 20 % de la production proviennent de ces entreprises. Mais il faut cependant noter qu'elles représentent 63 % de la capitalisation du secteur industriel.

Une autre caractéristique du secteur industriel est sa concentration géographique : deux régions dominent. La Mandchourie, qui représente 14 % de la production industrielle, possède une industrie de transformation des surplus agricoles qu'un réseau de transport performant permet d'exporter. Mais c'est surtout Shanghai qui se taille la part du lion (40 %). Son tissu industriel est très varié, même si, à l'image de celui de l'ensemble du pays, industrie légère et biens de consommation priment. Shanghai est avant tout un très important centre de textile. Industrie mécanique, imprimerie, chimie légère, transformation des produits alimentaires sont eux aussi bien développés. *A contrario*, les industries lourdes restent encore à un niveau assez bas (12 % de la production industrielle de Shanghai à la fin de la République). Shanghai est déjà l'héritière d'une histoire industrielle puisque c'est là que les Occidentaux ont très largement investi pour construire des usines depuis que le traité de Shimonoseki (1895) les autorise à le faire. Sous la République, la stabilité et la sécurité des concessions (plus spécialement la concession internationale) continuent d'ajouter à l'attrait de la ville, pour les investisseurs chinois aussi bien qu'étrangers, même si des usines se construisent aussi dans les quartiers chinois du nord, à proximité de la gare[22]. Les industriels disposent à Shanghai d'une main-d'œuvre abondante, et le réseau de transport permet de faire affluer matières premières et produits semi-finis. Le niveau et l'exhaustivité de l'offre des services dont elles peuvent bénéficier sont inégalés. La Bourse de Shanghai est la première place financière du pays ; les principales banques y ont toutes leur siège social. Des compagnies d'assurance maritime ont formé l'embryon d'un secteur qui s'y est rapidement développé et élargi à l'ensemble des activités d'assurance

21. T. Rawski, *Economic Growth in Prewar China*, p. 70-75.
22. C. Henriot, *Atlas de Shanghai*, p. 125.

dès la seconde moitié du XIXe siècle. Enfin, la ville est située au cœur de la basse vallée du Yangzi, région la plus prospère et la plus peuplée de Chine, ce qui offre les débouchés d'un marché considérable.

En dehors de Shanghai et de la Mandchourie, la Chine possède d'autres foyers industriels plus secondaires comme Tianjin, Qingdao, ou encore Wuhan. Par ailleurs, Shanghai, où les terrains et les salaires sont relativement élevés, tend à essaimer certaines de ses industries à faible valeur ajoutée dans des villes proches comme Wuxi, qui gagne bientôt le surnom de « petite Shanghai » en même temps que le rang de cinquième ville industrielle du pays. Ce phénomène explique que si l'on considère Shanghai avec la province du Jiangsu, où elle est sise, sa part se monte à plus de 48 %[23]. Mais en dehors de ce phénomène de déconcentration du foyer shanghaien, on ne discerne pas d'indices significatifs d'une diversification de la géographie industrielle de la Chine républicaine avant le repli vers l'intérieur consécutif à la guerre sino-japonaise.

Durant la période républicaine, un capitalisme doté de traits distinctifs émerge et démontre rapidement toute son efficacité. L'organisation des entreprises repose sur un système de valeurs et de pratiques que l'historienne américaine Yeh Wen-hsin a qualifié de « paternalisme éclairé[24] ». De fait ce capitalisme est fondamentalement familial. Les fils des dirigeants sont associés très tôt aux affaires, puisqu'ils sont appelés à en prendre la suite[25]. Le rôle principal des filles est, par des mariages avantageux, d'étendre et de consolider le réseau d'alliances du groupe familial[26]. Le prestige des études n'a pas disparu et elles constituent toujours un investissement crucial et comme tel très soigneusement pesé. Mais il ne s'agit plus d'acquérir un savoir livresque afin de briguer une carrière mandarinale : les enfants sont éduqués dans la perspective de reprendre et de développer les affaires familiales. Le *cursus honorum* passe désormais par les plus prestigieuses universités occidentales ou, à défaut, par quelques institutions fondées en Chine par des Occidentaux.

---

23. T. Rawski, *ibid.*, p. 74 et 81. Les données sont de 1933.

24. Yeh W., *Shanghai Splendor*, p. 84-100 (curieusement, le chapitre du livre intitulé « *Enlighted paternalism* » ne traite presque pas de cette question).

25. S. Cochran, *Encountering Chinese Networks*, p. 175.

26. M.-C. Bergère, *L'Âge d'or de la bourgeoisie chinoise,* p. 163.

Les entreprises chinoises paient le prix de ce primat des liens familiaux et voient bien des affaires péricliter lorsque la seconde génération de ses dirigeants n'est pas au niveau du fondateur, même si l'on n'hésite pas à chercher dans la parentèle large[27]. Les stratégies pour contourner cet écueil existent : la première d'entre elles consiste à avoir une descendance nombreuse, ce qui rend plus probable que se dégage une personnalité ayant les épaules assez larges pour prendre en main les affaires. Liu Hongsheng, l'un des principaux entrepreneurs de la période (allumettes, ciment, charbon), a treize enfants.

Non seulement les liens familiaux ont une grande importance dans l'organisation de l'entreprise, mais ils constituent un idéal qui doit modeler les rapports entre les salariés et leur hiérarchie. L'entreprise doit être considérée comme une famille (*yi hang wei jia* 以行爲家) et, par conséquent, l'autorité bienveillante des supérieurs repose moins sur l'obéissance inhérente à une organisation hiérarchique que sur l'existence affirmée d'un destin et d'un intérêt communs à tous. Ce postulat fonde un puissant paternalisme. Dès les années 1920, les employés de certaines entreprises sont logés avec leurs épouses et enfants dans des complexes construits par leur employeur. Ce dernier prend en charge aussi bien leurs loisirs, les soins médicaux ainsi que, le cas échéant, l'éducation des enfants. Ce phénomène prend une ampleur nouvelle durant la guerre sino-japonaise, quand la nécessité de fidéliser les employés les plus qualifiés devient un enjeu vital pour les entreprises de la zone libre. Il tend à se généraliser pendant la guerre civile car, afin de protéger leurs employés des effets de l'inflation, les entreprises mettent en place une logistique destinée à les payer au moins en partie en nourriture. Toutes ces pratiques préfigurent l'unité de travail de l'époque communiste, le *danwei* 單位, terme qui est du reste forgé durant la République.

L'investissement est le talon d'Achille des entreprises chinoises. Elles ont tendance à privilégier le court terme (ce qui s'explique aussi en partie par le contexte politique troublé) en distribuant des dividendes élevés, au détriment de l'investissement. Ce penchant

---

27. Voir le cas des cigarettes Nanyang ou encore des filatures Desheng : S. Cochran, *Big Business in China*, p. 163-169 ; E. Köll, *Cotton Mill to Business Empire*, p. 256-264.

aggrave encore les effets de leur sous-capitalisation chronique. Une conséquence est l'insuffisance du renouvellement de l'appareil de production[28].

Pourtant, juger des performances économiques en se référant forcément à un modèle européen ou nord-américain serait une erreur. Cela est vrai en particulier de la substitution du capital au travail, tendance lourde du développement industriel à l'occidentale.

Le contraste en Chine est saisissant entre un capital rare et peu concentré, donc difficile à drainer et à mobiliser, et une main-d'œuvre surabondante, très peu coûteuse (et globalement docile). Un tel état de fait impose des arbitrages qui, pour être différents, n'en sont pas moins rationnels et peuvent produire d'excellents résultats. Ainsi dans le domaine de l'industrie des allumettes, la non-adoption de technologies d'origine occidentale n'est pas forcément le résultat d'un retard ou d'un refus du progrès, mais découle d'un choix rationnel. Dans de telles conditions, la course à la productivité n'est pas nécessairement une priorité. Il est établi que la rentabilité des mines de charbon du Shanxi basées sur un mode d'extraction traditionnel fortement consommateur de main-d'œuvre surpasse celle des mines fonctionnant avec des techniques plus modernes.

Les entrepreneurs sont tout à fait ouverts aux transferts de technologie pourvu qu'ils soient pertinents. La Chine en arrive, dans différents secteurs, à talonner le niveau technique des fabricants occidentaux. Il existe nombre d'usines qui ressemblent à leurs homologues de Manchester, Ivry-sur-Seine ou Yokohama. Une étude récente montre un exemple de montée en gamme technologique dans le cas de plusieurs entrepreneurs shanghaiens, dont la première activité était de réparer les presses importées et de fabriquer des pièces détachées. Ils se risquent à en fabriquer des imitations, et leurs ateliers se transforment en des usines qui mettent sur le marché leurs propres machines. D'une façon plus générale, le progrès du secteur des biens de production et des machines-outils en l'espace de quelques années est patent. Il était si peu développé au début de la période républicaine qu'il n'avait pratiquement pas pu tirer profit du contexte favorable de la Première Guerre mondiale. Mais à la fin des années 1930, il est en mesure de

28. L. Eastman, *Family, Field and Ancestors*, p. 186.

concurrencer sérieusement les importations : les prix bas des machines de fabrication chinoise compensent un niveau technique en général encore quelque peu inférieur.

En lien avec les efforts déployés par certains capitaines d'industrie chinois pour s'approprier les technologies les plus récentes et performantes, il faut mentionner un des ressorts cachés de l'expansion économique de l'époque : le patriotisme. L'industriel de la soude Fan Xudong qui fait émerger à partir de 1914 dans la région de Tianjin un complexe industriel capable de rivaliser avec les géants japonais et européens du secteur[29] apparaît remarquable à cet égard. Comme le démontre Xiaohong Xiao-Planes, le trait le plus remarquable chez Fan n'est ni ses compétences techniques acquises pendant des études au Japon, ni son attention constante à s'informer des meilleures méthodes existantes, ni sa persévérance face aux mille difficultés qu'il lui faut affronter. Le plus notoire est la capacité qu'il démontre à réinvestir, à prendre tous les risques (au détriment, voire au mépris de son enrichissement personnel) pour hisser son groupe au niveau technologique de ses concurrents. En 1937, au moment où la guerre sino-japonaise éclate, Fan répond sans hésiter à l'appel du gouvernement pour transférer ses installations vers l'intérieur du pays. À cet égard, le cas de Fan Xudong n'est pas isolé. Ce n'est qu'un exemple de ces pionniers industriels, hommes habités par l'idée qui a émergé à la fin du siècle précédent selon laquelle la conquête de l'indépendance nationale passe aussi par une « guerre commerciale » que la Chine ne remportera que si elle s'industrialise[30]. Ils n'hésitent pas à mettre toute leur vie au service de cette idée. Mise à l'honneur par l'historiographie chinoise, l'expression d'entrepreneurs-patriotes (*aiguo shiyejia* 愛國實業家), en fin de compte, n'apparaît pas si galvaudée.

Les entrepreneurs chinois s'illustrent tout autant dans le domaine commercial, où ils déploient des stratégies très efficaces et agressives. Les nombreuses études que Sherman Cochran leur a consacrées montrent qu'ils optent pour un usage intensif de la publicité, en particulier sous

29. X. Xiao-Planes, « Marché, capital et pouvoir entrepreneurial en Chine. Fan Xudong et l'édification de l'industrie sel-soude-acide (1914-1945) », p. 47-92.

30. M.-C. Bergère, *L'Âge d'or de la bourgeoisie chinoise*, p. 40.

forme d'affiches[31]. Une des conséquences est que la place occupée par la publicité dans la vie quotidienne des Chinois devient considérable surtout à partir des années 1930. Elle s'étale partout, sur les murs des villes, à la radio, ou dans la presse (il est fréquent que la moitié des colonnes d'un quotidien soient dévolues à la publicité).

Le capitalisme chinois de la période, enfin, est résolument transnational. Les marchés d'Asie leur sont ouverts par la grâce de la présence d'une diaspora tournée résolument vers la conquête des circuits commerciaux locaux et régionaux. Les solidarités familiales ou régionales permettent de drainer des capitaux, y compris de l'outre-mer. Afin de sécuriser la fortune familiale, on n'hésite pas à tirer pragmatiquement parti de l'existence des concessions étrangères. Ainsi, la dynastie industrielle des Liu développe-t-elle des activités sur la concession internationale de Shanghai, ainsi qu'à Hong Kong[32].

Le maintien de l'artisanat

En raison de la pléthore de force de travail, le recours à des activités économiques complétant la production agricole est la règle plutôt que l'exception dans les campagnes chinoises. Dans les plaines du Hubei, par exemple, la pêche apporte un complément de revenus d'une grande importance[33]. Mais le complément le plus répandu est l'artisanat.

Il est désormais bien établi que l'artisanat familial n'a pas connu de recul général du fait de la concurrence des importations et des industries des villes de la côte. Encore faut-il faire des distinctions : dans le domaine du textile, par exemple, le filage périclite quand le tissage, lui, se maintient plutôt bien. Cet exemple montre que l'essor industriel a un impact très variable en fonction de l'avantage procuré par les techniques de production mécanisées. Il est considérable dans le cas du filage, puisque la productivité des broches à filer est plus de quarante-quatre fois supérieure à celle des rouets traditionnels. Les ordres de

---

31. S. Cochran, *Chinese Medicine Men. Consumer Culture in China and Southeast Asia*, p. 118-126.

32. S. Cochran, A. Hsieh, *The Lius of Shanghai*.

33. Zhang J., *Coping with Calamity : Environmental Change and Peasant Response in Central China, 1736-1949*, p. 155-180.

grandeur sont complètement différents pour le tissage : les métiers à tisser industriels ne sont qu'environ quatre fois plus productifs que les métiers manuels. Les métiers à tisser manuels des foyers paysans, qui par ailleurs sont améliorés sensiblement par l'adjonction de navettes métalliques, résistent donc assez bien : leur production croît en valeur absolue jusqu'à la fin des années 1920. En réalité, l'utilisation des filés produits industriellement dans les villes de la côte permet même de surmonter un goulot d'étranglement du secteur textile traditionnel : en effet, pour produire de quoi alimenter un métier pendant une heure, il fallait trois à quatre heures de travail sur un rouet.

D'une façon générale, au-delà du cas du textile, l'artisanat reste un secteur économique très puissant dans le domaine des biens de consommation. Les productions à base de bambou couvrent un spectre extrêmement large d'objets de consommation courante (baguettes, mobilier, outils, jouets, parapluies, éventails, etc.) qui ne déclinera de façon irrémédiable que des décennies plus tard, sous l'influence de l'avènement du plastique. Il en est de même des objets confectionnés en paille (chapeaux, nattes, semelles, paniers). Il convient également de souligner l'importance de la récupération et du recyclage. Le sociologue Fei Xiaotong avait déjà montré dans les années 1930 à quel point toute forme de gaspillage se trouve bannie des campagnes chinoises. Par exemple, même usés jusqu'à la corde, les vêtements sont réutilisés pour confectionner des semelles de chaussures[34]. Des études plus récentes ont montré que maints objets de consommation courante avaient plusieurs vies. L'ampleur du secteur du recyclage s'explique aussi par le très faible coût de la main-d'œuvre qui permet par exemple à une activité comme la collecte et le recyclage des os de seiche de faire vivre ceux qui s'y livrent[35]. Or, l'apport à la richesse nationale de ce secteur de l'économie se trouve considérablement sous-estimé, voire ignoré car très mal pris en compte par les méthodes statistiques modernes, lesquelles identifient peu ou prou la consommation à une destruction.

---

34. Fei H., *Peasant Life in China. A Field Study of Country Life in the Yangtze Valley*, Routledge, 1939, p. 119.

35. Lu H., *Beyond the Neon Lights : Everyday Shanghai in the Early XXth Century*, p. 217.

Fig. 18 : Prospérité de l'artisanat traditionnel : atelier de potier près de Suzhou en 1932.

Une monographie récente sur le papier fabriqué à partir de fibres de bambou par une multitude d'ateliers artisanaux dans la région de Jiajiang située dans l'est de la province du Sichuan montre que ce secteur se porte très bien sous la République. Il demeure en effet l'offre la mieux adaptée à une demande émanant des peintres et calligraphes ainsi qu'à d'autres usages tels que l'emballage ou la fabrication de papier-monnaie pour les morts. Et grâce à l'adoption de quelques innovations techniques empruntées à l'Occident telles que l'usage de l'alun et du chlore, il devient capable de fournir du papier pour les imprimeries modernes. On peut généraliser à partir de cet exemple : en lieu et place d'une alternative de type binaire entre techniques traditionnelles et techniques occidentales, on a bien plus souvent une combinatoire. On vient de mentionner l'introduction partielle de techniques européennes (adjonction de navettes métalliques) ou de matériaux importés (filés industriels) pour les métiers à tisser manuels des foyers paysans. Les tailleurs sont un autre exemple : ils adoptent sur une large échelle les machines à coudre[36]. Ainsi, ce métier dont l'organisation reste en apparence très traditionnelle, qui n'émarge pas dans le secteur dit moderne, n'en a pas moins subi un perfectionnement notoire.

Fig. 19 : Rétameur proposant ses services dans la rue, Chine du Nord, vers 1918.

36. F. Dikötter, *Things Modern*, p. 118-119.

Le secteur des services

Ce secteur est, à n'en pas douter, le grand oublié de l'historiographie traditionnelle. L'attention particulière portée à l'agriculture peut sembler parfaitement légitime puisque celle-ci demeure le socle de l'économie chinoise. Au début du chapitre ont été exposées les raisons pour lesquelles les historiens ont longtemps fait de l'industrie, enjeu capital dans la quête de puissance de la Chine, l'objet privilégié de leurs travaux. Cela ne justifie pas, cependant, que l'on obère ce fait d'importance : dans la Chine républicaine, le secteur des services est notoirement plus développé que le secteur industriel. D'après les données compilées par Ma Debin, la part des services atteint le quart du PIB de la Chine au début des années 1930, contre seulement 10 % pour l'industrie. Dans la région la plus avancée, la basse vallée du Yangzi, les chiffres sont plus impressionnants encore, avec 37 % et 16 % respectivement[37].

Les transports

Le secteur des transports connaît un essor considérable sous la République. Le développement du chemin de fer, que nous avons évoqué dans le chapitre 3, est important (voir carte VI). De 60 000 au milieu des années 1910, ses effectifs atteignent 130 000 au début de la décennie 1930. L'achèvement du dernier tronçon de la liaison Pékin-Hankou-Canton en 1936 offre enfin au pays la grande radiale Nord-Sud qui lui faisait jusque-là défaut. Mais avec un réseau de 20 000 kilomètres, la Chine reste en retard par rapport, par exemple, à l'Inde. Ce pays, deux fois moins vaste et significativement moins peuplé, dispose d'un réseau trois fois plus étendu à la même époque[38]. Les indicateurs tels que le nombre de passagers par kilomètre ou encore les tonnes de marchandises par kilomètre sont incomparablement plus élevés pour l'Inde. Ces considérations amènent à relativiser l'importance du rail dans le secteur des transports et, plus largement, dans l'économie chinoise.

---

37. Ma D., « Economic Growth in the Lower Yangzi Region of China in 1911-1937 », p. 367.
38. T. Rawski, *Economic Growth*, p. 208-209.

De fait, la modernisation des transports est loin de se résumer au seul essor du rail. Les routes carrossables, dont le réseau atteint 75 000 kilomètres en 1935, sont sillonnées par des services réguliers de bus dès les années 1930. La navigation à vapeur continue à se développer. Les premières lignes aériennes régulières datent du début des années 1930. Quinze ans après, Shantou, une ville d'importance moyenne, est reliée à Hong Kong, Xiamen et Shanghai.

Dans ce contexte d'un essor général du secteur des transports, les modes de transport anciens se combinent avec les nouveaux : il n'y a pas seulement compétition mais aussi, dans bien des cas, complémentarité. Ainsi, le chemin de fer possède des caractéristiques de vitesse qui lui confèrent, en cas de concurrence directe avec le transport par voie d'eau, un avantage décisif pour le transport de passagers et de denrées périssables. Cependant, pour des pondéreux comme le charbon, les voies d'eau restent compétitives. De plus, le réseau des voies d'eau est incomparablement plus dense (notamment dans les parties du pays les plus peuplées et les plus développées : la basse vallée du Yangzi et le Guangdong). Remarquablement bien organisé, plus économique, d'une grande souplesse, il n'est donc pas, tant s'en faut, un pis-aller par rapport au rail qu'il complète. On observe du reste que les mariniers, pourtant enclins à recourir à la manière forte pour faire entendre des revendications, ne se livrent pas à des actions collectives violentes à l'encontre de la concurrence que leur font les navires à vapeur. La raison en est simple : les embarcations modernes n'ont pas accès à près de la moitié des rivières navigables à cause de leur trop fort tirant d'eau. Les navires à voile et les embarcations classiques restent les seules à pouvoir les emprunter. De sorte que, bien loin d'être supplantée par l'irruption des moyens de transport modernes, la navigation à voile profite d'eux parce qu'ils provoquent une énorme augmentation des flux de marchandises : leurs caractéristiques sont tout simplement complémentaires.

Si on insiste généralement sur les progrès considérables enregistrés dans le développement des liaisons interrégionales, les transports connaissent également des améliorations considérables au sein des grandes agglomérations. La démolition des remparts qui ceignaient la plupart des villes permet en effet de construire à leur place de vastes boulevards carrossables qui favorisent la circulation. Les automobiles restent rares, mais le pousse-pousse, innovation introduite dans les années 1880, se généralise dès les années 1910, bien aidé par des améliorations techniques comme les pneumatiques qui le rendent plus sûr, plus confortable et moins pénible à tirer. Particulièrement adapté aux villes chinoises, il connaît un âge d'or durant toute la République. On compte environ 45 000 de ces véhicules à Pékin en 1930. Ils sont 55 000 à la même époque à Shanghai[39]. Il commence néanmoins à être concurrencé par l'autobus dès les années 1930. En 1945, la densité du réseau de transports en commun de Shanghai (tram, trolleybus et bus) n'a rien à envier à celle d'une grande ville d'Europe.

Fig. 20 : Transport de fret par voie fluviale dans la basse vallée du Yangzi en 1932.

39. D. Strand, *Rickshaw Beijing*, p. 26 ; A. Roux, *Le Shanghai ouvrier des années trente*, p. 87-88.

Les services traditionnels

Wang Di fait une observation très juste dans son excellent livre consacré aux maisons de thé de Chengdu : les employés de ces commerces sont beaucoup plus représentatifs du secteur des services de la Chine républicaine que ceux du secteur des services les plus modernes[40]. Or, c'est un fait qu'en matière de secteur tertiaire, l'attention des chercheurs s'est portée presque exclusivement sur l'implantation d'activités jusque-là étrangères à la Chine : les compagnies d'assurances, les banques, la presse, le domaine du tourisme, voire les dancings. L'exemple de la distribution est assez éloquent : indiscutablement, le développement des grands magasins constitue la principale innovation de la période. Il est très lié aux étrangers et aux Cantonais d'outre-mer, qui en importent les principes (exhaustivité de l'offre de marchandises, prix affichés non négociables, monumentalité et confort des magasins, publicité massive) tout en procédant à quelques adaptations marginales. Les deux plus célèbres grands magasins de Shanghai, Sincere et Wing On, qui vont donner le ton à toute la période, sortent de terre dès la fin des années 1910. Ils ont fait l'objet d'études nombreuses et approfondies. En revanche, sur le monde de la petite boutique et du commerce de détail traditionnel, secteur à forte intensité de main-d'œuvre, qui emploie des effectifs incomparablement plus importants, les historiens sont restés quasi muets.

D'une manière plus générale, le centre de gravité du secteur des services sous la République est indiscutablement placé dans cette profusion de petits métiers du tertiaire que, faute de mieux, et compte tenu de leur très grande variété, il faut se résigner à ranger sous l'étiquette forcément vague de « traditionnels ». Non seulement leurs acteurs ne sont pas partie prenante des grands récits dominants de la révolution et de la modernisation, mais ces métiers se situent dans un angle mort des sources traditionnelles. Un des rares contre-exemples est le rapport d'un consul anglais qui observe au début du XXe siècle la présence dans la ville de Changsha au Hunan de « porteurs de

---

40. Wang D., *The Teahouse : Small Business, Everyday Culture, and Public Politics in Chengdu, 1900-1950*, p. 85-86.

pipes » qui proposent aux passants quelques bouffées de tabac pour un prix dérisoire.

La donne a toutefois changé depuis une quinzaine d'années, grâce au recours à un type de sources dont la période républicaine est prodigue : les images, avec des supports comme la photographie ou les dessins à l'encre (genre dans lequel Feng Zikai passe maître). L'historienne Feng Yi s'est penchée par exemple sur l'incroyable variété des services offerts par les colporteurs pékinois en puisant dans de riches fonds photographiques[41]. Son étude met en lumière une véritable armée, pourrait-on dire, dont les fantassins quadrillent et arpentent la ville en assurant une kyrielle de services à un coût extrêmement abordable. Fort nombreux sont les vendeurs ambulants ou les propriétaires de petits étals. Pratiquant des marges extrêmement réduites, ils proposent tout au long de l'année des produits frais (fruits, légumes), ainsi que divers rafraîchissements, confiseries, et en-cas. Les travailleurs urbains ou les écoliers apprécient les étals qui permettent de prendre le petit déjeuner sur le pouce en pleine rue. Dès le milieu de la journée, ils ont plié bagage car l'offre se renouvelle sans cesse aux différentes heures de la journée. Tous les objets nécessaires à la vie quotidienne, pour peu qu'ils ne soient pas trop encombrants, sont proposés aux ménagères.

D'autres vendeurs proposent une foule de services qui vont de l'indispensable – porteurs d'eau, videurs de pots de chambre, réparateurs d'objets (porcelaine, meubles, chaussures) – à l'accessoire – barbiers, coiffeurs, masseurs, sans parler des diseurs de bonne aventure. Les rues sont également égayées de façon quasi permanente par des acrobates, musiciens, montreurs d'animaux qui procurent aux passants des instants de détente très appréciés[42]. L'offre des loisirs traditionnels ne se déploie pas seulement dans les rues. Le choix des établissements dédiés aux loisirs est extrêmement large : étuves, opéras, fumeries d'opium, maisons closes, et maisons de jeu ne sont que les principaux.

---

41. Feng Y., « The Sound of Images : Peddlers' Calls and Tunes in Republican Peking », p. 111-142.

42. C. Henriot et I. Macaux, *Scènes de la vie en Chine. Les figurines de bois de T'ou-Sè-Wè*, p. 128-168 ; C. Cornet et F. Verdier, *Paysans de l'eau, Chine, 1932. Photographies du père Joseph de Reviers de Mauny*, p. 188-195 et 211-221.

On imaginerait volontiers que de tels services sont répandus principalement dans les villes. Pourtant, un faisceau d'indices suggère qu'ils occupent aussi de nombreux actifs jusque dans les campagnes. Au Guangdong, même un modeste village de 750 habitants dispose dans les années 1930 de deux fumeries d'opium, d'une petite maison de thé et d'un tripot de *fantan*. De même, phénomène plus ancien qu'on pourrait le croire, puisqu'il date du XVIIIe siècle, la multiplication sur une vaste échelle des lieux de restauration (restaurants, marchands de vin, maisons de thé) ne concerne pas seulement les agglomérations importantes, mais aussi bourgs et villages.

Fig. 21 : Un diseur de bonne aventure à Hangzhou en 1919.

Les effets de la guerre de 1937-1945 et de la guerre civile

Relocalisations et étatisation de l'économie

S'il faut reconnaître une importante limite des travaux d'histoire économique qui portent sur la période républicaine, c'est certainement que la réalité qu'ils décrivent est celle de la première moitié des années 1930. Cette période de relative stabilité représente un âge d'or pour les publications statistiques, durant laquelle les données sont assez nombreuses et raisonnablement fiables. Après 1937, les désordres causés par la guerre contre le Japon puis la guerre civile rendent très difficile d'appréhender l'évolution de la situation économique. Et, s'il est certain que la guerre a rebattu les cartes, les études jetant quelque lumière sur les années de la guerre sino-japonaise et de la guerre civile demeurent bien rares.

Néanmoins, il apparaît que la guerre de 1937-1945 a un double impact. Le premier est géographique. La progression des troupes japonaises induit la décision de redéployer une partie de l'appareil industriel à l'abri de l'intérieur du pays. Pas moins de 639 entreprises et 60 900 tonnes d'équipement sont ainsi transférées vers l'Ouest en 1937-1940, principalement dans les secteurs jugés les plus stratégiques : la sidérurgie, la chimie et la mécanique. Implantées majoritairement dans la province du Sichuan, ces usines vont se développer rapidement en profitant des énormes commandes de l'État. Cependant, cette relocalisation spectaculaire n'a que peu d'effets de long terme, la très grande majorité des installations faisant retour dès l'immédiat après-guerre dans les anciennes régions occupées.

L'impact est bien plus profond et durable dans le domaine de l'implication de l'État. On peut dater du début des années 1930 l'émergence d'un modèle nouveau d'économie, dans lequel le rôle de l'État s'avère de plus en plus significatif avec une trinité (que l'on retrouve par exemple dans le cas de l'Allemagne nazie) : planification, gestion centralisée des ressources en matière première et développement d'industries directement contrôlées par l'État[43]. Néanmoins, le poids du secteur public dans la production industrielle demeure encore faible au

43. W. Kirby, « Engineering China : Birth of the Developmental State, 1928-1937 », p. 137-160.

début de la guerre sino-japonaise et limité principalement à l'industrie lourde et aux mines. Cependant, au fur et à mesure que la guerre se poursuit, la part du secteur tenu par l'État dans l'économie s'accroît. Des travaux récents ont aussi montré que ce phénomène s'accompagnait d'une réorganisation de la gestion administrative des entreprises d'État. Elles tendent, pour les fidéliser, à encadrer de plus en plus l'ensemble de la vie personnelle et familiale de leurs employés en leur donnant accès à logement, nourriture, crèches, et soins médicaux. Ce sont les débuts du modèle de l'unité de travail (le *danwei*), promis à un bel avenir après 1949.

Loin de mettre fin à la tendance à l'étatisation, la fin de la guerre l'accentue dans la mesure où les propriétés des Japonais, ainsi que les entreprises dont les propriétaires ont été convaincus de collaboration, sont confisquées. Après 1946, le pays retombe dans la guerre et, les mêmes causes produisant les mêmes effets, la place du secteur d'État continue à s'étendre rapidement. Désormais, le secteur des industries des biens de consommation est lui aussi concerné : la part de l'État y passe de 6,1 % en 1945 à 33,6 % deux ans plus tard.

Aux origines de l'économie planifiée de la Chine communiste ?

Continuatrice de la période républicaine, la Chine de l'après-1949 l'est évidemment parce qu'elle hérite de ses infrastructures, de son appareil de production, de sa force de travail et de son entreprenariat à l'exception, dans ce dernier cas, des quelques hommes d'affaires lucides qui ont transporté leurs affaires sous d'autres cieux, en particulier vers Hong Kong. Cependant, les recherches récentes ont montré que la politique d'étatisation et d'industrialisation à marche forcée des années 1950 doit beaucoup à la période républicaine.

Certes, la stratégie générale consistant à sacrifier les campagnes au développement de l'industrie lourde a bien été conforme au modèle soviétique[44]. Pour autant, pour ce qui est de sa mise en œuvre, l'idée selon laquelle le PCC n'aurait fait que dupliquer le modèle de l'URSS a fait son temps. On vient d'évoquer le *danwei*. Les fondations administratives de la planification de l'économie des années 1950 sont celles

---

44. L. Bianco, *La Récidive. Révolution russe, révolution chinoise*, p. 161-167.

posées par le Guomindang dans la dernière décennie de la période républicaine. Cela n'a rien de très étonnant lorsqu'on sait que beaucoup de hauts fonctionnaires qui pilotaient la politique économique du Guomindang sont demeurés sur le continent. Quant au premier plan quinquennal de l'ère communiste (1953-1957), il reprend, dans une très large mesure, les esquisses du plan quinquennal de reconstruction que le Guomindang avait mis au point en 1945[45]. Sur le plan de l'économie comme de tant d'autres, les continuités par rapport à la borne de 1949 sont donc fortes.

---

45. À propos de ces questions, voir l'important article de M. Bian, « Building State Structure : Guomindang Institutional Rationalization during the Sino-Japanese War, 1937-1945 », particulièrement p. 61-67.

Chapitre 7

La construction de l'État

Moins sévères qu'il y a une trentaine d'années, les historiens s'accordent désormais pour reconnaître que le bilan de la construction de l'État s'apparente, sous la République, à un demi-succès. En la matière, le principal crédit que l'on a longtemps fait à la période a été l'enracinement du sentiment national. De nombreux travaux ont mis en évidence les très significatifs progrès du nationalisme vers de larges couches de la population ainsi que le passage d'un protonationalisme essentiellement antimandchou à un nationalisme d'unité de plus en plus focalisé sur la résistance face au Japon. Il n'y a pas lieu de nier l'importance des progrès du nationalisme, même si quelques études récentes tendent à en relativiser l'ampleur. Toutefois, il ne représente qu'une facette d'un phénomène plus large et surtout plus significatif : l'invention et la diffusion d'une nouvelle culture politique postimpériale. Cette dernière repose sur l'idée essentielle que l'assentiment populaire fonde la légitimité du pouvoir, ce qui a notamment pour conséquence une refondation totale de la liturgie politique.

D'un point de vue institutionnel, et en matière d'extension du périmètre de l'État, si les gouvernements centraux qui ont précédé le Guomindang (Yuan Shikai, Beiyang) sont à créditer de quelques réalisations significatives, c'est l'action de celui-ci à partir de 1928 qui retient particulièrement l'attention. Elle est d'abord la plus cohérente, puisqu'elle met en œuvre les plans dressés par celui qui, de figure tutélaire du parti, est alors promu à la dignité de « Père de la Nation » : Sun Yat-sen. Le Guomindang éprouve indiscutablement des difficultés à réussir sa mue en un parti de gouvernement ; le défaut de ligne stratégique claire, les rivalités entre l'appareil d'État, celui du parti et l'armée, ainsi qu'un certain factionnalisme sont de sérieuses apories. Pourtant, durant cette période une emprise nouvelle de l'État se fait sentir sur nombre de secteurs de la société, bien que les campagnes demeurent largement hors de son contrôle. Et enfin, comme de nombreuses recherches l'ont montré, cette extension du périmètre de l'État annonce et prépare celle qui se produira dans la Chine communiste après-1949.

Cependant, un préjugé persiste à l'arrière-plan de la réflexion sur la place de l'État sous la République : la désunion politique du pays et la faiblesse du pouvoir central auraient constitué autant d'obstacles presque insurmontables à la construction de l'État. Certes, il est désormais admis que les gouvernements centraux n'ont pas été les seuls acteurs en la matière. On a ainsi rendu justice (quoique dans une trop faible mesure) aux réalisations de certains seigneurs de la guerre. Mais ne faut-il pas aller plus loin en rappelant que centralisation et construction de l'État sont deux notions qui ne se recouvrent pas nécessairement ? La piste d'une construction de l'État s'accommodant bien d'une certaine dose d'éclatement politique mérite d'être sérieusement explorée, notamment parce que nombre d'autocrates locaux partagent eux aussi l'idéal d'un État fort et acteur du développement économique.

La culture politique

Une culture politique à inventer

Les révolutionnaires de tous temps et de tous horizons prennent toujours soin de mettre en scène la rupture qu'ils instaurent avec l'ordre politique préexistant. En 1911-1912, c'est la coupe de la natte qui est le symbole emblématique de l'avènement d'un ordre nouveau en Chine. Imposé comme une preuve de ralliement des populations Han à la dynastie des Qing au XVIIe siècle, le port de la natte entre dans les mœurs durant les deux siècles suivants, la population cessant de l'associer à une quelconque sujétion. C'est seulement au tournant du XXe siècle que cette idée refait surface sous l'action des milieux révolutionnaires. La question, pourtant, fait débat ; certaines voix s'élèvent même pour voir dans l'hostilité à la natte la conséquence d'une servile imitation des usages occidentaux. Il n'en reste pas moins que le refus du port de la natte devient dans les mois de la révolution un signe de ralliement au nouveau régime. Au moment où le pays est en proie aux soulèvements révolutionnaires, en effet, un édit fait du port de cette natte un critère de fidélité au régime impérial. La mise à mort de certains de ceux qui s'étaient aventurés à la couper et avaient eu le malheur de tomber entre les mains d'autorités restées fidèles aux Qing (au Fengtian, Zhang Zuolin exécute toute personne qui a coupé sa natte) achève de lui conférer une charge émotionnelle et symbolique. Et la disparition générale des nattes durant les mois qui suivent l'abdication de l'empereur est le signe le plus visible du changement de régime à travers le pays.

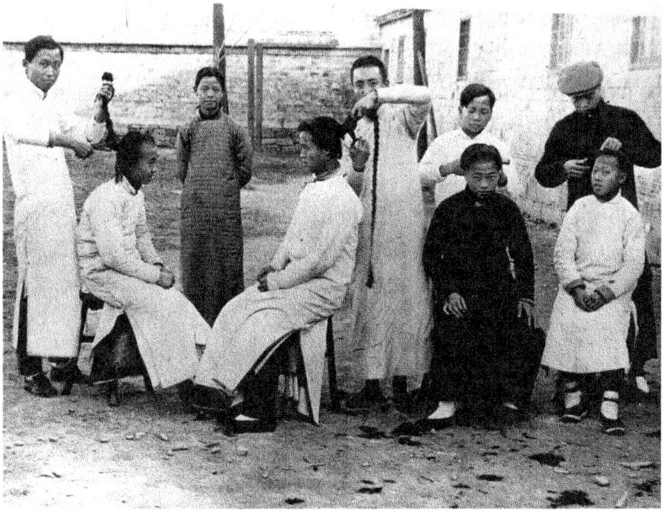

Fig. 22 : La coupe des nattes (1912).

Un autre élément de mise en scène de la rupture politique est le choix fait de proclamer la république le 1er janvier 1912. Sun Yat-sen, tout juste arrivé de Shanghai où il venait d'être élu président quelques jours plus tôt, brusque les choses pour que la cérémonie ait lieu le soir même. Peu lui importe qu'elle se déroule de ce fait presque en catimini : l'essentiel est de parvenir à proclamer la république à une date chargée de signification dans le calendrier grégorien qui remplace le calendrier soli-lunaire traditionnel[1]. On touche en effet là un élément important de la symbolique impériale. Établir le calendrier était une des attributions traditionnelles de l'empereur, qui manifestait ainsi sa dignité de fils du Ciel. Comme pour la natte, le choix du calendrier grégorien traduit une volonté conjointe de rupture et d'inscription dans une modernité d'inspiration occidentale. Il n'était, il convient de le noter, nullement dicté par des nécessités pratiques. Le calendrier soli-lunaire avait d'indiscutables avantages (par exemple pour les populations côtières celui de pouvoir prévoir le mouvement des marées à partir de quelques calculs très simples). Les autorités n'imposent pas seulement le comput grégorien : l'an 1 du nouveau calendrier est l'année 1912, et il comporte une succession de fêtes chargées de signification politique, la plus importante étant la fête nationale, le 10 octobre, anniversaire du soulèvement de Wuchang. Dans la vie de tous les jours, néanmoins, le calendrier soli-lunaire conserve largement les faveurs de la population et s'est perpétué du reste jusqu'à nos jours.

1911 institue une rupture plus profonde encore en instaurant une nouvelle forme de légitimité fondée non plus sur le mandat céleste, mais sur l'assentiment du peuple. Ce bouleversement va se traduire dans une liturgie politique radicalement différente. Outre le fait qu'elle se dépouille de toute dimension religieuse et cosmologique, sa principale caractéristique est une nature éminemment *publique*. La liturgie politique impériale, centrée sur la personne de l'empereur, restait confinée derrière l'enceinte de la Cité interdite qui la dérobait aux yeux du commun des mortels. Avec la République, non seulement la population n'est plus tenue à l'écart, mais elle *doit* être partie prenante des nouveaux rites, que l'on peut désormais qualifier de civiques. Le

1. H. Henrietta, *The Making of the Republican Citizen. Political Ceremonies and Symbols in China, 1911-1929*, p. 14-20 et 33.

sujet s'est fait citoyen. Son adhésion au nouveau régime se manifeste par des usages tels que le salut au drapeau. Ce dernier fait partie, au même titre que l'hymne national, des symboles qui doivent faire l'objet d'un respect tout particulier par chacun des citoyens. Consubstantiels à la nouvelle nation, ces attributs situent également le pays dans un concert de nations égales (ou supposées telles), ce qui traduit une autre rupture : l'abandon de l'idée de la centralité et de la prééminence de la Chine.

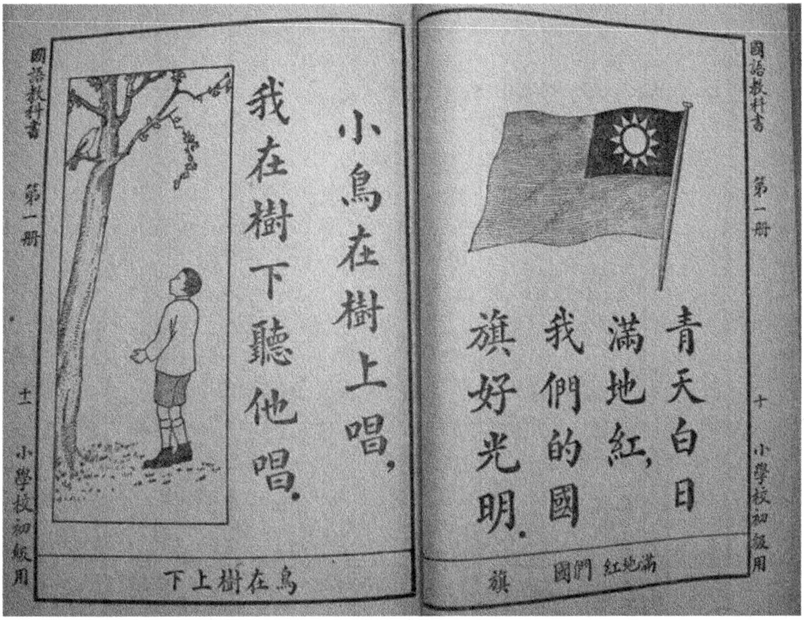

Fig. 23 : Une nouvelle pédagogie au service de la nation. Dès les toutes premières leçons, ce manuel de première année d'école primaire présente le drapeau national (page de droite).

Dès 1915, la tentative de restauration impériale de Yuan Shikai met à l'épreuve l'enracinement de cette nouvelle culture politique. Et l'échec cinglant que subit Yuan signe le refus général du retour à la forme impériale du pouvoir.

Tout cela ne signifie pas que la République n'a pas tâtonné pour élaborer sa nouvelle culture politique. En matière d'architecture officielle notamment, les débuts sont particulièrement hésitants. Durant les années 1910 est construit à Canton le complexe des 72 martyrs (*Huanghuagang qishier lieshi lingyuan* 黃花崗七十二烈士陵園). Cet empilement de symboles républicains massivement empruntés à la culture politique américaine (toujours visible de nos jours), maladroit et inélégant, ne fera pas école. L'architecture officielle va trouver véritablement son style sous la décennie de Nankin. L'influence de l'architecture occidentale, en particulier les beaux-arts, est certes puissante. Néanmoins, elle se combine, notamment au niveau de la toiture, à certaines caractéristiques inspirées des monuments officiels anciens. Les bâtiments des ministères qui sont construits dans la nouvelle capitale, Nankin, expriment cette synthèse. Ils sont percés de nombreuses fenêtres, exprimant ainsi une volonté d'ouverture et l'attention nouvelle que les gouvernants portent au peuple. Celle-ci a ses limites : comme à l'époque impériale, ils demeurent ceinturés par un mur extérieur[2].

En pleine cohérence avec le caractère éminemment public du nouveau cérémonial politique, l'oralité gagne en importance : l'époque de la révolution est aux discours politiques et aux joutes oratoires. La rupture est totale et vient remettre en cause l'écrasante prépondérance de l'écrit qui caractérisait la culture politique impériale. Cette inflexion survivra largement aux premières années de la République. La pensée de Sun Yat-sen s'élabore en grande partie au fil des innombrables allocutions qu'il prononce tout au long de sa carrière politique. Les meetings politiques des différentes campagnes orchestrées par le Guomindang sont avant tout des successions de discours fleuves (dont l'influence se trouve démultipliée par la radio). Il en est de même pour le PCC, lequel fera même de la prise de parole des opprimés une des clés de voûte de sa tactique de subversion des élites traditionnelles.

La participation des citoyens passe aussi par des élections. À vrai dire, leur place dans le nouvel ordre politique a été quelque peu négligée par les historiens et ce pour deux raisons : d'une part, durant toute la période, à quelque niveau que ce soit, le pouvoir politique ne sort

2. C. Musgrove, *China's Contested Capital*, p. 104-119.

que très exceptionnellement des urnes. D'autre part, les élections ont, c'est incontestable, fait l'objet de manipulations et fraudes massives, ce qui a amené à en sous-estimer la portée[3]. Il n'en reste pas moins qu'il se produit une certaine « acclimatation » de cette pratique dans la culture politique. On a évoqué les élections du Parlement de l'hiver 1912-1913 qui passionnent le pays. Le vote s'impose comme socle de légitimité démocratique. Certes, les membres de ce Parlement, le seul de la période à être élu démocratiquement et au niveau de l'ensemble du pays, vont dans les dix années qui suivent être à maintes reprises intimidés, achetés et ballottés sans répit entre les différents aspirants au pouvoir. Paradoxalement, un tel traitement témoigne d'un fait significatif : si l'on consacre tant d'effort (et d'argent) à subordonner ses membres, c'est bien parce que ce Parlement constitue aux yeux de tous une pièce importante du jeu politique. Au début des années 1920, la question des élections redevient centrale. Le mouvement fédéraliste qui balaie le pays s'accompagne d'intenses débats concernant le mode de scrutin qu'il convient d'adopter. Des élections locales se tiennent dans un certain nombre de provinces comme au Guangdong alors sous la houlette de Chen Jiongming (fin 1921) pour désigner les chefs des districts[4]. La question des élections reste importante dans le débat sur les institutions durant la période de domination du Guomindang, notamment parce que, en principe, des élections locales doivent intervenir dans l'intention d'éduquer le peuple à exercer son suffrage. Des élections ont lieu en 1936-1937 pour élire une partie de l'Assemblée constituante, qui ne peut se réunir à cause de la guerre. De nouvelles élections générales sont organisées par le Guomindang entre novembre 1947 et janvier 1948. Elles se déroulent au suffrage universel, mais avec un système de candidatures officielles qui évoque le Second Empire en France.

---

3. Feng X., « Counterfeiting Legitimacy : Reflections on the Usurpation of Popular Politics and the "Political Culture" of China, 1912-1949 », p 214-217.

4. J. Fitzgerald, « From Country Magistrate to Country Head : the Role and Selection of Senior County Officials in Guangdong Province in the Transition from Empire to Republic », p. 268-270.

Continuités avec la période des Nouvelles Politiques

Pour radicale que soit la rupture de 1911, l'historien ne saurait se laisser abuser par la mythologie révolutionnaire de la *tabula rasa*. De fait, certaines des réformes radicales que nous venons de décrire trouvaient en réalité leur origine sous les Qing : c'est le cas des élections, dont les premières ont lieu sous l'empire, mais aussi du calendrier grégorien, qui avait commencé d'être adopté dans certains secteurs de l'administration des Qing comme les postes, les douanes, les chemins de fer et l'enseignement. Par dessus la révolution de 1911, on voit poindre de forts éléments de continuité avec les réformes apparues depuis le lancement des Nouvelles Politiques.

À l'image de l'abandon du système des Six Ministères remontant aux Tang (Châtiments, Rites, Travaux publics, Guerre, Fonctionnaires, Finances) au profit d'une organisation inspirée des cabinets ministériels occidentaux, aucune des grandes réformes des Nouvelles Politiques, cela vaut d'être noté, n'est remise en cause par les révolutionnaires. Dans presque tous les cas, ces derniers s'en font en réalité les continuateurs. L'exemple le plus parfait est probablement celui de la refonte du droit chinois et du système judiciaire. Le Code pénal provisoire adopté en 1912 (*zanxing xin xinglü* 暫行新刑律) est remplacé par un nouveau code en mars 1928 (*zhonghua minguo xingfa* 中華民國刑法), qui sera à nouveau amendé en 1935. Un Code civil est promulgué par étapes entre mai 1929 et février 1931. Or, cette œuvre tout à fait considérable trouve ses origines directes dans l'effort gigantesque entrepris pendant la période des Nouvelles Politiques par Wu Tingfang et Shen Jiaben, et poursuivi sous le régime de Yuan Shikai[5] (qui était le protecteur de Shen Jiaben). Même les gouvernements Beiyang, dont on a vu la faiblesse à bien des égards, entretiennent la dynamique grâce à des personnalités comme Zhang Yaozeng. Trois fois ministre de la Justice entre 1916 et 1924, il œuvre inlassablement, avec d'autres éminents juristes, à la réforme du système judiciaire. Cette transformation du droit découle de l'adoption de principes fondamentalement nouveaux, en particulier celui de l'égalité entre tous les individus, quel que soit

5. Xu X., *Trial of Modernity*, p. 26-83 et 96-98.

leur sexe ou leur appartenance ethnique. Cela se traduit dans le domaine du mariage (les mariages arrangés sont prohibés et le droit au divorce affirmé) et dans celui de l'héritage (les héritiers reçoivent une part égale). Les autres grands axes de la réforme du droit sont la réforme des peines, la suppression de la torture, et la séparation des pouvoirs exécutif et judiciaire (jusqu'alors cumulés notamment par les magistrats de district). Le souci de rendre la justice plus accessible se traduit par des efforts pour multiplier le nombre de tribunaux, l'objectif (jamais atteint) étant d'en doter chaque district. Enfin, la préoccupation de faire mieux coïncider les textes et la réalité de leur application se fait également jour. C'était un grief des Occidentaux qui pointaient avec une verve volontiers sarcastique à quel point de vertueuses interdictions, comme celle des jeux de hasard, restaient absolument lettre morte. Il faut noter, que le but, en dotant la Chine d'un droit et en particulier d'un Code pénal correspondant à l'idée que s'en faisaient les pays occidentaux, reste le même qu'à la fin de l'empire : il s'agit d'ôter à ces derniers un de leurs principaux arguments pour s'opposer à la fin de l'extraterritorialité.

Enfin, comme Xiaohong Xiao-Planes l'a très bien montré, la question constitutionnelle, qui agitait le débat politique durant la période des Nouvelles Politiques, non seulement demeure âprement débattue durant toute la République, mais est toujours au cœur de la construction étatique[6].

De telles continuités avec la période des Nouvelles Politiques s'expliquent dans une certaine mesure par le fait que les hommes restent les mêmes : la République, notamment sous les gouvernements Beiyang, recycle largement le personnel de l'administration impériale. On songe bien sûr au cas emblématique de Xu Shichang, ancien gouverneur général de la Mandchourie sous les Qing, plusieurs fois ministre, et qui accède à la présidence de la République en septembre 1918. Mais la capillarité entre la strate des fonctionnaires de l'époque Qing et le personnel politique du nouveau régime est un phénomène de bien plus grande ampleur : sur les 94 hommes qui détiennent entre 1920 et

6. X. Xiao-Planes, « Constitutions et constitutionalisme : les efforts pour bâtir un nouvel ordre politique (1908-1949) ».

1928 un maroquin ministériel, 54 % sont issus de la bureaucratie des Qing[7]. Le même constat s'impose au niveau des exécutants[8]. Parmi eux, un grand nombre étaient des jeunes gens formés à l'étranger, et à qui les rangs de l'administration s'étaient ouverts lors des Nouvelles Politiques. D'autres, souvent plus âgés, sont de parfaits produits du système des examens mandarinaux et de la haute bureaucratie des Qing, à l'image de Liang Shiyi, un des hommes clés des finances publiques du gouvernement central de la première décennie de la République. Les seigneurs de la guerre ne sont pas les derniers à s'attacher les services d'administrateurs compétents ayant commencé leur carrière sous les Qing. Wang Yongjiang, grand argentier de Zhang Zuolin, fait merveille pour assurer à son maître les moyens financiers de ses ambitions politiques et militaires.

Le fait que des hommes issus en droite ligne du mandarinat de la dynastie des Qing aient ainsi poursuivi leur carrière sous la République n'est certainement pas étranger à certaines formes de perpétuation d'une culture politique plus ancienne, qui méritent de retenir l'attention.

Continuités avec un ordre politique plus ancien

Par une plaisante ironie, le terme même qui désigne le projet politique des révolutionnaires, celui de *geming* 革命 (révolution), est puisé dans le vocabulaire politique de l'époque impériale, après un détour par le japonais, en étant réinvesti d'un sens nouveau (le sens à l'origine était la révocation du mandat céleste). Cet exemple pourrait sembler anecdotique, si, au-delà du vocabulaire, on ne constatait durant la période républicaine la perpétuation de nombreuses pratiques, idées et concepts issus en droite ligne du système politique impérial.

Au milieu des années 1920, Chiang Kai-shek, alors jeune directeur de l'Académie militaire de Huangpu, s'exerce avec acharnement dans l'intimité de sa vie conjugale à la calligraphie sur de vieux journaux.

---

7. L. Pye, *Warlord Politics. Conflict and Coalition in the Modernization of Republican China*, p. 138.

8. A. Nathan, *Peking Politics, 1918-1923. Factionalism and the Failure of Constitutionalism*, p. 8-13 et 72-73.

Il ne s'agit pas de délassement, mais de calcul politique de la part d'un ambitieux en pleine ascension politique. Chiang tient en effet pour acquis qu'il est indispensable, pour un homme d'État de premier plan, d'avoir une calligraphie au moins acceptable. On continue, durant la période républicaine, d'orner les bâtiments officiels avec des calligraphies de la main des dirigeants. Les publications officielles qui fleurissent s'ouvrent sur des photographies de dirigeants et de hauts fonctionnaires, mais elles sont toujours accompagnées par quelques sentences calligraphiées de leur main.

La promotion de l'oralité que nous avions mentionnée plus haut trouve ses limites ; le prestige de l'écrit et de la calligraphie reste très grand. Chiang (comme Mao) parviendra aux plus hautes fonctions en demeurant un piètre orateur.

L'héritage politique de la culture impériale est rarement repris de façon aussi revendiquée qu'avec la mise en place d'un bureau de l'histoire des Qing (*Qingshi guan* 清史館) en mars 1914[9]. Dans le système dynastique traditionnel, il revenait en effet à toute nouvelle dynastie d'écrire l'histoire de sa devancière. Dès 1928 est publiée l'*Ébauche de l'histoire des Qing* (*Qingshigao* 清史稿). On en restera cependant à ce stade. Aucune histoire officielle des Qing ne rejoindra jamais la collection des 24 histoires officielles.

Le maillage administratif, nullement affecté par les Nouvelles Politiques, est un autre exemple de la résistance des structures étatiques existantes : les échelons de la province demeurent inchangés. De même le découpage des 1 400 districts, niveau le plus local de l'administration de la période impériale, reste intact. Les nouveaux échelons administratifs qui apparaissent sont situés *au-dessous* du district. La République revient sur une innovation introduite par les Qing, les gouvernorats généraux, qui réunissaient deux (Shaanxi/Gansu ou Hunan/Hubei, par exemple) voire trois provinces (Jiangsu/Anhui/Jiangxi). Le seul changement significatif, en définitive, est la disparition des deux échelons intermédiaires qui s'intercalaient dans la Chine impériale entre province et district : les 70 circuits (*dao*) et les 210 préfectures (*fu*) que le

9. Chen H., « Last Chapter Unfinished : The Making of the Official *Qing History* and the Crisis of Traditional Chinese Historiography », *Historiography East and West*, vol. 2, 2006, p. 173-204.

pays comptait sous les Qing s'effacent rapidement. Mais le système mis au point durant la décennie de Nankin dans lequel les districts rendent compte de leur budget aux gouvernements des provinces, que ces derniers transmettent (en y ajoutant leur propre budget) à Nankin consacre le maintien de la primauté des trois étages principaux de l'ossature administrative ancienne.

L'une des activités habituelles des administrations locales était la publication de monographies locales, les fameux *difangzhi* 地方志, qui faisaient le point des données géographiques, démographiques, sociales et historiques d'une circonscription administrative (un district ou une préfecture, le plus souvent). Dans le district de She (Anhui), où une monographie locale est publiée en 1937, la précédente édition remontait à plus d'une centaine d'années[10]. D'une façon plus générale, avec environ 1 600 volumes, on n'a jamais publié autant de monographies locales que sous la République[11]. Dans la province du Hebei, par exemple, lors des années 1920-1930 presque chaque district publie une édition mise à jour.

Sur le plan de la culture et des idées politiques, il n'est pas possible de faire l'inventaire exhaustif des éléments anciens qui perdurent. Contentons-nous d'en donner quelques exemples parmi les plus significatifs. Ainsi une attention particulière doit-elle être accordée au nomadisme de la capitale durant l'époque républicaine. Aucun autre grand pays dans le monde n'en offre alors d'exemple, à l'exception du Siam, et à un degré bien moindre. Il s'agit là d'un héritage en droite ligne de la culture politique chinoise traditionnelle, pour laquelle la localisation de la capitale est considérée comme une *question ouverte* (une conception éminemment étrangère à un Français ou un Anglais). Pour le détenteur du pouvoir, le choix de sa localisation peut être mis au service d'une stratégie et d'une orientation politique générale. Le choix de Pékin en 1912, celui de Nankin en 1927 relèvent tous deux de cet ordre d'idées. On sait moins qu'il existait au début des années 1940 des plans élaborés pour préparer l'après-guerre, qui préconisaient non un retour à Nankin,

10. Zhai T., « Étude comparative des monographies locales de la préfecture de Hui et du district de She », p. 313-317.

11. Cheng M., *Diyu wenhua yu guojia renting*, p. 261-263.

mais un nouveau changement avec l'adoption de Xi'an comme capitale[12].

Un proverbe qui énonce que les bons fonctionnaires sont le trésor du pays (*shi nai guo zhi bao* 士乃國之寶) rend compte d'un autre trait profond de la culture politique chinoise laquelle tend à accorder plus d'importance à la qualité des hommes qui servent l'État qu'à la structure des institutions, « trouver les hommes » plutôt que « trouver les méthodes[13] » (P.-É. Will). Cette idée survit remarquablement à la suppression des examens impériaux en 1905 (système dont la finalité était précisément de sélectionner avec le plus grand soin une élite d'individus) et à l'avènement de la République. Cao Kun le déclare sans ambages dans son discours d'investiture de l'automne 1923 : « La clé d'un bon gouvernement est d'employer des hommes de talent. » Mais surtout, on retrouve la même idée chez Sun Yat-sen. Ce dernier fait du pouvoir d'examen (lequel consiste à organiser et à centraliser le recrutement des fonctionnaires) l'un des cinq pouvoirs avec l'exécutif, le législatif, le judiciaire et le contrôle. Bien moins iconoclaste qu'on ne pourrait le croire, surtout en ce domaine, Sun est même doublement héritier de la tradition impériale, puisque le pouvoir de contrôle tel qu'il le définit consiste à faire renaître, sous une forme bien peu différente, le Censorat (*duchayuan* 都察院) de l'époque impériale[14].

Le Guomindang et le modèle du parti-État après 1928

Après la réunification militaire de l'expédition du Nord et la fondation du régime de Nankin, le Guomindang amorce un remodelage de l'État central chinois en appliquant les principes édictés par Sun Yat-sen. Si cette entreprise a pu être appréciée très diversement par

12. M. Bian, « Building State Structure », p. 46. Xi'an avait du reste depuis 1932 été élevée au rang de capitale secondaire et rebaptisée Xijing 西京, « la capitale de l'Ouest » : B. Fayolle Lussac, H. Hoyem, P. Clément (dir.), *Xi'an, an Ancient City in a Modern World, Evolution of the Urban Form 1949-2000*, p. 59-60.

13. P.-É. Will, « Bureaucratie officielle et bureaucratie réelle à la fin de l'Empire », p. 99 et 118.

14. P.-É. Will, « Le contrôle de l'excès de pouvoir sous la dynastie des Ming », p. 115.

les historiens, elle constitue sans conteste la plus cohérente et la plus aboutie des tentatives de réforme de l'État durant la période.

Sun Yat-sen, figure tutélaire

Si Sun Yat-sen était devenu dès sa mort en mars 1925 un totem de la République, le régime de Nankin instaure ce qu'il n'est pas exagéré de qualifier de culte d'État. Le jour de sa naissance et celui de sa mort sont chômés. Son visage est partout représenté, sur les billets de banque, les timbres, ainsi que place Tian'anmen, à l'emplacement où trône aujourd'hui celui de Mao. En son honneur, Xiangshan, le district où il a vu le jour, est rebaptisé Zhongshan (l'un des *hao* 號 – nom littéraire – les plus usuels de Sun). Son rôle dans la révolution est exalté dans les discours et les pages des manuels scolaires, qui le parent de toutes les vertus. Ses restes sont placés, au cours d'une cérémonie somptueuse, dans un tombeau monumental construit à Nankin par l'architecte Lü Yanzhi. Décide-t-on en 1927 d'adopter un nouvel hymne national ? Les paroles en sont intégralement issues de discours prononcés par le grand homme. Toute réunion publique ou officielle doit être précédée par une courte cérémonie destinée à honorer la mémoire de celui qu'il devient obligatoire en mars 1940 de mentionner uniquement sous l'appellation de « Père de la nation » (*guofu* 國父) : l'assistance s'incline devant son portrait, avant de respecter une minute de silence. Puis il est fait lecture d'un court texte, le *Testament politique* (*yizhu* 遺囑), que Sun est supposé avoir rédigé sur son lit de mort, mais qu'il n'a très vraisemblablement fait qu'approuver (voir annexe 1). On traduit *yizhu* par « testament politique » faute de mieux, mais la nuance d'exhortation qu'implique le terme *zhu* est perdue. Le testament devient un texte sacré, et en vertu de sa brièveté (seulement 146 caractères), il figure absolument partout. Il trône en première page de publications officielles comme des journaux les plus frivoles. On retrouve dans ce court texte la thématique centrale du nécessaire « réveil » du peuple et de l'objectif prioritaire de la suppression des traités inégaux. Ce texte de Sun fait mention du caractère inachevé de la révolution à laquelle il a consacré sa vie.

Cette promotion de la figure de Sun s'explique essentiellement parce qu'elle sert un but très précis pour le nouvel homme fort du

Guomindang, Chiang Kai-shek. Ce dernier, en effet, est loin d'avoir un passé révolutionnaire aussi glorieux que ses principaux rivaux au sein du Guomindang, Hu Hanmin et Wang Jingwei. Afin d'asseoir sa légitimité, Chiang va donc avoir recours à une stratégie de culte de la personnalité « par procuration ». Il s'agit d'une part de développer sur une vaste échelle le culte de Sun et dans le même temps de créer les occasions d'affirmer qu'il est son seul héritier politique. Ainsi, sous prétexte d'exalter le « Père de la nation chinoise », le transfert des restes de Sun le 1er juin 1929 dans le mausolée construit pour lui à Nankin sert avant tout à Chiang pour poser comme son digne héritier : c'est lui qui y mène ostensiblement le deuil, en reléguant les parents du défunt au second plan. Chiang a également soin d'installer ses bureaux dans le bâtiment utilisé par Sun Yat-sen durant les quelques mois qu'il avait passé comme président de la République au début de 1912. Quant à sa résidence officielle à Nankin, la villa Lingyuan (*Lingyuan bieshu* 陵園別墅), elle est située juste à côté du mausolée de Sun.

Dans un premier temps donc, la montée du pouvoir personnel de Chiang pendant l'expédition du Nord et la décennie de Nankin (1928-1937) ne s'accompagne pas d'un véritable culte de sa personnalité, mais cette absence se trouve habilement compensée par la promotion tous azimuts de l'ancêtre politique qu'il s'est choisi[15]. À partir de la guerre de 1937-1945, en revanche, le culte de la personnalité de Chiang s'affirme de plus en plus explicitement.

Les principaux écrits de Sun sont la bande-son de la vie intellectuelle du parti. Sa pensée est enseignée dans tout le système éducatif dès l'école primaire et même au-delà : ni les athlètes de l'Académie des arts martiaux nationaux ni même les opiomanes dans leurs cliniques de désintoxication ne peuvent y échapper[16].

Le Ier congrès du Guomindang (1924) consacre le triple démisme comme l'idéologie officielle du parti. Le triple démisme (*sanmin zhuyi* 三民主義) s'articule comme son nom l'indique autour de trois points :

---

15. Sun n'est que le principal ancêtre politique que se donne Chiang, il fait de même pour d'autres figures historiques importantes, comme Lin Zexu et Zeng Guofan : voir X. Paulès, « La lutte contre l'opium. Panacée politique pour le Guomindang ? », p. 208 ; H. Van de Ven, *War and Nationalism in China,* p. 230-232.

16. A. Morris, *Marrow of the Nation : a History of Sport and Physical Culture in Republican China*, p. 204.

nationalisme (*minzu zhuyi* 民族主義), démocratie (*minquan zhuyi* 民權主義) et bien-être du peuple (*minsheng zhuyi* 民生主義). Si Sun Yat-sen s'efforce de lui donner des contours plus précis lors d'une célèbre série de conférences données à Canton entre mars et août 1924, ce n'est pas une doctrine définie de façon très nette. Elle subit même au cours de la carrière de Sun des changements considérables, l'un des plus notables étant la transformation du concept de nationalisme. Nettement dirigé contre la dynastie mandchoue avant 1911, le nationalisme devient au début des années 1920 synonyme d'anti-impérialisme (dirigé non seulement contre les puissances occidentales, mais aussi leurs prétendus suppôts, les seigneurs de la guerre). Si, dans sa base de Canton, Sun est tributaire de l'aide russe et indubitablement influencé par ses conseillers soviétiques, il ne fait aucun doute à ses yeux que le Komintern doit être au service de la révolution chinoise et non l'inverse. Parmi l'arsenal idéologique arrivé dans les valises du Komintern, Sun et les nationalistes vont surtout s'approprier une notion, la seule qui faisait sens pour eux, dont ils vont dès lors user et abuser : l'impérialisme. Ce thème prend une place croissante dans les discours de Sun à partir de 1923-1924. À partir de cette période, il est fait un usage récurrent de la notion de « traités inégaux » pour qualifier notamment les traités signés à l'issue des deux guerres de l'opium, elles-mêmes interprétées comme des agressions préméditées. C'est une trouvaille géniale, qui dénonce comme exceptionnellement inique une chose pourtant bien banale : des traités défavorables conclus après une défaite militaire. La trilogie impérialisme, traités inégaux et seigneurs de la guerre est rendue responsable de toutes les difficultés du pays au moment de l'expédition du Nord et jusque dans les années 1930.

Pour ce qui concerne la démocratie, Sun est certes partisan du gouvernement du peuple, par le peuple et pour le peuple (selon l'expression de Lincoln), mais estime que la Chine n'est pas mûre pour une démocratie parlementaire à l'occidentale. Il pose donc comme nécessaire, avant d'aboutir à un gouvernement constitutionnel (*xianzheng* 憲政), de passer par deux étapes transitoires. La phase de gouvernement militaire (*junzheng* 軍政), qui ne doit durer que le temps de la conquête du pouvoir, puis la tutelle politique par le parti (*dangzheng* 黨政). Durant cette dernière, le peuple doit s'éduquer sous le régime du parti unique avant de pouvoir élire ses représentants en vue de rédiger une Constitution.

Les observateurs occidentaux de l'époque font volontiers de lui un « rouge ». Pourtant, Sun demeure totalement imperméable à ce concept beaucoup plus central dans la pensée marxiste que celui d'impérialisme : la lutte des classes, qu'il assimile à un état pathologique de la société découlant de la concentration du capital en trop peu de mains. Dans une conférence donnée le 30 décembre 1923, il développe au contraire une comparaison entre la société chinoise et une ruche où la répartition des tâches se fait de façon harmonieuse, chaque individu contribuant de bon gré au bien commun. Nullement hostile au capitalisme et encore moins à l'économie de marché, Sun est réformiste sur le plan social, se contentant de prôner assez vaguement une réduction des inégalités. Il convient donc d'insister sur la modération des positions en faveur du bien-être du peuple, principe qu'il est abusif de traduire, comme on le fait encore parfois, en « socialisme ».

Après la mort de Sun, l'interprétation de sa pensée devient un enjeu crucial des luttes à l'intérieur du Guomindang. Les exégètes de la droite du Guomindang (comme Dai Jitao) tentent de ramener le triple démisme à une forme de conservatisme en soulignant une certaine continuité avec l'héritage confucéen, tâche facilitée par les allusions plus ou moins explicites à Confucius disséminées dans les discours de Sun. Au contraire, la gauche du Guomindang aura beau jeu d'insister sur les accents révolutionnaires des œuvres de Sun.

Architecture institutionnelle

La Loi organique de 1928 constitue une application directe des thèses développées par Sun. Le pouvoir est divisé entre les cinq yuan : exécutif (*xingzhengyuan* 行政院), judiciaire (*sifayuan* 司法院), législatif (*lifayuan* 立法院), de contrôle (*jianchayuan* 監察院), d'examen (*kaoshiyuan* 考試院). Les ministères sont placés sous l'autorité des différents yuan selon une répartition qui n'est pas stable. En réalité, l'importance des yuan est extrêmement inégale : le Yuan exécutif coiffe l'essentiel des ministères et il est notoirement prépondérant[17]. Le président du Yuan exécutif fait en effet figure, à peu de chose près, de

17. R. Bedeski, *State-Building in Modern China : The Kuomintang in the Prewar Period*, p. 82-87.

Premier ministre. C'est par exemple le poste qu'occupe Wang Jingwei entre 1932 et 1935, les trois années durant lesquelles, allié à Chiang Kai-shek, son influence est forte dans les affaires de l'État[18]. Les autres présidents de yuan sont bien moins puissants. Ainsi, lorsque Sun Ke, le fils de Sun Yat-sen, se voit proposer le poste de président du Yuan législatif en mars 1932, il se cabre devant ce qu'il perçoit comme une relégation à un poste quasi honorifique, annonciatrice d'une marginalisation politique[19].

Après l'architecture des cinq yuan, une des particularités principales de l'État Guomindang est la coexistence de deux organisations parallèles, puisque celle du parti se superpose à l'organisation étatique.

Au sein du Guomindang, comme dans tout parti central démocratique, le pouvoir est supposé émaner de congrès nationaux (*quanguo daibiao dahui* 全國代表大會) convoqués à intervalles réguliers. Le congrès national désigne les membres du Comité exécutif central (*zhongyang zhixing weiyuanhui* 中央執行委員會) où se situe le centre névralgique du pouvoir. Il ne faut pourtant pas accorder trop d'importance à cet ordonnancement, dans la mesure où il laisse l'impression doublement fausse d'une collégialité du pouvoir et d'une vie démocratique interne au parti. Le débat contradictoire au sein du parti se réduit comme peau de chagrin au cours des années 1920, ce dont témoigne, entre autres, la convocation de plus en plus espacée et irrégulière des congrès nationaux : pas moins de dix années s'écoulent entre le Ve (1935) et le VIe (1945). On assiste également à l'inflation des effectifs du Comité exécutif central et même de ceux du Comité permanent (moins d'une dizaine de membres jusqu'en 1935, jusqu'à 55 en 1947). Cette inflation a pour effet de leur faire perdre toute cohérence et toute influence réelle. On a vu combien la guerre sino-japonaise est favorable au pouvoir personnel de Chiang Kai-shek. Cela se traduit d'un point de vue institutionnel par une mesure hautement symbolique : le congrès national extraordinaire (*linshi quanguo daibiao dahui* 臨時全國代表大會) du printemps 1938 entérine sa prépondérance en l'élevant au rang de *zongcai* 總裁, un titre qui évoque celui conféré à Sun en 1924 (*zongli* 總理).

---

18. M. Zanasi, *Saving the Nation*, p. 83.
19. L. Eastman, *The Abortive Revolution*, p. 164.

D'un point de vue quantitatif, le Guomindang prend dans la seconde moitié des années 1920 une nouvelle dimension : il compte 266 000 militants en 1929. Parmi eux, 96 % ont adhéré depuis moins de cinq ans. Or, la sélection et la formation de ces nouveaux membres sont très négligées. L'opportunisme prime ; par exemple, dans les zones où arrivent les troupes de l'expédition du Nord, les personnels de l'administration locale cherchent, en adhérant, à s'assurer de conserver leur place. Au cours des années 1930, le Guomindang devient un parti de masse : en 1937, il atteint 1,6 million de membres[20]. Dans les années suivantes, on réduit progressivement les formalités d'adhésion à leur plus simple expression. Étant donné que s'ajoute à cela la pratique des adhésions collectives (par entreprise ou par administration), les effectifs explosent au point qu'il en devient impossible d'estimer avec précision le nombre d'adhérants du parti.

Pour autant, l'emprise du parti sur le pays est très inégale. Les membres du Guomindang se recrutent dans des groupes sociaux bien limités : étudiants, enseignants sont les premiers à garnir ses rangs au début des années 1920. Au milieu des années 1920, fonctionnaires et militaires adhèrent en masse. Il reste que jamais le parti ne parvient à pénétrer en profondeur la société. Les éléments les plus engagés dans la mobilisation des ouvriers ou des paysans durant la période du premier Front uni étaient soit des communistes, soit des membres de l'aile gauche. En rompant brutalement avec le PCC et en se coupant de son aile gauche, le Guomindang a perdu son implantation parmi ces catégories de la population. Malgré la hausse spectaculaire des effectifs, dans les années 1930-1940 les paysans continuent de briller par leur absence. Même en ville, le Guomindang reste très hermétique aux couches populaires. D'un point de vue géographique, les écarts entre provinces peuvent être très importants. En 1929 au Sichuan, province la plus peuplée de Chine, on compte 77 membres, car les seigneurs de la guerre locaux n'épargnent pas leur peine pour freiner son enracinement. L'avènement du pouvoir personnel de Chiang Kai-shek n'est pas une bonne chose pour l'implantation du Guomindang à travers tout le pays. Les sections locales lui étant d'une façon générale assez

---

20. Wang Q., *Dangyuan, dangquan yu dangzheng*, p. 162-163, 203-204, 222-223 et 315-332.

peu favorables, il n'allouera jamais de moyens significatifs pour leur développement.

Si domine l'impression d'un parti quelque peu déconnecté de la société, on assiste à une « partification » (*danghua*) des différentes composantes de l'État. Le processus a été particulièrement bien étudié dans le secteur de la justice[21]. Il se traduit de deux façons : premièrement, des figures historiques du Guomindang au profil très politique et ne disposant que d'une expérience limitée dans le domaine de la justice (à l'image de Ju Zheng, placé à la tête du Yuan judiciaire en janvier 1932) se substituent à des juristes chevronnés qui étaient issus de l'administration Beiyang comme Wang Chonghui, docteur en droit de l'université de Yale, trois fois ministre sous des gouvernements Beiyang (1912, 1921, 1924). Cette partification, cependant, ne se concrétise qu'au niveau le plus élevé de l'appareil judiciaire. À la base, la pénétration du parti s'avère bien moins significative. Deuxièmement, au niveau des magistrats de base, de fortes pressions sont exercées sur les hommes déjà en place pour qu'ils intègrent les rangs du Guomindang, tandis que l'on donne un contenu nettement plus politique à la formation des nouveaux juges. La tendance à faire de la justice un instrument docile de la politique du Guomindang se dessine. Elle rencontre néanmoins de fortes résistances aux différents échelons de la hiérarchie. L'une des principales pommes de discorde est le maintien d'une juridiction d'exception appliquée aux communistes.

À l'exemple du secteur de la justice, le parti n'a pas réussi à subvertir l'État. C'est une réalité que traduisent divers indices, comme le fait que le traitement des fonctionnaires locaux soit notoirement plus important que celui des cadres du parti de niveau équivalent[22]. La tendance de Chiang Kai-shek, dont on a souligné la relative faiblesse des appuis à l'intérieur du parti, à privilégier l'État n'y est sans doute pas étrangère.

Mais Chiang mise encore davantage sur l'armée comme instrument de son pouvoir. La création de l'Académie militaire de Huangpu en 1924 avait représenté un tournant majeur en mettant enfin à la disposition du Guomindang une force militaire qui ne soit plus une alliée avec laquelle il était nécessaire de composer, mais partie intégrante

21. Li Z., *Fazhi yu dangzhi, guomindang zhengquan de sifa danghua*.
22. Wang Q., *ibid.*, p. 195-199.

de celui-ci. L'armée gagne en importance avec l'expédition du Nord. Durant les années suivantes, dans un climat international de plus en plus menaçant, elle continue d'absorber une part énorme du budget. Parallèlement, Chiang Kai-shek émancipe l'armée par rapport au parti. Après la rupture avec le PCC, il réduit rapidement à néant le pouvoir des commissaires politiques qui avaient été mis en place au sein des forces militaires, sur le modèle bolchevique. Plus tard, dans les années 1930-1940, il permet à un nombre de plus en plus significatif de militaires d'occuper des postes civils importants. Ainsi le poste de maire de Shanghai est-il occupé par Qian Dajun en 1945-1946, tandis que He Yingqin devient président du Yuan exécutif en 1949. Au total, l'expédition du Nord, suivie de l'émergence puis l'affirmation du pouvoir de Chiang ont contribué à donner aux militaires une importance et une autonomie par rapport au parti et à l'État que Sun Yat-sen n'entendait nullement leur donner, qu'ils ne possédaient pas avant 1926 et dont ils ne se laisseront plus jamais déposséder.

L'ADN de l'État-Guomindang est donc fortement marqué par la coexistence problématique de trois appareils : l'État, le parti et l'armée.

Cliques et luttes de cliques

On a pu voir comment Chiang Kai-shek s'est permis, à différentes reprises (d'août à décembre 1927, de décembre 1931 à janvier 1932 et de janvier 1949 à mars 1950), de démissionner de toutes ses fonctions officielles. Cette attitude déroutante ne prêta jamais à conséquence parce que l'essence de son pouvoir se trouvait ailleurs, dans un réseau de fidélités, qui lui permettait de continuer à exercer la réalité du pouvoir en sous-main. Comme cet exemple le montre, saisir la substance même des rapports de pouvoir au sein de l'État-Guomindang implique de ne pas se contenter de décrire des institutions, mais de rendre compte des réseaux interpersonnels et des cliques (*xi* 系 ou *pai* 派) qui rivalisent dans les sphères dirigeantes de l'État, du parti et de l'armée. La liste des cliques pourrait être bien plus longue, mais quatre d'entre elles se distinguent tout particulièrement.

La clique de Huangpu (*Huangpu pai* 黃埔派) est probablement la plus facile à cerner, dans la mesure où elle est constituée des anciens cadets de l'Académie éponyme, qui pour les chanceux qui survivent aux combats de l'expédition du Nord, accèdent en général rapidement à des positions importantes. Ces membres continuent de donner ostensiblement du « Monsieur le directeur » à Chiang, pour mieux souligner le lien privilégié qui les relie à lui. Particulièrement puissante dans l'armée, elle compte parmi ses membres les plus importants Du Yuming, He Zhonghan et Hu Zongnan.

La clique CC est également étroitement associée à Chiang Kai-shek. Elle est organisée autour des frères Chen : Chen Guofu et Chen Lifu, deux neveux de Chen Qimei, une importante figure révolutionnaire, qui jusqu'à sa mort en mai 1916 fut le mentor de Chiang au sein du Guomindang. Particulièrement puissante à l'intérieur de l'appareil du parti, elle a des ramifications nombreuses et étendues. Fortement implantée dans la basse vallée du Yangzi (où ses liens avec les sociétés secrètes sont notoires), elle a aussi la main sur la composante civile des services secrets (*Zhongtong* 中統) du Guomindang.

La clique de la réorganisation (*gaizupai* 改組派), elle, regroupe des partisans de Wang Jingwei. Sa principale cheville ouvrière est Chen Gongpo. Son nom vient d'une Société des camarades pour la réorganisation du Guomindang (*Guomindang gaizu tongzhihui* 國民黨改組同志會) fondée en 1929 dans l'intention de faire obstacle au pouvoir personnel de Chiang[23].

La dernière des principales cliques est la clique des sciences politiques (*Zhengxue xi* 政學系). Peu structurée, dépourvue de réel leader, elle rassemble pour l'essentiel des techniciens de haut niveau, souvent formés à l'étranger, qui peuplent les ministères comme Huang Fu, Zhang Qun, Wang Chonghui, Zhang Jia'ao ou encore Weng Wenhao.

Si les historiens ont profondément réévalué le bilan du Guomindang depuis les années 1990, le caractère pathologique de la multiplication des cliques et de leurs rivalités continue, lui, à faire l'objet d'un consensus. Il est pourtant loin d'aller de soi. Un premier fait doit nous mettre en alerte : la lutte entre factions à la cour impériale et au sein de la haute administration faisait partie du jeu politique habituel, y compris pendant les périodes les plus brillantes de l'histoire de la Chine. Plus largement, il s'agit d'un phénomène consubstantiel à tout

23. M. Zanasi, *Saving the Nation*, p. 19-20.

système politique ayant atteint un certain degré de sophistication, qu'il s'agisse de l'Empire comanche ou de la cour de Louis XIV. Il présente d'indiscutables avantages : Chiang Kai-shek, à l'image des empereurs, joue sans vergogne de ces rivalités pour consolider son pouvoir.

Une autre erreur consiste à considérer les cliques comme des machines destinées uniquement à défendre les intérêts de leurs membres. C'est négliger le fait qu'elles ont aussi pour finalité de promouvoir une ligne politique. Les travaux de Margherita Zanasi ont par exemple montré la cohérence et la sophistication du programme politique de la clique de la réorganisation, formée autour de Wang Jingwei. Il est notamment caractérisé par le primat accordé au développement de l'économie, avec un recours au dirigisme étatique. Le modèle de l'Italie fasciste suscite un vif intérêt, notamment la recherche de l'autarcie économique et la mise en avant du corporatisme comme remède pour régler les conflits entre capital et travail. Wang Jingwei s'efforce d'appliquer ce programme pendant qu'il préside le Yuan exécutif, entre 1932 et 1935, en assumant notamment sa part de responsabilité de la très impopulaire (mais nécessaire au vu de la nécessité de privilégier le développement économique) politique de compromis vis-à-vis du Japon.

Le projet de la clique CC, parfois résumé en « Construction culturelle sur une base chinoise » (*Zhongguo benwei de wenhua jianshe* 中國本位的文化建設), consiste quant à lui à rechercher une combinaison dynamique et sélective d'éléments de la culture chinoise traditionnelle et d'emprunts à la modernité occidentale[24]. Là encore, il ne s'agissait pas seulement de se payer de mots : Chen Lifu, l'un des principaux chefs de la clique CC, déploie une activité importante dans le développement de deux secteurs alors à la pointe de la technologie : la radiophonie et l'industrie cinématographique[25]. Il entend en faire des alliés du renforcement de l'État et de la promotion de valeurs traditionnelles chinoises.

In fine, sans nier totalement ses effets négatifs, le phénomène des cliques est donc plus banal et, probablement, plus bénin qu'on pourrait le croire durant la décennie de Nankin. L'influence des cliques ne va prendre un tour critique et même toxique qu'à partir de la Seconde

---

24. L. Eastman, « The Kuomintang in the 1930s », p. 196-200.
25. A. Kerlan, *Hollywood à Shanghai,* p. 169-170 et 184-186.

Guerre mondiale. Une fois de plus, il faut se garder de projeter sur la décennie de Nankin des dérives ultérieures.

L'éternel retour de la révolution

Il est utile de revenir au texte du *Testament* de Sun Yat-sen et en particulier sa phrase la plus souvent citée qui énonce qu'« aujourd'hui la révolution n'a pas encore triomphé » (*xianzai geming shang wei chenggong* 現在革命尚未成功). En écho à cette phrase, la nécessité de régénérer l'esprit révolutionnaire au sein du Guomindang constitue une véritable obsession à partir de 1928. La fameuse déclaration de Chiang dans son discours d'ouverture du congrès extraordinaire du Guomindang prononcé le 29 mars 1938 – « notre parti est devenu une sorte de coquille vide » (*women de dang chabuduo yi chengwei yi ge kong de quqiao* 我們的黨差不多已成爲一個空的軀殼) – a souvent été mise en avant. De nombreux historiens, dont le principal est Lloyd Eastman, y ont vu un aveu autant qu'une preuve convaincante du délabrement du parti dont ils ont pointé les dérives bureaucratiques : prolifération de textes réglementaires, de rapports, appétit pour la production statistique qui tourne parfois au fétichisme.

Il importe, néanmoins, de faire la part de la dramatisation et de l'indignation rhétorique d'un Chiang par ailleurs volontiers adepte de l'autoflagellation (y compris dans ses écrits intimes). Le ton de critique radicale adopté dans ce discours s'explique aussi parce qu'il s'inscrit dans le contexte du lancement du Corps de la jeunesse des trois principes du peuple (*Sanmin zhuyi qingniantuan* 三民主義青年團).

Ledit Corps est le dernier d'une série de groupes créés par Chiang Kai-shek dans l'intention avouée de réinstiller un élan révolutionnaire et de surmonter les luttes de factions au sein du Guomindang. Les principaux groupes sont fondés en 1932, afin d'exploiter le sentiment d'urgence provoqué par l'agression japonaise de 1931. En février 1932, la Société de la pratique vigoureuse des trois principes du peuple (*Sanmin zhuyi Lixingshe* 三民主義力行社) voit le jour. Il s'agit d'une organisation secrète, élitiste, dont chaque membre est étroitement lié à la personne de Chiang. La *Lixingshe* est bientôt complétée par trois autres organisations : l'Association des militaires révolutionnaires

(*Geming junren tongzhihui* 革命軍人同志會) et l'Association de la jeunesse révolutionnaire (*Geming qingnian tongzhihui* 革命青年同志會), sont également secrètes, quoique d'un recrutement sensiblement plus large. Seule la Société de la renaissance (*Fuxingshe* 復興社), créée en juillet 1932, est une organisation de masse (500 000 membres). 1938 voit donc la création du Corps de la jeunesse des trois principes du peuple. Le projet initial était une nouvelle fois ambitieux : une organisation de masse, animée d'un esprit révolutionnaire cultivant un lien de fidélité personnel à Chiang Kai-shek, destinée à concurrencer voire, à terme, remplacer le Guomindang lui-même. Cependant, la confusion qui s'ensuit est telle que dès 1939 le rôle du Corps est restreint à l'encadrement, la formation idéologique et la mobilisation de la jeunesse étudiante. Sa subordination au Guomindang est réaffirmée[26]. Dans tous les cas, ces différents organes sont rapidement gagnés par les mêmes maux auxquels ils étaient supposés porter remède : le carriérisme et la corruption.

La question du fascisme

Certains des groupes évoqués sont clairement inspirés des régimes fascistes (les membres de la *Lixingshe* sont surnommés « Chemises bleues » – *lanyi* 藍衣), ce qui a provoqué des débats sur la nature éventuellement fasciste du régime de Nankin. Chiang Kai-shek et son entourage ont indéniablement été fascinés par l'Allemagne nazie et, à un degré moindre, l'Italie fasciste. Mais certaines ressemblances avec l'Allemagne ou l'Italie ne doivent pas faire illusion. Le régime nationaliste est plutôt à rapprocher de modèles ibériques contemporains comme le Portugal de Salazar, l'Espagne de Franco, ou encore le Brésil de l'*Estado Novo* de Getúlio Vargas (même s'il va de soi que l'idée de considérer ces pays – de bien trop modestes pièces de l'échiquier mondial – comme des *modèles* n'aurait jamais traversé l'esprit d'un leader politique chinois de la période). Régimes autoritaires, ils reposent sur le pouvoir personnel d'hommes qui, pour être de fins manœuvriers, sont tous les trois comme Chiang Kai-shek remarquablement dénués de charisme. Leur caractère conservateur sur le

26. L. Eastman, *Seeds of Destruction*, p. 89-107.

plan social (avec de forts accents corporatistes) n'exclut nullement des ambitions modernisatrices dans le domaine économique. En toute rigueur, le pouvoir de Chiang peut donc être qualifié d'autoritaire mais non de fasciste. S'il ne fait guère de doute que Chiang Kai-shek a pu s'intéresser de fort près au modèle fasciste avec, à la clé, la tentation d'en copier certains éléments, cette entreprise n'avait rien de systématique. Manquent à l'appel en effet les éléments suivants du répertoire fasciste : un État tout-puissant, un endoctrinement massif de la population enrôlée et encadrée dans des mouvements de masse. Le fascisme va aussi de pair avec une censure impitoyable et un puissant appareil policier capable de réprimer toute parole d'opposition, levier dont le Guomindang ne dispose jamais. S'il n'ignore pas complètement le culte du chef, il prend un tour beaucoup moins prononcé. Ajoutons un autre ingrédient (commun, au-delà du seul fascisme, à tous les régimes totalitaires) qui fait défaut à la Chine nationaliste : le projet de créer un homme nouveau. Son corollaire, la fascination obsessionnelle pour la jeunesse, est tout aussi absent.

Les longs débats autour de la question de la nature fasciste de l'État-Guomindang ont occulté ce qui est un problème beaucoup plus structurel et profond. Le parti en effet reste au milieu du gué entre deux modèles inconciliables. Le premier est celui du parti bolchevique : organisation pyramidale avec une forte concentration du pouvoir au niveau des instances centrales, discipline de fer, présence à tous les étages de la société et avec un maillage fin du territoire, adhésion totale de ses membres à l'esprit révolutionnaire. L'autre modèle est, tout simplement, celui de la bureaucratie wébérienne. Il est indiscutablement à l'œuvre dans l'État-Guomindang, mais seulement à l'échelle de certaines administrations comme la Gabelle, les Douanes maritimes ou encore des ministères « techniques » comme ceux des Finances ou des Affaires étrangères. Remarquablement efficaces, ces ministères sont marqués par la stabilité de leur personnel à l'image de celui de la Santé, dont le ministre, Liu Ruiheng, reste en place de 1929 à 1938[27]. Ces administrations et ces ministères sont des isolats. Ils obéissent à des règles de recrutement, de promotion et de rémunération qui leur sont propres. C'est ce qui fait leur force, en leur permettant d'attirer et de

27. Yip K., *Health and National Reconstruction in Nationalist China*, p. 44.

s'attacher les éléments les plus qualifiés et motivés, et de se soustraire aux luttes de factions. Mais en contrepartie, bien qu'ils constituent la composante la plus efficace de l'État-Guomindang, leur influence reste circonscrite à un périmètre politique restreint[28].

En réalité, durant la décennie de Nankin, l'évolution du Guomindang va dans le sens d'un renoncement aux idéaux révolutionnaires et une conversion à un modèle gestionnaire et bureaucratique (lequel n'exclut pas l'efficacité). Un exemple parlant est l'École des cadres du parti mise en place à Nankin à l'été 1927. Les premières promotions reçoivent des leçons délivrées par des vétérans du Guomindang. De courte durée, la formation est essentiellement axée sur l'idéologie et l'activisme politique. Mais dès 1929, le cursus s'allonge, l'enseignement se fait plus académique et en vient même à une certaine distanciation critique vis-à-vis de l'orthodoxie du triple démisme. Au milieu des années 1930, l'École est devenue une institution universitaire classique. Désormais, elle forme des bureaucrates gestionnaires compétents, mais qui sont tout sauf d'ardents révolutionnaires[29].

En somme, toutes les initiatives lancées par Chiang Kai-shek et son entourage afin de ressusciter l'élan révolutionnaire des débuts allaient à l'encontre de la pente naturelle sur laquelle était engagé le Guomindang : la mue en un parti de gouvernement.

L'extension du périmètre de l'État, tendance de fond

Comme nous l'avons déjà dit dans le chapitre précédent, le consensus sur la nécessité d'un État fort s'impose parmi l'intelligentsia, Edmund Fung y voyant même un des traits principaux du climat intellectuel de la période[30]. Un État fort se doit de combiner deux caractéristiques : efficacité et large sphère d'intervention. Élargir la sphère d'intervention dans la société et dans l'économie chinoise représente une innovation particulièrement cruciale en Chine, qui contraste avec une tradition

---

28. J. Strauss, *Strong Institutions in Weak Polities. State Building in Republican China, 1927-1940*.

29. Wang C., « Intellectuals and the One-party-state in Nationalist China : the Case of the Central Politics School (1927-1947) », p. 1769-1807.

30. E. Fung, *The Intellectual Foundations of Chinese Modernity*, p. 61-95.

multiséculaire de ce que Pierre-Étienne Will appelle un État à l'économie.

Les aspects de l'extension du périmètre de l'État sont innombrables, ce qui rend impossible d'en dresser une liste exhaustive. Certains sont bien connus et ont été traités dans les précédents chapitres, notamment sa place croissante dans le secteur productif (chapitre 6). Bien d'autres domaines sont concernés, comme la musique et les arts, avec la création d'académies et de conservatoires. Dans le domaine des arts martiaux, on assiste à une volonté de valoriser des savoirs très anciens, mais qui étaient déclinés en une myriade de variantes et d'écoles régionales. Leur promotion passe par une action de normalisation, tout en cherchant à les faire correspondre à des critères plus scientifiques. Cette action s'effectue dans le cadre d'une Académie des arts martiaux nationaux soumise étroitement à l'État, qui place l'enseignement des arts martiaux sous l'égide du redressement national. Une action assez similaire est menée en faveur de la médecine traditionnelle. Par ailleurs, un vaste effort de « réforme des coutumes » traverse toute la décennie de Nankin. Son volet le plus célèbre est le Mouvement pour la vie nouvelle (*xin shenghuo yundong* 新生活運動), lancé en 1934, qui promeut un mode de vie calqué sur la discipline militaire, valorisant frugalité et hygiène. Néanmoins, l'ambition du Guomindang de remodeler les modes de vie se fait jour dès 1928-1930 dans les grandes municipalités comme Shanghai et Nankin dont le maire Liu Jiwen lance le 1er septembre 1928 une campagne contre devins et diseurs de bonne aventure de tous poils, qui doivent cesser leur activité et trouver un nouveau métier. Le mouvement reprend après une pause durant les années 1930-1933. À partir de 1933, les efforts se portent en particulier sur le domaine des funérailles. L'action est inégalement vigoureuse selon les régions. Le Jiangsu est particulièrement en pointe sous le gouvernorat de Chen Guofu[31] (de 1933 à 1937).

Assez classiquement, dans l'histoire contemporaine, les périodes de guerre prolongée se traduisent par une extension du périmètre d'action de l'État. La Chine ne fait pas exception avec la guerre sino-japonaise. Si le Guomindang affirme dès la promulgation de la loi sur

31. R. Nedostup, *Superstitious Regimes. Religion and the Politics of Chinese Modernity*, p. 196-197 et 207-208.

la conscription de 1933 (*bingyi fa* 兵役法) son ambition d'établir la conscription universelle de 18 à 45 ans, cette dernière n'est appliquée, en réalité, qu'à partir du déclenchement de la guerre. L'enrôlement de 14 millions de jeunes conscrits s'effectue au milieu des pires difficultés et dans des conditions souvent terribles pour les principaux intéressés. Il n'est pas non plus un modèle de justice et d'équité. Il n'en demeure pas moins que l'État fait montre en la circonstance d'une capacité inédite de puiser dans les ressources humaines du pays. Bien qu'il s'agisse d'une réalisation d'envergure moindre, on peut aussi signaler que c'est durant la période de la guerre qu'un embryon d'État-providence commence à se développer.

Nous allons aborder en détail seulement deux secteurs particulièrement importants de l'action de l'État, l'enseignement supérieur et les municipalités, ainsi qu'une question qui éclaire, elle, plutôt sur les nouveaux modes d'action de l'État : la planification économique.

Dans le domaine de l'enseignement supérieur, la Chine connaît dans le premier quart du XXe siècle un développement caractérisé par la pluralité des acteurs (voir chapitre 9). Les anciennes universités publiques fondées par les Qing, comme l'université de Pékin, comptent parmi les plus célèbres et prestigieuses, mais elles sont peu nombreuses. La grande majorité des étudiants sont accueillis par des institutions privées, qu'elles soient d'origine étrangère (comme l'université catholique l'Aurore à Shanghai ou Qinghua à Pékin) ou purement chinoises (comme l'université Fudan et celle de Xiamen). La préemption de l'État sur le secteur se manifeste à partir de 1927. Le modèle que le Guomindang s'efforce d'imposer est celui de l'université Zhongshan (*zhongshan daxue* 中山大學), fondée à Canton en 1924. Son président Dai Jitao et plus encore son vice-président Zhu Jiahua seront les deux têtes pensantes de la mise au pas de l'enseignement supérieur lors de la décennie suivante (Zhu Jiahua occupe le poste de ministre de l'Éducation à partir de 1932). Il n'est pas question d'autonomie : l'enseignement comme la recherche sont subordonnés aux mots d'ordre de l'État. Chaque université se doit de contribuer au développement économique local. Sur le plan des disciplines, priorité est clairement donnée aux sciences, aux techniques et à la médecine au détriment des disciplines littéraires jugées moins utiles à la modernisation et l'industrialisation du pays et suspectées d'alimenter la contestation politique. Quant à l'endoctrinement politique, il est intense, et la bonne parole des trois principes du peuple résonne sur tous les campus.

À partir du prototype de l'université Zhongshan, le gouvernement impose la constitution de grandes universités provinciales (université de Wuhan, université de Hangzhou, université de Chengdu par exemple). Dans le cas des deux principaux centres d'enseignement supérieur que sont Pékin et Shanghai, sa mainmise n'est pas aussi complète et le pluralisme reste de mise. La main du Guomindang s'étend néanmoins à toutes les universités. Chaque établissement d'enseignement supérieur se voit adjoindre son département d'études politiques. D'après le cadre légal de l'enseignement supérieur qui est fixé entre 1927 et 1929, chaque université doit obtenir la sanction des autorités. Certains établissements suspects de tiédeur vis-à-vis de la *doxa* sun-yatséniste sont fermés, comme l'université du Sud-Est à Nankin[32] (idéologiquement trop proche de Liang Qichao). Il ne faut cependant pas noircir le tableau à l'excès : la liberté de recherche n'a pas disparu. Le Guomindang fait œuvre salutaire en mettant fin à un laisser-faire qui avait montré ses limites en engendrant la prolifération d'établissements menaçant de fermer leurs portes à tout moment car sans assise financière, et où l'enseignement prodigué était pour le moins médiocre. À Shanghai, où elles sont particulièrement répandues, ces usines à diplôme portent le surnom peu flatteur d'« universités qui font le trottoir » (*yeji daxue* 野雞大學).

L'intervention de l'État se matérialise aussi dans un cadre nouveau : la municipalité. Celle-ci existe souvent déjà à l'état embryonnaire au début du XXe siècle comme dans la ville chinoise de Shanghai où un Office général des travaux de la cité se met en place en 1905. Dans les années 1920, toutes les grandes villes chinoises se dotent d'une administration municipale. Si elles sont d'une manière générale calquées sur un modèle occidental, les municipalités chinoises de la période républicaine s'en démarquent par certains aspects. Le rôle prépondérant assigné à la police est certainement le plus remarquable[33].

32. Yeh W., *The Alienated Academy : Culture and Politics in Republican China, 1919-1937*, p. 167-182.

33. Une peinture remarquable en quelques pages sur la police de Pékin : D. Strand, *Rickshaw Beijing. City People and Politics in the 1920s*, p. 67-96. Pékin comptait au début

À l'image de la police japonaise, modèle dont elle s'est largement inspirée depuis le début du siècle, au-delà du maintien de l'ordre, les forces de police chinoises s'arrogent un un périmètre d'intervention extrêmement large : lutte contre les incendies, gestion des prisons, collecte des statistiques et jusqu'aux œuvres de bienfaisance puisqu'il n'est pas rare que les forces de police gèrent des orphelinats et des soupes populaires. Autre fait significatif de son rôle central, les circonscriptions administratives des villes chinoises de l'époque sont calquées sur les arrondissements de police.

Le chapitre 6 a été l'occasion d'évoquer la démolition des remparts qui ceignaient la plupart des villes au nom de la facilité de circulation et de la prospérité du commerce. C'est la grande affaire des municipalités dans les années 1920. Si Tianjin perd ses murailles dès 1901, il s'agit alors d'une mesure de rétorsion prise par les troupes étrangères qui occupaient la ville suite à la révolte des Boxeurs. Le mouvement est véritablement lancé à Shanghai, qui met les siennes à bas en 1912. Plus imposantes, les murailles de Canton sont abattues entre 1918 et 1921, laissant place à un boulevard périphérique. Le mouvement est cependant loin d'être universel. Des voix s'élèvent notamment pour dénoncer le coût faramineux de ces opérations ou encore les dommages causés à la géomancie de la ville. Cela explique que, surtout dans le Nord, des villes gardent leurs remparts, comme Xi'an (qui les a aujourd'hui encore) ou Pékin (elles seront abattues dans les années 1950). Nombre de villes optent pour un moyen terme moins dispendieux : conserver les remparts, mais percer de nouvelles portes, comme c'est le cas à Suzhou à la fin des années 1920[34]. D'autres remparts isolaient les quartiers auparavant dédiés aux bannières dans les villes où elles tenaient garnison. Eux sont presque systématiquement abattus et laissent place à de larges avenues. Au début des années 1910, la confiscation des terrains occupés par les anciennes garnisons mandchoues fournit une réserve foncière qui permet de mener à bien de vastes

---

de la République la proportion très élevée de 13 policiers pour 1 000 habitants contre 2 ou 3 à la même époque à Paris, Berlin ou Londres.

34. P. Carroll, *Between Heaven and Modernity. Reconstructing Suzhou, 1895-1937*, p. 90-94. Chengdu se convertit à une solution de moyen terme semblable : Wang D., *Street Culture in Chengdu*, p. 128-129.

projets d'aménagement urbain. À Hangzhou, exemple un peu extrême, le quartier des bannières est rasé, ce qui permet d'opérer *ex nihilo*, et d'aménager des parcs et construire des bâtiments officiels[35]. À Pékin, les jardins et autels impériaux comme le temple du Ciel deviennent des promenades publiques. Partout, au nom de mots d'ordre résolument hygiénistes, la construction de jardins publics, d'infrastructures sportives (stades, piscines) et les progrès de l'adduction d'eau posent le cadre de vie propice à une population que l'on rêve vigoureuse, saine et endurante. Ces transformations urbaines ne touchent pas seulement, il faut le noter, les grandes villes de la côte. Même certaines cités reculées d'importance fort médiocre font l'objet d'embellissements importants qui surprennent leurs visiteurs.

L'action des municipalités prend des tours moins spectaculaires, mais qui traduisent de façon éloquente l'intrusion de plus en plus prononcée de l'autorité publique dans l'univers quotidien des gens. Les autorités pékinoises des années 1930 généralisent les plaques indiquant le nom de chaque rue. Cette entreprise est emblématique de l'ambiguïté de ces politiques. D'un côté elle se justifie par des nécessités pratiques apparemment incontestables : trop de ruelles portent le même nom à travers la ville, ce qui occasionne force confusions. Mais cette entreprise traduit également une volonté de remodeler le cadre de vie des habitants, avec le remplacement systématique de noms jugés « vulgaires » (*su* 俗) en noms « cultivés » (*wenya* 文雅). L'exemple le plus typique est le caractère *ku* 裤 (pantalon), souvent donné par les riverains en référence à la forme de la rue. Jugé trop trivial, on lui substitue son homonyme *ku* 库, signifiant entrepôt[36].

L'action de l'État en matière économique a déjà été abordée, mais il faut revenir sur le recours à la planification. Durant la décennie de Nankin, coexistent pas moins de trois organismes ayant vocation à coordonner le développement économique. Le premier à voir le jour est la commission nationale de Reconstruction (*jianshe weiyuanhui* 建設委員會), fondée en 1928, compétente en matière d'aménagements hydrauliques et d'équipement électriques. En 1931 est créée la commission de l'Économie nationale (*quanguo jingji weiyuanhui* 全

35. Wang L., « Tourism and Spatial Change in Hangzhou (1911-1927) », p. 113-116.
36. Dong M., *Republican Beijing. The City and its Histories*, p. 73-75.

國經濟委員會). Appuyée sur la communauté d'affaires shanghaienne et les élites économiques du Jiangnan, elle est tournée en priorité vers le soutien au secteur industriel (notamment l'industrie cotonnière, base du secteur moderne national, et à son ravitaillement en matière première). Pour coordonner et moderniser la production de coton brut et la fabrication des filés et des tissus, la commission de l'Économie nationale établit notamment une commission de Contrôle du coton (voir chapitre 6), financée avec l'aide de fonds américains. Elle s'efforce d'installer de nouveaux réseaux de crédit et de commercialisation dans les campagnes et d'améliorer la qualité de la fibre. La commission de l'Économie nationale sera finalement éclipsée à partir de 1935 par la commission des Ressources (*ziyuan weiyuanhui* 資源委員會) laquelle donne priorité au développement du secteur public et à l'implantation des industries lourdes et arsenaux dans les provinces de l'intérieur. Le technocrate Weng Wenhao en est le principal animateur.

La naissance d'organisations *ad hoc* destinées à orchestrer la planification économique illustre le fait que le volontarisme de l'État se concrétise par l'émergence de nouvelles formes d'organisation administrative, hautement spécialisées et caractérisées par le niveau élevé de leurs cadres, et que l'on peut qualifier de technocratiques. Cependant, contrairement aux ministères « techniques » comme les Finances ou les Affaires étrangères auxquels nous avons fait allusion, elles sont contaminées par les intrigues politiques, voire politiciennes. L'existence simultanée de trois organismes, dont les attributions se recoupent largement, constitue la matérialisation de puissantes rivalités et de clivages au sein du Guomindang. Ils sont en effet l'instrument des luttes entre grands leaders et des relais de leurs influences respectives. La commission nationale de Reconstruction est conçue par Hu Hanmin, dont l'influence au sein du gouvernement est à son plus haut entre 1928 et 1931, comme un instrument destiné à mettre en œuvre la politique économique qu'il préconise. Du reste, c'est son protégé Zhang Renjie qui en assure la présidence. La commission de l'Économie nationale, elle, est tenue en main par Wang Jingwei et ses alliés (en particulier Song Ziwen) et son action rencontre les préoccupations des milieux d'affaires de la région de Shanghai. La prééminence acquise *in fine* par la commission des Ressources traduit l'hégémonie nouvelle qu'exerce Chiang Kai-shek suite à la mise à l'écart de Wang Jingwei, dont les efforts pour maintenir le domaine de la politique économique hors du périmètre d'intervention de Chiang avaient été jusqu'alors généralement fructueux.

La question du rapport entre État et élites locales

La faible présence de l'État dans la société de la Chine impériale était compensée par la prise en charge d'un nombre important de missions d'utilité publique par les élites locales. La tendance à l'extension du périmètre d'intervention de l'État qui se fait jour sous la République ne peut donc que se traduire par des modifications dans les rapports entre État et élites locales. Il est commode de distinguer la situation entre villes et campagnes.

Durant la décennie précédant la révolution de 1911, les élites urbaines avaient développé de puissantes organisations collectives telles que chambres de commerce, institutions philanthropiques, milices ou groupes de lutte contre les incendies. Or, les municipalités, dont nous avons déjà traité, investissent largement le champ d'action des élites. Ces dernières doivent donc composer avec un État de plus en plus présent. Dans certains domaines comme celui des associations de bienfaisance, l'État se contente généralement d'imposer un contrôle. Mais dans d'autres, jugés plus vitaux, il n'hésite pas à se substituer complètement aux élites locales. C'est le cas tout particulièrement pour le maintien de l'ordre. Ainsi, à Shanghai, les milices tenues par les élites locales cèdent-elles la place à des forces de police dès les années 1913-1914. La décennie de Nankin voit une nouvelle inflexion, la police étant désormais structurée sur un plan national et puissamment centralisée. L'élite de ses cadres est formée à l'École centrale de police dont le directeur en titre n'est autre que Chiang Kai-shek lui-même. L'État se montre également moins tolérant vis-à-vis de mouvements à connotation politique. Dans les années 1910, les élites marchandes des grands centres de commerce avaient organisé un très important mouvement pour la protection des produits nationaux, avec de vastes campagnes d'information et de boycottage de produits étrangers. Bien que très ostensiblement bombardé de pétitions et de lettres ouvertes, l'État Beiyang restait à l'écart du mouvement[37]. À partir de la seconde moitié des années 1920 cependant, le climat change : sous le nouveau régime du Guomindang, les autorités prennent désormais une part active au mouvement, mettent en place dès 1928 un système de certification officielle permettant d'identifier les produits nationaux, organisent des expositions destinées à les promouvoir. D'une façon plus générale, dans les organisations animées par les élites urbaines, le Guomindang s'efforce par différents moyens de faire progresser son influence. Un cas célèbre comme l'arrestation en avril 1927 du président de la puissante chambre de commerce de Shanghai, Fu Xiao'an, bientôt remplacé par Feng Shaoshan, plus docile, peut donner l'impression que le Guomindang place ses hommes. Cependant, cela n'a rien d'un cas général. L'impression qui domine est plutôt celle d'une collaboration avec les activistes. Le Guomindang se contente le plus souvent de peser dans les luttes de faction, sans chercher à devenir pour autant le maître du jeu. La tolérance du gouvernement nationaliste trouve toutefois ses limites lorsque les intérêts et objectifs des associations menacent de diverger trop nettement des siens. Ainsi, par exemple le sort de l'Association nationale anti-opium est-il scellé dès lors qu'elle a l'audace de s'opposer à la politique menée en matière d'opium. Elle est forcée de se saborder au milieu des années 1930.

La question de la pénétration de l'État au niveau des campagnes est sujette à bien davantage de débats. Les historiens qui se sont saisis de cette question sont parvenus, à partir de différentes études locales, à des conclusions très divergentes[38]. Ce qui ne fait pas de doute, c'est l'existence, depuis les Nouvelles Politiques des années 1900, d'un projet inédit, et qui ne se dément pas durant toute la période, de faire pénétrer l'influence de l'État bien plus directement et profondément dans la vie locale. Le problème est qu'en réponse à ces efforts répétés, les élites locales parviennent presque toujours à se rendre indispensables. Elles luttent pied à pied pour le maintien de formes d'organisations collectives anciennes, telles que les lignages, les écoles de villages, et les

37. K. Gerth, *China Made : Consumer Culture and the Creation of the Nation*, p. 93.

38. Une publication présente un choix d'excellents articles offrant un tour d'horizon assez exhaustif des très nombreuses recherches menées sur ce sujet dans les années 1980 : M. Rankin et J. Esherick, *Chinese Local Elites and Patterns of Dominance*.

associations gérant des temples, ou plus récentes (groupes de surveillance des récoltes), qui sont à leur main. De même, les sociétés secrètes comme les Piques rouges (*hongqianghui* 紅槍會), qui prospèrent sous la République (voir chapitre 8), constituent des relais puissants de la domination des élites, qui en fournissent les cadres. Les élites rurales excellent à détourner à leur profit les différentes tentatives de l'État pour augmenter son emprise au niveau local en matière de *baojia* 保甲 (un système de regroupements de voisinage basé sur le principe de surveillance et de responsabilité mutuelles), de fiscalité ou encore de milices d'autodéfense.

Le Guomindang fait assez tôt le choix de ne pas heurter les élites rurales de front. Il prend un virage tactique particulièrement important à la fin des années 1920, lorsqu'il abandonne les essais de mobilisation des paysans sur le modèle communiste, et tout projet de remodeler les équilibres sociaux et économiques des campagnes en faveur des plus pauvres. Il signe ainsi le choix d'une alliance avec les élites locales, mariage de raison souvent soumis à un fort tangage, mais qu'il ne reniera pas. Le fait que la rente foncière soit le socle du pouvoir des élites rurales explique que, bien qu'il ait adopté en octobre 1927 le principe d'une réduction de 25 % des fermages, le Guomindang n'entreprenne jamais sérieusement de le mettre en œuvre, à une exception près toutefois : le Zhejiang, où les autorités locales s'efforceront jusqu'en avril 1929 de faire appliquer un plafond fixé à 37,5 % de la valeur de la récolte[39].

L'effort qui s'imposait pour faire pénétrer l'État dans les campagnes était trop démesuré dans le contexte de la période républicaine. Il est demeuré hors de portée, hormis lors d'épisodes très limités dans l'espace et dans le temps (comme au Jiangxi où il y avait lieu d'éradiquer l'influence communiste). Faut-il faire de ce choix politique une des causes majeures de la défaite finale du Guomindang ? Pas forcément. La mobilisation des paysans (et des ouvriers) n'était pas une étape obligée, mais une option tactique parmi d'autres. Choisir pour tenir les campagnes de s'appuyer sur les élites locales (dont la nature foncièrement prédatrice et réactionnaire est une pétition de principe de l'historiographie communiste bien plus que la conclusion d'études

---

39. K. Bernhardt, *Rents, Taxes, and Peasant Resistance*, p. 182-188.

rigoureuses), de verrouiller le milieu ouvrier en contrôlant les organisations syndicales tout en impulsant une modernisation par le haut d'un appareil d'État d'essence technocratique était une tactique parfaitement sensée, qui aurait pu s'avérer payante sans les erreurs commises par ailleurs, surtout à partir de 1945.

Pluralité des trajectoires de construction de l'État

Les gouvernements centraux n'ont pas, sous la République, le monopole de la construction de l'État. Cette vérité a tardé à émerger en raison de la variété des situations locales, qui rend difficile de dresser un tableau d'ensemble. Mais si l'on prend trois exemples de domaines où la construction de l'État enregistre des progrès notables durant la période, la contribution de forces considérées comme centrifuges est frappante. Ainsi, dans le cas de l'éducation primaire, de très nombreux seigneurs de la guerre sont-ils à créditer d'une action efficace : depuis Chen Quzhen, satrape local sans grande envergure, maître de l'ouest du Hunan dans les quinze années précédant l'invasion japonaise[40], jusqu'aux trois puissants seigneurs de la guerre musulmans du nord-ouest : Ma Fuxiang, Ma Qi et Ma Bufang[41], en passant par Zhang Xueliang dans les trois provinces du Nord-Est entre 1927 et 1931. Si l'on considère le secteur des transports, le quart du kilométrage de voies ferrées construit durant la période 1928-1937 (hors Mandchourie) est dû aux seuls efforts de Yan Xishan dans sa province du Shanxi[42]. Le Sichuan et le Guangxi, deux provinces placées constamment sous l'enseigne de seigneurs de la guerre, sont pourtant partie prenante du processus d'amélioration rapide des transports routiers[43].

Des études ont révélé que la pénétration de l'État dans les campagnes, notamment d'un point de vue fiscal, est une tâche menée à bien avec des résultats significatifs par différents seigneurs de la guerre du Nord. Plus récemment, David Serfass a montré que la zone occupée durant

---

40. Ch'en J., *The Highlanders in Central China. A History 1895-1937*, p. 162-163.

41. Mao Y., « Muslim Education Reform in 20th Century China : the Case of the Chengda Teachers Academy », p. 154-155.

42. R. Huenemann, *The Dragon and the Iron Horse : the Economics of Railroads in China, 1876-1937*, p. 94-95.

43. R. Kapp, *Szechwan and the Chinese Republic*, p. 57-58.

la guerre est la grande absente des études sur la construction de l'État. Il a mis en évidence les importants succès obtenus par le gouvernement collaborateur de Wang Jingwei dans les campagnes de la basse vallée du Yangzi à l'occasion du mouvement dit de pacification rurale (*qingxiang* 清鄉) lancé le 1er juillet 1941 et directement inspiré des campagnes de Chiang Kai-shek contre les communistes avant-guerre : extension de l'administration locale, encadrement de la population en reprenant notamment le système de surveillance et responsabilité mutuelle du *baojia*[44].

Des travaux récents ont montré que, durant la décennie de Nankin, en matière de volontarisme économique, l'action des autorités des zones hors de l'orbite du pouvoir central ne le cède en rien à celle, mieux connue, du Guomindang. En réalité, parmi les seigneurs de la guerre ayant quelque envergure, le volontarisme économique est plutôt la règle que l'exception. Au Yunnan, province parmi les plus arriérées de Chine, Miao Jiaming, ingénieur formé aux États-Unis, soutenu par le seigneur de la guerre Long Yun, est l'infatigable promoteur de l'industrialisation. Qui plus est, les méthodes de Miao sont en phase avec celles mises en œuvre par Nankin : rôle moteur de l'État par le biais de la planification et d'organes administratifs *ad hoc* (création de la commission économique du Yunnan – *Yunnan quansheng jingji weiyuanhui* 雲南全省經濟委員會 – en 1934), substitution aux importations de biens manufacturés, souci d'acquérir la maîtrise des techniques les plus récentes. Les principales réalisations concernent la métallurgie de l'étain et le textile.

L'attrait pour la planification économique est tout autant de mise hors de la zone contrôlée par Nankin, ce dont témoigne, par exemple, le lancement du plan de dix ans par Yan Xishan au Shanxi en 1932 et celui du plan de trois ans de Chen Jitang au Guangdong. ce dernier s'entoure d'un véritable *brain-trust* composé de conseillers et de techniciens de très haut niveau qu'il se donne les moyens d'attirer en leur offrant des rémunérations plus que confortables[45].

---

44. D. Serfass, « L'occupation japonaise comme objet pour l'histoire de l'État chinois : l'exemple de la campagne de pacification rurale du gouvernement de Wang Jingwei, 1941-1945 », p. 123-137.

45. Zhong Z., *Chen Jitang*, p. 173-175.

Les frictions des ambitions contradictoires, bien réelles, entre le pouvoir central et ces rivaux ne doivent pas faire perdre de vue le fait qu'ils partagent le même diagnostic concernant l'état du pays, une même conviction concernant les buts à atteindre (notamment industrialisation et renforcement de l'État), et des moyens pour ce faire. Bien plus, les rivalités politiques se transposent dans le domaine de la construction de l'État. Dans le cas de la province du Guangxi, où sont mises en œuvre des réformes tous azimuts (éducation, voirie, forces armées, industrie, et même une réorganisation du maillage administratif des districts), la volonté de rivaliser avec Nankin sur le terrain de la construction de l'État afin de contester à Chiang Kai-shek l'héritage de Sun Yat-sen est ouvertement revendiquée.

Aucun autre domaine que celui des statistiques publiques n'offre de meilleure illustration de la véritable émulation qui règne durant la période de la décennie de Nankin entre le gouvernement central et ceux qui contestent son autorité dans les provinces. La première moitié des années 1930 représente en particulier un petit âge d'or des publications statistiques qui concerne autant les publications du gouvernement central comme l'*Abrégé des statistiques de la république de Chine* (*Zhonghua Minguo tongji tiyao* 中華民國統計提要) de 1936, bien connues des historiens, que maintes zones contrôlées par des seigneurs de la guerre. Au Hunan, sous la domination de He Jian, un remarquable annuaire statistique de presque mille pages est publié en 1934. Des provinces pauvres et reculées comme le Guangxi ne demeurent pas en reste : les militaristes qui l'administrent (nouvelle clique du Guangxi) sont à créditer de la publication de deux énormes annuaires statistiques de grande qualité en 1933 et 1935. La municipalité de Canton offre un cas intéressant : la publication du plus bel annuaire statistique de toute la période républicaine intervient non pas lorsque cette ville est administrée par le Guomindang (1920-1931), mais *après* qu'elle est passée sous le contrôle du seigneur de la guerre Chen Jitang (en 1935). Ces annuaires statistiques, nonobstant leur valeur informative, sont aussi pour ses seigneurs des plaidoyers face à l'opinion publique en faveur des résultats de leur action volontariste et modernisatrice, photographies, chiffres et graphiques à l'appui[46].

---

46. X. Paulès, « Le petit âge d'or statistique de la décennie de Nankin (1928-1937) ».

Il n'est donc pas exagéré de dire que l'expérience de construction de l'État est partagée entre seigneurs de la guerre et pouvoir central. Objectifs, méthodes et résultats sont tout à fait comparables.

Pour qualifier la fondation de la République populaire de Chine, l'historiographie communiste utilise encore souvent le terme *jianguo* 建國 (édification de l'État/du pays). Le choix de ce mot vise à signifier, au moins implicitement, que le Parti communiste édifie à partir de 1949 une Chine nouvelle sur une table rase. Pourtant, il apparaît clair que, surtout compte tenu du contexte, le bilan de la période républicaine en général et du Guomindang en particulier est tout à fait honorable en matière de construction de l'État. La conviction générale qu'un État fort est une nécessité pour redresser la Chine explique notamment que, malgré la division politique du pays, l'œuvre accomplie dans des secteurs comme l'éducation et les transports soit remarquable. Qui plus est, on voit s'enclencher maintes dynamiques (encadrement de la population, étatisation de l'économie et, d'une façon générale, une extension du périmètre de l'État) dont le PCC sera le continuateur après 1949.

Chapitre 8

Les transformations de la société

Depuis une trentaine d'années, aucun domaine de la recherche sur la Chine républicaine n'a connu de renouvellement aussi considérable que l'histoire sociale. Elle partait de loin. Jusque dans les années 1970, elle se contente de jouer les seconds rôles, faisant figure de simple science auxiliaire de l'histoire politique. En effet, chinois comme occidentaux, les chercheurs concentrent alors toute leur attention sur les paysans et les ouvriers afin d'éclairer la genèse du processus révolutionnaire aboutissant à la victoire communiste. Dans le cas des ouvriers, par exemple, les recherches portant sur le syndicalisme et les mouvements sociaux (*yundong* 運動), avec leur cortège de grèves et boycottages, se taillent la part du lion.

Étant donné le contexte politique des trois décennies suivant 1949, la glorification sans nuance de l'épopée communiste est bien sûr de mise dans les articles et les livres qui se publient alors en Chine. Les études occidentales se distinguent de la recherche produite en Chine non par les objets d'étude mais par le fait qu'elles font affleurer les apories et les limites de la mobilisation ainsi que des lignes de fracture que le terme même de « mouvement » tend à occulter. De plus, si leur questionnement principal reste fondamentalement politique, les meilleurs travaux occidentaux commencent dans les années 1980 de révéler certains traits du monde ouvrier dans sa texture proprement sociale : clivages déterminés par les origines géographiques, liens forts qui continuent de le relier à la sphère rurale et importance des sociétés secrètes. De leur côté, les études sur la paysannerie rendent toute leur importance aux organisations lignagères.

Une page se tourne alors. Grâce aux historiens des années 1980, on cesse de peindre paysans et ouvriers comme des acteurs de la geste révolutionnaire, *debout*, en lutte pour renverser l'ordre social établi. Ils sont désormais couchés sur la table de dissection, où opère le scalpel d'une recherche libérée des injonctions de l'histoire politique.

À partir des années 1980 et surtout 1990, les chercheurs se tournent également vers maintes catégories sociales étrangères à la geste révolutionnaire, comme les employés et les entrepreneurs. Des éléments relevant de la marginalité comme les prostituées, les sociétés secrètes et les mendiants entrent à leur tour en scène. Les études de genre n'ont pas laissé la Chine de côté et décrivent les changements intervenus dans la condition des femmes. Des approches transversales comme l'histoire de la mort ou celle des objets de consommation courante jettent une lumière neuve sur la société chinoise de l'époque. Encore plus récemment, on observe le développement d'une microhistoire attentive à des lieux comme les rues, les fumeries d'opium ou les maisons de thé, donnant ainsi accès à une compréhension plus intime des sociabilités et des modes de vie. Cette tendance consacre un renversement de perspective de l'histoire sociale. Cette dernière s'attache de plus en plus à montrer non plus comment les différents groupes sociaux s'opposent, mais au contraire comment, à travers interactions et négociations, ils font société.

Nous vivons donc des temps heureux pour l'histoire sociale, dont les horizons se sont ouverts. Il n'est plus question de se limiter aux avant-gardes révolutionnaires, mais au contraire d'appréhender la société chinoise dans son ensemble à travers une grande variété de perspectives et sans plus négliger aucune de ses composantes ou de ses dynamiques. Un travail énorme reste cependant à faire : l'histoire sociale est actuellement le front pionnier de la recherche sur la Chine républicaine.

La population

Données démographiques

En dépit du contexte d'instabilité politique, il est certain que la population connaît un accroissement durant la période 1912-1937. Les années de guerre sino-japonaise voient fort probablement un léger recul, bientôt suivi d'un rattrapage après 1945. La population chinoise s'accroît notablement durant la période prise dans son ensemble. De l'ordre de 410 millions au moment de la révolution de 1911, elle dépasse 540 millions en 1949[1]. La Chine demeure le pays le plus peuplé du monde, le seul à dépasser le demi-milliard d'individus : à cette époque, l'empire des Indes, seul bloc démographique comparable, a seulement 390 millions d'hommes environ. Le passage de 410 à 540 millions en trente-sept ans représente un rythme de croissance annuel moyen de la population de 0,75 %. Bien que vigoureux, il n'est pas exceptionnellement élevé, surtout si on le replace dans le contexte régional. En effet, la population de nombreux territoires d'Asie du Sud-Est double (à peu de chose près) durant la même période : par exemple, celle de la Birmanie passe de 8,5 millions en 1891 à 19 millions en 1954 (soit un rythme de 1,3 % de croissance annuelle). L'Indochine fait encore plus fort : elle compte 16 millions d'habitants en 1906 et 31 en 1954 (1,4 % de croissance annuelle).

Les indicateurs de base sont parfaitement caractéristiques d'un pays n'ayant pas engagé sa transition démographique. Bien qu'on soit dans l'incapacité de l'estimer de manière fiable, il est certain que la mortalité infantile se maintient à des niveaux extrêmement élevés[2]. L'espérance de vie à la naissance tourne quant à elle autour de 34 ans. Le taux de mortalité se situe entre 25 à 35 pour mille, celui de natalité entre 35 et 40 pour mille. Cependant, même si la rareté et le manque de précision des données statistiques doivent inciter à la prudence, le démographe

---

1. Ge J. (dir.), *Zhongguo renkou shi*, tome 6, 2001, p. 281. Le premier recensement moderne systématique et comme tel jugé fiable par les démographes est organisé en 1953. Il dénombre 580 millions d'habitants.

2. C. Henriot, *Scythe and the City. A Social History of Death in Shanghai*, p. 17 et 41-42.

Hou Yangfang estime que le taux de mortalité est orienté à la baisse grâce en particulier aux premiers progrès de l'hygiène (dont l'enseignement est rendu obligatoire à l'école en 1928) ainsi qu'à une lutte relativement efficace contre les conséquences des catastrophes naturelles[3].

Les principales causes de mortalité sont les maladies infectieuses comme la tuberculose. Les épidémies de peste ou de choléra demeurent monnaie courante, tandis que la malaria fait des ravages dans le sud du pays. Ce sont les grandes villes qui donnent le ton des avancées : les actions d'information et de prévention des autorités, les progrès de l'influence d'une médecine occidentale bien mieux armée contre ces maladies que la pharmacopée traditionnelle, y conduisent à une sensible baisse des taux de mortalité[4]. Durant la décennie de Nankin, à Shanghai, les réalisations les plus convaincantes de la municipalité de la partie chinoise de la ville relèvent de l'hygiène et de la santé publique. Dirigé entre 1926 et 1937 par les remarquables Hu Hongji et Li Ting'an, le bureau de l'hygiène développe la médecine scolaire, lance de grandes campagnes de vaccination et d'information, sans négliger d'améliorer notablement le ramassage des ordures[5]. On est bien loin de telles avancées dans les campagnes reculées où l'offre de soins se trouve souvent réduite à sa plus simple expression. À peu près à la même époque, les paysans des confins du Shaanxi, du Gansu et du Ningxia n'ont, lorsqu'ils sont malades, que deux ressources : se faire suer sous des couvertures après avoir pris une soupe chaude ou fumer quelques pipes d'opium[6]. De plus, les paysans ont à subir les effets d'un fléau supplémentaire : les parasites intestinaux que l'emploi universel des excréments humains comme engrais propage sur une très large échelle. Ils prélèvent un lourd tribut humain dans les campagnes.

Étant donné la part très marginale (autour de 6 %) de la population urbaine, la croissance démographique se traduit principalement par un remplissage des campagnes. Or, la Chine du Nord est déjà un monde notoirement plein : dans une province comme le Henan, la densité d'une

---

3. Ge J. (dir.), *ibid.*, p. 11-12 et 576-610.

4. M. Elvin et Zhang Y., « Environment and Tuberculosis in Modern China », p. 520-541.

5. C. Henriot, *Shanghai, 1927-1937, élites locales et modernisation dans la Chine nationaliste*, p. 116-117 et 238-249.

6. X. Paulès, *L'Opium, une passion chinoise,* p. 47-48.

bonne part des districts ruraux se situe bien au-dessus de 200 habitants par km². Avec de telles densités, et dans l'état des techniques de l'époque, la terre suffit à peine à nourrir la population, ce qui rend cette dernière vulnérable à des incidents même mineurs du climat (dont cette région est prodigue). Un observateur de l'époque (l'économiste Richard Tawney) a pu comparer la situation du nord du pays à celle d'un homme se tenant debout dans une étendue d'eau dont le niveau lui arrive en permanence jusqu'au menton, si bien que la moindre vaguelette peut suffire à le noyer. L'image a fait florès. De fait, les trois famines majeures de la période républicaine frappent le nord du pays : celle de 1920 (Zhili, Shanxi, Henan et Shandong) qui fait entre 500 000 et un million de morts ; la famine très mal connue qui ravage Gansu, Henan et Shaanxi au moment des affrontements entre le Guomindang et les grands seigneurs de la guerre de la région en 1928-1930[7] (peut-être 10 millions de morts) et enfin celle du Henan, que nous avons déjà mentionnée, en pleine guerre contre le Japon (1,5 à 2 millions).

L'état de surpopulation aiguë qui caractérise les campagnes de Chine du Nord n'est pas la règle générale à l'échelle du pays. Les grandes révoltes du troisième quart du XIXe siècle (Taiping, Nian, etc.) ne sont pas si loin. Les vides qu'elles ont creusés dans certaines parties de la Chine ne sont pas encore comblés sous la République : ainsi, en 1933, quatre des provinces les plus dévastées par la révolte des Taiping (Hubei, Anhui, Jiangxi et Zhejiang) n'ont toujours pas retrouvé leur niveau de peuplement de 1850. Il en est de même pour le Shanxi, le Shaanxi et le Gansu, provinces saignées à blanc dans les années 1850-1860 par les soulèvements musulmans et leur répression.

Migrations

D'importants mouvements de population constituent un exutoire à la situation de pression démographique. On peut en distinguer quatre principaux (voir carte X).

Le premier correspond à l'afflux des migrants de provinces de Chine centrale comme le Hunan qui poursuivent le repeuplement des zones

---

7. P. Fuller, *Famine Relief in Warlord China*, p. 1-2 et 19-21 ; Li L., *Fighting Famine in North China*, Stanford, Stanford University Press, 2007, p. 284-285 et 303-305.

touchées par les révoltes du milieu du XIXe siècle, notamment la basse vallée du fleuve Bleu.

L'exutoire principal au surplus démographique des campagnes de Chine du Nord est la Mandchourie. Ouvertes officiellement à l'émigration Han en 1904 (afin d'affermir le contrôle sur cette région qui aiguise les appétits russes), les trois provinces qui la constituent (Heilongjiang, Jilin et Liaoning) reçoivent un apport net de près de 9 millions de migrants entre 1891 et 1942. La majorité d'entre eux vient du Shandong, et, dans une moindre mesure, du Zhili/Hebei. Les progrès du transport par mer (navigation à vapeur) et par rail contribuent à amplifier ces mouvements de population.

L'exode rural constitue un phénomène plus diffus. Il est vrai que certaines grandes villes connaissent une vigoureuse croissance démographique. Pourtant, rapporté à l'immensité du réservoir que représentent les campagnes, l'exode rural demeure d'assez faible ampleur. On l'a dit, le taux d'urbanisation du pays est de l'ordre de 6 % au début du XXe siècle. On peut raisonnablement penser qu'il croît légèrement durant la période républicaine[8].

Shanghai se détache nettement car elle est à la fois la ville la plus peuplée et (avec Nankin) celle dont la croissance est la plus vigoureuse. Sous l'effet d'un extraordinaire dynamisme économique, elle passe ainsi de 1,3 million d'habitants en 1910 à 5,5 millions en 1949. Les villes qui connaissent l'essor le plus spectaculaire se trouvent confrontées à une grave pénurie de logements et à l'apparition de gigantesques quartiers d'un habitat de fortune. Si Shanghai est la seule mégalopole chinoise (elle prend alors place parmi les dix plus grandes villes du monde), quelques villes dépassent la barre du million d'habitants sous la République : Pékin, Tianjin, Canton et Nankin, auxquelles il convient d'ajouter l'agglomération de Wuhan avec ses trois composantes Hankou, Wuchang et Hanyang.

L'émigration outre-mer est le dernier mouvement migratoire majeur de la période républicaine. Il a pour particularité de concerner presque exclusivement les deux provinces méridionales du Guangdong et du Fujian. Il est fort malaisé de quantifier de façon précise les effectifs des communautés de Chinois d'outre-mer, non seulement parce qu'elles

---

8. M.-C. Bergère, *L'Âge d'or de la bourgeoisie chinoise*, p. 45 et 105-108.

sont fort mobiles, mais aussi parce qu'assimilation et métissages brouillent leurs contours[9]. On peut cependant estimer qu'ils atteignent environ 10 millions au milieu du XXe siècle. Cependant, après un second XIXe siècle qui avait été marqué par une croissance tous azimuts, la période 1900-1950, elle, connaît des situations géographiquement plus contrastées. On va, de façon schématique, distinguer deux cas de figure.

Les communautés chinoises implantées dans les pays où domine un peuplement d'origine européenne (États-Unis, Canada, Pérou, Cuba, Australie abritent les principales[10]) font face à des attitudes de plus en plus hostiles. Cette hostilité se traduit notamment par l'adoption de lois destinées à décourager l'immigration chinoise par divers moyens (examen de langue, droit d'entrée prohibitif, restriction à certaines catégories très limitées de migrants). Les effectifs des communautés de Chinois ont tendance à stagner. Au Canada et en Australie, deux pays où il est courant de les désigner, dans la presse, par le terme de « Chinetoques » (*Chinks*), elles subissent même une décrue significative. Dans tous ces pays, les migrants, très majoritairement originaires du Guangdong, sont presque tous des hommes jeunes dont l'objectif, après avoir accumulé un capital suffisant, est de retourner vivre dans leur famille restée en Chine.

Pour les contrées que nous venons d'évoquer, les Chinois se comptaient en milliers, tout au plus en dizaines de milliers. Les ordres de grandeur sont bien différents en Asie du Sud-Est, de loin la principale zone d'émigration chinoise. Là, les chiffres atteignent les centaines de milliers, voire plusieurs millions (1,2 million en Indonésie en 1930, peut-être 2 millions en Thaïlande en 1950). Ces pays demeurent pour l'essentiel accueillants aux migrants chinois. La croissance des communautés chinoises s'y poursuit, malgré un ralentissement marqué des flux migratoires entrants pendant les années 1930 (à cause de la crise) et les années 1940 (à cause de la guerre). Cette croissance n'est pas seulement le résultat des flux migratoires positifs, mais aussi d'un excédent démographique. Ce dernier traduit

9. Voir une excellente mise au point sur la diaspora chinoise : A. McKeown, « Conceptualizing Chinese Diasporas, 1842 to 1949 ».

10. En Europe, qui, rappelons-le, est alors une terre d'émigration (à l'exception notable de la France), les communautés de Chinois sont quantité négligeable.

un changement structurel : alors que les hommes adultes représentaient l'écrasante majorité des migrants, la proportion de femmes et d'enfants tend à progresser significativement. On rencontrait encore peu de femmes chinoises à Bangkok en 1910 ; on en recense 189 000 en 1937. Par conséquent, il devient possible pour les communautés d'outre-mer de se renouveler et même de croître sans nouvel apport de migrants venus de Chine[11].

Les groupes sociaux

La période républicaine est trop courte pour que la tectonique des grands agrégats sociaux y subisse des changements fondamentaux. La société chinoise repose bien évidemment toujours sur le même socle, la paysannerie. Outre une certaine recomposition des élites, les principales transformations ont pour théâtre les villes, avec la surgescence d'une classe ouvrière de type industriel, et d'une classe moyenne de salariés.

Le prolétariat

Le prolétariat pèse d'un bien faible poids parmi la population chinoise. Le chiffre d'1 million au milieu des années 1930 constitue la plus élevée parmi les estimations dont on dispose, et entre lesquelles il est malaisé de trancher.

On a déjà évoqué le poids très prépondérant des métiers manuels traditionnels (voir chapitre 6), dont l'importance a été constamment sous-estimée parce que la plupart attendent toujours que des historiens se penchent sur eux. Il en est de même pour tous les métiers associés à une florissante économie de la récupération et du recyclage, qui procure un gagne-pain à des foules d'hommes de peine[12]. Même à Shanghai, le principal centre industriel du pays, la myriade des métiers manuels plus traditionnels éclipse le monde ouvrier apparenté à l'industrie moderne.

---

11. V. Purcell, *The Chinese in Southeast Asia*, Londres, Oxford University Press, 1965 (2e édition), p. 82, 175, 232-234, 386 et 504-505.

12. Dong M., *Republican Beijing. The City and its Histories*, p. 131-141.

De plus, ce dernier reste marqué par les forts liens qui continuent de l'arrimer au monde rural dont ses membres sont issus en droite ligne. Les retours réguliers au village sont la norme dans les centres industriels petits ou grands, au point qu'ils pèsent d'un poids significatif dans le budget des ouvriers. Ce poste de dépenses est même parfois le quatrième (après la nourriture, les vêtements et le logement). L'industrie ne peut faire autrement que de s'adapter à cet état de fait : par exemple, les décortiqueries de riz de Hankou ferment à la saison du repiquage car, quoi qu'on fasse, leurs ouvriers les désertent à cette période pour aider aux champs. Les huileries de Harbin font de même en juillet-août au moment des moissons[13].

Une forte segmentation du travail en fonction de l'origine géographique est une autre caractéristique du milieu ouvrier chinois. Dans une même manufacture de tabac de Shanghai, par exemple, la préparation des feuilles, besogne très éprouvante car effectuée dans une atmosphère humide et malsaine, revient à des ouvrières issues des régions du nord de la province du Jiangsu. Moins pénible et mieux rémunéré, le conditionnement est assuré par des femmes originaires de la vallée du Yangzi[14].

Une féminisation du prolétariat se dessine très nettement dans les années 1920 ; les ouvriers sont de plus en plus des ouvrières. Cette tendance découle d'une stratégie du patronat pour baisser les salaires (puisqu'à travail égal on les paie moins que des hommes). Il s'agit aussi de contrer la montée des mouvements revendicatifs, les femmes étant considérées comme plus dociles[15]. Nonobstant l'existence d'une aristocratie ouvrière un peu mieux lotie exerçant des métiers très qualifiés (métallurgistes, mécaniciens et imprimeurs), les conditions de travail et la vie quotidienne sont particulièrement dures[16]. Certes la loi sur le travail de 1929 limite la longueur de la journée à dix heures, interdit le travail des enfants de moins de 14 ans, et impose un jour de repos hebdomadaire. Mais elle n'est pas davantage appliquée qu'une autre

---

13. J. Chesneaux, *Le Mouvement ouvrier chinois de 1919 à 1927*, p. 89.
14. E. Perry, *Shanghai on Strike*, voir chapitre 7.
15. G. Hershatter, *The Workers of Tianjin*, p. 144-150.
16. A. Roux, *Le Shanghai ouvrier des années 1930*, p. 13-120.

loi semblable, qui avait été édictée en 1923[17]. Les accidents du travail sont monnaie courante, et la Chine républicaine détient un triste record, celui de la plus terrible catastrophe minière de l'histoire. Le 26 avril 1942, plus de 1 500 travailleurs périssent à Benxihu (Liaoning).

Fig. 24 : Jeunes enfants travaillant dans une filature de Shanghai, 1920.

Classes moyennes urbaines

Observable dès le début du XXe siècle, l'émergence d'une nouvelle classe moyenne dans les grandes villes s'accentue à partir des années 1920. Elle comprend notamment les petits employés de l'industrie, des banques, des transports ou des grands magasins, les fonctionnaires d'un rang subalterne ou encore les maîtres d'école. Cette nouvelle couche sociale a beaucoup retenu l'attention des historiens pour deux raisons principales : d'une part elle personnifie, par excellence, l'élan de la modernisation urbaine, d'autre part, elle reste

17. R. Porter, *Industrial Reformers in Republican China*, p. 24-25 et 184-202.

une des principales assises sociales du Guomindang jusque dans les années 1940. Après 1945, ses difficultés économiques redoublant ses frustrations, elle incline de plus en plus vers le PCC[18]. Une autre de ses caractéristiques est de compter dans ses rangs une proportion importante de femmes : l'institutrice, la vendeuse de grand magasin, l'infirmière ou la dactylo deviennent ainsi de véritables « types » sociaux, que la littérature et le cinéma mettent volontiers en scène. La même année, 1930, Mao Dun publie un roman, *L'Arc-en-ciel* (*hong* 虹), et une nouvelle, *La Première Demi-journée de travail*, dont les héroïnes sont respectivement une institutrice et une dactylo. Salariat, féminisation et possession d'au moins un vernis d'éducation moderne sont les trois traits qui distinguent cette nouvelle classe moyenne et l'élèvent (aux yeux de ses membres, du moins) au-dessus du commun des mortels et en particulier du monde des petits commerçants, dont le niveau de vie est pourtant assez semblable au leur. Il faut se garder d'exagérer la différence entre eux. Ainsi, la féminisation touche aussi certains métiers du commerce traditionnel, à l'image de la restauration.

Quoi qu'il en soit, la masse du tertiaire urbain, même dans les villes les plus modernes, demeure bel et bien constituée des artisans et du personnel des commerces et services traditionnels. Les domestiques, les employés des maisons de thé, des restaurants, des hôtels, des salons de coiffure, des monts-de-piété, les colporteurs en sont les figures les plus représentatives. Il faut y ajouter les entremetteuses, diseurs de bonne aventure et autres géomanciens. L'inventaire du secteur des services serait incomplet sans y inclure les religieux. Il y a au moins 500 000 moines bouddhistes, peut être le double, tandis que les effectifs du clergé taoïste, eux, dépassent 200 000 personnes. En prenant en compte confucianistes, chrétiens et musulmans, il est vrai beaucoup moins nombreux, les effectifs des personnes entrées en religion dépassent donc très probablement le million. Il convient aussi de mentionner les activités à moitié ou totalement illicites comme la mendicité (20 000 mendiants à Shanghai au début des années 1930) et la prostitution.

18. Yeh W., *Shanghai Splendor*, p. 196-204.

La recomposition des élites

C'est probablement au niveau des élites de la société chinoise que s'observent les changements les plus significatifs. L'assise des élites traditionnelles reposait sur trois piliers : propriété foncière, maîtrise des circuits du commerce, examens impériaux. La suppression du système des examens en 1905 au profit d'un système éducatif inspiré de l'Occident a constitué une rupture cruciale. Pendant plus de mille ans, les examens, clé de l'accès aux rares et prestigieux postes de l'administration, avaient été de loin la voie d'ascension sociale la plus valorisée. Non seulement les stratégies d'accession à l'élite de millions de familles sont rendues caduques en 1905, mais le capital symbolique acquis grâce à un succès aux examens (et la notabilité locale qui allait avec) subit du jour au lendemain une dramatique décote. La disparition des examens renforce notamment l'érosion des élites rurales. L'insécurité du troisième quart du XIXe siècle, marqué par de grandes révoltes, avait précipité ces dernières vers le refuge que constituaient les murailles des villes. Beaucoup n'en étaient jamais reparties. Or, l'époque où la pratique pédagogique traditionnelle, qui reposait largement sur la mémorisation des Classiques, permettait de se contenter des services d'un précepteur est désormais révolue. Les exigences de la nouvelle éducation (avec des matières comme les sciences occidentales ou les langues étrangères) imposent de demeurer en ville, où se situent les écoles de style moderne. Les élites rurales se trouvent ainsi encore davantage incitées, quand elles en ont les moyens, à déserter les campagnes.

La période de la fin des Qing voit s'enclencher un autre mouvement de fond que Marianne Bastid dépeint fort bien dans une étude devenue canonique : la promotion de l'élément militaire au sein de la société chinoise[19]. Alors que la carrière des armes était tenue jusqu'alors en piètre estime, les classes les plus favorisées commencent à réviser ce jugement au tournant du XXe siècle et à la considérer comme une voie offrant des perspectives pour leur progéniture. Il est remarquable que

19. M. Bastid-Bruguière, *L'Évolution de la société chinoise à la fin de la dynastie des Qing, 1873-1911*, p. 19-29.

Yuan Shikai fasse donner à son fils aîné une éducation militaire très poussée par des experts français et allemand. Le contexte d'essor du nationalisme explique aussi cet engouement nouveau pour la carrière d'officier. L'Académie militaire fondée à Huangpu près de Canton par le Guomindang attire de nombreux jeunes gens dont la motivation première est de contribuer au redressement du pays. D'autres sont moins idéalistes, comme ces seigneurs de la guerre partis de rien ou de pas grand-chose qui profitent du désordre politique pour devenir maîtres de certaines parties du pays. Certes, ils sont assez peu nombreux, mais à travers tout le pays, ils entraînent dans le sillage de leur propre promotion sociale des légions de jeunes gens engagés dans leurs armées et qui parviennent à y prendre du galon.

Marie-Claire Bergère a décrit un phénomène non moins important : l'émergence d'une bourgeoisie industrielle, banquière et commerçante. Elle a montré comment elle parvient dans les premières décennies du XXe siècle à imposer ses organisations (associations professionnelles, chambres de commerce, par exemple) et ses valeurs de pragmatisme, modernisme et nationalisme. Elle insiste néanmoins sur les limites de son affirmation, notamment dans le domaine de l'autonomie par rapport à l'État. La grande bourgeoisie industrielle et banquière de Shanghai tend à focaliser l'attention, mais elle n'est nullement la seule à émerger : d'autres centres urbains notamment parmi les villes de la côte sont également concernés[20].

En dehors des armes et des affaires, d'autres canaux permettent de se pousser vers les élites. La carrière de révolutionnaire donne ainsi l'occasion à des hommes d'extraction très modeste de jouer des rôles de premier plan. Les cas de Chiang Kai-shek et Mao Zedong ne sont que les plus célèbres ; d'autres personnes parviennent à s'extraire de leur milieu d'origine en rejoignant les rangs du Guomindang et du PCC à des niveaux beaucoup plus modestes.

La modernisation des sociétés urbaines entraîne l'apparition de nouvelles professions prestigieuses comme celles d'avocat, d'ingénieur ou de médecin de style occidental. L'émergence de nouvelles élites culturelles est consécutive à l'avènement de médias inconnus jusqu'alors. Pour insignifiante qu'elles soient d'un point de vue

20. M.-C. Bergère, *L'Âge d'or de la bourgeoisie chinoise.*

quantitatif, elles ont leur importance en raison de leur poids dans les représentations communes. L'écrit reste la voie principale sur laquelle se bâtissent les renommées. Le développement et la professionnalisation de la presse et de l'édition, tout comme les progrès de l'instruction (et donc du lectorat), permettent à des écrivains d'accéder à une notoriété élargie. De plus, et c'est là une nouveauté, il devient possible de vivre de ses écrits.

Avec l'image, diffusée par des supports de type nouveau (illustrés, affiches, cinéma), et à une échelle incommensurablement plus grande, c'est la forme même de la notoriété qui évolue radicalement. En lien étroit avec l'avènement d'une culture urbaine de plus en plus visuelle, la République connaît l'émergence des premières *stars*. La place importante des femmes parmi elles mérite d'être soulignée. Au premier rang viennent les actrices de cinéma. Le suicide de l'une d'entre elles, Ruan Lingyu, suite à un drame sentimental, a un retentissement national. Une foule de 100 000 personnes se presse à ses funérailles. Accèdent aussi à la notoriété des interprètes de formes d'art plus traditionnelles (Mei Lanfang pour l'opéra de Pékin), et des sportifs et des sportives comme la championne de natation Yang Xiuqiong. L'audience de certaines célébrités peut être considérable mais circonscrite à un périmètre plus réduit par des contingences géographiques ou linguistiques. C'est le cas des grands chanteurs d'opéra cantonais, adulés au Guangdong et dans les communautés de Chinois d'outre-mer où ils effectuent des tournées.

La guerre sino-japonaise achève de bouleverser la donne en matière d'élites. Dans les zones occupées, les compromissions inévitables avec l'occupant contribuent à décrédibiliser les élites aussi bien traditionnelles que d'extraction plus récente. Le déclassement ne touche pas seulement ceux ayant collaboré activement avec l'ennemi. Dans l'immédiat après-guerre, comme nous l'avons vu, le Guomindang en fixant très bas le taux de conversion de la monnaie émise par les gouvernements de collaboration met sur la paille bien des familles aisées des ex-zones occupées.

Des corps intermédiaires très résilients

Faute de termes plus adéquats, nous appelons « corps intermédiaires » cette multitude de formes d'organisation non officielles qui contribuent à structurer la société. Comparés aux changements qui renouvellent en profondeur les élites, ceux qui touchent les corps intermédiaires sont très limités. Le monde du travail urbain continue d'être principalement organisé autour des guildes. Ces dernières sont modelées sur la structure familiale : les relations maître-ouvrier-apprentis sont supposées être de même nature que celles qui lient harmonieusement les différentes générations entre elles. Les guildes sont des instances d'entraide et de régulation qui définissent et font respecter leurs propres règles. Non seulement une guilde protège ses membres, mais elle arbitre aussi les conflits qui pourraient survenir en son sein. Enfin, la dimension religieuse est présente, puisque chaque guilde se place sous le patronage d'une divinité. De façon significative, même le monde ouvrier issu de l'industrialisation se structure en entremêlant modes d'organisation inspirés du syndicalisme occidental et pratiques héritées de la tradition des guildes. Des métiers nouveaux, qui sont le fruit de l'introduction des techniques occidentales, conservent dans leur organisation une forte empreinte de la tradition : ainsi, par exemple, les mécaniciens s'organisent-ils fréquemment en associations dédiées à Guan Yu[21] (le dieu de la guerre dans le panthéon traditionnel chinois). Si des syndicats se mettent en place, ils restent très majoritairement inscrits dans des logiques corporatistes et combinent bien souvent les fonctions dévolues traditionnellement aux guildes (entraide, règlement des litiges internes, protection des membres vis-à-vis des autorités) avec des luttes inscrites dans des enjeux politiques et mots d'ordre idéologiques plus larges.

À Shanghai, le coup d'avril 1927 et la terreur blanche cassent les reins du syndicalisme d'obédience communiste. Dans les années qui suivent, le Guomindang occupe le terrain qu'il a ainsi brutalement déblayé. En dépit des efforts des communistes pour regagner de l'influence, il parvient, dans différents secteurs (comme celui des Postes) à mettre

---

21. A. Roux, *Grèves et Politique à Shanghai*, p. 190.

en place des syndicats modérés d'inclination corporatiste où la Bande verte a souvent son mot à dire, et qu'il maintient sous son contrôle. Après 1931, l'attitude du Guomindang incline plus fortement encore vers le maintien de l'ordre et la préservation du consensus social. À Shanghai, les sept puissants syndicats nés à l'automne 1927 doivent s'effacer. Concomitamment, la part d'autonomie laissée aux ouvriers au sein des syndicats survivants diminue drastiquement. Comme l'écrit Alain Roux, « le contrôle était devenu étouffement[22] ».

Les sociétés basées sur la solidarité régionale (*huiguan* 會館, *tongxianghui* 同鄉會) sont un autre type important d'organisation urbaine. Elles jouent elles aussi un rôle social très important par exemple en organisant le rapatriement des corps de leurs membres vers leur région d'origine afin qu'ils y soient enterrés.

Les corps intermédiaires de la société chinoise n'ont pas de caractère exclusivement urbain. Les unions paysannes organisées par le PCC ou la gauche du Guomindang ont reçu une attention tout à fait disproportionnée. Leur importance est en effet anecdotique par rapport aux formes préexistantes d'organisation du monde rural, qui, elles, obéissent à des logiques verticales, exactement opposées à la lutte des classes. Parmi elles, les principales sont les sociétés rédemptrices, les sociétés secrètes et les lignages. Les sociétés rédemptrices sont un des produits du renouveau religieux qui se manifeste sous la République (voir chapitre 9). Les lignages, eux, sont des organisations assez comparables aux *gentes* de la Rome préimpériale. Ils regroupent théoriquement l'ensemble des individus descendant en ligne patrilinéaire d'un ancêtre commun (celui-ci pouvant être largement mythique) et portant, de ce fait, le même nom. Les lignages sont une réalité sociale particulièrement incontournable en Chine du Sud. En dehors de leur raison d'être première, l'entretien du temple de l'ancêtre et des tombes, ils ont des fonctions variées qui vont de l'entraide à la gestion d'écoles, sans oublier l'administration d'un bien-fonds commun (terres) qui peut être tout à fait considérable. Les sociétés secrètes, à l'image des mafias européennes, combinent activités illicites et encadrement plus ou moins contraint de la population. Les trois principales sont la Bande verte

22. A. Roux, *ibid.*, p. 257-338 (la citation est page 258).

(*Qingbang*), implantée dans le Bas-Yangzi, la Société des aînés et des anciens (*Gelaohui* 哥老會) qui sévit dans le Haut-Yangzi et notamment au Sichuan, tandis que la nébuleuse complexe des Triades (*Tiandihui* 天地會), elle, est active en Chine méridionale et outre-mer.

Si seigneurs de la guerre, troupes japonaises d'occupation et gouvernements collaborateurs s'accommodent assez aisément de l'existence et de l'importance du rôle social de toutes ces organisations, tel n'est pas le cas du PCC et du Guomindang. Ce dernier, en particulier, leur mène la vie dure, dénoncant leur influence fondamentalement conservatrice. Mais en réalité, soucieux de promouvoir un lien privilégié d'obéissance et de fidélité de chaque citoyen à la nation et au parti, il se montre surtout jaloux de leur pouvoir d'organisation et de mobilisation. De fait, on ne peut nier qu'il s'agisse de forces potentiellement subversives, capables de donner corps aux mécontentements populaires. La grande révolte de l'est du Guizhou entre août 1942 et 1943 en est une excellente illustration. Elle concerne des populations d'ethnie Miao, excédées par le poids de la conscription et des impôts ainsi que par les entorses de plus en plus nombreuses à l'autonomie dont elles jouissaient *de facto*. Ce soulèvement est coordonné par la Société de la bonté universelle (*Tongshanshe* 同善社), interdite du reste depuis 1927, qui lui fournit ses cadres, ainsi que par une société secrète, la Bande rouge[23].

Toutes ces formes d'organisation continuent de prospérer dans une quasi parfaite indépendance de la tutelle de l'État, en dépit des efforts déployés par ce dernier. Le cas des *tongxianghui* de Shanghai montre que même dans cette ville étroitement tenue en main par le Guomindang, ses velléités de contrôle ne donnent que des résultats très limités. Keith Schoppa estime dans sa belle étude des élites du Zhejiang que les lignages de cette province n'ont perdu ni de leur cohérence ni de leur influence durant le premier XXe siècle, montrant au contraire de remarquables capacités d'adaptation[24]. Ces conclusions semblent généralisables à l'ensemble des lignages du sud de la Chine. Dans l'ouest du Yunnan, par exemple, où ils sont d'apparition assez récente, leurs activités tendent à se développer sur une échelle de plus en plus

23. L. Bianco, *Jacqueries et révolution*, p. 415-420.

24. K. Schoppa, *Chinese Elites and Political Change : Zhejiang Province in the Early Twentieth Century*, p. 50-52.

large. Il s'agit, dans ce cas particulier, d'une réponse de la société locale aux besoins d'organisation collective qu'induit le développement du commerce avec la Birmanie. Dans l'ouest du Fujian, les surfaces de terres appartenant aux lignages ont tendance à croître notamment parce qu'en ces temps troublés, il est plus aisé à une communauté qu'à un individu isolé d'encaisser les fermages[25]. Ce dernier fait est représentatif d'un état des choses beaucoup plus général des campagnes : dans une situation où l'État, bien qu'il en ait la volonté, n'est pas en mesure d'assurer l'ordre et la sécurité, chacun ressent le besoin de s'agréger à des formes collectives d'organisation capables de garantir une protection et de mettre un certain pouvoir de coercition au service de normes communément acceptées.

D'autres mutations qui interviennent dans les lignages sous la République sont un effet du relâchement des liens entre villes et campagnes. Les temples interlignagers (*hezuci* 合族祠), véritables consulats prodiguant aide et conseil aux membres de lignages venus pour affaires dans le chef-lieu de la province, battent sérieusement de l'aile[26]. D'une façon plus générale, les éléments des lignages installés dans les villes tendent à s'émanciper sous l'influence d'un certain individualisme associé aux idées nouvelles et penchent pour des formes d'organisation davantage centrées sur la famille nucléaire. Quant aux pratiques cultuelles associées à l'activité des lignages, étroitement liées à des formes populaires de religiosité, elles passent de plus en plus à leurs yeux pour des survivances archaïques et superstitieuses. Tous ces changements leur font ressentir la solidarité financière qui s'impose à eux comme un fardeau d'autant plus insupportable que l'écart croissant ville/campagne sur le plan des modes de vie tend à distendre les liens humains qui, *in fine*, leur donnaient sens.

25. Liu Y., *Confucean Rituals and Chinese Villagers, Ritual Change and Social Transformation in a Southeastern Chinese Community, 1368-1949*, p. 147-155.

26. Huang H., *Zai chengshi yu xiangcun zhi jian : Qingdai yilai guangzhou hezuci yanjiu.*

Niveaux et modes de vie

La question de l'appauvrissement des paysans chinois

Les sociologues de l'époque républicaine se sont emparés avec enthousiasme de la question du niveau de vie de la population. Nombre d'enquêtes sont menées à partir des années 1920. Sous l'influence de l'école de Chicago, une forte proportion d'entre elles se penche sur des catégories de la population urbaine (les tireurs de pousse-pousse sont par exemple un des sujets les plus étudiés). Toutefois, dans le contexte de l'intérêt croissant pour les campagnes qui se fait jour parmi l'intelligentsia et le monde universitaire dans les années 1930 (en 1929, 6,5 % des enquêtes sociologiques conduites portaient sur les campagnes, elles sont 38 % en 1935[27]), le regard se porte de plus en plus sur la masse de la population paysanne. Nullement exemptes de biais de nature idéologique, ces études ont notamment repris à leur compte la thèse d'inspiration marxiste selon laquelle la concurrence des biens manufacturés (qu'ils soient importés ou produits dans les usines des ports ouverts) représente une concurrence mortelle pour l'artisanat des campagnes, condamné à péricliter. Selon cette thèse, les paysans, privés de ce complément de revenus, subiraient une paupérisation croissante. Dans l'obligation de s'endetter auprès des notables, ils seraient, *in fine,* contraints à vendre leurs terres.

L'historiographie communiste post-1949 s'inspire de ces études et y puise largement. Elle dresse un tableau particulièrement sombre de la situation des paysans sous la République. Pour résumer, trois facteurs principaux entrent selon elle en jeu pour aggraver leur sort : on retrouve la concurrence des importations et des produits de l'industrie des villes qui ruine l'artisanat, à laquelle s'ajoute l'idée d'une fiscalité de plus en plus vorace, et celle selon laquelle les propriétaires fonciers (*dizhu*) augmentent sans vergogne le montant des fermages. Outre un appauvrissement général, le résultat est supposé être une concentration de

27. T. Lam, *A Passion for Facts*, p. 152-153.

plus en plus prononcée de la terre entre les mains des propriétaires fonciers.

Ce diagnostic ne résiste pas à un examen objectif de la situation. Aucune étude empirique sérieuse ne vient valider la thèse d'un appauvrissement généralisé des paysans, pas plus que celle d'une tendance à la concentration des terres au profit des propriétaires fonciers[28]. Bien au contraire, il faut souligner la réticence de plus en plus grande des élites envers les investissements fonciers, ce qui s'explique par la relative faiblesse de leurs rendements. La baisse de la valeur des terres agricoles dans les années 1920-1930 témoigne éloquemment de la faible attractivité de ce placement[29]. Par ailleurs, la pratique universelle du partage égalitaire entre les héritiers de sexe masculin s'avère particulièrement efficace pour enrayer un éventuel processus de concentration des terres entre les mains d'une minorité. Inlassablement, à chaque génération, il vient morceler les propriétés les plus considérables.

Il semble exact que la charge que représentent les impôts tend à augmenter. Pour autant ils n'atteignent pas, sauf exceptions limitées dans le temps et dans l'espace, des niveaux particulièrement élevés. De plus, si hausse il y a, elle est largement amortie par l'inflation et surtout par la tendance de fond durant la période à l'augmentation du prix des denrées agricoles.

Deux études importantes incitent à écarter la thèse d'un appauvrissement causé par une hausse de la rente et de la pression fiscale. Dans l'étude régionale la plus fouillée dont on dispose, Kathryn Bernhardt a montré qu'en valeur réelle, les rentes foncières perçues dans la basse vallée du Yangzi étaient bien moindres en 1937 qu'un siècle plus tôt. Elle montre également que le poids de la fiscalité reste faible[30]. Quant à Lucien Bianco, il met en évidence d'une autre façon le fait que l'augmentation de la rente ou des impôts n'est pas une question tellement critique pour les paysans. En étudiant les statistiques des révoltes et violences paysannes à travers tout le pays, il souligne en effet qu'elles

---

28. La question était déjà tranchée dans un chapitre aussi synthétique qu'excellent du livre de Jack Potter, *Capitalism and the Chinese Peasant. Social and Economic Change in a Hong Kong Village*, p. 174-203.

29. L. Eastman, *Family, Fields and Ancestors*, p. 83.

30. K. Bernhardt, *Rents, Taxes and Resistance.*

sont dirigées bien moins contre l'État et les propriétaires fonciers que contre d'autres communautés (claniques ou villageoises). Les rivalités portent sur l'appropriation des ressources locales, à commencer par l'eau. Il ne faut pas imaginer des tenanciers totalement démunis : une proportion très significative d'entre eux, et qui tend à croître, détient un droit d'exploitation sans limitation de durée[31] (ce qui en fait, *de facto*, des copropriétaires de la terre qu'ils cultivent). Par ailleurs, diverses coutumes leur donnent la possibilité, dans certaines circonstances (sécheresse ou autre calamité naturelle), de différer le paiement de la rente ou d'en diminuer significativement le montant. Il est également fréquent que le tenancier n'acquitte la rente que pour la culture principale, et garde pour lui le bénéfice intégral des récoltes des cultures secondaires.

Si rien ne vient soutenir la thèse d'une tendance à l'augmentation des fermages sous la République[32], cela ne signifie pas que les rapports entre propriétaires et tenanciers restent inchangés. La rente foncière était versée de trois façons différentes : comme un fermage avec une redevance fixée à l'avance qui peut être versée soit en numéraire soit en nature, ou encore comme un métayage (c'est-à-dire un pourcentage de la récolte). Il se produit durant le premier XXe siècle un recul du métayage, qui traduit une monétisation accrue de l'économie rurale. Plus généralement, Lucien Bianco relève diverses manifestations d'« une dépersonnalisation croissante de la relation bilatérale entre fermier et propriétaire foncier » : progression du contrat écrit au détriment de l'accord passé oralement, versement d'une caution, absentéisme croissant des propriétaires fonciers qui ont recours à des intendants pour faire valoir leurs droits[33].

Il semble par ailleurs important de cerner toutes les implications des trois phénomènes considérés comme responsables d'un appauvrissement de la paysannerie.

Ainsi, la question de l'impact de la concurrence des marchandises importées et des produits de l'industrie des villes a (comme on l'a déjà dit) un impact important sur l'artisanat des campagnes mais il ne peut, en toute honnêteté intellectuelle, être dissocié de son corrélat : l'accès

---

31. L. Eastman, *Family, Fields and Ancestors*, p. 76-78 et 83.
32. L. Bianco, *Jacqueries et Révolution*, p. 201-202.
33. L. Bianco, « La société rurale », p. 274-275.

des paysans à des débouchés plus lointains pour leurs produits (voir chapitre 6). Par ailleurs, les campagnes profitent par un autre canal de l'industrialisation. En effet, le nouveau prolétariat industriel des villes est précisément issu des couches rurales les plus dépourvues de terres. Ces déracinés n'ont pour seul but que de gagner suffisamment d'argent pour retourner chez eux s'acheter de la terre. S'ils n'y parviennent pas toujours, l'aide financière qu'ils envoient contribue significativement à améliorer le sort de leurs proches restés dans les villages. De même, ce que les villageois perdent d'un côté du fait de l'augmentation de la fiscalité, ils le regagnent au moins partiellement de l'autre : ils retirent un certain bénéfice de l'extension du périmètre d'action de l'État, par exemple lorsque les autorités financent des écoles.

Ni les conséquences de l'industrialisation, ni la fiscalité ou le poids de la rente ne semblent exercer d'action significative pour l'appauvrissement des masses paysannes. Bien qu'il soit largement laissé de côté par les chercheurs, il est un facteur qui pèse davantage que tous les autres sur le niveau de vie des campagnes : la pression démographique. Nous avons mentionné son caractère particulièrement prononcé en Chine du Nord. Il faut souligner qu'en dehors des épisodes de famine qui sont sa traduction la plus tragique, elle pèse plus insidieusement sur le niveau de vie des paysans qui se trouvent contraints – plusieurs enquêtes menées dans des régions différentes en font état – de diminuer leur consommation de céréales nobles, comme le blé, auxquelles ils substituent le maïs ou encore la patate douce.

Enfin, il faut se garder de considérer la période 1912-1949 comme un bloc : le fait que la très grande majorité des enquêtes qui fournissent des données sur la situation des campagnes – à l'image de celle du grand sociologue Fei Xiaotong – sont organisées dans les années 1930 est tout sauf anodin. En effet, il s'agit du moment précis où elles accusent le plus durement le coup de la crise économique. Le portrait sombre que ces enquêtes dressent de la situation des campagnes chinoises peut être considéré comme pertinent pour les années 1930 voire les années 1940, il n'en est nullement de même pour les deux décennies qui précèdent.

On peut donc estimer vraisemblable que la situation de la paysannerie ne s'est pas améliorée sous la République, mais qu'elle n'a pas empiré notoirement non plus.

Le Guomindang s'est-il désintéressé des campagnes ?

Une autre idée répandue dans l'historiographie concernant les campagnes chinoises est que le Guomindang s'en serait largement désintéressé, contrairement à son rival le PCC, et que la victoire de ce dernier trouverait là une de ses principales causes. Les choses ne sont pas si simples.

La mobilisation politique des paysans passait au milieu des années 1920 par la formation d'unions. Or, ce mouvement n'avait pas été le seul fait d'activistes communistes. Des éléments de la gauche du Guomindang y avaient pris part. Mais si, au sein du Guomindang, la mobilisation des masses n'est plus une option après la rupture du premier Front uni et le sérieux coup de barre à droite qui s'ensuit, la voie d'un prudent réformisme impulsé d'en haut, elle, reste tout à fait ouverte. L'amélioration du sort des paysans fait du reste partie de la plateforme idéologique du Guomindang : les écrits de Sun Yat-sen en font un objectif, et le congrès de 1924 s'était prononcé pour une baisse de 25 % du montant des fermages. Au début de la décennie de Nankin, la fameuse loi agraire de 1930 fixe un plafond au loyer de la terre : 37,5 % du montant de la récolte. Cette mesure était de nature à améliorer la situation matérielle de dizaines de millions de fermiers. Le problème est qu'elle restera lettre morte, faute de volonté politique de l'appliquer[34]. De fait, l'intérêt du Guomindang pour les campagnes se concrétise par la mise en place d'actions qui visent à résoudre des problèmes de nature essentiellement *technique* et non sociale ou politique. Des efforts sont ainsi faits pour améliorer la culture du coton : ils représentent une partie importante des activités de la commission de Contrôle du coton (*mianye tongzhi weiyuanhui*) établie en 1933. Mais des campagnes d'une telle ampleur ne sont pas représentatives des actions menées en direction de l'agriculture. À part un effort dans la région du Bas-Yangzi après les inondations de 1931, les grands programmes d'aménagements hydrauliques appartiennent au passé. Il n'y a aucune action significative en faveur de l'électrification des campagnes. D'autres projets sont conduits à une échelle plus locale, comme ceux des provinces du Zhejiang et Jiangsu dans les années

34. L. Bianco, *Les Origines de la révolution chinoise*, p. 180-181.

1927-1937 à destination de la sériciculture et qui comportent le développement d'un enseignement technique, l'amélioration des œufs, la mise en place de fermes expérimentales, et des réseaux de coopératives[35]. De même, des projets pilotes sont menés pour la sélection d'espèces de riz et de blés issues de procédés modernes. Reste qu'au total, l'impression qui domine est le contraste entre l'intérêt intellectuel que suscitent les campagnes et le caractère très limité des actions concrètes qui sont menées à bien.

Une insécurité endémique dans les campagnes

En dépit des critiques que nous avons apportées à la thèse du dramatique appauvrissement des paysans, une palette relativement sombre s'impose pour peindre la condition de la très grande majorité des paysans chinois. Pas plus qu'avant 1912 et qu'après 1949 leur vie n'est semée de pétales de roses. Les violences y sont, en particulier, monnaie courante. Avec les troupes qui vivent sur le pays, le brigandage constitue pour les paysans un des aspects les plus sombres de la période. Le pullulement des bandits découle, comme cela est habituel dans l'histoire chinoise, de la désagrégation du pouvoir central. Fin 1911, hors des grands centres urbains, la présence d'élites à la fois proches des milieux révolutionnaires et suffisamment organisées pour prendre le relais de l'administration des Qing est la règle plutôt que l'exception. Maints groupes de bandits et sociétés secrètes ne se font pas prier pour sauter sur une si belle occasion. Après s'être déclarés pour la révolution, ils pillent et rançonnent les zones où aucune force organisée ne peut leur être opposée. De sorte que, pour leurs habitants, la seule traduction concrète d'une révolution à laquelle ils ne comprennent goutte est le chaos dans lequel bascule brusquement leur environnement familier.

Certains historiens estiment le nombre de brigands à 25 millions. Risquer une estimation n'a rien d'évident tant il s'agit d'un phénomène protéiforme et éminemment malaisé à circonscrire. Par son recrutement, le brigandage est issu de la paysannerie, et du reste, la frontière entre bandits et paysans s'avère bien souvent extrêmement ténue. C'est ce

---

35. Li L., *China's Silk Trade. Traditional Industry in the Modern World, 1842-1937*, p. 190-193.

que montre le cas des célèbres Barbes rouges (*honghuzi* 紅胡子) de Mandchourie. Ces bandits montés sévissent surtout l'été, période durant laquelle le sorgho, planté en abondance dans cette région, arrive à maturité. Cette plante, qui atteint plusieurs mètres de hauteur et donc susceptible de cacher un groupe d'hommes à cheval, s'avère leur meilleure alliée. Comme il y a peu à faire dans les champs à la belle saison, les plus pauvres et les plus audacieux forment des bandes qui s'écartent à distance respectable de chez eux pour piller des villages et détrousser des voyageurs. On peut parler de banditisme saisonnier, car en septembre, ils rejoignent leurs foyers. Une fois leurs armes cachées, ils reprennent le cours de leur vie de paysans ordinaires, s'affairant pour rentrer la récolte de sorgho et préparer les semailles du blé d'hiver[36].

Quant à la porosité entre bandits et soldats, elle est plus évidente encore : comme sous tant d'autres climats, les soudards licenciés conservent leurs armes et en font usage pour vivre sur le pays. Réciproquement, lorsqu'un seigneur de la guerre lève des troupes ou qu'un notable organise une milice, les premiers hommes qu'attire la perspective de toucher une solde régulière sont bien souvent les bandits. Il faut noter enfin que les hors-la-loi sévissent aussi sur mer ; les populations côtières du Fujian et du Zhejiang subissent les méfaits d'une piraterie particulièrement florissante.

Les « problèmes » de la société chinoise

Dans *La Cité des chats* (*maocheng ji* 貓城記), écrit en 1932-1933, le romancier Lao She met en scène un homme qui, parti explorer la planète Mars, arrive dans un pays chat. Ce roman à clé se lit avant tout comme une satire de la Chine des années 1930. La société du pays chat est minée par des tares terribles : le statut d'esclave des femmes, la polygamie, la prostitution, l'opium, la saleté extrême des villes, des armées qui ne sont qu'un ramassis de lâches et de pillards, une vieille éducation rabâcheuse, une administration qui fonctionne à vide, et enfin une complaisance excessive vis-à-vis d'une longue et glorieuse histoire. La noirceur du tableau est aussi remarquable que sa conclusion

36. P. Billingsley, *Bandits in Republican China*, p. 21-23.

pessimiste : à la fin du livre, une guerre se déclare avec les étrangers et les hommes chats sont exterminés.

S'il est loin d'être un chef-d'œuvre, *La Cité des chats* montre à quel point la quête fiévreuse des causes sociales de la faiblesse de la Chine, parfois désignée comme « l'homme malade de l'Asie », n'appartient pas qu'au mouvement du 4 mai 1919 (le livre est publié une quinzaine d'années après). Il est vrai que les lamentations sur les mœurs du temps ne font défaut à aucune époque de l'histoire chinoise. Mais, chose remarquable, les mœurs ne sont plus dénoncées au nom de la morale ou parce qu'elles se départissent de celles d'un âge d'or révolu. Ce qui est en jeu, c'est l'affaiblissement du pays qu'elles induisent, dont les conséquences passent pour potentiellement dramatiques dans le cadre d'une lutte sans merci entre les nations du monde. Nombre de pratiques sociales se trouvent ainsi désormais assimilées à des fléaux. Il est vrai que certaines d'entre elles faisaient déjà l'objet d'une condamnation morale, qu'elle soit très ancienne comme dans le cas des jeux de hasard, ou sensiblement plus récente pour l'opium. Mais dans d'autres cas, des pratiques considérées jusqu'à la fin du XIXe siècle de façon neutre voire positive prennent une signification nouvelle. L'invention de « problèmes » occupe beaucoup les penseurs du début du siècle. Au fil d'une rhétorique d'un alarmisme monotone, chacun d'eux se trouve tour à tour accusé d'être la cause principale de la faiblesse de la Chine. La liste est presque infinie : outre les jeux et l'opium déjà mentionnés, on relève les pieds bandés, la prostitution, la superstition, ou encore l'homosexualité. Mais comme on va le voir, au-delà des discours, ces pratiques reçoivent dans les faits une attention très inégale.

L'État nationaliste est le seul à lutter contre certains de ces « fléaux » à l'échelle du pays (d'autres acteurs font de même, mais à des niveaux plus locaux). Certains résultats significatifs sont enregistrés. La pratique du bandage des pieds disparaît pratiquement en une génération. De même, contrairement à une légende directement issue de l'historiographie de Chine populaire soucieuse de noircir à tout prix la société d'avant l'aurore radieuse de la « libération » de 1949, il se produit durant la période républicaine une très nette marginalisation de la consommation d'opium[37]. D'autres pratiques se perpétuent, éventuellement en étant mieux encadrées par les autorités (souvent à la seule fin

37. X. Paulès, *L'Opium, une passion chinoise, 1750-1950*, Paris, Payot, 2011, p. 198-200.

d'en tirer des recettes fiscales). En effet certaines campagnes dirigées contre elles se résument à des tentatives localisées et éphémères comme celle qui vise les jeux de hasard au Guangdong en 1936-1937. De même, mis à part une tentative pour la prohiber dans les provinces de l'Anhui, du Zhejiang et du Jiangsu en 1928, la prostitution reste florissante.

Nouveaux loisirs

Classes populaires et élites urbaines de la période vivent ce que Robert Ardrey a identifié comme un tournant majeur des sociétés modernes où selon lui les besoins psychologiques priment désormais sur les besoins physiologiques (« *the hungry psyche was replacing the hungry belly*[38] »). L'offre des loisirs s'élargit fortement dans les grandes villes et les habitudes de consommation de loisirs changent elles aussi rapidement. Troupes de théâtre itinérantes, acrobates et artistes ambulants en tous genres égayent toujours les villes et les foires du monde rural. Certains lieux de loisirs traditionnels se portent fort bien. Les maisons de thé de Chengdu, les tripots de Canton font mieux que se maintenir, ils prospèrent. Dans le même temps, d'autres lieux de loisirs végètent, voire menacent de disparaître. Les fumeries d'opium marquent le pas, moins dans l'intérieur du pays que dans les villes de la côte. Les bordels de luxe traditionnels perdent leur clientèle qui ressent désormais les règles compliquées qui les régissent comme trop contraignantes. Les prostituées investissent d'autres lieux, comme les dancings. Ces derniers font partie, avec les cinémas, des nouveaux lieux de loisirs. La pratique du sport se développe, en particulier sous l'influence des établissements d'enseignement qui dispensent une éducation à l'occidentale.

Un changement plus radical que la diversification et le renouvellement des pratiques de loisirs est le fait que l'idée d'une distinction cardinale entre le temps du travail et celui des loisirs gagne du terrain. Le tourisme se développe à destination des citadins aisés. De courts voyages d'agrément sont rendus possibles par l'extension

38. Cité dans D. Courtwright, *Forces of Habit. Drugs and the Making of the Modern World*, p. 4.

du réseau ferré et le repos hebdomadaire dont ils bénéficient. Les services destinés à répondre à cette nouvelle demande se développent : agences de voyages, hôtels et restaurants destinés spécialement aux voyages d'agrément. Une flopée de publications *ad hoc*, cartes et guides touristiques connaissent un succès grandissant. Une revue spécialisée, *Le Magazine du voyage* (*Lüxing zazhi* 旅行雜誌), voit le jour en 1927, et se donne pour mission d'encourager et de faciliter le tourisme en Chine et même au-delà. Elle compte plus de 10 000 abonnés en 1934. La décennie 1920 voit Hangzhou et Suzhou se réinventer comme des destinations touristiques du fait que le chemin de fer les a mises, dès la fin des années 1900, à quelques heures de Shanghai (quand il fallait auparavant trois journées de bateau).

Peut-on parler d'occidentalisation ?

À l'image du sport, le progrès de certaines pratiques d'origine occidentale a beaucoup retenu l'attention. Et Shanghai apparaît par excellence comme le lieu où émergent des modes de vie d'inspiration occidentale. Elle est, avec son port, ses 26 représentations diplomatiques, ses deux énormes concessions étrangères, la ville la plus ouverte à l'étranger, celle qui fut la première au XIXᵉ siècle à se doter de l'eau courante, du gaz et de l'électricité. Les concessions jouent bien évidemment un rôle crucial en tant que lieu de cohabitation avec les étrangers, de découvertes pour leurs résidents chinois de nouveaux modes de vie et d'administration. Leurs équipements modernes et leur urbanisme suscitent des sentiments de frustration, mais aussi d'émulation. L'impact visuel de la verticalité architecturale du Bund de Shanghai montre bien que la ville est engagée dès les années 1920 dans un mouvement international d'émulation sur le terrain du luxe et de l'architecture, et qu'elle prétend rivaliser avec les autres grandes métropoles d'Asie et même du monde. Ses grands magasins dotés d'ascenseurs électriques où foisonnent les produits importés conjuguent nouveaux modes de distribution et de consommation. Mais les autres villes ne sont pas forcément en reste : équipements modernes, grands magasins sont présents ailleurs qu'à Shanghai. L'adduction d'eau progresse partout, et le taux d'équipement en téléphone des foyers d'une ville moyenne comme Jinan est de l'ordre de 5 % dès 1922[39]. Caractéristique de l'âge industriel, la mesure du temps en minutes progresse dans toutes les villes. Elle se traduit par exemple à Nantong par la présence d'horloges sur les bâtiments publics, qui marquent symboliquement l'espace public et entérinent le déclin du mode de mesure traditionnel, beaucoup moins précis[40].

Fig. 25 : Le Bund de Shanghai en 1932.

Les pratiques de consommation importées de l'Occident qui se diffusent dans tout le pays ne manquent pas. Un produit a suscité plus de recherches qu'aucun autre : la cigarette. Invention occidentale, sa diffusion reste anecdotique à la fin du XIXe siècle. Mais en 1900, l'existence de la bibliothèque murée des grottes de Dunhuang, une des plus grandes découvertes archéologiques de l'histoire, se revèle à un moine

39. D. Buck, *Urban Change in China : Politics and Development in Tsinan, Shantung, 1890-1949,* p. 154 et 230-231.
40. Shao Q., *Culturing Modernity. The Nantong Model, 1890-1930*, p. 88-91.

observateur grâce aux volutes de la fumée de sa cigarette[41]. Le fait que cet homme vivant dans un lieu reculé d'une province de l'intérieur (le Gansu) connaisse cette nouvelle consommation traduit déjà sa diffusion. Il se vend 300 millions de cigarettes en 1900, 7,5 milliards en 1910, et 90 milliards à la fin des années 1920. La cigarette s'impose (au détriment de différents modèles de pipes) partout, même dans les campagnes les plus reculées[42]. Cependant, la géographie de la diffusion de la cigarette est complexe : si elle a conquis les faveurs de presque toutes les catégories sociales à Shanghai, il s'avère que les modes de consommation traditionnels du tabac (pipe à eau notamment) résistent assez bien à Pékin ou dans des campagnes comme au Shandong[43].

Par ailleurs, dans la diffusion de nouveaux produits de consommation, transmission n'est pas nécessairement translation. Les nouveaux objets sont en effet largement réappropriés, réinventés dans un contexte social et culturel différent par les populations de la Chine. Le développement récent de l'histoire des objets a montré le caractère sélectif du processus d'adoption des nouveautés venues d'Europe, doublé d'une tendance marquée à subvertir leurs modes d'utilisation. L'exemple le plus parlant est probablement celui de la bouteille Thermos. Utilisée presque exclusivement dans un cadre médical en Europe, elle devient rapidement dans les années 1920-1930 un objet d'usage familial dans les villes et même les campagnes chinoises (ce qu'elle est toujours aujourd'hui). Les deux boissons les plus courantes en Chine sont en effet le thé et surtout l'eau bouillie, qu'il est plus commode et plus économique d'acheter auprès des maisons de thé ou de vendeurs de rue que de faire chauffer à la maison. La bouteille Thermos rend de grands services en gardant longtemps le liquide à la température adéquate[44].

L'ampleur des changements de modes de vie doit être relativisée. Quand il s'agit de mettre en branle des éléments aussi profondément ancrés dans la culture que l'alimentation ou les attitudes devant la mort,

---

41. Y. Imaeda, « The Provenance and Character of the Dunhuang Documents », *Memoirs of the Research Department of the Toyo Bunko* (2008), p. 82.

42. S. Cochran, *Big Business in China,* p. 34-35 et 234.

43. C. Benedict, *Golden-silk Smoke, a History of Tobacco in China, 1550-2010*, p. 149-177.

44. F. Dikötter, *Exotic Commodities. Modern Objects and Everyday Life in China*, 2006, p. 233-235.

on a le sentiment que les permanences l'emportent largement. Bien des engouements ne vont pas au-delà d'un simple effet de mode. Ainsi, la vogue des restaurants de cuisine occidentale à Shanghai à la fin des Qing s'avère-t-elle de bien courte durée. Ils sont détrônés sous la République lorsque la curiosité des citadins se porte vers les cuisines des autres provinces, la cuisine cantonaise s'imposant rapidement comme la plus courue. Les habitudes alimentaires des Chinois des campagnes, elles, restent d'une manière générale exemptes de la moindre influence occidentale. D'autres innovations restent circonscrites à de bien minces couches urbaines. Il en est ainsi de la consommation de lait de vache. En poudre mais aussi frais, il se fait une place parmi les élites urbaines grâce à la mise en place d'un réseau de distribution *ad hoc* promu par une abondante publicité qui en fait un attribut de la modernité occidentale. Mais il reste un produit cher qui ne se diffuse pas hors des élites urbaines[45]. Dans le registre des pratiques funéraires, seule une très mince élite urbaine adopte des pratiques en rupture avec les usages ancestraux[46]. De même, si la famille nucléaire commence à se poser comme un modèle alternatif à l'idéal traditionnel des quatre générations sous un même toit (*sishi tongtang* 四世同堂), il se traduit très peu dans les faits.

L'examen minutieux des conditions de vie des couches populaires urbaines montre qu'il ne faut donc pas exagérer l'ampleur de l'acculturation qui se produit dans les grandes villes. Même à Shanghai, la vie dans les taudis de Fangualong et Zhaojiabang s'apparente à celle des villages du Jiangnan dont sont issus les migrants de fraîche date qui les peuplent. Bien plus, même si on y vit notoirement mieux, rythme et mode de vie des classes moyennes habitant les lotissements (les fameux *lilong* 里弄) shanghaiens ne diffèrent pas notablement de ceux d'une Chine villageoise. Eau courante et électricité demeurent étrangères au quotidien de la majorité des habitants de Shanghai[47].

L'idée d'une différence fondamentale entre consommateurs des villes et des campagnes doit être remise en cause : ces derniers ne sont pas

45. F. Sabban, « The Taste of Milk in Modern China, 1865-1937 » in J. Klein et A. Murcott (dir.), *Food Consumption in Global Perspective*, Basingstoke, Palgrave & Macmillan, 2014, p. 182-202.

46. C. Henriot, *Scythe and the City*, p. 97-99 et 317-329.

47. Lu H., *Beyond the Neon Lights : Everyday Shanghai in the Early* XX*th Century.*

en reste pour adopter certaines nouveautés lorsqu'elles sont pertinentes. La transformation de la vie matérielle touche donc les campagnes, où se diffusent des modes de consommation venus des grandes villes de la Chine de l'Est. L'adoption du pétrole lampant sur une très large échelle en est une excellente illustration. Par rapport aux huiles végétales et aux chandelles utilisées jusqu'alors, il améliore considérablement, pour un surcoût modique, l'éclairage. Il devient un élément banal de la vie quotidienne des campagnes, utilisé selon une enquête de 1935 par plus d'une famille sur deux. À travers le pays, dans les petites villes-marchés, le marchand de pétrole est souvent une des seules échoppes permanentes avec la maison de thé, le restaurant, et l'estaminet[48]. Des fouilles archéologiques réalisées dans une zone rurale du nord-est du pays témoignent que l'habillement subit une transformation profonde. Elle se traduit notamment par l'abandon du système de fixation employant des boutons sphériques au profit des boutons plats et ronds que nous connaissons dans nos contrées.

La généralisation de l'enseignement primaire et sa rénovation sont les principaux facteurs qui expliquent la pénétration dans les campagnes de comportements et de modes de pensée nouveaux. L'horizon des jeunes paysans s'élargit. Ni l'enseignement confessionnel chrétien ni celui prodigué par les écoles ouvertes au sein des lignages ne restent à l'écart de la refondation profonde de la pédagogie qui balaie l'enseignement primaire depuis les Nouvelles Politiques. Si l'influence que l'école imprime sur les jeunes paysans a été maintes fois évoquée, Hua Linshan et Isabelle Thireau ont le mérite de souligner la variété et l'importance des relais postcursus de cette influence. Des années après qu'ils l'ont quittée, en effet, ils restent exposés au flot des idées nouvelles : « La presse, mais aussi les livres des librairies de Taicheng ou des bibliothèques ambulantes qui parcourent les campagnes et qui se rendent dans les bourgs les jours de marché permettent à ces jeunes paysans instruits d'être informés, même de façon incomplète, des idées et des débats concernant la "nouvelle culture"[49]. »

Il y a loin de la coupe aux lèvres cependant : en matière de mœurs, les évolutions demeurent plus lentes qu'en ville. Comme nous allons

---

48. S. Cochran, *Encountering Chinese Networks*, p. 39.
49. Hua L. et I. Thireau, *Enquête sociologique sur la Chine 1911-1949*, p. 166.

l'évoquer, sur le plan du droit, en matière de mariage notamment, certaines avancées plutôt audacieuses ont lieu. L'influence de l'État-Guomindang ne s'étend guère jusqu'au niveau des villages, et s'y heurte à de puissantes instances capables de faire respecter et perpétuer les normes traditionnelles en matière de mœurs et de famille. Mais les évolutions ne sont pas inexistantes cependant, comme le montre par exemple la tolérance croissante que l'on témoigne à l'égard du remariage des veuves.

Fig. 26 : Bibliothèque de rue jouxtant un restaurant. On remarque une inscription à la craie sur le panneau de bois de gauche : « À bas le Japon ! » (*dadao Riben* 打倒日本).

Les femmes

La question féminine n'est pas un objet de débats passionnés seulement durant le mouvement du 4 mai 1919 (voir chapitre 9). Il est frappant au contraire qu'elle occupe une place centrale durant toute la période. Cet intérêt se retrouve même dans des publications plus frivoles, dont un des sujets favoris consiste à dénoncer les évolutions les plus récentes ou tourner en dérision de jeunes écervelées à qui les idées nouvelles seraient montées à la tête. Des études récentes ont eu cependant le mérite de montrer que les femmes ont été non seulement des objets de débats et de politiques réformatrices, mais aussi des actrices, porteuses de revendications. Certaines d'entre elles, formées aux idées nouvelles au Japon durant les années 1900[50], ont joué un rôle actif, parfois les armes à la main, durant le tournant révolutionnaire de 1911-1912. Ces activistes ont le sentiment légitime d'avoir été sacrifiées, car les points du programme des révolutionnaires qui représentaient des avancées en matière de promotion des droits des femmes – comme l'accès au droit de vote – sont escamotés au moment où le Guomindang se lance à la conquête électorale du Parlement.

Par la suite, le Guomindang et le Parti communiste ne se départissent pas, en matière d'émancipation féminine, d'une extrême prudence. Certes, les deux acceptent des femmes dans leurs rangs. Mais elles ne constituent qu'une infime minorité des effectifs et les responsabilités que l'on veut bien leur confier demeurent très limitées. La politique du PCC a suivi une évolution assez claire : après avoir adopté durant la période du soviet du Jiangxi des lois très libérales, notamment en matière de liberté de mariage et de divorce, il change de cap à Yan'an, fermant les yeux sur les mariages arrangés et multipliant les obstacles à l'exercice du droit de divorce[51]. D'une façon plus générale, la cause de l'émancipation féminine est clairement reléguée au second plan. Il s'agit d'un choix tactique : pour prendre pied parmi les masses paysannes, on ne peut courir le risque d'agir à l'encontre de mentalités profondément enracinées. De plus, il faut relever que, dès les toutes premières tentatives d'activistes comme Peng Pai d'organiser des unions paysannes au début des années 1920, l'une des accusations les plus courantes dirigées contre eux consiste à leur prêter le dessein de « mettre les femmes en commun ». Et, dans les décennies suivantes,

50. J. Judge, *The Precious Raft of History : the Past, the West, and the Woman Question in China*, p. 190-193 et 201.

51. Hua C., *La Condition féminine et les communistes chinois en action, Yan'an, 1935-1946.*

cet argument habile continuera d'occuper une place de choix dans le répertoire de la propagande anticommuniste.

Quant aux gouvernements Beiyang et Guomindang, ils sont certes à créditer d'une législation progressiste. Le Code civil de 1929-1931 consacre le caractère public du mariage (il n'est plus un contrat privé liant deux familles). Le mariage est considéré comme un engagement pris librement entre deux individus égaux, et la polygamie prohibée. Le code se montre également très libéral en matière de divorce. La procédure par consentement mutuel est la simplicité même : pas de jugement, ni même d'enregistrement par une administration ; un simple accord de divorce contresigné par deux témoins suffit[52]. En dépit de cela, le nombre de divorces reste extrêmement faible. La norme demeure le mariage arrangé par les familles, sauf dans de très étroites couches urbaines. Dans les milieux des ouvriers de Shanghai, par exemple, les mariages ne dérogent pas aux normes établies dans les campagnes[53]. Le lancement de cérémonies de mariage en groupe intervient au milieu des années 1930, dans un souci de frugalité et d'économie[54] ; mais comme toutes les initiatives visant à soustraire le mariage au contrôle étroit des familles, il fait long feu.

Le hiatus entre une législation progressiste voire pionnière et l'inertie des pratiques sociales se retrouve pour la servitude des petites filles : interdite dès 1910, elle se perpétue sur une large échelle. Pareil *statu quo* peut certes être attribué à un défaut de volonté politique, mais il convient aussi de prendre en considération l'embarras du système juridique pour appliquer des innovations particulièrement radicales, dont certains effets peuvent être potentiellement destructeurs. En témoigne le cas de l'interdiction de la polygamie : pour les juges chinois, appliquer réellement cette mesure reviendrait à priver des millions de femmes d'un statut certes inférieur, mais qui leur garantissait néanmoins une certaine protection.

Les changements concernant la condition féminine ne demeurent pas seulement confinés dans les textes de loi. Ils sont bel et bien présents

52. K. Bernhardt, « Divorce in the Republican Period », p. 191.
53. E. Perry, *Shanghai on Strike*, p. 58-59.
54. S. Glosser, *Chinese Visions of Family and State, 1915-1953*, p. 128-133.

dans la réalité des pratiques sociales, modestes mais non pas insignifiants. La principale avancée, déjà évoquée, est le fort recul d'une pratique dont les révolutionnaires et les écrivains de mai 1919 ont fait un des symboles de la société ancienne et de l'oppression des femmes : le bandage des pieds. L'accès à l'éducation progresse, mais demeure en retrait par rapport aux garçons ; la forte sous-représentation des filles est la norme à tous les degrés de l'enseignement. Les filles restent bien peu nombreuses à intégrer l'enseignement secondaire, et à plus forte raison l'université. Dans les villes, certaines professions s'ouvrent aux femmes comme celle d'avocat, en 1927. La célèbre Zheng Yuxiu, formée à Paris, s'inscrit au barreau de Shanghai en 1929. Des métiers comme celui d'enseignante, vendeuse de grand magasin ou infirmière permettent d'accéder à l'indépendance financière. À partir de 1929, les forces de police s'ouvrent elles aussi au recrutement de femmes, même si sur le terrain les attributions des policières restent bien plus limitées que celles de leurs collègues masculins. L'accès aux professions que nous venons d'évoquer a indiscutablement une forte portée symbolique et valeur d'exemple. Mais il concerne un nombre très limité de femmes. Il ne doit pas éclipser un phénomène plus important : la lente féminisation, souvent acquise de haute lutte, de certaines professions de l'énorme secteur traditionnel des services comme la restauration ou les maisons de thé.

Par ailleurs, c'est s'illusionner que de croire qu'émancipation et développement du salariat urbain des femmes vont nécessairement de pair. En particulier, le métier d'ouvrière est tout sauf une voie royale vers l'émancipation. Le plus souvent parquées avec leurs congénères dans des dortoirs, elles sont menées à la baguette par les intermédiaires qui les ont recrutées à la campagne. Malgré l'éloignement, elles ne quittent pas réellement l'orbite de familles qui entendent profiter de leurs maigres salaires avant de les enjoindre de revenir se marier à la campagne au bout de quelques années.

Si nous avons écorné l'image de campagnes totalement fermées à la nouveauté en montrant par exemple les succès rapides qu'y rencontrent certains biens de consommation, cette ouverture trouve ses limites en matière de mariage, d'organisation familiale et tout particulièrement de statut des femmes : les campagnes vivent toujours au rythme du patriarcat traditionnel et de la famille élargie.

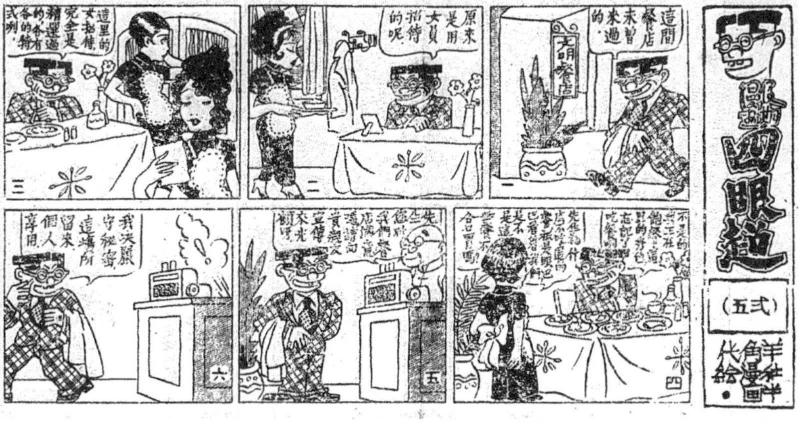

Fig. 27 : Féminisation et modernisation du secteur de la restauration vues par une bande dessinée comique cantonaise de 1934. La lecture se fait de droite à gauche. L'influence des *comics* américains est évidente.

Traduction du texte :

— Voici un restaurant où je n'ai encore jamais mangé…

— Et ici, ils emploient des femmes pour le service

— Les serveuses y sont soigneusement choisies, chacune avec son propre style

— Vous ne mangez pas et ne faites que nous regarder, Monsieur. Est-ce que la nourriture vous déplaît ?

— Non, ce n'est pas ça, je me régale tellement à vous contempler que j'en oublie de manger !!

— Cher Monsieur, êtes-vous satisfait de notre établissement ? Si vous pouviez le recommander à vos amis…

— Bien au contraire, j'aurai soin de le garder secret. Je veux être le seul à profiter d'un tel endroit !

Eu égard à la brièveté de la période républicaine, il est compréhensible que les changements intervenus dans la société apparaissent somme toute relativement limités et dans la continuité de la fin des Qing. Ce sont les élites qui subissent la recomposition la plus significative et où l'on observe concomitamment la perméabilité la plus grande à de nouveaux modes de vie. Il ne faut donc pas trop s'étonner que les élites soient la matrice de l'ébranlement le plus significatif de la période : le mouvement du 4 mai 1919, l'équivalent d'une véritable crise de la culture chinoise, et qui sera au cœur de notre prochain chapitre.

Chapitre 9

Le renouveau culturel

Dans l'histoire chinoise, la période précédant immédiatement la fondation de l'empire est appelée Royaumes combattants (*Zhanguo* 戰國, 481 av. J.-C.-221 av. J.-C.). La période républicaine lui a été souvent comparée. Toutes deux ont notamment en commun d'être marquées par une puissante effervescence intellectuelle, rendue possible par une double absence : celle d'un pouvoir central fort, et, surtout, celle du cadre normatif intellectuel et institutionnel de l'empire. L'ordre impérial n'ayant émergé qu'en 221 av. J.-C., il ne peut bien évidemment s'étendre sur les Royaumes combattants. Quant à la République, elle l'a vu voler en éclats avec la révolution de 1911.

Ainsi d'emblée la République ne peut échapper à un chantier gigantesque : la « sortie de l'empire », loin de se réduire à un simple moment politique, implique une refondation intellectuelle radicale. L'avant-garde qui s'attaque à ce défi va s'avérer exceptionnellement brillante, au point que son œuvre continue de résonner jusqu'à nous. La remise en cause de certains des fondements mêmes de la culture chinoise, conséquence du profond renouveau intellectuel, constitue un des aspects les plus remarquables de la République. Cette régénération se nourrit largement d'idées venues d'Occident. Dans un livre publié il y a une dizaine d'années, un des meilleurs spécialistes de la Chine républicaine,

Frank Dikötter, voulait même voir dans l'ouverture au reste du monde le trait dominant de la période[1].

Cependant, s'ils sont indiscutablement de grande conséquence, les débats qui marquent la période concernent avant tout une élite intellectuelle. Ils ne doivent pas occulter d'autres changements qui, eux, touchent plus directement la masse de la population et font souvent l'objet d'une attention notoirement moindre, comme la démocratisation de l'enseignement primaire (assortie de progrès considérables au niveau du secondaire) et le renouveau religieux. Nous redonnerons aussi son importance à un autre aspect trop mal connu de la vie intellectuelle de la période et des intenses circulations dont elle est le cadre : l'extension considérable de l'influence de la culture chinoise à l'étranger par l'intermédiaire de la diaspora.

La circulation des idées

L'extraordinaire bouillonnement intellectuel qui caractérise la période républicaine ne peut se comprendre indépendamment d'un certain nombre de changements qui favorisent la circulation d'idées et contribuent à attiser le débat intellectuel.

Le développement de l'enseignement primaire et secondaire

Le développement de l'enseignement est rarement mis en avant comme l'un des traits marquants de la période républicaine. Pourtant, on assiste, du point de vue quantitatif, à une progression aussi rapide qu'impressionnante à tous les niveaux du système éducatif. L'enseignement primaire compte 2,8 millions d'élèves en 1912, 11 millions au début des années 1930 et 17 millions en 1945. Les effectifs du secondaire, de l'ordre de 100 000 élèves quand s'ouvre la période républicaine, dépassent 500 000 au début des années 1930 et atteignent 1,4 million en 1945.

Avec la multiplication par un facteur 6 du nombre d'élèves en l'espace d'une génération, l'enseignement primaire se mue donc en

1. F. Dikötter, *The Age of Openness. China before Mao.*

un enseignement de masse. Ce fait est de grande conséquence. Un relatif consensus parmi les historiens évalue en effet la proportion de personnes capables de lire un texte simple à environ 30 % de la population au début de la période républicaine[2]. Ce taux progresse parmi les jeunes, dont une proportion bien plus importante passe par les bancs des écoles.

Fig. 28 : Écrivain public dans une rue de Chengdu (Sichuan), 1941.

L'enseignement primaire de type moderne, introduit durant les Nouvelles Politiques, se développe largement. Cependant, les écoles traditionnelles (les *sishu* 私塾), longtemps seules à délivrer un enseignement

2. Une synthèse des nombreux travaux consacrés à cette question, notamment dans les années 1980, se trouve dans R. Suleski, *Daily Life for the Common People of China. Understanding* chaoben *Culture*, p. 52-53.

primaire (si l'on excepte les précepteurs pour les familles les plus aisées), ne disparaissent pas, tant s'en faut, du paysage. Leur nombre est estimé au milieu des années 1930 à 100 000, soit un bon tiers du total des écoles primaires du pays. Elles continuent à obéir à des horaires assez souples, sans groupes de niveau[3]. L'élève y apprend ses premiers caractères dans les trois piliers de sa pédagogie : le *Classique des trois caractères* (*sanzi jing* 三字經), le *Texte en mille caractères* (*qianzi jing* 千字經) et le *Classique des noms de famille* (*baijia xing* 百家姓). Puis l'enseignement repose sur l'apprentissage par cœur des Classiques du canon confucéen.

L'enseignement primaire de type moderne ne se distingue pas seulement par la présence de savoirs d'origine occidentale. Une pédagogie nouvelle y est à l'œuvre. Elle est fondée notamment sur les groupes de niveau, une définition rigoureuse des programmes, ainsi qu'une répartition du volume d'heures entre différentes matières. La notion de groupes de niveau, constitués d'élèves du même âge et progressant au même rythme, qui est au cœur de son organisation, a pour effet d'obliger à une stricte assiduité. Le contenu de certains enseignements déconcerte les parents. C'est, comme on peut aisément se le figurer, le cas des leçons portant sur les sciences occidentales. Cependant, sans conteste, la palme en matière d'incompréhension revient à l'éducation physique. Quel genre d'école est-ce là où l'on apprend aux enfants à faire des gestes qui sont à la portée du premier coolie venu ? Comme Thomas Curran le relève, avec quelques pointes d'humour bienvenues, les écoles primaires modernes sont tout simplement inadaptées à l'univers mental et matériel des fils et filles de paysans : trop chères, trop contraignantes, en discordance trop prononcée avec le système de valeurs de la société rurale. La règle générale est donc que les écoles modernes se développent surtout dans les villes[4].

Toutefois, il ne faut pas exagérer la netteté de la frontière entre *sishu* et écoles modernes : la réalité concrète est celle d'influences réciproques[5]. Les *sishu* peuvent imiter certaines pratiques des

---

3. On trouve une description très synthétique des *sishu* dans E. Vander Ven, « It's Time for School : the Introduction of the New Calendar in Haicheng County Primary Schools, North-east China, 1905-1919 », p. 67-71.

4. T. Curran, *Educational Reform in Republican China*, p. 230-240.

5. À ce sujet, on peut se reporter avec profit et plaisir aux souvenirs d'enfance de Guo Moruo, bien qu'ils dépeignent une période légèrement antérieure : Kouo Mo-jo, *Autobiographie : mes années d'enfance*, 1970.

nouvelles écoles, tandis que bien des éléments de l'éducation traditionnelle s'invitent dans ces dernières : par exemple, à la fin des années 1930, certaines écoles de type moderne ne négligent pas de recourir elles aussi au *Classique des trois caractères* ou au *Texte en mille caractères*.

En dépit de son indéniable développement, l'enseignement secondaire ne reste accessible qu'à une petite minorité des enfants. Seules les villes importantes disposent d'établissements d'enseignement secondaire. Et des jeunes gens qui les fréquentent, seule une bien faible proportion accède ensuite à l'enseignement supérieur : moins de 10 % au Jiangsu dans les années 1920[6].

La diversité des acteurs du secteur de l'éducation mérite d'être soulignée. Si les autorités centrales promulguent des lois, elles laissent l'administration et les élites locales assurer la gestion et le financement de l'enseignement primaire. L'enseignement secondaire, lui, est essentiellement administré et financé au niveau provincial. L'État central se contente d'établir les programmes, sans s'impliquer financièrement : au début des années 1930, le secondaire n'est financé par lui qu'à hauteur de 3 %, les provinces fournissent 63 % de l'effort, et les districts le complément. Comme durant la période impériale, élites locales et lignagères continuent à jouer un rôle crucial, surtout en matière d'enseignement primaire. Des réalisations de grande ampleur sont à mettre à l'actif de certains importants industriels et hommes d'affaires comme Zhang Jian à Nantong[7]. Pour les provinces du Guangdong et du Fujian, le rôle des Chinois d'outre-mer doit être souligné. Le cas de Chen Jiageng, un émigré ayant fait fortune à Singapour dans le secteur du caoutchouc et de la conserverie qui fournit les fonds pour ouvrir des écoles dans sa région d'origine (Jimei, au Fujian), est particulièrement emblématique[8]. Il est surtout connu pour avoir fondé en 1921 l'université de Xiamen. Cette université se développe rapidement et se montre capable d'attirer certaines des figures intellectuelles les plus marquantes du temps, comme le grand historien Gu Jiegang,

---

6. Yeh W., *Shanghai Splendor*, p. 36.
7. Shao Q., *Culturing Modernity. The Nantong Model, 1890-1930*, p. 32-33.
8. E. Guerassimoff, *Chen Jiageng et l'éducation*.

l'essayiste Lin Yutang ou le critique et romancier Qian Zhongshu. Elle demeure, aujourd'hui encore, l'une des meilleures du pays.

Actifs depuis plus d'un demi-siècle, les missionnaires chrétiens de différentes confessions poursuivent leur effort, de l'école primaire à l'université. Déjà significative à la fin des Qing, leur offre d'enseignement enregistre deux décennies de forte croissance dans les années 1910 et 1920. Elle concerne tous les niveaux de l'éducation, depuis la petite école primaire de campagne jusqu'à la prestigieuse université Aurore à Shanghai. L'enseignement confessionnel musulman connaît lui aussi un assez vigoureux développement[9].

L'enseignement supérieur

Le premier cycle universitaire passe d'un millier d'étudiants à l'aube de la période républicaine à 34 000 au début des années 1930. Mais, si l'enseignement supérieur demeure peu important en termes d'effectifs, sa qualité progresse à un rythme très soutenu. Les universitaires chinois se hissent à la hauteur des standards académiques internationaux avec une rapidité qui force l'admiration. Dans le domaine des sciences, une maturation s'opère entre les années 1920 et 1930, décennie durant laquelle les savants chinois sont désormais pleinement partie prenante du débat scientifique international (ils utilisent du reste souvent l'anglais comme langue de travail). Dans le domaine des lettres, le mariage avec l'érudition classique porte des fruits remarquables. De plus, d'importation récente, les disciplines structurent moins le champ académique. Les frontières disciplinaires n'ont pas eu le temps, comme en Europe, de s'institutionnaliser au point de devenir des ornières. Voir une chaire d'histoire occupée par un économiste ou un sociologue de formation (comme le fait Fu Yiling à l'université de Xiamen) est chose courante. Par ailleurs, les universitaires ne montrent guère d'appétit pour le développement d'une érudition détachée du présent et des questions de la société qui les entoure. Rien d'étonnant donc à ce que la République soit l'âge d'or des études ethnologiques et folkloriques lancées dans les années 1920 à l'université de Pékin par Gu Jiegang.

9. E. Allès, *Musulmans de Chine, une anthropologie des Hui du Henan.*

La très grande mobilité des universitaires mérite aussi être soulignée. Au gré du contexte politique alternent des périodes durant lesquelles les tout meilleurs esprits se concentrent et d'autres qui les voient se disperser entre différents centres urbains. Le premier épisode de concentration se produit au milieu des années 1910 à l'université de Pékin (Beida), sous le magistère intellectuel de Cai Yuanpei, qui, nommé recteur en 1917, œuvre sans esprit de chapelle à attirer les individualités les plus brillantes et les plus avancées. Une décennie de liberté intellectuelle incroyablement féconde s'achève à Pékin en 1926 : Zhang Zuolin, qui s'est rendu maître de la capitale, fait régner un climat de terreur. Les arrestations se multiplient. L'université de Pékin, étranglée financièrement, remodelée de façon autoritaire par Zhang, ferme ses portes[10]. Ses ténors fuient vers d'autres horizons (Xiamen, Canton, et surtout Shanghai), suivis par nombre de leurs étudiants[11]. Si Shanghai domine le paysage les années qui suivent, d'autres pôles retiennent également l'attention. Par ailleurs, la règle qui prévaut est une très grande mobilité entre eux, au gré de la politique locale, des affinités et des inimitiés personnelles et intellectuelles. Ce sont les vicissitudes de la guerre sino-japonaise qui amènent à un nouvel épisode de concentration à Kunming, avec notamment la fondation de l'université Lianda à laquelle nous avons fait allusion dans le chapitre 4. Pour ne citer que quelques-uns des plus grands noms, le philosophe Feng Youlan, l'historien Qian Mu ou encore le sociologue Fei Xiaotong y enseignent simultanément.

Les médias

Après la massification de l'enseignement primaire, le second facteur favorisant la circulation des idées est l'essor des médias. Pour ce qui concerne les livres et les revues, la rivalité féroce de puissantes maisons d'édition, presque toutes basées à Shanghai, garantit des prix bas et une diffusion très large. La floraison des revues est tout particulièrement remarquable. De plus, un bel effort pour la création de bibliothèques

10. T. Weston, *The Power of Position*, p. 242-244.
11. Cheng M., *Diyu wenhua yu guojia renting*, p. 228-229.

publiques (jusque dans de modestes villages) permet à un lectorat peu fortuné d'accéder à la lecture de livres, revues et journaux.

En effet, la République est aussi marquée par un développement très rapide de la presse. Un modèle économique de la presse quotidienne s'affirme : les grands journaux chinois se dotent des rotatives les plus perfectionnées, qui permettent d'atteindre des tirages considérables[12], tandis qu'une abondante publicité abaisse le prix des journaux jusqu'à les rendre tout à fait abordables pour le commun des mortels. À Canton dans les années 1930, un journal coûte deux fois moins cher qu'un ticket de bus. Un maçon, par exemple, utilisera moins de 3 % de son revenu quotidien s'il veut s'acheter un journal[13]. Les journaux s'adaptent à la demande la plus large en faisant une place considérable aux faits divers et aux feuilletons. Certains journaux comme le *Dagongbao* 大公報 (*L'Impartial*) publié à Tianjin ou le *Shenbao* 申報 (*Le Journal de Shanghai*) sont de très bonne tenue et représentent ce qu'on appelle alors les « grands journaux » (*dabao* 大報). Une presse plus accessible cible un lectorat populaire, comme le *Yuehuabao* 越華報 (*Le Méridional*) à Canton.

La relative liberté de la presse rend possible l'expression d'une certaine opposition politique. Ainsi, durant la période de domination du Guomindang, si l'existence d'une opposition ne se traduit pas sur le plan des institutions politiques, cette dernière peut néanmoins tout à fait se faire entendre de l'opinion publique. Certains historiens avaient tendance à dresser de la liberté d'expression de la presse sous la République un tableau exagérément sombre[14]. Certes, corruption, intimidation, violence dirigées contre éditeurs et journalistes sont monnaie courante. Nombre d'entre eux paient de leur vie d'avoir indisposé le gouvernement central ou le seigneur de la guerre local. Mais dans ce secteur comme dans bien d'autres, les acteurs peuvent jouer de la division politique du pays. Par exemple, au milieu des années 1910, la presse en langue chinoise de Hong Kong a un grand succès au Guangdong, parce qu'elle jouit d'une

12. C. Reed, *Gutenberg in Shanghai, Chinese Print Capitalism, 1876-1937*.

13. X. Paulès, « Xishen xinwen jishi : "Yuehua bao" yu Guangzhou richang shenghuo (1927-1938) », p. 341-342.

14. Voir par exemple Ting L., *Government Control of the Press in Modern China 1900-1949*.

liberté bien plus grande. Entre 1930 et 1937, le gouverneur du Shandong, Han Fuju, laisse s'exprimer les critiques portant sur la politique du gouvernement de Nankin[15]. Et même dans les régions placées étroitement sous le contrôle du Guomindang, la censure mise en place s'avère peu efficace avant qu'une loi de décembre 1930 ne l'organise un peu plus systématiquement. En théorie, la presse qui se publie sur les concessions et territoires soumis à une juridiction étrangère peut échapper totalement à la censure du gouvernement chinois. D'un autre côté, il ne faut pas oublier que les autorités des concessions ne se privent pas, elles non plus, d'exercer des pressions (il ne fait pas bon publier des articles trop critiques à leur égard). Par ailleurs, les concessions ne se situent pas totalement hors d'atteinte : l'intimidation physique reste un moyen de pression possible. Le fait que le journal *Shenbao* soit publié sur une concession n'empêche pas son directeur, Shi Liangcai, de tomber sous les balles de tueurs à la solde du Guomindang le 14 novembre 1934. La presse publiée sur les concessions a un autre talon d'Achille : on peut l'atteindre à travers sa distribution sur le territoire chinois. En gênant ou empêchant cette dernière, l'asphyxie financière du journal peut être obtenue en peu de temps. Cependant, au total, si la liberté de la presse n'est pas garantie, le degré de liberté dont elle jouit est incomparablement plus grand que celui de la presse aux ordres d'après 1949.

Il faut noter que, si revues, presse et maisons d'édition permettent la diffusion d'idées d'avant-garde et l'épanouissement d'une nouvelle littérature, la très grande partie de ce qui s'imprime vient répondre à une demande tournée vers des oeuvres de divertissement à l'image des récits de *wuxia* (romans de cape et d'épée mettant en scène des héros redresseurs de tort), les romans à scandale et les histoires de détectives. Les best-sellers de l'époque, tels que *L'Âme du poirier de jade* (*Yulihun* 玉梨魂) de Xu Zhenya, appartiennent à la littérature dite des papillons et canards mandarins (*yuanyang hudie pai* 鴛鴦蝴蝶派). Ce genre émerge à Shanghai au début du XXe siècle ; il s'agit d'histoires publiées sous forme de romans-feuilletons dans la presse, et dont les scénarios reposent principalement sur des histoires d'amours contrariées[16]. Même s'ils ne restent pas totalement

15. S. MacKinnon, « Toward a History of the Chinese Press in the Republican Period », p. 7.

16. P. Link, « Traditional-style Popular Urban Fiction », p. 327-349.

étrangers aux transformations de leur époque, tous ces genres continuent à broder indiscutablement sur le fonds d'une morale et d'un imaginaire très traditionnels.

Un nouveau média connaît un essor rapide, le cinéma. Les premières revues spécialisées voient le jour dès 1921. Un annuaire du cinéma du milieu des années 1930 recense 239 salles de cinéma (dont un grand nombre dépasse allégrement le millier de sièges), recensement probablement incomplet[17]. L'historiographie a surtout eu tendance à mettre en avant les films les plus ambitieux sur le plan de la forme et du fond, notamment les films « de gauche », dénonciateurs de l'ordre social préexistant à la victoire du PCC et produits par les compagnies chinoises comme la Lianhua. Pourtant, il ne faut pas faire abstraction du fait que les spectateurs plébiscitent les productions américaines dont la domination ne se dément pas (80 % des films programmés à Shanghai à la fin des années 1940). De plus, une grande partie des films produits en Chine sont en réalité des œuvres de pur divertissement comme les films de kung-fu.

Par rapport à la presse, à l'édition et au cinéma, la radio a été un média remarquablement négligé par les historiens. Or, si l'équipement en récepteurs reste limité par rapport à l'Europe ou aux États-Unis (on en compte tout de même environ 100 000 en 1937 à Shanghai), l'écoute collective dans des lieux de sociabilité comme fumeries d'opium ou maisons de thé en démultiplie l'audience. À Canton, la première émission de radio date de mai 1929. La ville compte trois stations au milieu des années 1930, et une demi-douzaine à la fin des années 1940. À l'exception de la radio municipale, il s'agit d'entreprises privées dont la programmation repose surtout sur la diffusion de pièces d'opéra cantonais (régulièrement interrompue par des refrains publicitaires). Mais là ne se limite pas le choix de l'auditeur cantonais, qui peut capter également la radio de Hong Kong, et celle de l'Indochine française, car Radio-Saigon émet en partie en cantonais. Le poste émetteur de Manille, lui, permet d'entendre « la Voix de l'Amérique[18] ». Dans le sillage de la radio, l'industrie du disque connaît elle aussi un essor très important.

---

17. A. Kerlan, *Hollywood à Shanghai. L'épopée des studios Lianhua, 1930-1948*.

18. Archives du ministère des Affaires étrangères, Série Asie Océanie 1944-55. Sous-série Chine, dossier n° 154, rapport de Roux, chargé d'affaires à Canton par intérim au MAE du 21 décembre 1949.

Passages d'influences

On a relevé le rôle positif des concessions et territoires à bail qui, sans être des sanctuaires de la liberté d'expression, offrent tout de même des opportunités dont savent jouer journalistes et éditeurs. Ces lieux qui, si l'on excepte le cas important de Tianjin, sont surtout situés en Chine du Sud, jouent un rôle crucial dans la diffusion des influences étrangères. L'acculturation emprunte de nombreux canaux. L'un des plus importants est la fréquentation par une partie de la jeunesse d'institutions d'enseignement très courues, gérées par des étrangers, comme l'université Aurore à Shanghai ou le Queen's College à Hong Kong. L'acculturation se produit aussi par cooptation des élites au niveau de l'administration et du pouvoir local. Elle peut se traduire sous d'autres formes (y compris dans la masse de la population) : conversions au christianisme (15 % de la population de Hong Kong) ou encore en lien avec de nouvelles pratiques ludiques comme le sport.

Le rôle de « passeur » de Shanghai a été mis en avant dans nombre de travaux. On se plaît souvent à répéter que ses journaux connaissent la plus grande diffusion, que la grande majorité des films y sont tournés, etc. Le cosmopolitisme de Shanghai où se publient des quotidiens en anglais, français, allemand, yiddish, russe et japonais a, il est vrai, beaucoup fasciné les contemporains[19], fascination qui a rejailli sur les historiens. Par exemple, des recherches récentes ont montré le rôle crucial joué par les émigrés russes de Shanghai (où le premier Conservatoire national ouvre en 1927 à l'instigation de Cai Yuanpei et Xiao Youmei) dans la diffusion de la musique classique européenne[20]. S'il ne reçoit pas semblable onction officielle, le jazz est plébiscité par les élites et connaît une vogue très prononcée à Shanghai. Bientôt se forment des ensembles de musiciens de jazz composés entièrement de Chinois[21] (sous l'impulsion de Du Yuesheng,

19. J. Wasserstrom, « Locating Old Shanghai. Having Fits about where it Fits », p. 193.

20. Voir en particulier le numéro spécial de la revue *Twentieth Century China*, vol. 37, no. 1 (janvier 2012).

21. A. Field, *Shanghai's Dancing World. Cabaret Culture and Urban Politics, 1919-1954*, p. 163.

le parrain d'une des plus puissantes sociétés secrètes de ce temps, la Bande verte).

Mais, sans minorer son rôle, il y a lieu d'être plus circonspect et ne pas faire de Shanghai l'*unique* porte d'entrée des influences étrangères en Chine, l'avant-garde de la modernité d'un pays condamné à capter passivement ses lumières. Ainsi, Shanghai n'a pas le privilège du cosmopolitisme : Tianjin, avec ses nombreuses concessions, possède une palette de journaux en langues étrangères équivalente. On va voir que Pékin est le lieu où se produit le plus important événement intellectuel de la période, le mouvement du 4 mai 1919. À Canton prospère l'école de Lingnan (*Lingnan huapai* 嶺南畫派), le mouvement de peinture le plus significatif de l'époque, qui s'efforce avec succès d'assimiler certains procédés et certains thèmes de la peinture occidentale. Enfin, bien que le grand centre de l'industrie cinématographique soit indiscutablement Shanghai, Hong Kong parvient à tirer son épingle du jeu. Elle était la tête de pont pour le marché asiatique des compagnies hollywoodiennes depuis les années 1910. Au début des années 1930, Hong Kong négocie plus rapidement le virage du cinéma parlant, et en 1935-1937, les sociétés de production de la colonie britannique sortent chaque année une trentaine de films[22].

Si l'influence étrangère se fait sentir en Chine même par l'intermédiaire des concessions et des étrangers qui y sont présents, nombre de jeunes Chinois s'embarquent pour recevoir une formation hors de leur pays. Le phénomène n'est pas totalement nouveau, mais il atteint, notamment à partir de la décennie 1920, des proportions tout à fait inédites. Au total, pas moins de 40 000 étudiants chinois obtiennent un diplôme d'une université étrangère durant la période républicaine. Le désintérêt pour le Japon, où au tout début du siècle se pressait la très grande majorité des Chinois partis étudier à l'étranger, est relatif, et ce pays continue d'attirer approximativement un quart des étudiants. Les principaux pays européens en accueillent, à eux tous, un nombre à peu près équivalent. Néanmoins, ce sont de loin les campus américains qui apportent la plus importante contribution à la formation de l'élite de la Chine républicaine. Plusieurs facteurs sont à prendre en compte. À la fin des années 1900, les États-Unis concluent un accord avec le gouvernement Qing à

22. Fu P., *Between Shanghai and Hong Kong, the Politics of Chinese Cinemas*, p. 56-61.

qui ils acceptent de restituer le surplus de leur part de l'indemnité des Boxeurs pourvu que cet argent soit consacré à organiser l'envoi d'étudiants. Ce choix visionnaire aura une grande portée. Il permet de financer des bourses, ainsi que l'organisation du collège préparatoire Qinghua (premier avatar de l'université du même nom) qui est fondé à Pékin en 1911. Cet établissement, doté de moyens très significatifs, prépare des étudiants soigneusement sélectionnés à intégrer des universités américaines. Il verra passer des figures importantes de l'élite intellectuelle de la République comme l'architecte Liang Sicheng (un des fils de Liang Qichao), le dramaturge Hong Shen ou encore l'archéologue Li Ji. Mais le pouvoir d'attraction des universités américaines découle aussi du poids de fondations dotées de puissants moyens. La fondation Rockefeller, par exemple, se montre particulièrement active pour financer la formation universitaire de jeunes généticiens chinois.

Les étudiants ne sont pas seuls à se former à l'étranger. Les longs voyages d'étude en Occident sont particulièrement prisés par le personnel politique de la période, soucieux d'élargir ses vues. L'exemple typique est évidemment Wang Jingwei, dont toute la carrière politique est scandée par des éclipses qui se traduisent par autant de longs voyages en Europe (en particulier en France). Mais il n'est pas du tout exceptionnel. Ainsi, à la fin des années 1920, Gan Naiguang, un haut responsable du Guomindang âgé d'une trentaine d'années en pleine ascension politique, fait le choix de partir pour plusieurs années reprendre des études aux États-Unis[23].

L'expérience des Chinois d'outre-mer qui sont également en contact avec des savoirs, des langues et des modes de vie européens n'est pas à négliger non plus. En vertu des liens étroits qu'ils maintiennent avec leurs régions d'origine, ils constituent un des canaux les plus importants de pénétration des influences étrangères en Chine.

Parmi les élites intellectuelles et politiques, la maîtrise d'une ou plusieurs langues étrangères, déjà fréquente dans le début de la période, tend à devenir universelle. L'anglais s'impose comme la langue de communication privilégiée entre les Chinois et les étrangers.

23. M. Bian, *The Making of the State Entreprise System in Modern China, the Dynamics of Institutional Change*, p. 154.

Les pidgins, eux, ont fait leur temps : ils sont désormais relégués à un usage plus ou moins folklorique à destination des touristes.

Il va de soi qu'il n'est pas donné à tout le monde d'effectuer un cursus universitaire hors du pays, ni d'étudier dans une institution d'enseignement étrangère en Chine, ni même d'atteindre un niveau suffisant de maîtrise d'une langue étrangère, de sorte que pour la majeure partie des Chinois le contact avec les idées venues d'ailleurs passe par la lecture, et donc, des traductions. Non seulement celles-ci se multiplient à partir des années 1910 (un grand nombre de revues leur consacrent une large partie de leur espace éditorial), mais leur qualité s'améliore elle aussi considérablement. À l'image de celles de Yan Fu, les traductions du tournant du XXe siècle étaient copieusement réécrites. Au moins Yan Fu lisait-il l'anglais. Ce n'était pas le cas de l'autre grand traducteur de l'époque, Lin Shu, qui, ignorant tout des langues européennes, se faisait traduire les œuvres en langue chinoise parlée par des collaborateurs, puis se chargeait de les restituer en langue classique. Une autre source importante était les traductions à partir du japonais. Au cours des années 1920 et 1930, la traduction à partir des langues sources s'impose. Une fidélité améliorée est permise par l'adoption du *baihua* (voir plus bas) et surtout la fixation progressive d'un ensemble de néologismes empruntés pour l'essentiel au japonais et destinés à rendre des concepts purement occidentaux.

Un intérêt nouveau pour le monde non occidental

La fin de la période impériale avait vu l'intelligentsia chinoise développer une soif inextinguible de connaissances sur les principaux pays européens et le Japon, dans l'intention de comprendre les ressorts de leur puissance. Sous la République se fait jour un intérêt de plus en plus grand pour d'autres itinéraires vers la modernité. La guerre de 1914-1918, jetant les puissances européennes les unes contre les autres dans une boucherie atroce, a joué un rôle certain pour établir que la voie européenne n'est pas forcément la panacée. Mais il faut aussi faire la part d'un processus de plus longue haleine, facilité par le développement des transports et des communications, qui dès la fin du XIXe siècle conduit à élargir le regard que la Chine porte sur le monde.

L'intérêt nouveau pour des pays européens qui n'émargent pas sur la liste des grandes puissances est ainsi remarquable. Sur le plan littéraire, on peut voir par exemple une revue comme *Xiaoshuo yuebao* 小說月報 (*Le Mensuel des romans*) sortir un numéro spécial sur les « nations opprimées », qui présente notamment les littératures des différents pays baltes, d'Arménie, de Géorgie ainsi que les littératures finnoise, serbe et tchèque[24]. Quant à la Suisse, l'organisation de ses forces armées intéresse de près la nouvelle clique du Guangxi dans la première moitié des années 1930[25]. Le cas de la Russie est un peu à part. Dès le début de la révolution d'octobre, les élites intellectuelles chinoises se passionnent pour l'expérience soviétique. Un intérêt qui ne se dément pas durant tout le mouvement du 4 mai 1919, à tel point qu'entre 1919 et 1927, la langue source de plus d'un tiers des œuvres traduites en chinois est le russe[26].

Mais en réalité, on peut affirmer qu'à l'exception peut-être de l'Amérique du Sud et de l'Afrique, l'horizon des Chinois s'étend désormais à la terre entière. L'expérience de la Turquie de Mustapha Kemal retient d'autant plus l'attention qu'il s'agit d'une jeune république, construite comme la Chine sur les ruines d'un empire. Hu Hanmin, par exemple, fait preuve d'un intérêt particulier pour l'expérience modernisatrice de la Turquie et il se rend dans ce pays à l'occasion d'un voyage en 1928. Les projets de construction de la capitale à Nankin s'inspirent en partie d'Ankara, la nouvelle capitale de l'État turc, mais aussi de Delhi (devenue capitale à la place de Calcutta en 1911), car les regards se tournent également vers le voisin indien. Tagore compte de nombreux admirateurs en Chine, avant même qu'il obtienne le prix Nobel en 1913. Son audience ira *crescendo* avec l'épanouissement du mouvement de la nouvelle culture. Il effectue une tournée de conférences en 1924. Il en est de même pour Gandhi à qui un des plus importants périodiques du pays, le *Shenghuo zhoukan* 生活周刊 (*L'Hebdomadaire de la vie*), consacre plusieurs numéros à l'occasion de son 60e anniversaire, en 1929. Plus généralement, le gandhisme comme projet d'activisme

24. Zhang Y., *Le Monde romanesque chinois au* XXe *siècle. Modernités et identités*, p. 19.
25. E. Levich, *The Kwangsi Way in Kuomintang China, 1931-1939*, p. 43-44.
26. He F., *Zhongwai wenhua jiaoliu shi,* tome 2, p. 871.

politique fait de non-violence et de non-coopération suscite un grand intérêt, notamment à l'époque du mouvement du 4 mai 1919[27].

Si elle ne procède certes pas d'un pur élan de curiosité (comme on peut s'en apercevoir facilement avec les exemples que nous avons développés, on cherche avant tout des réponses aux difficultés de la Chine), l'ouverture vers le monde dont font preuve ses élites est remarquable. C'est là l'une des origines du plus important mouvement intellectuel de la période, celui du 4 mai.

Le mouvement du 4 mai 1919 et celui de la nouvelle culture (*xin wenhua yundong*)

La crise occidentale de la culture chinoise[28]

Sur le plan de l'histoire des idées, le mouvement du 4 mai 1919 fait plus largement référence, comme nous l'avons signalé (voir chapitre 2), à un mouvement intellectuel de grande ampleur qui court de 1915 jusqu'au milieu des années 1920. Les espérances suscitées parmi les élites intellectuelles chinoises par la chute des Mandchous et l'avènement d'un régime constitutionnel et républicain ont tourné court. Cette vive désillusion conduit à poser la question d'une refondation culturelle radicale, remettant en cause le vieux dogme de la supériorité intrinsèque de la culture chinoise.

Le mouvement commence à l'université de Pékin. La constellation d'intellectuels réunis là par Cai Yuanpei est exceptionnellement brillante. C'est toute une génération qui arrive alors à maturité et dont les figures de proue sont Chen Duxiu, Hu Shi, et Lu Xun. Il s'agit de la première (et, malheureusement, de la dernière) à posséder une véritable double culture. Ses membres possèdent en effet une solide connaissance des Classiques acquise durant leur enfance et leur adolescence. Partis à l'étranger, ils se sont assuré au prix de longues études dans les meilleures universités japonaises et occidentales une maîtrise

27. M.-C. Bergère, *Sauvons la Patrie ! Le nationalisme chinois et le mouvement du 4 mai 1919*, p. 103-110.

28. Ce titre est bien évidemment un clin d'œil au grand livre de C. Digeon, *La Crise allemande de la pensée française*.

remarquable dans un et même parfois plusieurs domaines du savoir occidental. Forts de cette double culture, ils vont entreprendre au nom de la science et du progrès une critique systématique des fondements mêmes de la culture chinoise. Si ces sommités sont peu nombreuses, elles ont une audience importante : leurs étudiants et toute la jeunesse éduquée des grandes villes, qui dévore les revues radicales qui fleurissent alors, au premier rang desquelles *La Nouvelle Jeunesse* (*Xin qingnian* 新青年), leur emboîtent le pas avec enthousiasme. De plus, contrairement à la remontrance traditionnelle du lettré, acte purement individuel prenant la forme d'une complainte dirigée vers l'empereur, incarnation de l'État, le mouvement du 4 mai prend une forme collective, et se donne pour interlocuteur la société elle-même. C'est vers elle que ses promoteurs se tournent par voie de presse, par des manifestations, par des allocutions publiques, voire des cours du soir.

Ces élites ne manquent aucune occasion de rappeler que la survie de la Chine représente leur seule préoccupation. Certes, le constat qu'ils dressent de la faiblesse de leur pays est lucide. Mais elles font tout de même preuve d'un pessimisme d'une noirceur qui étonne. L'influence du darwinisme social de Spencer popularisé par Yan Fu dès la fin du XIXe siècle explique en partie cela. En effet, le thème de la survie du plus fort, appliqué aux nations ou aux races, laisse apercevoir la perspective, à court terme, d'une disparition totale du pays et d'une extinction de la race chinoise[29]. Les intellectuels du mouvement du 4 mai veulent donc croire leur pays menacé d'anéantissement. Peu importe la totale impossibilité, en toute objectivité, de la « disparition » de plus de 400 millions de Chinois et de leur culture. L'important est qu'ils transmettent cette peur à une partie de la population, peur qui restera l'arrière-plan obsédant de toute la période, reprise tel un refrain dans des dizaines de milliers d'articles.

Le terme d'iconoclaste, généralement accolé au mouvement du 4 mai, convient particulièrement bien pour rendre compte de la radicalité des attaques contre les valeurs traditionnelles. Le contenu idéologique du 4 mai 1919 est souvent assimilé à une attaque en règle contre

---

29. F. Dikötter, *The Discourse of Race in Modern China*, p. 101-104 ; P. Zarrow, « Citizenship in China and the West », in J. Fogel et P. Zarrow (dir.), *Imagining the People. Chinese Intellectuals and the Concept of Citizenship, 1890-1920*, p. 15.

la « boutique de Confucius » et à l'émergence de nouvelles valeurs : nationalisme, promotion de l'individu, de la jeunesse, de la science et de la démocratie. Il faut y ajouter un sentiment qui, au-delà du nationalisme, s'apparente à une « passion de l'unité » (pour reprendre le terme de Mona Ozouf[30]). L'exaltation de la liberté individuelle n'est aucunement contradictoire avec un tel sentiment. Marianne Bastid a montré que cette préoccupation trouve ses racines dans la pensée politique du dernier siècle de la dynastie Qing qui incline de plus en plus à considérer le pilier de l'État, l'empereur, moins comme un intermédiaire avec le Ciel que comme le garant de l'unité[31]. Cette passion de l'unité se décline de nombreuses manières, par exemple en interrompant l'élan de curiosité qui s'était affirmé pour les particularismes locaux (langues, coutumes) dans les dernières décennies de l'empire. L'affirmation de l'unité peut prendre aussi un tour nettement racial à travers l'exaltation d'une communauté de sang fondant l'unité de la race (*han*) des descendants du mythique Empereur Jaune. Des auteurs du début du XXe siècle comme Yan Fu tendent à assimiler défense du pays et défense de la race : unifier et protéger la race devient la condition première de sa survie. Une méfiance parfois extrême pour les corps intermédiaires de la société se manifeste, y compris vis-à-vis de la famille. C'est aussi ainsi que doivent s'interpréter certaines formes d'attaques contre elle. On voit de jeunes exaltés écrire à leurs parents pour déclarer qu'ils cessent de se considérer comme leur fils : la continuation d'un lien d'appartenance familiale (en ce qu'il est un donné et non la conséquence d'un choix personnel) leur est insupportable car « tous, nous sommes des amis et des égaux[32] ». Un tel individualisme est indissociable du nationalisme : l'individu ne s'arrache aux entraves de la famille élargie et du lignage que pour mieux prendre sa place parmi ses égaux dans un ensemble transcendant les anciens clivages : la nation.

---

30. M. Ozouf, *La Fête révolutionnaire, 1789-1799*, p. 336-337.
31. M. Bastid, « Official Conceptions of Imperial Authority at the End of the Qing Dynasty », p. 183-185.
32. T. Chow, *The May 4th Movement. Intellectual Revolution in Modern China*, p. 183.

Une langue réinventée

L'idée d'une réforme de la langue comme étape obligée d'un processus de modernisation n'est pas propre à la Chine. La Turquie connaît par exemple des débats très semblables à la même époque. Elle n'est pas totalement nouvelle non plus. Dès la fin de la dynastie des Qing, certains intellectuels commencent à s'interroger sur l'influence de la langue (et notamment de l'emploi des caractères chinois) pour expliquer le retard qu'accuse la Chine sur les grandes nations occidentales. Dans les années qui suivent immédiatement la révolution, les jeunes institutions républicaines mobilisent certains des esprits les plus brillants de l'époque (Lu Xun) afin de mener une réflexion sur la réforme de la langue et en particulier la nécessité d'une certaine standardisation[33].

Cependant, le mouvement du 4 mai est particulièrement remarquable car il fait de la promotion de la langue vulgaire, le *baihua* 白話, un de ses principaux chevaux de bataille. Pour bien cerner les enjeux de cette question cruciale, il convient de rappeler que la diglossie entre la langue classique (*wenyan* 文言), utilisée à l'écrit, et la langue parlée est alors extrêmement accusée. Le *baihua* peut être défini comme un proche dérivé de la langue parlée. Il se caractérise avant tout par le recours privilégié à des termes composés de deux caractères (procédé qui, à l'oral, permet d'échapper à l'ambiguïté que font naître les innombrables caractères homonymes) et une construction syntaxique relativement explicite. Il s'oppose à l'extrême concision de la langue classique, souvent source d'ambiguïté[34], et sa dilection prononcée pour des constructions basées sur symétrie et parallélisme.

En réalité, il existe des textes littéraires écrits en *baihua* depuis les Ming. Une certaine tendance à la vernacularisation de l'expression écrite a vu le jour au moins dès le milieu du XIXe siècle. Mais le mouvement du 4 mai innove cependant de façon décisive en faisant

33. D. Strand, *An Unfinished Republic : Leading by Word and Deed in Modern China*, p. 57-59.

34. On peut se référer à titre d'exemple à l'article aussi savant qu'amusant d'Anne Cheng, « Si c'était à refaire… ou : de la difficulté de traduire ce que Confucius n'a pas dit », p. 205-217.

de la substitution du *baihua* au *wenyan* la réponse à un problème de nature proprement *politique*. La consécration du *baihua*, langue plus claire, plus proche de la langue parlée et donc susceptible d'être comprise par la masse de la population, doit créer, espère-t-on, les conditions d'un débat démocratique en facilitant la participation de la population. Le *wenyan* est accusé de tous les maux, d'être une langue obscure, complètement figée (ce qui est inexact), et un instrument aux mains d'une classe de lettrés cramponnée à des valeurs dépassées. Le problème est donc aussi culturel : irréparablement lié à la vieille société, le *wenyan* est impropre à rendre et propager les idées nouvelles.

Hu Shi, Lu Xun ainsi que les autres écrivains qui publient dans les revues gravitant autour de l'université de Pékin (comme *Xinchao* 新潮) effectuent en quelques années un travail considérable pour forger cette nouvelle langue littéraire[35] à laquelle, dans les décennies 1920 et 1930, une pléiade d'écrivains majeurs (Mao Dun, Lao She, Ba Jin) achèveront de donner ses lettres de noblesse dans des romans qui figurent parmi les grandes œuvres de la littérature chinoise. Le mouvement du 4 mai a en effet aussi opéré un autre changement important dans le champ littéraire en portant au pinacle un genre tenu jusque-là pour tout à fait mineur : la fiction (qu'elle prenne la forme de romans ou de nouvelles).

Pourtant, même si le ministère de l'Éducation décrète l'adoption du *baihua* à l'école primaire dès 1920, décision suivie d'effet, on aurait tort de croire à son triomphe complet dès le début des années 1920. La lutte pour l'imposer se poursuit pendant toute la période républicaine. Il faut dire que de coupables excès de zèle pour introduire des mots et des tournures d'origine occidentale ont transformé le *baihua* de certains écrivains en ce que d'aucuns dénoncent comme un véritable sabir. L'un des principaux champs de bataille est la presse de qualité (*dabao*) qui reste longtemps hermétique au *baihua* non par conformisme, mais pour des raisons éditoriales : la langue classique, avec sa plus grande concision, permet d'économiser de la place. La place du *baihua* reste minoritaire dans la presse jusque dans les années 1930 ; il en est de même dans l'administration. Dans le domaine littéraire, les caractéristiques du *wenyan* le rendant merveilleusement propre à l'écriture

---

35. V. Schwarcz, *The Chinese Enlightenment. Intellectuals and the Legacy of the May Fourth Movement of 1919*, p. 77-85 et 207-210.

poétique, le choix de nombreux poètes de continuer à en user est assez naturel. Même des figures du radicalisme politique comme Mao Zedong ou encore Liao Zhongkai rimaillent en chinois classique. Enfin, les limites entre *baihua* et langue classique sont en réalité extrêmement poreuses. Bien des textes se situent dans un entre-deux indéfinissable.

Le travail sur la langue ne se réduit ni à la promotion du *baihua* ni au contexte du mouvement du 4 mai. La République voit l'usage de la ponctuation, absente de la langue classique, s'imposer progressivement. De même, pour la première fois, une réflexion précise s'élabore en vue d'une simplification de la graphie des caractères chinois dans l'intention d'en rendre la mémorisation plus aisée et, au-delà, de favoriser le développement de l'éducation élémentaire. Elle se concrétise par une réforme promulguée en 1935, qui porte sur la simplification de 324 caractères, mais sera rapportée par le gouvernement l'année suivante en raison d'une levée de bouclier des conservateurs[36].

Les wenti

L'intérêt extrême des intellectuels chinois pour les « fléaux » qui accablent la société (voir chapitre 8) n'est qu'une composante d'une dynamique plus large impulsée, avec le sentiment de péril et de crise profonde qui le caractérise, par le mouvement du 4 mai et qui voit les intellectuels s'emparer d'un grand nombre de questions d'ordre social, économique ou politique dans une quête générale des causes expliquant le retard, ou plutôt, selon la métaphore qui fait florès dans les écrits de l'époque, le sommeil dans lequel ils se plaisent à imaginer que leur pays est plongé. Ces sujets font l'objet de la plus grande attention et sont discutés d'autant plus passionnément qu'ils sont pesés au trébuchet du salut de la Chine. C'est la période où le terme de *wenti* 問題 acquiert une grande popularité. Le mot ne peut se rendre qu'imparfaitement en français par : sujet (de réflexion ou d'exposé), problème, question, cette dernière traduction étant probablement la moins mauvaise. En fait, le *wenti* est plus exactement « une question qui fait problème ». Ainsi une foule de questions telles que la consommation de l'opium,

36. C. Maréchal, « Trois mille ans de simplification des caractères chinois – du processus spontané aux mesures normatives », p. 61-62.

la passion pour les jeux d'argent, l'existence d'une prostitution florissante, la pauvreté, la superstition, la condition féminine, et jusqu'au manque d'éducation esthétique sont interprétés comme des facteurs d'affaiblissement pour le pays et comme tels passionnément débattus[37].

Les diatribes pleuvent tout spécialement contre la famille fondée sur le patriarcat, le culte des ancêtres et la piété filiale (*xiao* 孝) c'est-à-dire le respect affectueux dû aux générations aînées. L'obéissance inconditionnelle qui en découle justifie, entre autres, une des bêtes noires du mouvement du 4 mai : les mariages arrangés. Contre ce modèle, on exalte l'union fondée sur l'égalité des sexes, le libre choix et l'amour réciproque. Cette nouvelle conception de l'amour s'avère extraordinairement éthérée et détachée de tout érotisme. Dans les romans et nouvelles, il est remarquable que le désir sexuel prenne toujours la forme de pulsions libidineuses qui ne se manifestent que chez barbons ou jeunes débauchés qui incarnent l'« ancienne société ».

Très liée au modèle familial patriarcal, où elles occupent une position subalterne, et d'une égale importance aux yeux des promoteurs du mouvement du 4 mai est la question de la condition des femmes. Cependant, si l'« esclavage » féminin est condamné au nom de l'égalité et de la liberté, la question ne se pose pas seulement en ces termes. Les théoriciens du mouvement du 4 mai voient avant tout dans l'inégalité des sexes et dans le statut de la femme une des causes de la faiblesse du pays. Ils argumentent que, l'horizon des femmes demeurant borné à un étroit cadre familial, elles sont incapables d'apporter la moindre attention et *a fortiori* une contribution active au salut de la patrie. La condition féminine traditionnelle équivaut à une amputation du corps social. On a par conséquent affaire à un féminisme que l'on peut qualifier d'intégrateur, en ce sens qu'il ambitionne avant tout de faire des femmes des membres à part entière du corps social et laisse fort peu de place à une réflexion sur la spécificité de l'identité féminine.

---

37. « La cause principale du déclin de la Chine, c'est qu'elle néglige l'éducation esthétique », cité par Laurent Galy, « Le Guomindang et ses relais dans la société shanghaienne en 1923 », *Études chinoises*, vol. 17 (1998), p. 245.

La compétition des « ismes »

L'idée d'une supériorité intrinsèque de l'Occident, sérieusement mise à mal par les horreurs de la guerre de 1914-1918, décline rapidement. Pourtant, les élites du 4 mai regardent toujours vers l'Europe à la recherche d'un système de pensée capable de faire pièce au confucianisme. Le mouvement du 4 mai inaugure la compétition des « ismes » qui va perdurer durant toute la période. Le terme d'isme (*zhuyi* 主義) désigne des formes générales d'appréhension du monde et de la société, qui en produisent une représentation et une interprétation subsumée sous un principe général. Des systèmes de philosophie politique comme le marxisme ou le libéralisme, l'anarchisme, et une certaine forme de croyance en la faculté de la science à expliquer le monde (scientisme), ressortissent toutes à cette notion.

L'intérêt pour chacun de ces ismes peut varier selon les périodes, le scientisme connaît par exemple une faveur particulière autour du mouvement du 4 mai 1919 mais qui retombera assez vite. Tous ces systèmes sont réinterprétés de façon spécifique et adaptés au contexte chinois : ainsi le libéralisme est-il fortement influencé par la catégorie intellectuelle préexistante de l'homme de bien (*junzi* 君子), tandis que le lien entre libéralisme politique et économique restera extrêmement ténu en Chine. Même si les conservateurs chinois diffèrent de leurs devanciers parce qu'ils ont lu Babbitt et Bergson (publiée en 1907, *l'Évolution créatrice* est traduite en chinois dès 1919), Liang Shuming affirme que, dans leurs écrits, des penseurs comme Bergson ne font que redécouvrir des vérités présentes de longue date dans la tradition intellectuelle chinoise.

En matière d'évolution des idées, Lloyd Eastman voit une période d'enthousiasme autour du mouvement du 4 mai 1919 pour les idées d'Occident, la démocratie parlementaire et le libéralisme, à laquelle succéderait, conséquence du chaos politique des premières années de la République, une désillusion, l'intelligentsia se tournant dès lors vers des formes de gouvernement de plus en plus autoritaires. L'idée s'imposerait ainsi que les libertés individuelles doivent le céder aux impératifs de la sauvegarde du pays. Une telle vision, trop synthétique pour n'être pas quelque peu réductrice, doit être nuancée. Il faut souligner qu'avant que le PCC ne vitrifie la vie intellectuelle en imposant le credo maoïste, tous ces systèmes de pensée sont en concurrence. Des intellectuels passent de l'un à l'autre au gré de leur itinéraire intellectuel. On rencontre toujours dans les années 1930 des tenants d'une occidentalisation à marche forcée à l'image du sociologue Chen Xujing. Loin de s'opposer de façon radicale, tous ces courants dialoguent et s'interpénètrent. Il s'affirme bien moins un penchant pour l'autoritarisme au détriment des libertés que l'idée qu'un État fort est nécessaire pour redresser le pays (ce qui explique l'audience très limitée de l'anarchisme). Tout aussi fausse, l'idée que le communisme serait le terminus nécessaire d'une succession de désillusions. Edmund Fung a bien montré la résilience d'une tradition intellectuelle libérale durant toute la période. À la fin des années 1940, le ralliement des intellectuels au PCC n'est qu'exceptionnellement une conversion enthousiaste au marxisme et à la lutte des classes. D'abord, en l'absence d'alternative, le PCC recueille les déçus du Guomindang et, surtout, il ne faut jamais oublier que les ralliements se font sur une ligne idéologique que Mao a voulue extrêmement modérée : celle de la Nouvelle Démocratie (voir chapitres 4 et 5).

Les exemples abondent de trajectoires intellectuelles qui empruntent la pente inverse, s'éloignant du communisme. Deux cas exemplaires sont Zhou Fohai et Chen Gongbo, qui participent tous les deux à la fondation du PCC, passent au Guomindang et finissent leur carrière politique dans le gouvernement collaborateur de Wang Jingwei. On peut certes objecter que l'évolution de ces hommes est simplement le reflet de leur opportunisme. De tels soupçons ne sauraient peser sur Zhang Shenfu qui était au tournant des années 1920 un des éléments les plus avancés des cercles marxisants de Pékin. Chargé par Chen Duxiu de développer les cellules communistes en Europe parmi les étudiants chinois, il recrute notamment Zhou Enlai et Zhu De. Mais, peu de temps après son retour en Chine, il quitte le PCC (1925), et la suite de son itinéraire intellectuel n'a plus rien à voir avec le marxisme.

Renouveaux religieux

La refondation intellectuelle qu'implique la sortie des cadres intellectuels normatifs de l'empire se traduit également dans le domaine religieux, ce qu'a récemment mis en évidence une surabondante historiographie.

Les missionnaires chrétiens sont très actifs en Chine où, plus généralement, le christianisme bénéficie du prestige de l'Occident. Il est parfois considéré comme l'une des raisons expliquant son avance. Les communautés de Chinois d'outre-mer, où les conversions sont très nombreuses, jouent aussi leur rôle. On compte en 1949 à peu près 3 millions de catholiques et 1 million de protestants, soit au total moins de 1 % de la population. Dans un cas comme dans l'autre, ces croyants sont six fois plus nombreux qu'en 1906. Cependant, la place des chrétiens au sein des élites est sans commune mesure avec leur faible poids dans la population. Ainsi, sur les 274 membres du Parlement élu entre décembre 1912 et janvier 1913, on compte 60 chrétiens (21,9 %). Dans les milieux révolutionnaires et proches du Guomindang, notamment, Sun Yat-sen, baptisé à l'âge de 18 ans (1884), fait des émules : la conversion au christianisme (protestantisme pour l'essentiel) est un acte de foi en faveur de la modernité. Chiang Kai-shek se convertit à la suite de son mariage avec Song Meiling. Elle et son frère Song Ziwen appartiennent à une famille protestante depuis deux générations. D'autres acteurs politiques de premier plan sont chrétiens comme Kong Xiangxi, ou encore le grand seigneur de la guerre Feng Yuxiang connu du reste sous le surnom de « général chrétien », sans parler de figures moins éminentes comme He Yingqin, Sun Ke ou Zhang Qun. D'autres composantes des élites sont aussi concernées, comme le monde de la diplomatie, avec Lu Zhengxiang, qui collectionne les maroquins dans différents ministères sous Yuan Shikai, et finira sa vie dans un monastère bénédictin en Belgique, ou encore Wang Zhengting, plusieurs fois ministre des Affaires étrangères de 1922 à 1931. L'attrait pour le christianisme touche beaucoup moins les milieux intellectuels et universitaires.

Le fait crucial est cependant moins les progrès du christianisme en tant que tel que le fait qu'il fasse figure de *modèle*. L'idée s'impose que, pour être légitime, un culte doit, comme lui, comporter un canon et une doctrine bien définis, une organisation hiérarchisée avec un clergé capable d'encadrer les fidèles et d'imposer la norme des pratiques. Faute de quoi, il relève d'une étiquette infamante qui apparaît au début du siècle : les superstitions (*mixin* 迷信). Les trois plus importantes religions chinoises (bouddhisme, taoïsme et islam) vont donc effectuer un travail sur elles-mêmes pour se rapprocher de ce modèle. Par exemple, un renouveau spirituel du taoïsme intervient, sous l'influence de laïcs, dans les grands centres urbains, où il incorpore des éléments de la science occidentale, tout en mettant habilement en avant le caractère purement chinois du taoïsme[38]. Les religions, en effet, ne restent pas insensibles non plus au progrès du nationalisme. En témoigne la création en 1938 de l'Association des musulmans chinois pour sauver le pays (*Zhongguo huimin jiuguo xiehui* 中國回民救國協會) et d'autres semblables pour les autres confessions.

Si les grandes religions échappent à l'opprobre du qualificatif de « superstitions », tel n'est pas le cas de la myriade des cultes locaux qui étaient non seulement la substance même de la religiosité populaire, mais jouaient un rôle crucial en structurant la vie des communautés aussi bien rurales qu'urbaines. Dès la première décennie du XXe siècle, les cultes locaux se retrouvent sous le feu d'intenses critiques. Alors qu'ils avaient bénéficié jusque-là de la caution des autorités de l'empire, l'État entreprend dorénavant d'agir contre eux au nom de la lutte contre les superstitions.

Durant la période des Nouvelles Politiques, il s'agissait seulement de confisquer certains temples pour les allouer à d'autres usages. Sous la République, les autorités mènent une lutte active, quoique quelque peu intermittente, contre les cultes locaux. Ces derniers ne disparaissent pas pour autant. Un écart se creuse surtout entre les villes, où les campagnes contre les superstitions produisent des effets importants, et le monde rural où les cultes locaux résistent bien mieux. Là, les élites locales parviennent souvent à parer les attaques dirigées contre

38. Liu X., *Daoist Modern, Innovation, Lay Practice, and the Community of Inner Alchemy in Republican Shanghai.*

des cultes implantés de longue date et dont elles perçoivent mieux que personne les vertus intégratrices, comme à Putian dans la province du Fujian[39]. Les cultes locaux étaient par exemple d'un très grand secours pour réguler de perpétuelles sources de conflit telles que le partage des ressources en eau pour l'irrigation.

L'appel d'air créé par le recul des cultes locaux est comblé, en particulier, par de nouvelles venues sur la scène de la religiosité chinoise, celles qu'un historien, Prasenjit Duara, a nommées les sociétés rédemptrices. Il s'agit d'organisations dont le fond du discours est apocalyptique et millénariste. Elles renouvellent le paysage religieux en mettant l'accent sur une éthique du perfectionnement de soi (au physique comme au spirituel). Profondément enracinée dans la pensée chinoise, la croyance en une complémentarité des trois doctrines trouve à se manifester, dans les sociétés rédemptrices, par un syncrétisme très marqué[40]. L'une des principales, le *Yiguandao* 一貫道 (Voie de l'unité reliant toutes choses), qui compte des millions voire des dizaines de millions de fidèles, a pour projet de réaliser l'unité des trois doctrines (confucianisme, taoïsme, bouddhisme) en y ajoutant l'Islam et le christianisme. Particulièrement actives et influentes en Chine du Nord, elles se caractérisent aussi par leur organisation hiérarchique centralisée au niveau national, leur discours modernisé, ainsi que leurs importantes activités caritatives. Elles prennent en charge nombre de services nécessaires à la population (les funérailles en particulier).

L'épanouissement des sociétés rédemptrices a un écho très important en Asie, notamment en Cochinchine. Cela est particulièrement vrai pour le caodaïsme, un mouvement religieux né dans les années 1920 dont le fondateur, Ngo Van Chieu, est en partie éduqué dans le milieu des Chinois d'outre-mer. Le caodaïsme emprunte de nombreux éléments à la matrice des sociétés rédemptrices, tant du point de vue de la doctrine (importance cruciale de la figure de l'Empereur de Jade), que de celui des objets du culte (matériel médiumnique). La présence

39. K. Dean, Zheng Z., *Ritual Alliances of the Putian Plain* (deux tomes), tome 1, p. 139-143.

40. R. Nedostup, *Superstitious Regimes. Religion and the Politics of Chinese Modernity*, p. 30-31.

de Sun Yat-sen à un rang très élevé dans le panthéon caodaïste[41] (en excellente compagnie, puisqu'aux côtés de Victor Hugo et de Jésus-Christ) est une preuve éloquente de l'influence chinoise.

Le rayonnement culturel de la Chine

Le cas des circulations religieuses doit inciter à se pencher, de façon bien plus large, sur la capacité de la Chine d'exercer une influence dans le domaine culturel et intellectuel à l'extérieur de ses frontières. Peut-on donner raison à un article paru dans le *Shenbao* en 1934 qui déplore que la Chine ne s'avère capable d'exporter que deux produits de sa civilisation : Mei Lanfang (grand interprète de l'opéra de Pékin, alors au sommet de sa gloire) et le mah-jong[42] ? Ce constat plein d'amertume est tout à fait exagéré. De fait, le rayonnement culturel de la Chine couvre un spectre infiniment plus large. Une telle affirmation peut paraître surprenante, voire paradoxale, alors qu'on a mis en évidence l'avidité avec laquelle ses élites intellectuelles se tournent vers l'Occident pour y puiser de nouveaux modes de pensée et de création, et avec quel enthousiasme certains d'entre eux s'attaquent à la culture traditionnelle. Le paradoxe, on va le voir, n'en est pas un.

Le prestige intact de la culture classique

La culture classique chinoise ne manque pas d'admirateurs. Très réduit, le milieu de la sinologie européenne et américaine tend à s'étoffer significativement durant l'entre-deux-guerres. Fondamental, le travail de traduction des textes classiques chinois se poursuit, mais cette époque voit une évolution se préciser : le renoncement progressif aux langues-relais. C'est-à-dire que pour des langues comme l'allemand ou l'italien, on ne se contente plus de retraduire la version française ou anglaise. Les traductions s'effectuent désormais directement à partir du chinois[43].

---

41. J. Jammes, *Les Oracles du Cao Dai,* p. 48-117 et 201.

42. *Shenbao*, 28 février 1934, cité dans Chen X., « Cong madiao dao majiang, xiaowanyi yu da chuantong jiaozhi de yi duan lishi yinyuan », p. 170.

43. Voir différentes contributions à l'ouvrage collectif de V. Alleton et M. Lackner, *De l'un au multiple. Traductions du chinois vers les langues européennes.*

L'essentiel est toutefois que la culture classique de la Chine continue de régner sur les vieilles terres d'influence chinoise. En 1910, un haut administrateur de l'Indochine française peut écrire dans un rapport : « Les Annamites sous notre protectorat et notre direction sont en fait influencés par la Chine. Plus que jamais, la classe lettrée est intellectuellement sous sa dépendance ; elle ne sait, ne pense que par elle, d'après elle et longtemps après elle… les caractères [chinois] étant pour cette classe l'unique véhicule de l'instruction[44]. » De fait, le Vietnam figure, avec la Corée, au premier rang des pays dont les élites continuent à baigner dans la culture classique chinoise. Loin de s'éroder, l'audience de classiques comme *Au bord de l'eau* (*Shuihu zhuan* 水滸傳), et plus encore le *Roman des Trois Royaumes* (*Sanguo yanyi* 三國演義), s'élargit même du fait de nombreuses traductions dans différentes langues vernaculaires d'Asie (cinq rien que pour le vietnamien entre 1909 et 1937) et d'une meilleure diffusion grâce aux techniques modernes d'impression[45].

La Chine comme passeur de savoirs d'origine occidentale

Le rôle de passeur de savoirs d'origine occidentale que le Japon a joué pour elle au tournant du XXe siècle, la Chine le joue vis-à-vis d'autres pays d'Asie, en premier lieu ceux placés depuis longtemps sous son magistère culturel et intellectuel. Ce rôle a été occulté, en grande partie parce que l'historiographie des pays colonisés comme le Vietnam a eu trop tendance à voir dans l'administration coloniale l'agent unique des influences occidentales. Or, si Vietnam et Corée ont été soustraits à la suzeraineté chinoise par la France et le Japon, l'influence chinoise ne s'y évapore pas au matin de la colonisation. Le fait que les élites locales soient profondément influencées depuis des générations par la Chine n'y est certes pas étranger. Mais cette réceptivité s'explique aussi parce que, depuis le milieu du XIXe siècle, les communautés de Chinois d'outre-mer ont connu un développement très important sous l'influence de flux de migrants qui accentue davantage le rayonnement

---

44. Cité dans P. Brocheux et D. Hémery, *Indochine, la colonisation ambiguë,* p. 221.

45. C. Salmon, *Literary Migrations, Traditional Chinese Fiction in Asia*, p. 42 ; He F., *Zhongwai wenhua jiaoliu shi,* p. 338-340 et 443-444.

de la culture d'origine chinoise (en donnant une masse critique à la population susceptible de lire le chinois, permettant par exemple de multiplier les journaux publiés dans cette langue).

Maints activistes engagés dans la lutte contre le pouvoir colonial utilisent la Chine comme une base arrière. Les nombreux historiens coréens qui travaillent à écrire une grande histoire nationale, ce qui est leur façon de résister au colonisateur japonais, le font depuis l'exil qu'ils ont trouvé en Chine. L'un des plus notables d'entre eux, Pak Ŭn-sik, publie du reste sa *Douloureuse Histoire de la Corée* en Chine… et en chinois. Cinéastes et acteurs coréens prennent au début des années 1930 le chemin de Shanghai afin d'échapper à la censure. Durant la période du premier Front uni Guomindang-PCC, le Guangdong est la pépinière des révolutionnaires vietnamiens. Pas moins de 200 étudiants vietnamiens passent par l'Académie de Huangpu entre 1925 et début 1927. Selon Christopher Goscha, ils constituent rien moins qu'« une sorte de *Who's Who* du Parti communiste vietnamien et de sa future armée[46] ». Dans les années 1920 et 1930, le communisme se propage en Asie du Sud-Est en suivant les canaux des communautés de Chinois d'outre-mer. Fondé en avril 1930, le Parti communiste siamois est dominé par des éléments chinois, tout comme son successeur le Parti communiste de Thaïlande. Le secrétaire général du Parti communiste malais entre 1938 et 1947, Lai Teck, est un sino-vietnamien. D'une manière plus générale, à part aux Philippines et en Indonésie, les partis communistes qui émergent sont animés par des révolutionnaires chinois, et dans une moindre mesure, vietnamiens (dans leur grande majorité formés en Chine). En toute logique, le chinois écrit s'impose comme la *lingua franca* des réseaux révolutionnaires de toute la région.

La Chine ne joue cependant pas seulement le rôle d'un refuge, elle fournit aussi tout un arsenal intellectuel, qu'il s'agisse des traductions en chinois des œuvres de Rousseau, Montesquieu ou encore Darwin grâce auxquelles ces penseurs commencent à être connus au Vietnam[47], aussi bien que des produits de sa propre réflexion sur

46. C. Goscha, « Pour une histoire transnationale du communisme asiatique. Les chevauchements sino-vietnamiens dans les mers du Sud », p. 21-46.

47. He F., *Zhongwai wenhua jiaoliu shi*, vol. 1, p. 275.

l'Occident et les menaces qu'il peut représenter. Les écrits de Kang Youwei et surtout Liang Qichao connaissent ainsi une très large audience au Vietnam[48]. Lu Xun est traduit de son vivant en birman. En réalité, c'est tout le renouveau culturel que connaît la Chine à partir de la fin du XIXe siècle et plus encore après le 4 mai 1919 qui s'exporte. La Chine ne fait donc pas office de simple miroir réflecteur des influences occidentales ; elle transmet aussi une réflexion sur l'Occident qui lui est propre.

Transmission des cultures populaires

L'article du *Shenbao* mentionné au début de ce sous-chapitre fait mention d'un genre relevant de la *Hochkultur*, l'opéra de Pékin, à laquelle non sans ironie il accole une pratique ressortissant à une culture tout à fait populaire, le mah-jong. Ce faisant, il pointe un fait important : l'influence de la Chine est loin de se limiter au domaine des idées et de la grande littérature. Des textes destinés à un public plus populaire sont traduits en grand nombre. Tous les genres de la littérature populaire que nous avons évoqués sont de la fête. Les histoires de *wuxia* sont abondamment traduites au Vietnam et sur l'île de Java où, dans les années 1930, pas moins d'une demi-douzaine de revues spécialisées dans cette littérature se font concurrence. En Thaïlande, l'immense succès du quotidien de langue thaïe le *Siam Rat* est fondé sur la publication de ces histoires, adaptées par un bataillon de traducteurs sino-thaïs[49]. Quant à la littérature des papillons et canards mandarins, elle connaît aussi un succès important au Vietnam. Dans tous les cas, le rôle des Chinois dans la traduction et la diffusion de ces œuvres est très important[50]. La place des Chinois de la diaspora dans le développement de nouvelles formes d'expression comme le cinéma mérite d'être notée. Ce sont des entrepreneurs chinois qui l'introduisent en Indonésie ; et jusqu'à 1942, trois entreprises *peranakan* produisent

---

48. P. Brocheux, D. Hémery, *Indochine, la colonisation ambiguë, 1858-1954*, p. 223.

49. B. De Beer-Luong, « Les tribulations d'un journaliste chinois dans les mers du Sud », p. 110.

50. Yan B., « The Influence of Chinese Fiction on Vietnamese Literature », p. 278-284 ; C. Salmon, « Malay Translations of Chinese Fiction in Indonesia », p. 423-426.

l'essentiel des films de l'archipel. D'autres modes de vie pénètrent profondément dans les sociétés indigènes : il en est ainsi du fameux jeu de hasard qui passionne alors la Chine méridionale, le *fantan*, devenu très populaire en Indochine sous le nom de *baquan*, ou encore des combats de criquets, qui suscitent l'enthousiasme des populations de Java[51].

L'influence se porte même vers des terres plus lointaines de l'émigration chinoise comme en Amérique du Sud et aux États-Unis, où l'on constate que la cuisine chinoise commence à conquérir une clientèle largement au-delà de la seule communauté chinoise dès les années 1930. À cette époque, les 3 000 à 4 000 établissements tenus par des Chinois représentent 30 % de l'offre de restauration à Lima. La République se distingue aussi comme la période (avec la fin des Qing) durant laquelle les emprunts de la langue anglaise au chinois sont les plus nombreux. En France, sous l'impulsion de l'ancien diplomate Georges Soulié de Morant, les années 1930 voient la diffusion de l'acupuncture. Empruntant notamment le canal des milieux médicaux promoteurs de l'homéopathie, elle rencontre un certain intérêt dans les élites : Colette, Jean Cocteau, Antonin Artaud et Maurice Ravel y ont par exemple recours[52].

Faible politiquement, la Chine l'était indubitablement depuis le milieu du XIXe siècle : son déclin ne fait pas de doute et son statut de puissance dominante de l'Extrême-Orient n'est plus qu'un souvenir. Cette faiblesse, les élites de la période républicaine n'ont cessé de la constater, de la déplorer et de tenter d'y remédier. Pourtant, si débile qu'elle ait été politiquement, l'influence de la Chine atteint des zones géographiques d'où elle était complètement absente (en particulier les Amériques et l'Océanie). Quelques transferts culturels se sont produits à destination de l'Occident, même s'il ne faut pas s'en exagérer les proportions. Toute différente est la situation en Asie du Sud-Est. Là, le prestige de la culture chinoise était souvent grand et les communautés chinoises présentes de longue date. L'afflux de migrants de la fin du XIXe siècle a renforcé leur force et leur influence.

---

51. D. Lombard, *Le Carrefour javanais,* p. 276-279.

52. L. Candelise, « Georges Soulié de Morant. Le premier expert français en acupuncture », tome 131, no. 3 (2010), p. 373-397.

D'autre part, alors que nombre de communautés d'outre-mer semblaient en voie d'assimilation au début du XXe siècle, elles vont faire l'objet, pour reprendre les termes de Denys Lombard, d'une « resinisation » dont l'initiative vient essentiellement de Chine même. Bien qu'inégal selon les contextes régionaux, ce processus constitue bel et bien un tournant important de l'histoire de ces communautés. L'un de ses vecteurs principaux est la mise sur pied d'un réseau d'écoles où le contenu de l'enseignement, dispensé pour une bonne part en mandarin, est fortement teinté de nationalisme[53]. Il contribue à faire progresser parmi les Chinois d'outre-mer un sentiment d'appartenance dirigé vers la nation chinoise et non plus exclusivement vers leur région d'origine. Rappelons que la révolution de 1911 a été largement organisée et financée par des Chinois d'outre-mer. Elle y est accueillie avec enthousiasme, comme à San Francisco[54]. À Hong Kong, le 6 novembre 1911, la nouvelle (fausse) de l'entrée des révolutionnaires dans Pékin provoque une gigantesque manifestation spontanée, au sein de laquelle la foule brandit des portraits de Li Yuanhong et Sun Yat-sen. D'une façon générale, l'avènement du régime républicain contribue puissamment au renforcement des sentiments nationalistes. Le Guomindang prend un soin tout particulier à aviver les ardeurs patriotiques outre-mer. Il lutte pour que l'enseignement dispensé dans les écoles des communautés d'outre-mer passe sous son contrôle et qu'il diffuse l'orthodoxie du triple démisme. Durant la guerre sino-japonaise, les communautés de Chinois sont fortement incitées à soutenir l'effort de guerre par des dons ou en souscrivant aux emprunts[55]. L'idée que la diaspora constitue une ressource intellectuelle, financière et humaine à organiser et mobiliser au service de la Chine s'est définitivement imposée.

L'un des aspects les plus réjouissants de la période républicaine est l'effervescence intellectuelle permise par la faiblesse du pouvoir et nourrie d'une curiosité insatiable pour idées, idéologies et modes

53. Voir par exemple le cas de Surabaya, dans l'est de Java : C. Salmon, « La communauté chinoise de Surabaya. Essai d'histoire, des origines à la crise de 1930 », p. 161-167.

54. Chen Y., *Chinese San Francisco, 1850-1943 : a Trans-Pacific Community*, p. 206-207.

55. M. Yap et D. Leong Man, *Colour, Confusion and Concessions : the History of the Chinese in South Africa*, p. 255-274.

d'expression artistiques venus d'ailleurs. De plus, comme nous l'avons montré, la Chine exerce durant cette période une influence culturelle et intellectuelle puissante sur de vastes régions du monde. Dans ces domaines, la rupture qui intervient en 1949 est nette. L'emprise du PCC entraîne un dramatique repli de la Chine sur elle-même qui culmine au moment de la Révolution culturelle et se traduit, sur le plan intellectuel, par trois décennies presque blanches.

Conclusion en forme d'épitaphe

1949 est davantage la défaite du Guomindang que la victoire du PCC, défaite qui résulte d'un concours de circonstances que l'on peut qualifier d'extraordinaire. Rappelons que la décennie de Nankin est le théâtre non d'une dégénérescence du Guomindang, mais d'un processus d'institutionnalisation par lequel ce dernier se mue, de parti révolutionnaire qu'il était, en un parti de gouvernement qui conduit efficacement une politique de modernisation et de centralisation. Cette politique commence à porter ses premiers fruits au milieu des années 1930, avec un affermissement très significatif de son contrôle du pays. Le PCC, alors totalement marginalisé, est sur le point d'être éliminé. Le déclenchement de la guerre sino-japonaise en 1937 le sauve. Dans un premier temps, cette guerre va contraindre le Guomindang (qui ne peut, faute d'alternatives, se passer de l'alliance russe) à reconstituer le Front uni. Sur la durée, le Guomindang, réfugié à Chongqing, s'use face à l'armée japonaise, ennemi suffisamment puissant pour parvenir à s'emparer de la partie la plus riche du pays, mais pas assez pour tenir en main les zones conquises, où le PCC peut faire fructifier son savoir-faire en matière de guérilla et développer un chapelet de bases. La guerre entraîne aussi à partir de 1940 une inflation galopante qui accroît la désorganisation du pays et l'impopularité du Guomindang.

Il convient pourtant de se défier de la métaphore biologique qui assimile les constructions politiques à des êtres vivants passant nécessairement par une période de croissance, puis un apogée, un déclin et la mort. Lorsque la guerre s'achève, le Guomindang est certes affaibli, mais les conditions de sa renaissance demeurent présentes en 1945, aussi bien d'un point de vue politique, économique, que militaire. S'il a, contre toute attente, gâché cette chance, c'est pour n'avoir su se renouveler, notamment du point de vue de son personnel politique. Les réformes profondes qui s'imposaient alors ne sont pas entreprises. C'est de cette époque seulement que date cette calcification accélérée du Guomindang, qui va le mener, bien aidé par une succession de décisions politiques et militaires désastreuses (pour lesquelles Chiang Kai-shek porte une très lourde responsabilité), vers sa perte.

L'ellipse est une figure obligée d'une synthèse comme celle que le lecteur a entre les mains. J'ai par exemple traité de façon rapide le rôle des États-Unis durant la guerre sino-japonaise, m'inscrivant ainsi volontairement contre une historiographie qui traite de ce conflit au prisme des rapports entre Chiang Kai-shek et son volcanique chef d'état-major, le général Stillwell.

Mais le principal reproche que, très certainement, on fera à ce livre est d'avoir traité avec trop de désinvolture de l'organisation, de l'évolution idéologique, et des luttes internes du PCC auxquelles tant d'historiens éminents ont consacré des livres, voire des carrières[1]. J'ai notamment négligé de retracer en détail l'histoire du PCC durant ses premières années. Il m'importait, en effet, de lui mesurer mon attention à l'aune non pas de ce qu'il allait devenir, mais de ce qu'il était : un cénacle d'intellectuels mordant à peine sur le monde ouvrier. Ce faisant, il s'agit de réfuter une approche téléologique, dont le traitement des années 1929-1930 dans les ouvrages de synthèse sur la période républicaine constitue peut-être le meilleur exemple. Ces livres, en effet, font la part belle à l'entreprise de consolidation de la base développée par Mao Zedong dans le sud du Jiangxi (quelques milliers d'hommes mal nourris et encore plus mal armés acculés dans un recoin d'une province elle-même sans grande importance stratégique). Dans le même temps, quelques lignes leur suffisent pour décrire les opérations pourtant

1. On trouvera un luxe de détails dans l'énorme volume de T. Saich, *The Rise to Power of the Chinese Communist Party, Documents and Analysis*.

décisives qui se déroulent en Chine du Nord durant ces deux années[2]. Même le choc colossal qui oppose les armées des grands seigneurs de la guerre coalisés et du Guomindang durant la guerre de la plaine centrale (qui occasionne 300 000 victimes) fait l'effet d'un vague bruit de fond. On ne prend la peine de l'évoquer que parce que, mobilisant les forces militaires du Guomindang, il a pour conséquence d'offrir un précieux répit au soviet du Jiangxi.

En vérité, deux arguments pourraient plaider pour qu'on consacre davantage d'attention au PCC en dépit de la médiocrité de ses effectifs : le poids du communisme au sein des élites intellectuelles avec le ralliement de figures de tout premier plan comme Chen Duxiu ou Li Dazhao, et l'appui que lui offre une puissance majeure, l'URSS. Toutefois, comme nous l'avons souligné, le communisme n'est pas le terminus de la vie intellectuelle durant cette période et n'a, à aucun moment, suscité un fort engouement. Les ralliements à la toute fin de la période traduisent un rejet du Guomindang et non un élan d'enthousiasme pour le marxisme. Pour le second point, il faut souligner que le PCC n'est jamais la seule carte que joue l'URSS en Chine, que le soutien accordé demeure limité, qu'à diverses reprises le Kominterm impose des choix stratégiques aux conséquences désastreuses.

En 1949, le basculement du quart de l'humanité dans le camp communiste a bien sûr été ressenti en Occident comme un séisme géopolitique, ce qui a justifié d'en faire une rupture majeure de l'histoire chinoise. Les historiens occidentaux rencontraient sur ce point l'historiographie communiste pour laquelle, bien évidemment, la révolution « bourgeoise » de 1911 ne pouvait être qu'un simple prélude à la « libération[3] » de 1949. La hâte manifeste avec laquelle a été organisé au début des années 1950 un centre d'archives consacré exclusivement à la période 1912-1949, comme le choix de l'établir à Nankin, témoigne moins de préoccupations

2. Même la très exhaustive *Cambridge History of China* ne consacre que trois petites pages à ces mouvements décisifs : J. Fairbank et A. Feuerwerker, *Cambridge History of China*, vol. 13, n° 2, p. 125-128.

3. Peut-on imaginer terme plus inapproprié que celui de « Libération » pour désigner 1949 ? Libérée des tutelles étrangères, la Chine l'était déjà depuis la fin de la Seconde Guerre mondiale. Et sur le plan intérieur, l'emprise du Guomindang sur la société et les individus est restée bien légère comparée à celle que le PCC allait faire peser.

patrimoniales que d'une volonté de reléguer dans le passé le régime du Guomindang, et d'inscrire dans le marbre la rupture de 1949. Le modèle qui reste présent à l'arrière-plan de la réflexion sur le découpage par périodes de l'ensemble de l'histoire chinoise, celui du cycle des dynasties, amène lui aussi à considérer 1949 comme *la* vraie rupture. En effet, le scénario traditionnel d'un épisode de succession dynastique voit des révoltes paysannes massives se lancer à l'assaut des villes. Or, la victoire communiste peut être vue comme la conclusion sinon d'une jacquerie, du moins d'une longue révolte puisant très majoritairement ses forces dans la Chine rurale, balayant le pays avec son cortège de destruction et de violences, pour s'achever dans le tumulte de la succession de batailles décisives de l'année 1948. *A contrario,* comme nous l'avons souligné, rien de tout cela ne se produit en 1911 : la révolution est une péripétie de quelques mois, sans bains de sang ni grandes batailles rangées. Elle tourne totalement le dos, de ce côté, au modèle traditionnel.

Pourtant, indiscutablement, la Chine que nous avons sous les yeux aujourd'hui a un air de famille avec celle des années 1930. Cela n'est pas seulement dû aux efforts de valorisation du patrimoine architectural de cette période ou à l'exploitation par des productions télévisuelles du filon d'un âge d'or supposé du Shanghai des années 1920-1930. Bien plus fondamentalement, comme dans les années 1930, on peut voir dans la Chine un pays s'inspirant de l'Occident, lancé à plein régime sur la voie de la modernisation, et, *in fine*, de la puissance. On observe aussi un parti-État très pragmatique qui (sauf dans sa rhétorique) a tourné complètement le dos à ses origines révolutionnaires, qui exerce un pouvoir non plus totalitaire (comme il l'était devenu entre 1956 et 1976) mais autoritaire. On retrouve même une rhétorique nationaliste et moralisatrice, et qui lorgne de plus en plus vers un confucianisme réinventé à sa main.

Dans un article particulièrement stimulant, Joseph Esherick a dénoncé l'illusion qui consiste à opposer systématiquement le Guomindang et le PCC. À n'en pas douter, ils étaient des ennemis acharnés, mais cette rivalité ne doit pas empêcher de voir que l'un est, dans une très large mesure, le continuateur de l'autre[4]. Leur but ultime, qui obsède les élites

4. J. Esherick, « Ten Theses on the Chinese Revolution », p. 45-76.

politiques depuis le milieu du XIXe siècle, est identique : la restauration de la puissance chinoise. Comme on l'a vu, l'un des principaux moyens d'y parvenir est l'expansion du périmètre de l'État, qui, inaugurée dès le début des années 1930, est poursuivie sans solution de continuité par le PCC.

Le fait que la Chine tienne aujourd'hui un cap qui était celui des années 1930 se traduit par la place qu'occupe Shanghai. Cette ville est l'égérie de la période républicaine, le symbole de son ouverture, et de son dynamisme intellectuel aussi bien qu'industriel. Indéniablement, le principal foyer de diffusion de ce qu'il faut bien appeler, faute d'un terme plus satisfaisant, la modernité[5]. À l'image de Rio de Janeiro pour le Brésil à la même époque, elle est le centre culturel, le principal port ouvert sur le monde, où se concentrent les éditeurs, les producteurs de cinéma, les avant-gardes artistiques et littéraires, celui enfin des audaces politiques (où fut fondé le PCC en 1921). Là est le foyer de diffusion de nouvelles idées, de nouvelles valeurs, et, plus prosaïquement, de nouveaux modes de vie. Certes, comme on l'a vu au fil de l'exposé, d'autres villes (Pékin pour les avant-gardes littéraires, Hong Kong pour le cinéma, Canton pour la peinture) peuvent rivaliser ponctuellement sur certains terrains. Aucune ne peut contester la prééminence globale de Shanghai comme capitale de l'avant-garde intellectuelle.

Marie-Claire Bergère a écrit de Shanghai, dans un raccourci qui fait mouche, qu'elle fut « la mal-aimée du régime maoïste ». Placée sous l'éteignoir durant la période 1949-1978, victime d'un sous-investissement abyssal, anémiée fiscalement, puis oubliée de la première décennie de l'ère des réformes lancée en 1978, Shanghai reprend des couleurs à partir des années 1990. À ce moment, Jiang Zemin comprend qu'elle seule dispose des atouts capables de donner à la Chine une place financière et de services capable de rivaliser avec Hong Kong, Singapour et Tokyo[6]. Plus récemment, depuis les années 2000, Shanghai

5. À propos de l'extrême difficulté de circonscrire cette notion, et le caractère éminemment problématique de son emploi, voir B. Schwartz, *China and Other Matters*, p. 35 et 60-61.

6. Voir sur ce sujet le chapitre « Hong Kong, Shanghai, Pékin, où se situera le centre financier international de la Chine ? », dans F. Gipouloux, *La Méditerranée asiatique, villes*

est redevenue un grand centre intellectuel, scientifique, culturel et artistique. L'organisation de la pharaonique Exposition universelle de 2010 témoigne d'une volonté politique évidente de favoriser et d'accélérer ce processus.

La posture d'ouverture sur le monde de la Chine ne se traduit pas seulement par la réhabilitation de Shanghai, mais aussi par le nombre considérable d'étudiants chinois présents sur les bancs des universités américaines et un flux particulièrement intense de traductions d'œuvres occidentales vers le chinois. Elle se manifeste aussi par la restauration de liens étroits avec l'autre Chine, celle des communautés d'outre-mer, dont nous avons mis en lumière l'importance durant la période républicaine. Après 1949, les communautés d'outre-mer avaient dans l'ensemble conservé leur allégeance au Guomindang, jusqu'au début des années 1970. Bien que vaincu sur le continent, le Guomindang a consenti depuis Taiwan les efforts nécessaires pour garder dans son orbite ces communautés, avec la complicité des pays d'accueil, inquiets que les Chinois ne se transforment en une source de contagion communiste. La Chine continentale commence à tendre ostensiblement la main à la diaspora depuis les années 1980[7]. Les premières Zones économiques spéciales créées à la fin des années 1970 (Shenzhen, Zhuhai, Xiamen et Shantou) sont situées dans des zones qui n'ont pas pour seules caractéristiques d'être maritimes et périphériques. Par une parlante répétition de l'histoire, si l'on remplace Shenzhen par Hong Kong et Zhuhai par Macao[8], on retrouve la liste des quatre ports d'où sont partis la presque totalité des migrants chinois de 1860 à la Première Guerre mondiale. Ces ports étaient des têtes de ponts idéales pour le retour des investissements de la diaspora.

Si les éléments de continuité par-dessus 1949 apparaissent désormais bien plus nettement qu'il y a, disons, un quart de siècle, c'est aussi parce que la déferlante gauchiste et maoïste des années 1956-1976

---

portuaires et réseaux marchands en Chine, au Japon et en Asie du Sud-Est, XVIe-XXIe *siècle*, p. 281-306.

7. Zhuang G., « China's Policies on Chinese Overseas. Past and Present », p. 36-37.

8. Hong Kong et Macao étaient à l'époque sous souveraineté britannique et portugaise. À ce titre, ils ne pouvaient évidemment pas devenir des ZES. Mais Shenzhen et Zhuhai sont frontalières de ces deux territoires.

s'est éloignée de nous. Ces vingt années font, de plus en plus, figure de parenthèse, de « détour » selon le terme de Rana Mitter[9], au sein d'un processus de long terme enclenché dans la première décennie du XXe siècle. Le changement de nom du journal de langue anglaise qui donne le ton des études sur la République est significatif : depuis 1997, il ne s'appelle plus *Republican China*, mais *Twentieth-Century China*. Un autre phénomène éloquent est la publication d'études de plus en plus nombreuses enjambant les vingt années de maoïsme[10].

Malgré tous les éléments plaidant pour une importante continuité par-dessus 1949, la République a encore largement droit de cité comme une période à part entière de l'histoire chinoise, comme en témoigne la monumentale *Histoire de la République de Chine* publiée sous la direction de Li Xin en 2011[11]. La *Cambridge History of China*, qui demeure le canon en langue occidentale, lui consacre quant à elle deux tomes.

Il peut sembler paradoxal de conclure une étude de 350 pages consacrée à une période en réfutant sa pertinence pour une périodisation de l'histoire chinoise. C'est pourtant ce que nous allons faire pour clore ce volume.

Entendons-nous bien. Se donner le rôle de démiurge en remettant en cause limites chronologiques et périodisations établies s'avère une forte tentation parmi les historiens. Ainsi, Peter Zarrow, l'un des derniers historiens ayant publié une synthèse ambitieuse sur cette période, a-t-il choisi 1895-1949 et non les bornes chronologiques classiques, celles qui font strictement écho à l'histoire institutionnelle, 1912-1949. Il serait aussi possible de faire commencer la période républicaine en

---

9. Rana Mitter évoque un « détour » sur la route de l'histoire chinoise : R. Mitter, *A Bitter Revolution*, p. 104.

10. E. Remick, *Building Local States : China during the Republican and Post-Mao Eras* ; S. Billioud et J. Thoraval, *Le Sage et le Peuple. Le renouveau confucéen en Chine*, p. 54-55. Cependant, il ne faut pas aller trop fort en besogne : la notion de « parenthèse » est dangereusement commode, et pour comprendre la Chine d'aujourd'hui, il est inapproprié de passer par pertes et profits les deux décennies de maoïsme pur et dur.

11. Li X., *Zhonghua minguo shi*.

1901 avec le lancement des Nouvelles Politiques, ou 1905, année marquée par le séisme socio-politique que représente la suppression du système des examens impériaux, voire en 1909 lorsque s'amorce, avec les élections, un nouveau cycle politique supposé aboutir à une monarchie parlementaire. S'arrêter au 1er octobre 1949 est tout aussi arbitraire : on pourrait prolonger jusqu'à 1950 (parachèvement de la conquête communiste avec la chute de l'île de Hainan en avril, et début de la guerre de Corée). Il serait même possible d'y adjoindre les premières années de gouvernement du PCC marquées du sceau d'une relative modération. Mao Zedong ne vante-t-il pas à ce moment les « qualités positives du capitalisme chinois » ? Pourquoi, dès lors, ne pas s'arrêter à la campagne des cinq-anti (1952), qui consacre la rupture avec la bourgeoisie, voire à la veille du Grand Bond en avant (1958) ?

Ce petit jeu n'a, on l'aura compris, pas grand intérêt. Ce qui importe, en revanche, c'est que la période 1912-1949 est appelée à devenir une simple subdivision d'une période qui s'ouvre avec la rupture abyssale que constitue la décennie 1901-1911. L'importance des guerres de l'opium du milieu du XIXe siècle a été exagérée, en particulier par l'historiographie chinoise soucieuse de mettre l'accent sur le point de départ des empiétements impérialistes. En réalité, l'Ancien Régime chinois ne succombe qu'à l'orée du XXe siècle, avec les Nouvelles Politiques. À partir de 1901, ces dernières entérinent une double dissolution : celle de l'ordre social fondé notamment sur le système des examens impériaux, et celle du système politique, caractérisé par la prééminence absolue de l'empereur et un dispositif de légitimité de nature impériale et cosmologique. Si on enterre l'Ancien Régime en 1912, il se meurt dès 1901.

Est-ce à dire que la période 1912-1949 ne conserve rigoureusement aucune pertinence ? Si l'on admet que la modernisation est un mouvement de bien plus longue haleine, et si l'on refuse d'adhérer à la téléologie de la révolution communiste, quelle unité garde-t-elle ?

La période républicaine possède une réelle cohérence, qui ressort au domaine politique : elle est *le temps d'un possible pour une démocratie parlementaire à l'occidentale*. En ce sens, l'emploi du qualificatif « républicain » pour la désigner, sur lequel s'était ouvert notre livre, est pleinement fondé.

Repères chronologiques

1901	Janvier : lancement des Nouvelles Politiques
1905	20 août : fondation de la Ligue jurée à Tokyo
	Septembre : suppression du système des examens mandarinaux
1908	15 novembre : mort de l'impératrice douairière Cixi
1911	Septembre : révolte de la province du Sichuan
	10 octobre : soulèvement de Wuchang (Hubei)
1912	1er janvier : proclamation de la république par Sun Yat-sen à Nankin
	12 février : abdication de Puyi
	25 août : congrès de fondation du Guomindang
	Décembre : début des élections du Parlement
1913	20 mars : assassinat de Song Jiaoren
	12 juillet : début de la « Seconde Révolution » contre Yuan Shikai
	Novembre : Yuan Shikai dissout le Guomindang
1914	10 janvier : renvoi du Parlement par Yuan Shikai
1915	18 janvier : ultimatum japonais des « 21 demandes »
	Septembre : fondation de la revue *La Nouvelle Jeunesse*
	12 décembre : Yuan annonce le rétablissement du régime impérial à son profit
1916	22 mars : Yuan renonce au rétablissement de l'empire

	6 juin : mort de Yuan Shikai
1917	1er septembre : fondation du gouvernement militaire de Canton
	Juin : tentative de restauration impériale par Zhang Xun, dissolution du Parlement
1918	Mai-juin : élections parlementaires
1919	4 mai : manifestation d'étudiants à Pékin contre le transfert des droits allemands sur le Shandong au Japon
1920	Juillet : guerre Anhui/Zhili, défaite de la clique de l'Anhui
	Novembre : Sun Yat-sen reprend pied au Guangdong
1921	23 juillet : fondation du PCC
1922	Avril-mai : première guerre Zhili/Fengtian, défaite de la clique du Fengtian
	Juin : Sun est chassé de Canton par son ex-allié Chen Jiongming
1923	Janvier : reconquête de Canton par des troupes mercenaires du Yunnan et du Guangxi pour le compte de Sun Yat-sen
1924	20-30 janvier : Ier congrès du Guomindang, début du premier Front uni Guomindang/PCC
	16 juin : inauguration de l'Académie militaire de Huangpu
	Septembre-novembre : seconde guerre Zhili/Fengtian : défaite de la clique du Zhili
	15 octobre : Sun Yat-sen écrase les milices marchandes à Canton
1925	12 mars : mort de Sun Yat-sen à Pékin
	30 mai : répression sanglante d'une manifestation anti-impérialiste par la police de la concession internationale de Shanghai
	Juin 1925-novembre 1926 : grande grève de Hong Kong
	30 août : assassinat de Liao Zhongkai
1926	Juillet : début de l'expédition du Nord (*Beifa*)
	7 septembre : prise de Wuhan
1927	12 avril : coup de force de Chiang Kai-shek contre les communistes, fin du premier Front uni
	18 avril : création d'un gouvernement central à Nankin dominé par Chiang Kai-shek
1928	4 juin : assassinat de Zhang Zuolin

8 juin : prise de Pékin, fin de l'expédition du Nord
1929 Mars-mai : révoltes successives des anciens alliés du Guomindang (clique du Guangxi, Feng Yuxiang)
1930 Mai-novembre 1930 : guerre de la Plaine centrale
1931 28 février : Hu Hanmin est placé en résidence surveillée par Chiang Kai-shek
Mai : fondation d'un gouvernement dissident à Canton
18 septembre : incident de Moukden, le Japon s'empare de la Mandchourie
1932 28 janvier : le Japon passe à l'offensive à Shanghai, vive résistance chinoise
1er mars : fondation du Mandchoukouo
1933 31 mai : accord de Tanggu entre Chine et Japon
25 octobre : Song Ziwen démissionne de ses fonctions de ministre des Finances
1934 Février : lancement du Mouvement pour la vie nouvelle
Octobre : début de la Longue Marche
1935 Janvier : conférence de Zunyi (Guizhou), Mao s'impose à la tête du PCC
Octobre : fin de la Longue Marche
1er novembre : tentative d'assassinat de Wang Jingwei
1936 Juillet : échec de la révolte des deux Guang : le Guangdong retourne dans le giron du pouvoir central
12-25 décembre : incident de Xi'an
1937 7 juillet : incident dit du pont Marco-Polo, début de la guerre sino-japonaise
Août-novembre : bataille de Shanghai
Décembre : massacre de Nankin
1938 6 avril : victoire de Taierzhuang
5 juin : destruction des digues du fleuve Jaune à Huayuankou dans l'espoir de ralentir l'avancée japonaise
27 octobre : chute de Wuhan
18 décembre : défection de Wang Jingwei
1939 Juillet-août : bataille de Nomonhan entre troupes japonaises et soviétiques
1940 Janvier : mise en avant par Mao des thèses de la « Nouvelle Démocratie »

	30 mars : proclamation du « gouvernement national réorganisé » par Wang Jingwei à Nankin
	Août-décembre : offensive communiste au Shanxi et Hebei (dite des Cent Régiments)
1941	Janvier : incident de la Nouvelle 4e armée entre troupes du PCC et du Guomindang
	Octobre : fin de l'aide soviétique
	7-8 décembre : attaque japonaise sur Pearl Harbor, et invasion simultanée de Hong Kong, de Guam, de la Malaisie britannique et des Philippines
1942	Février-mai : offensive japonaise victorieuse en Birmanie
	Février-juin : campagne de rectification au sein du PCC
1943	Janvier : le Japon (le 9) puis les Alliés (le 11) renoncent à leurs concessions et au privilège d'extraterritorialité, mettant fin au système des traités inégaux
	23-26 novembre : conférence du Caire
1944	Avril-décembre : offensive japonaise Ichigō
	10 novembre : mort de Wang Jingwei
1945	Août : bombardements d'Hiroshima (le 6) et Nagasaki (le 9), capitulation japonaise
	8 août : entrée en guerre de l'URSS contre le Japon
	28 août-10 octobre : négociations entre Mao et Chiang à Chongqing
1946	5 janvier : la Chine reconnaît l'indépendance de la Mongolie septentrionale
	Mai : défaite communiste de Siping en Mandchourie
1947	1er janvier : promulgation de la Constitution
	28 février : début de la révolte de Taiwan
1948	Avril : prise de Luoyang par les communistes, qui traduit l'inversion du rapport de force militaire en Chine du Nord
	Novembre : capitulation des dernières divisions nationalistes en Mandchourie
	Novembre 1948-janvier 1949 : bataille de Huaihai
1949	21 avril : l'Armée populaire de libération franchit le fleuve Bleu
	25 mai : l'APL entre à Shanghai

	1er octobre : proclamation de la République populaire de Chine
1950	Avril : prise de Hainan

Annexes

1. Testament politique (*yizhu* 遺囑) de Sun Yat-sen

余致力國民革命, 凡四十年, 其目的在求中國之自由平等。積四十年之經驗, 深知欲達到此目的, 必須喚起民眾及聯合世界上以平等待我之民族, 共同奮鬥。

現在革命尚未成功, 凡我同志, 務須依照余所著《建國方略》、《建國大綱》、《三民主義》及《第一次全國代表大會宣言》, 繼續努力, 以求貫徹, 最近主張開國民會議及廢除不平等條約，尤須於最短期間, 促其實現, 是所至囑。

« Durant quarante ans, je me suis consacré à la cause de la révolution nationale, avec pour but de rendre à la Chine la liberté et un rang égal à celui des autres nations. L'expérience acquise durant ces quarante dernières années me persuade que, pour atteindre cet objectif, il nous faut soulever les masses populaires, et nous allier dans une lutte commune avec celles des autres nations du monde qui nous traitent sur un pied d'égalité.

Aujourd'hui, la révolution n'a pas encore triomphé. Que tous nos camarades, en se guidant sur mes écrits, le *Plan de reconstruction nationale*, les *Fondements de la reconstruction nationale*, le *Triple Démisme*, le *Manifeste du premier congrès national*, continent à lutter pour remporter cette victoire. Et surtout, il faut mettre en œuvre dès que possible les projets de réunion d'une convention nationale et d'abrogation des traités inégaux que j'ai récemment soutenus. Telles sont mes instructions. »

2. Comparaison de la population de la Chine avec celle d'autres grands pays (en millions d'habitants)

	1913	1950
Chine	410	540
Royaume-Uni	45	50
Allemagne	65	68
France	41	41
Europe occidentale (total)	261	305
États-Unis	97	152
Population mondiale	1 791	2 524

Sources : pour la Chine, 葛劍雄 (dir.), *Zhongguo renkou shi* 中國人口史, tome 6 (1910-1953, rédigé par Hou Yangfang 侯楊方), Shanghai, Fudan daxue chubanshe, 2001, p. 281 ; pour les autres pays : A. Maddison, *The World Economy : a Millenium Perspective*, Paris, Development Centre of the Organisation for Economic Co-operation and Development, 2002, p. 241.

3. Comparaison de la longueur du réseau de chemin de fer de la Chine avec d'autres pays (en kilomètres)

	1913	**1950**
Chine	9 854	22 238
France	40 770	41 300
Italie	18 873	21 550
Royaume-Uni	32 623	31 352
Japon	10 570	27 401
États-Unis	401 977	360 137
Argentine	33 478	42 864

Source : A. Maddison, *L'Économie mondiale 1820-1992 : analyse et statistiques*, Paris, OCDE, 1995, p. 66.

4. Arbre généalogique simplifié de la famille Song

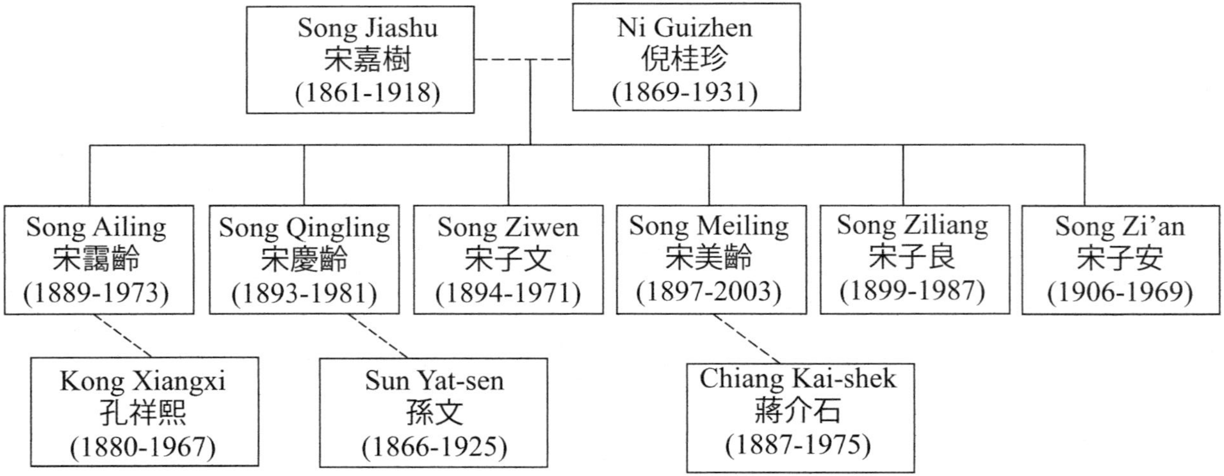

------ Lien matrimonial

Source : Nihon Shanhaishi Kenkyūkai 日本上海史研究會 (ed.), *Shanhai jinbutsushi* 上海人物誌, Tokyo, Tōhō Shoten 東方書店, 1997, p. 153.

Bibliographie

La présente bibliographie rassemble les ouvrages cités en notes ainsi que des travaux complémentaires récents principalement en langues occidentales.

Douze livres jugés particulièrement cruciaux sont distingués par un astérisque. C'est vers eux que le novice doit se diriger pour commencer sa plongée dans l'historiographie de cette période.

ADSHEAD Samuel Adrian, *Province and Politics in Late Imperial China : Viceregal Government in Szechwan, 1898-1911*, Londres, Curzon Press, 1984.

ALLÈS Élisabeth, *Musulmans de Chine, une anthropologie des Hui du Henan*, Paris, Éditions de l'EHESS, 2000.

ALLETON Viviane et LACKNER Michael, *De l'un au multiple. Traductions du chinois vers les langues européennes*, Paris, Éditions de la MSH, 1999.

ARKUSH David, *Fei Xiaotong and Sociology in Revolutionary China*, Cambridge, Harvard University Council on East Asian Studies, 1981.

AVERILL Stephen, *Revolution in the Highlands. China's Jinggangshan Base Area*, Lanham, Rowman & Littlefield, 2006.

BARMÉ Geremie, *An Artistic Exile. A Life of Feng Zikai (1898-1975)*, Berkeley, University of California Press, 2002.

BARNES Nicole, *Intimate Communities. Wartime Healthcare and the Birth of Modern China*, Stanford, University of California Press, 2018.

BARTHÉLEMY Dominique, *Nouvelle Histoire des Capétiens (987-1214)*, Paris, Seuil, 2012.

BASTID Marianne, *L'Évolution de la société chinoise à la fin de la dynastie des Qing, 1873-1911*, Paris, Éditions de l'EHESS, 1979.

—, « Official Conceptions of Imperial Authority at the End of the Qing Dynasty », in Stuart SCHRAM (dir.), *Foundations and Limits of State Power in China*, Londres, School of Oriental and African Studies, 1987, p. 147-185.

BAUMLER Alan, *The Chinese and Opium under the Republic. Worse than Floods and Wild Beasts*, Albany, State University of New York Press, 2007.

BEDESKI Robert, *State-Building in Modern China : the Kuomintang in the Prewar Period*, Berkeley, Institute of East Asian Studies, University of California, Center for Chinese Studies, 1981.

BENEDICT Carol, *Golden-Silk Smoke, a History of Tobacco in China, 1550-2010*, Berkeley, California University Press, 2011.

BENTON Gregor, *Mountain Fires : The Red Army's Three-Year War in South China, 1934-1938*, Berkeley, University of California Press, 1992.

BERGÈRE Marie-Claire, BIANCO Lucien et DOMES Jürgen (dir.), *La Chine au XXe siècle*, vol. 1 : D'une révolution à l'autre, 1895-1949, Paris, Fayard, 1989.

BERGÈRE Marie-Claire, *Sauvons la Patrie ! Le nationalisme chinois et le mouvement du 4 mai 1919*, Paris, Publications orientalistes de France, 1977.

—, *L'Âge d'or de la bourgeoisie chinoise, 1911-1937*, Paris, Flammarion, 1986.

*—, *Sun Yat-sen*, Paris, Fayard, 1994.

—, *Histoire de Shanghai*, Paris, Fayard, 2002.

BERNHARDT Kathryn, *Rents, Taxes and Resistance,* Stanford, Stanford University Press, 1992.

—, « Divorce in the Republican period », dans Kathryn BERNHARDT et Philipp HUANG, *Civil Law in Qing and Republican China,* Stanford, Stanford University Press, 1994, p. 187-214.

—, *Women and Property in China, 960-1949*, Stanford, Stanford University Press, 1999.

BIAN Morris, « Building State Structure : Guomindang Institutional Rationalization during the Sino-Japanese War, 1937-1945 », *Modern China*, vol. n° 31, n° 1 (janvier 2005), p. 35-71.

—, *The Making of the State Entreprise System in Modern China, the Dynamics of Institutional Change*, Cambridge, Harvard University Press, 2005.

BIANCO Lucien et CHEVRIER Yves (dir.), *Dictionnaire biographique du mouvement ouvrier international : la Chine*, Paris, Éditions ouvrières et Presses de la Fondation nationale des sciences politiques, 1985.

BIANCO Lucien, *Jacqueries et révolution dans la Chine du XXe siècle*, Paris, Éditions de la Martinière, 2005.
—, *Les Origines de la révolution chinoise, 1915-1949*, Paris, Gallimard, 2007 (4e édition).
—, *La Récidive. Révolution russe, révolution chinoise*, Paris, Gallimard, 2014.
BICKERS Robert, *The Scramble for China : Foreign Devils in the Qing Empire, 1832-1914*, Londres, Allen Line, 2011.
BILLINGSLEY Phil, *Bandits in Republican China*, Stanford, Stanford University Press, 1988.
BILLIOUD Sébastien et THORAVAL Joël, *Le Sage et le Peuple. Le renouveau confucéen en Chine*, Paris, CNRS Éditions, 2014.
BONNIN Michel, « Servante, épouvantail ou déesse, la démocratie dans le discours du pouvoir et dans celui de la dissidence en Chine », in Mireille DELMAS-MARTY et Pierre-Étienne WILL (dir.), *La Chine et la démocratie*, Paris, Fayard, 2007, p. 493-516.
BOORMAN Howard, *Biographical Dictionary of Republican China*, New York, Columbia University Press, 1967.
BOYLE John, *China and Japan at War, 1937-1945 : The Politics of Collaboration*, Stanford, Stanford University Press, 1972.
BROOK Timothy, *Collaboration. Japanese Agents and Local Elites in Wartime China*, Cambridge, Harvard University Press, 2005.
BROPHY David, *Uyghur Nation. Reform and Revolution on the Russia-China Frontier*, Cambridge, Harvard University Press, 2016.
CADART Claude et CHENG Yingxiang, *Mémoires de Peng Shuzhi. L'envol du communisme en Chine*, Paris, Gallimard, 1983.
CAMPO Daniela, *La Construction de la sainteté dans la Chine moderne. La vie du maître bouddhiste Xuyun*, Paris, Les Belles Lettres, 2013.
CARROLL Peter, *Between Heaven and modernity. Reconstructing Suzhou, 1895-1937*, Stanford, Stanford university press, 2006.
CH'EN Jerome, « Defining Chinese Warlords and Their Factions », *Bulletin of the School of Oriental and African Studies*, vol. 31, no. 3 (1968), p. 563-600.
—, *Yuan Shih-k'ai*, Stanford, Stanford University Press, 1972 (2e édition).
—, *The Military-Gentry Coalition : China under the Warlords,* Toronto, University of Toronto-York University Joint Centre on Modern East Asia, 1979.
—, *The Highlanders in Central China. A History* 1895-1937, Londres, M.E. Sharpe, 1992.
CHAN Ming Ku, « A Turning Point in the Modern Chinese Revolution : The Historical Significance of the Canton Decade, 1917-1927 », in

G. HERSHATTER *et al.* (dir.), *Remapping China, Fissures in Historical Terrain*, Stanford, Stanford University Press, 1996, p. 224-241.

CHEEK Timothy (dir.), *A Critical Introduction to Mao*, Cambridge, Cambridge University Press, 2010.

CHEN Janet, « Republican history », in M. SZONYI (dir.), *A Companion to Chinese History*, Chichester, John Wiley & Sons, 2017, p. 168-178.

CHEN Janet, CHENG Pei-kai et LESTZ Michael (dir.), *The Search for Modern China. A Documentary Collection*, New York, W.W. Norton, 3e éd., 2014.

CHEN Lifu 陳立夫, *The Storm Clouds over China*, Stanford, Hoover Institution, 1994.

CHEN Xiyuan 陳熙遠, « Cong madiao dao majiang, xiaowanyi yu da chuantong jiaozhi de yi duan lishi yinyuan » 從馬吊到麻將, 小玩意與大傳統交織的一段歷史因緣, *Bulletin of the Institute of History and Philology Academia Sinica* 中央研究院歷史語言研究所集刊 80 (2009), p. 137-196.

CHEN Yung-fa, *Making Revolution : The Communist Movement in Eastern and Central China, 1937-1945*, Berkeley, University of California Press, 1986.

CHENG Anne, *Histoire de la pensée chinoise*, Paris, Seuil, 1997.

—, « Si c'était à refaire… ou : de la difficulté de traduire ce que Confucius n'a pas dit », in V. ALLETON et M. LACKNER, *De l'un au multiple. Traductions du chinois vers les langues européennes*, Paris, Éditions de la MSH, 1999 p. 205-217.

CHENG Linsun, *Banking in Modern China : Entrepreneurs, Professional Managers and the Development of Chinese Banks, 1897-1937*, Cambridge, Cambridge University Press, 2003.

CHENG Meibao 程美寶, *Diyu wenhua yu guojia rentong : wan Qing yilai « Guangdong wenhua » guan de xingcheng* 地域文化與國家認同：晚清以來 '廣東文化' 觀的形成, Pékin, Sanlian shudian, 2006.

CHEREPANOV Aleksandr, *As Military Adviser in China*, Moscou, Progress, 1982.

CHESNEAUX Jean, *Le Mouvement ouvrier chinois de 1919 à 1927*, La Haye, Mouton, 1962.

CHEVRIER Yves, « Mort et transfiguration : le modèle russe dans la révolution chinoise », *Extrême-Orient, Extrême-Occident*, n° 2 (1983), p. 41-108.

CH'I Hsi-sheng, *Warlord Politics in China 1916-1928*, Stanford, Stanford University Press, 1976.

CHOW Tse-tsung, *The May 4th Movement. Intellectual Revolution in Modern China*, Cambridge, Harvard University Press, 1960.

CHURCHILL Winston, *Mémoires de guerre*, Paris, Tallandier, 2013.

COBLE Parks, *The Shanghai Capitalists and the Nationalist Government, 1927-1937*, Cambridge, Harvard University Press, 1980.

—, *Facing Japan. Chinese Politics and Japanese Imperialism, 1931-1937*, Cambridge, Harvard University Press, 1991.

—, *Chinese Capitalists in Japan's New Order : the Occupied Lower Yangzi, 1937-1945*, Berkeley, University of California Press, 2003.

COCHRAN Sherman et PICKOWICZ Paul (dir.), *China on the Margins*, Cornell, Cornell University Press 2010.

COCHRAN Sherman, *Encountering Chinese Networks. Western, Japanese and Chinese Corporations in China, 1880-1937*, Berkeley, University of California Press, 2000.

—, *Chinese Medicine Men, Consumer Culture in China and Southeast Asia*, Cambridge, Harvard University Press, 2006.

COCHRAN Sherman et HSIEH Andrew, *One Day in China, May 21, 1936*, New Haven/Londres, Yale University Press, 1983.

—, *The Lius of Shanghai*, Cambridge, Harvard University Press, 2013.

CORNET Christine et VERDIER François, *Paysans de l'eau, Chine, 1932. Photographies du père Joseph de Reviers de Mauny*, Arles, Actes Sud, 2004.

COURTWRIGHT David, *Forces of Habit. Drugs and the Making of the Modern World*, Cambridge, Harvard University Press, 2001.

DE BEER-LUONG Brigitte, « Les tribulations d'un journaliste chinois dans les mers du Sud », *Archipel* no. 23 (1982), p. 109-118.

DEAN Kenneth et ZHENG Zhenman, *Ritual Alliances of the Putian Plain*, Leiden, Brill, 2010.

*DELMAS-MARTY Mireille et WILL Pierre-Étienne (dir.), *La Chine et la démocratie*, Paris, Fayard, 2007.

DENTON Kirk, *The Columbia Companion to Modern Chinese Literature*, New York, Columbia University Press, 2016.

DIKÖTTER Frank, *Exotic Commodities. Modern Objects and Everyday Life in China*, New York, Columbia University Press, 2006.

—, *The Age of Openness. China before Mao*, Hong Kong, Hong Kong University Press, 2008.

DIRLIK Arif et PRAZNIAK Roxann, « The 1911 Revolution : an End and a Beginning », *China Information*, vol. XXV, no. 3 (novembre 2011), p. 213-231.

DONG Madeleine, *Republican Beijing. The City and its Histories*, Berkeley, University of California Press, 2003.

DREA Edward, PEATTIE Mark et VAN DE VEN Hans, *The Battle for China. Essays on the Military History of the Sino-Japanese War of 1937-1945*, Stanford, Stanford University Press, 2011.

DRÈGE Jean-Pierre, *La Commercial Press de Shanghai, 1897-1949*, Paris, IHEC, 1978.

DUARA Prasenjit, *Culture, Power and the State. Rural North China*, Stanford, Stanford University Press, 1988.

—, *Rescuing History from the Nation. Questioning Narratives of Modern China*, Londres/Chicago, The University of Chicago Press, 1995.

—, *Sovereignty and Authenticity. Manchukuo and the East Asian Modern*, Lanham, Rowman&Littlefield, 2003.

DUBY Georges, *L'Économie rurale et la vie des campagnes dans l'Occident médiéval (France, Angleterre, Empire, IXe-XVe siècles). Essai de synthèse et perspectives de recherches*, Paris, Aubier, 1962.

DUUS Peter, MYERS Ramon et PEATTIE Mark (dir), *The Japanese Informal Empire in China, 1895-1937*, Princeton, Princeton University Press, 1989.

*EASTMAN Lloyd, *The Abortive Revolution. China under Nationalist Rule 1927-1937*, Cambridge, Harvard University Press, 1974.

—, « The Kuomintang in the 1930s », in Charlotte FURTH (dir.), *The Limits of Change. Essays on Conservative Alternatives in Republican China*, Cambridge, Harvard University Press, 1976, p. 191-210.

—, *Seeds of Destruction : Nationalist China in War and Revolution 1937-1949*, Stanford, Stanford University Press, 1984.

—, *Family, Fields and Ancestors : Constancy and Change in China's Social and Economic History, 1550-1949*, Oxford, Oxford University Press, 1988.

ELVIN Mark et ZHANG Yixia, « Environment and Tuberculosis in Modern China », in Mark ELVIN et LIU Ts'ui-jung (dir.), *Sediments of Time. Environment and Society in Chinese History*, Cambridge, Cambridge University Press, 1998, p. 520-542.

ENG Robert, *Economic Imperialism in China : Silk Production and Exports, 1861-1932*, Berkeley, Institute of East Asian Studies, 1986.

ESHERICK Joseph (éd.), « Founding a Republic, Electing a President : how Sun Yat-sen Became *Guofu* », in Joseph ESHERICK, *Reform and Revolution in China, the 1911 Revolution in Hunan and Hubei*, Berkeley/Los Angeles, University of California Press, 1976, p. 129-152.

—, « Ten Theses on the Chinese Revolution », *Modern China*, vol. 21, n° 1 (janvier 1995), p. 45-76.

*—, *Remaking the Chinese City. Modernity and National Identity, 1900-1950*, Honolulu, Hawaii University Press, 2000.

ETO Shinkichi et SCHIFFRIN Harold (éd.), *The 1911 Revolution in China. Interpretative Essays*, Tokyo, University of Tokyo Press, 1984.

—, *China's Republican Revolution*, Tokyo, University of Tokyo Press, 1995.

EYFERTH Jacob, *Eating Rice from Bamboo Roots. The Social History of a Community of Handicraft Papermakers in Rural Sichuan, 1920-2000*, Cambridge, Harvard University Press, 2009.

FAIRBANK John, FEUERWERKER Albert (dir.), *The Cambridge History of China*, vol. 12 et 13 : Republican China 1912-1949, Cambridge, Cambridge University Press, 1983 (vol. 12) et 1986 (vol. 13).

FANG Xiantang 方憲堂 (dir.), *Shanghai jindai minzu juanyan gongye* 上海近代民族卷煙工業 (*L'Industrie nationale de cigarettes de Shanghai à l'époque moderne*), Shanghai, Shanghai shehui kexueyuan chubanshe, 1989.

FAURE David, *The Rural Economy of Pre-Liberation China : Trade Expansion and Peasant Livelihood in Jiangsu and Guangdong, 1870 to 1937*, New York, Oxford University Press, 1989.

—, *China and Capitalism : a History of Business Enterprise in Modern China*, Hong Kong, Hong Kong University Press, 2006.

FAYOLLE LUSSAC Bruno, HOYEM Harald et CLÉMENT Pierre (dir.), *Xi'an, an Ancient City in a Modern World, Evolution of the Urban Form 1949-2000*, Paris, Éditions Recherches, 2007.

FENG Xiaocai, « Counterfeiting Legitimacy : Reflections on the Usurpation of Popular Politics and the "Political Culture" of China, 1912-1949 », *Frontiers of History in China*, vol. 8, no. 2 (juin 2013), p. 202-222.

FENG Yi, « The Sound of Images : Peddlers' Calls and Tunes in Republican Peking », in Christian HENRIOT et Wen-hsin YEH, *History in Images. Pictures and Public Space in Modern China*, Berkeley, 2012, p. 111-142.

FEWSMITH Joseph, *Party, State and Elites in Republican China, Merchant Organizations and Politics in Shanghai, 1890-1930*, Honolulu, University of Hawaii Press, 1985.

FIELD Andrew, *Shanghai's Dancing World. Cabaret Culture and Urban Politics, 1919-1954*, Hong Kong, The Chinese University Press, 2010.

*FITZGERALD John, *Awakening China : Politics, Culture and Class in the Nationalist Revolution*, Stanford, Stanford University Press, 1996.

—, « From Country Magistrate to Country Head : the Role and Selection of Senior County Officials in Guangdong Province in the Transition from Empire to Republic », *Twentieth Century China*, vol. 38, n° 3 (octobre 2013), p. 254-279.

FREEDMAN Maurice, *Lineage Organization in Southeastern China*, Londres, Athlone Press, 1958.

FU Poshek, *Between Shanghai and Hong Kong, the Politics of Chinese Cinemas*, Stanford, Stanford University Press, 2003.

FULLER Pierre, *Famine Relief in Warlord China*, Cambridge, Harvard University Press, 2019.

FUNG Chi Ming, *Reluctant Heroes, Rickshaw Pullers in Hong Kong and Canton, 1874-1954*, Hong Kong, Hong Kong University Press, 2005.

FUNG Edmund, *In Search of Chinese Democracy. Civil Opposition in Nationalist China, 1929-1949*, Cambridge, Cambridge University Press, 2000.

—, *The Intellectual Foundations of Chinese Modernity : Cultural and Political Thought in the Republican Era*, Cambridge, Cambridge University Press, 2010.

GARVER John, *Chinese-Soviet Relations, 1937-1945. The Diplomacy of Chinese Nationalism*, Oxford, Oxford University Press, 1988.

GE Jianxiong 葛劍雄 (dir.), *Zhongguo renkou shi* 中國人口史, tome 6 (1910-1953), rédigé par HOU Yangfang 侯楊方, Shanghai, Fudan daxue chubanshe, 2001.

GERTH Karl, *China Made : Consumer Culture and the Creation of the Nation*, Cambridge, Harvard University Press, 2003.

GILLIN Donald, *Warlord. Yen Hsi-shan in Shanxi Province, 1911-1949*, Princeton, Princeton University Press, 1967.

GILMARTIN Christina, *Engendering the Chinese Revolution. Radical Women, Communist Politics, and Mass Movements in the 1920s*, Berkeley, University of California Press, 1995.

GIPOULOUX François, *La Méditerranée asiatique, villes portuaires et réseaux marchands en Chine, au Japon et en Asie du Sud-Est, XVIe-XXIe siècles*, Paris, Éditions du CNRS, 2009.

GLOSSER Susan, *Chinese Visions of Family and State, 1915-1953*, Berkeley/Los Angeles, University of California Press, 2003.

GOOSSAERT Vincent et PALMER David, *La Question religieuse en Chine*, Paris, Éditions du CNRS, 2012.

GOSCHA Christopher, « Pour une histoire transnationale du communisme asiatique. Les chevauchements sino-vietnamiens dans les mers du Sud », *Communisme,* 2013, p. 21-46.

Grand Dictionnaire Ricci de la langue chinoise, Paris, Institut Ricci/Desclée de Brouwer, 2001, six tomes.

GUERASSIMOFF Éric, *Chen Jiageng et l'éducation*, Paris, L'Harmattan, 2003.

GUILLERMAZ Jacques, *Une vie pour la Chine. Mémoires (1937-1989)*, Paris, R. Laffont, 1989.

GUNN Geoffrey, *Encountering Macau. A Portuguese City-State on the Periphery of China 1557-1999*, Boulder, Westview Press, 1996.

HARA Takeshi, « The Ichigo Offensive », in M. PEATTIE, E. DREA et H. VAN DE VEN (dir.), *The Battle for China. Essays on the Military History of the Sino-Japanese War of 1937-1945*, Stanford, Stanford University Press, 2011, p. 392-402.

*HARRISON Henrietta, *The Making of the Republican Citizen. Political Ceremonies and Symbols in China, 1911-1929*, Oxford, Oxford University Press, 2000.

—, *The Man Awaken from Dreams. One Man's Life in a North China Village, 1857-1942*, Stanford, Stanford University Press, 2005.

HARTFORD Kathleen et GOLDSTEIN Steven (dir.), *Single Sparks : China's Rural Revolutions*, Londres, Routledge, 1989.

HE Fangchuan 何芳川 (dir.), *Zhongwai wenhua jiaoliu shi* 中外文化交流史, Pékin, Guoji wenhua chuban gongsi, 2008.

HENRIOT Christian et MACAUX Ivan, *Scènes de la vie en Chine. Les figurines de bois de T'ou-Sè-Wè,* Équateurs, 2014.

HENRIOT Christian, *Shanghai 1927-1937, élites locales et modernisation dans la Chine nationaliste,* Paris, Éditions de l'EHESS, 1991.

—, *Belles de Shanghai : prostitution et sexualité en Chine aux* XIXe *et* XXe *siècles*, Paris, Éditions du CNRS, 1997.

—, *Scythe and the City. A Social History of Death in Shanghai*, Stanford, Stanford University Press, 2016.

HERSHATTER Gail, *The Workers of Tianjin, 1900-1949*, Stanford, Stanford University Press, 1986.

—, *Women in China's Long Twentieth Century*, Berkeley/Los Angeles, University of California Press, 2007.

HO Virgil, *Understanding Canton : Rethinking Popular Culture in the Republican Period*, Oxford, Oxford University Press, 2005.

HOWARD Joshua, *Workers at War : Labor in China's Arsenals, 1937-1953*, Stanford, Stanford University Press, 2004.

HSIA C. T., *A History of Chinese Fiction*, New Haven/Londres, Yale University Press, 1971 (seconde édition).

HUA Chang-ming, *La Condition féminine et les communistes chinois en action, Yan'an, 1935-1946*, Paris, Éditions de l'EHESS, 1981.

*HUA Linshan et THIREAU Isabelle, *Enquête sociologique sur la Chine 1911-1949*, Paris, PUF, 1996.

HUANG Haiyan 黃海妍, *Zai chengshi yu xiangcun zhi jian : Qingdai yilai Guangzhou hezuci yanjiu* 在城市與鄉村之間：清代以來廣州合族祠研究, Pékin, Sanlian shudian, 2008.

HUENEMANN Ralph, *The Dragon and the Iron Horse : the Economics of Railroads in China, 1876-1937*, Cambridge, Harvard University Press, 1984.

IRIYE Akira, *China and Japan in the Global Setting*, Cambridge, Harvard University Press, 1992.

JAGOU Fabienne, *Le 9e Panchen Lama (1883-1937), enjeu des relations sino-tibétaines*, Paris, Éditions de l'EFEO, 2004.

JAMMES Jérémy, *Les Oracles du Cao Dai. Étude d'un mouvement religieux vietnamien et de ses réseaux*, Paris, Les Indes savantes, 2014.

JASCHOK Maria, *Concubines and Bond Servants : the Social History of a Chinese Custom*, Londres, Zed Books, 1988.

JI Zhaojin, *A History of Modern Shanghai Banking*, Armonk/Londres, M.E. Sharpe, 2003.

JOHNSON Chalmers, *Nationalisme paysan et pouvoir communiste*, Paris, Payot, 1969 [1re édition 1962].

JORDAN Donald, *The Northern Expedition. China's National Revolution of 1926-1928*, Honolulu, Hawaii University Press, 1976.

—, *China's Trial by Fire. The Shanghai War of 1932*, Ann Arbor, University of Michigan Press, 2001.

JUDGE Joan, *The Precious Raft of History : the Past, the West, and the Woman Question in China*, Stanford, Stanford University Press, 2008.

KAPP Robert, *Szechwan and the Chinese Republic. Provincial Militarism and Central Power*, New Haven/Londres, Yale University Press, 1973.

KARL Rebecca, *Staging the World. Chinese Nationalism at the Turn of the Twentieth Century*, Durham, Duke University Press, 2002.

KASKE Elisabeth, *The Politics of Language in Chinese Education, 1895-1919*, Leiden, Brill, 2008.

KEATING Pauline, *Two Revolutions : Village Reconstruction and the Cooperative Movement in Northern Shaanxi, 1934-1945*, Stanford, Stanford University Press, 1997.

KERLAN Anne, *Hollywood à Shanghai. L'épopée des studios Lianhua, 1930-1948*, Rennes, Presses universitaires de Rennes, 2015.

KIRBY William et LIN Manhoung, *State and Economy in Republican China. A Handbook for Scholars*, Cambridge, Harvard University Asia Center, 2001.

KIRBY William, *Germany and Republican China*, Stanford, Stanford University Press, 1984.

—, « Continuity and Change in Modern China : Economic Planning on the Mainland and on Taiwan, 1943-1958 », *Australian Journal of Chinese Affairs,* 24 (juillet 1990), p. 121-142.

—, « The Chinese War Economy : Mobilization, Control, and Planning in Nationalist China », in J. HSIUNG et S. LEVINE, *China's Bitter Victory, 1937-1945*, Armonk/Londres, M.E. Sharpe, 1992, p. 185-213.

—, « The Internationalization of China : Foreign Relations at Home and Abroad in the Republican Era », *The China Quarterly*, no. 150 (juin 1997), p. 433-458.

—, « Engineering China : Birth of the Developmental State, 1928-1937 », in W. YEH (dir.), *Becoming Chinese, Passages to Modernity and Beyond*, Berkeley, University of California Press, 2000, p. 137-160.

KÖLL Elisabeth, *From Cotton Mill to Business Empire. The Emergence of Regional Enterprise in Modern China*, Cambridge, Harvard University Press, 2003.

—, *Railroads and the Transformation of China*, Cambridge, Harvard University Press, 2019.

KUHN Philip, *Chinese Among Others. Emigration in Modern Times*, Lanham, Rowman & Littlefield, 2008.

LAM Tong, *A Passion for Facts. Social Surveys and the Construction of the Chinese Nation-State*, Berkeley, University of California Press, 2011.

LANZA Fabio, *Behind the Gate : Inventing Students in Beijing*, New York, Columbia University Press, 2010.

LARSEN Kirk, *Tradition, treaties, and trade : Qing imperialism, 1850-1910,* Cambridge, Harvard University Press, 2008.

LARY Diana, *Warlord Soldiers, Chinese Common Soldiers 1911-1937*, Cambridge, Cambridge University Press, 1985.

—, *China's Republic*, Cambridge, Cambridge University Press, 2007.

LAWSON Joseph, « Warlord Colonialism : State Fragmentation and Chinese Rule in Kham, 1911-1949 », *Journal of Asian Studies,* vol. 72, no. 2 (mai 2013), p. 299-318.

LEE Ou-fan, *Shanghai modern : the Flowering of a New Urban Culture in China, 1930-1945*, Cambridge, Harvard University Press, 1999.

LEUNG Angela, *Leprosy in China, a History*, New York, Columbia University Press, 2009.

LEVICH Eugene, *The Kwangsi Way in Kuomintang China, 1931-1939*, New York, East Gate Book, 1993.

LEVINE Steven, *Anvil of Victory. The Communist Revolution in Manchuria, 1945-1948*, New York, Columbia University Press, 1987.

LI Charles, *The Bitter Sea. Coming of Age in China before Mao*, New York, Harper/Collins, 2008.

LI Lillian, *China's Silk Trade, Traditional Industry in the Modern World, 1842-1937*, Cambridge, Harvard University Press, 1981.

LI Zaiquan 李在全, *Fazhi yu dangzhi, Guomindang zhengquan de sifa danghua* 法治與黨治, 國民黨政權的司法黨化 (1923-1948), Pékin, Shehui kexue wenxian chubanshe, 2012.

LI Xin 李新 (dir.), *Zhonghua minguo shi* 中華民國史, Pékin, Zhonghua shuju, 2011, 16 volumes.

LIEN Ling-ling, « From the Retailing Revolution to the Consumer Revolution : Department Stores in Modern Shanghai », *Frontiers of History in China*, vol. 4, no. 3 (2009), p. 358-389.

LIM Tai Wei, « Oil for the Center from the Margins », in S. COCHRAN et P. PICKOWICZ (dir.), *China on the Margins,* Ithaca, Cornell East Asia Series, 2010, p. 117-134.

LIN Hsiao-ting, *Modern China's Ethnic Frontiers. A Journey to the West*, Londres/New York, Routledge, 2011.

—, *Accidental State. Chiang Kai-shek, the United States and the Making of Taiwan*, Cambridge, Harvard University Press, 2016.

LINK Perry, « Traditional-Style Popular Urban Fiction », in Merle GOLDMAN (dir.), *Modern Chinese Literature in the May Fourth Era*, Cambridge, Harvard University Press, 1977, p. 327-349.

LIU Shoulin 劉壽林, WAN Renyuan 萬仁元, WANG Yuwen 王玉文 et KONG Qingtai 孔慶泰 (dir.), *Minguo zhiguan nianbiao* 民國職官年表, Pékin, Zhonghua shuju, 1995.

LIU Xun, *Daoist Modern, Innovation, Lay Practice, and the Community of Inner Alchemy in Republican Shanghai*, Cambridge, Harvard University Press, 2009.

LIU Yonghua, *Confucean Rituals and Chinese Villagers, Ritual Change and Social Transformation in a Southeastern Chinese Community, 1368-1949*, Leiden, Brill, 2013.

LOHANDA Mona, *Growing Pains. The Chinese and the Dutch in Colonial Java, 1890-1942*, Jakarta, Yayasan Cipta Loka Caraka, 2002.

LOMBARD Denys, *Le Carrefour javanais, essai d'histoire globale*, Paris, Éditions de l'EHESS, 1990.

LORGE Peter, « The Great Wall », in N. STANDEN (dir.), *Demystifying China, New Understanding of Chinese History*, Lanham, Rowman & Littlefield, 2013, p. 25-32.

LOUZON Victor, « Une révolte postcoloniale entre Chine et Japon. Legs impériaux dans le soulèvement taiwanais de 1947 », *Vingtième siècle. Revue d'histoire,* n° 136 (2017), p. 85-97.

LU Hanchao, *Beyond the Neon Lights : Everyday Shanghai in the Early Twentieth Century*, Berkeley, California University Press, 1999.

—, *Street Criers : A Cultural History of Chinese Beggars*, Stanford, Stanford University Press, 2005.

LUST John, « Les sociétés secrètes, les mouvements populaires et la révolution de 1911 », in J. CHESNEAUX *et al.*, *Mouvements populaires et sociétés secrètes en Chine aux XIXe et XXe siècles*, p. 360-392.

MA Debin, « Economic Growth in the Lower Yangzi Region of China in 1911-1937 : A Quantitative and Historical Analysis », *The Journal of Economic History*, vol. 68, no. 2 (juin 2008), p. 355-392.

MACKINNON Stephen, « Toward a History of the Chinese Press in the Republican Period », *Modern China*, vol. 23, n° 1 (janvier 1997), p. 3-32.

—, *Wuhan, 1938, War, refugees and the Making of Modern China*, Berkeley/Los Angeles/Londres, University of California Press, 2008.

MADDISON Angus, *L'Économie mondiale 1820-1992 : analyse et statistiques*, Paris, OCDE, 1995.

—, *The World Economy : a Millenium Perspective*, Paris, Development Centre of the Organisation for Economic Co-operation and Development, 2002.

MAO Yufeng, « Muslim Education Reform in 20th Century China : the Case of the Chengda Teachers Academy », *Extrême-Orient Extrême-Occident*, no. 33 (2011), p. 143-170.

MARÉCHAL Chrystelle, « Trois mille ans de simplification des caractères chinois – du processus spontané aux mesures normatives », *Études chinoises*, vol. 32, n° 2 (2013), p. 41-66.

MARTIN Brian, *The Shanghai Green Gang. Politics and Organized Crime, 1919-1937*, Berkeley, University of California Press, 1996.

MATHEWS Robert, *Mathews' Chinese-English Dictionary*, Cambridge, Harvard University Press, 1944.

MCCORD Edward, *The Power of the Gun, the Emergence of Modern Chinese Warlordism*, Berkeley, University of California Press, 1993.

MCCORMACK Gavan, *Chang Tso-lin in Northeast China 1911-1928. China, Japan and the Manchurian Idea*, Stanford, Stanford University Press, 1977.

MCKEOWN Adam, « Conceptualizing Chinese Diasporas, 1842 to 1949 », *The Journal of Asian Studies*, vol. 58, no. 2 (mai 1999), p. 306-337.

—, *Chinese Migrants Networks, and Cultural Change. Peru, Chicago, Hawaii, 1900-1936*, Chicago, University of Chicago Press, 2001.

MITTER Rana, *The Manchurian Myth. Nationalism, Resistance and Collaboration in Modern China*, Berkeley, University of California Press, 2000.

—, *A Bitter Revolution, China's Struggle with the Modern World*, Oxford, Oxford University Press, 2004.

—, *Forgotten Ally : China's World War II, 1937-1945*, Boston/New York, Houghton Mifflin Harcourt, 2013.

MITTLER Barbara, *A Newspaper for China ? Power, Identity and Change in Shanghai's News Media (1872-1912)*, Cambridge, Harvard University Press, 2004.

MORRIS Andrew, *Marrow of the Nation : a History of Sport and Physical Culture in Republican China*, Berkeley, University of California Press, 2004.

MUSCOLINO Micah, *The Ecology of War in China. Henan Province, the Yellow River and beyond, 1938-1950*, Cambridge, Cambridge University Press, 2015.

MUSGROVE Charles, *China's Contested Capital : Architecture, Ritual, and Response in Nanjing*, Honolulu, University of Hawaii Press, 2013.

MYERS Ramon, *The Chinese Peasant Economy*, Cambridge, Harvard University Press, 1970.

NATHAN Andrew, *Peking Politics, 1918-1923. Factionalism and the Failure of Constitutionalism*, Berkeley, University of California Press, 1976.

NEDOSTUP Rebecca, *Superstitious Regimes. Religion and the Politics of Chinese Modernity*, Cambridge, Harvard University Press, 2009.

NISHIKAWA Yoshihiro, *The Formation of the Chinese Communist Party,* New York, Columbia University Press, 2013.

PALMER David et LIU Xun (dir.), *Daoism in the Twentieth Century. Between Eternity and Modernity*, Berkeley/Los Angeles, University of California Press, 2012.

PAQUET Philippe, *Madame Chiang Kai-shek. Un siècle d'histoire de la Chine*, Paris, Gallimard, 2010.

PAULÈS Xavier, « La lutte contre l'opium, panacée politique pour le Guomindang ? », *Vingtième siècle*, n° 95 (juillet-septembre 2007), p. 193-217.

—, *Histoire d'une drogue en sursis. L'opium à Canton, 1906-1936*, Paris, Éditions de l'EHESS, 2010.

—, *L'Opium, une passion chinoise, 1750-1950*, Paris, Payot, 2011.

—, « Xishen xinwen jishi : *Yuehuabao* yu Guangzhou richang shenghuo 細審新聞記事 ：《越華報》與廣州日常生活 (1927-1938) », in L. LIEN 連玲玲 (dir.), *Wanxiang xiaobao : jindai Zhongguo chengshi wenhua, shehui yu zhengzhi* 萬象小報 ：近代中國城市的文化、社會與政治, Taibei, Zhongyang yanjiuyuan jindaishi yanjiusuo, 2013.

—, « The Afterlife of Sun Yat-sen during the Republic (1925-1949) », in A. BAUMLER (dir.), *Routledge Handbook of Revolutionary China*, Londres/New York, Routledge, 2019, p. 165-179.

—, « Le petit âge d'or statistique de la décennie de Nankin (1928-1937) », notice dans Nathalie Kouamé *et al.* (dir.), *L'Encyclopédie des historiographies (Afriques, Amériques, Asies)*, volume 1 : *Sources et genres historiques*, Paris, Presses de l'Inalco, 2020, p. 1330-1334.

PEPPER Suzanne, *Civil War in China. The Political Struggle, 1945-1949*, Berkeley, University of California Press, 1978.

PERDUE Peter, « China and Other Colonial Empires », *The Journal of American-East Asian Relations*, vol. 16, no. 1-2 (printemps-été 2009), p. 85-103.

PERRY Elisabeth, *Rebels and Revolutionaries in North China, 1845-1945*, Stanford, Stanford University Press, 1980.

—, *Shanghai on Strike : the Politics of Chinese Labor*, Stanford, Stanford University Press, 1993.

PIETZ David, *The Yellow River. The Problem of Water in Modern China*, Cambridge, Harvard University Press, 2015.

POMERANZ Kenneth, *Une grande divergence. La Chine, l'Europe et la construction de l'économie mondiale*, Paris, Albin Michel, 2010 [1re édition, 2000].

PORTER Robin, *Industrial Reformers in Republican China*, Armonk, M.E. Sharpe, 1994.

POTTER Jack, *Capitalism and the Chinese Peasant. Social and Economic Change in a Hong Kong Village*, Berkeley, University of California Press, 1968.

PRUSEK Jaroslav, *My Sister China*, Prague, The Karolinium Press, 2002 [1re édition en tchèque, 1940].

PYE Lucian, *Warlord Politics, Conflict and Coalition in the Modernization of Republican China*, New York, Praeger, 1971.

RANKIN Mary et ESHERICK Joseph (dir.), *Chinese Local Elites and Patterns of Dominance*, Berkeley, University of California Press, 1990.

*RAWSKI Thomas, *Economic Growth in Pre-War China*, Berkeley, University of California Press, 1989.

REED Christopher, *Gutenberg in Shanghai, Chinese Print Capitalism, 1876-1937*, Vancouver, University of British Columbia Press, 2004.

REINHARDT Anne, *Navigating Semi-colonialism. Shipping, sovereignty and Nation-building in China, 1860-1937,* Cambridge, Harvard University Asia Center, 2018.

REMICK Elizabeth, *Building Local States : China during the Republican and Post-Mao Eras,* Cambridge, Harvard University Asia Center, 2004.

REYNOLDS Douglas, *China, 1898-1912 : The Xinzheng Revolution and Japan*, Cambridge, Harvard University Press, 1993.

RHOADS Edward, *Manchus & Han, Ethnic Relations and Political Power in Late Qing and Early Republican China, 1861-1928*, Seattle/Londres, Washington University Press, 2000.

RICHARDSON Philip, *Economic Change in China, c. 1800-1950*, Cambridge, Cambridge University Press, 1999.

ROGASKI Ruth, *Hygienic Modernity Meanings of Health and Disease in Treaty-Port China, 1860-1937*, Cambridge, Harvard University Asia Center, 2018.

ROUX Alain et WANG Xiaoling, *Qu Qubai (1899-1935). Des mots de trop (duoyu de hua), l'autobiographie d'un intellectuel engagé chinois*, Paris/Louvain, Éditions Peeters, 2005.

Roux Alain, *Le Shanghai ouvrier des années trente : coolies, gangsters et syndicalistes*, Paris, L'Harmattan, 1993.

—, *Grèves et politique à Shanghai. Les désillusions (1927-1932)*, Paris, Éditions de l'EHESS, 1995.

—, « Le Guomindang et les ouvriers de Shanghai (1938-1948) : la déchirure », *Le Mouvement social*, n° 173 (octobre-décembre 1995), p. 69-95.

—, *Le Singe et le Tigre. Mao, un destin chinois*, Paris, Larousse, 2009.

—, « Le syndrome de Ye Gong : le Parti communiste chinois et les ouvriers à la veille de la prise de Shanghai », in Y. Chevrier et X. Xiao-Planes (dir.), *Citadins et citoyens dans la Chine du xxe siècle*, Paris, Éditions de la MSH, 2010, p. 455-496.

*—, *Chiang Kai-shek. Le grand rival de Mao*, Paris, Payot, 2016.

Rowe William, *Crimson Rain. Seven Centuries of Violence in a Chinese County*, Stanford, Stanford University Press, 2007.

Sabban Françoise, « The Taste of Milk in Modern China, 1865-1937 », in J. Klein et A. Murcott (dir.), *Food Consumption in Global Perspective*, Basingstoke, Palgrave & Macmillan, 2014, p. 182-202.

Saich Tony et Van de Ven Hans (dir.), *New Perspectives on the Chinese Communist Revolution*, Londres/New York, M.E. Sharpe, 1995.

Saich Tony, *The Rise to Power of the Chinese Communist Party, Documents and Analysis*, Londres/Armonk, M.E. Sharpe, 1997.

Salmon Claudine, « La communauté chinoise de Surabaya. Essai d'histoire, des origines à la crise de 1930 », *Archipel*, n° 53 (1997), p. 121-206.

—, « Malay Translations of Chinese Fiction in Indonesia », in C. Salmon (dir.), *Literary Migrations. Traditional Chinese Fiction in Asia (17th-20th Centuries)*, Singapour, Institute of Southeast Asian Studies, 2013 (1re édition, 1987), p. 248-276.

—, *Literary Migrations, Traditional Chinese Fiction in Asia (17th-20th Centuries)*, Singapour, Institute of Southeast Asian Studies, 2013 (1re édition, 1987).

Sanjuan Thierry, *Atlas de la Chine, les nouvelles échelles de la puissance*, Paris, Autrement, 2018.

Schoppa Keith, *Chinese Elites and Political Change : Zhejiang Province in the Early Twentieth Century*, Cambridge, Harvard University Press, 1982.

—, *Blood Road : The Mystery of Shen Dingyi in Revolutionary China*, Berkeley, University of California Press, 1995.

—, *In a Sea of Bitterness : Refugees during the Sino-Japanese War*, Cambridge, Harvard University Press, 2011.

—, *Twentieth Century China : A History in Documents*, Oxford, Oxford University Press, 2011.

SCHRAM Stuart (éd.), *Mao's Road to Power, Revolutionary Writings, 1912-1949*, Armonk, M.E. Sharpe, 1999.

SCHWARCZ Vera, *The Chinese Enlightenment. Intellectuals and the Legacy of the May Fourth Movement of 1919*, Berkeley, University of California Press, 1986.

—, *Time for Telling Truth is Running out. Conversations with Zhang Shenfu*, New Haven, Yale University Press, 1992.

SCHWARTZ Benjamin, *China and Other Matters*, Cambridge, Harvard University Press, 1996.

SELDEN Mark, *The Yenan Way in Revolutionary China*, Cambridge, Harvard University Press, 1971.

—, *China in Revolution : The Yenan Way Revisited*, Armonk, M.E. Sharpe, 1995.

SERFASS David, « Résister ou négocier face au Japon. La genèse du gouvernement de collaboration de Nankin (janvier 1938-avril 1939) », *Vingtième siècle*, n° 125 (janvier-mars 2015), p. 121-132.

—, « L'occupation japonaise comme objet pour l'histoire de l'État chinois : l'exemple de la campagne de pacification rurale du gouvernement de Wang Jingwei, 1941-45 », *Études chinoises*, vol. 35-2, 2016, p. 123-137.

SHAN Patrick, *Yuan Shikai. A Reappraisal*, Vancouver, University of British Columbia Press, 2018.

SHAO Qin, *Culturing Modernity. The Nantong Model, 1890-1930*, Stanford, Stanford University Press, 2004.

SHEEHAN Brett, *Industrial Eden : a Chinese Capitalist Vision*, Cambridge, Harvard University Press, 2015.

SHEN Tsung-han, « Food Production and Distribution for Civilian and Military Needs in Wartime China, 1937-1945 », in Paul SIH (dir.), *Nationalist China during the Sino-Japanese War, 1937-1945*, Hicksville, Exposition Press, 1977, p. 167-191.

SHERIDAN James, *Chinese Warlord, the Career of Feng Yü-hsiang*, Stanford, Stanford University Press, 1966.

—, *China in Disintegration. The Republican Era in Chinese History, 1912-1949*, New York, Free Press, 1975.

SHIROYAMA Tomoko, *China during the Great Depression, Market, State and the World Economy*, Cambridge, Harvard University Press, 2008.

SHORT Philip, *Mao Tsé-toung*, Paris, Fayard, 2005 (1re édition en anglais, 1999).

SOUYRI Pierre-François, *Nouvelle Histoire du Japon*, Paris, Perrin, 2010.

SPENCE Jonathan, *The Search for Modern China*, New York/Londres, Norton & Co, 2013 (1re édition en anglais, 1990).

SPICQ Delphine, *L'Avènement de l'eau courante à Tianjin, Chine, 1900-1949*, Sarrebruck, Éditions universitaires européennes, 2012.

STAPLETON Kristin, *Civilizing Chengdu : Chinese Urban Reform, 1895-1937*, Cambridge, Harvard University Asia Center, 2000.

—, « Chinese Cities, 1900 to the Present » in P. CLARK (dir.), *The Oxford Handbook of Cities in World History*, Oxford, Oxford University Press, 2013, p. 522-541.

STRAND David, *Rickshaw Beijing : City People and Politics in the 1920s*, Berkeley, University of California Press, 1989.

*—, *An Unfinished Republic : Leading by Word and Deed in Modern China*, Berkeley, University of California Press, 2011.

STRAUSS Julia, *Strong Institutions in Weak Polities. State Building in Republican China, 1927-1940*, Oxford, Clarenton Press, 1998.

SULESKI Ronald, *Daily Life for the Common People of China. Understanding* chaoben *Culture*, Leiden/Boston, Brill, 2019.

SUN Youli, *China and the Origins of the Pacific War 1931-1941*, New York, St Martin's Press, 1993.

TAGLIACOZZO Eric et CHANG Wen-Chin (dir.), *Chinese Circulations. Capital, Commodities, and Networks in Southeast Asia*, Durham, Duke University Press, 2011.

TAN Chee-Beng (dir.), *Routledge Handbook of the Chinese Diaspora*, Londres/New York, Routledge, 2013.

TAYLOR Jay, *The Generalissimo's Son. Chiang Ching-kuo and the Revolutions in China and Taiwan*, Cambridge, Harvard University Press, 2000.

—, *The Generalissimo. Chiang Kai-Shek and the Struggle for Modern China*, Cambridge, Harvard University Press, 2009.

TEIWES Frederick, « From a Leninist to a Charismatic Party : the CCP's Changing Leadership, 1937-1945 », in T. SAICH et H. VAN DE VEN (dir.), *New Perspectives on the Chinese Communist Revolution*, Londres/New York, M.E. Sharpe, 1995, p. 339-387.

TING Lee-hsia, *Government Control of the Press in Modern China 1900-1949*, Cambridge, Harvard University Press, 1974.

TONG Te-kong et LI Tsung-jen, *The Memoirs of Li Tsung-jen*, Boulder, Westview Press, 1979.

TSANG Steve, *A Modern History of Hong Kong*, Londres, I.B. Tauris, 2004.

TSIN Mickael, *Nation, Governance, and Modernity in China, Canton 1900-1927*, Stanford, Stanford University Press, 1999.

VAN DE VEN Hans, *From Friend to Comrade, The Founding of the Chinese Communist Party, 1920-1927*, Berkeley, University of California Press, 1992.

—, « Public Finance and the Rise of Warlordism », *Modern Asian Studies,* vol. 30, no. 4 (octobre 1996), p. 829-868.

—, *War and Nationalism in China, 1925-1945*, Londres, Routledge, 2003.

VANNIÈRE Antoine, *Kouang Tchéou-wan, colonie clandestine. Un territoire à bail français en Chine du Sud, 1898-1946*, Paris, Les Indes savantes, 2019.

VEG Sebastian, *Fictions du pouvoir chinois. Littérature, modernisme et démocratie au début du XXe siècle*, Paris, Éditions de l'EHESS, 2009.

VIDAL Christine, « D'un régime à l'autre : les intellectuels ralliés au pouvoir communiste, 1948-1952 », *Études chinoises*, vol. 28 (2008), p. 41-85.

WAKEMAN Frederic (dir.), *Reappraising Republican China*, Oxford, Oxford University Press, 2000.

WAKEMAN Frederic, *Spymaster, Dai Li and the Chinese Secret Service*, Berkeley, University of California Press, 2003.

—, « Liberation : the Shanghai Police, 1942-1952 », in Y. CHEVRIER et X. XIAO-PLANES (dir.), *Citadins et citoyens dans la Chine du XXe siècle*, Paris, Éditions de la MSH, 2010, p. 497-540.

WALDRON Arthur, « The Warlord : Twentieth-Century Chinese Understanding of Violence, Militarism and Imperialism », *The American Historical Review*, 96, no. 4 (octobre 1991), p. 1073-1110.

—, *From War to Nationalism : China Turning Point 1924-25*, Cambridge, Cambridge University Press, 1995.

WANG Chen-Cheng, « Intellectuals and the One-Party-State in Nationalist China : The Case of the Central Politics School (1927-1947) », *Modern Asian Studies*, vol. 48, no. 6 (novembre 2014), p. 1769-1807.

*WANG Di, *Street Culture in Chengdu. Public Space, Urban Commoners, and Local Politics, 1870-1930*, Stanford, Stanford University Press, 2003.

—, *The Teahouse : Small Business, Everyday Culture, and Public Politics in Chengdu, 1900-1950*, Stanford, Stanford University Press, 2008.

WANG Ju, *Jindai Shanghai mianfangye de zuihou huihuang, 1945-1949* 近代上海棉紡業的最後輝煌 1945-1949, Shanghai, Shanghai shehui kexue yuan chubanshe, 2004.

—, « Le troisième âge d'or de l'industrie cotonnière de Shanghai (1946-1947) », in Y. CHEVRIER et X. XIAO-PLANES (dir.), *Citadins et citoyens dans la Chine du XXe siècle*, Paris, Éditions de la MSH, 2010, p. 425-454.

WANG Liping, « Tourism and Spatial Change in Hangzhou (1911-1927) », in J. ESHERICK (dir.), *Remaking the Chinese City. Modernity and National Identity, 1900-1950*, Honolulu, Université de Hawaii, 2000.

WANG Qisheng 王奇生, *Dangyuan, dangquan yu dangzheng* 黨員，當權與黨爭, Shanghai, Shanghai shudian chubanshe, 2009 (seconde édition).

WASSERSTROM Jeffrey (dir.), *Twentieth-Century China : New Approaches*, Londres/New York, Routledge, 2003.

WASSERSTROM Jeffrey, *Student Protests in Twentieth Century China, the View from Shanghai*, Stanford, Stanford University Press, 1991.

—, « Locating Old Shanghai. Having Fits about where it Fits », in J. ESHERICK (dir.), *Remaking the Chinese City. Modernity and National Identity*, Honolulu, University of Hawaii Press, 1999, p. 192-210.

WESTAD Odd Arne, *Decisive Encounters : The Chinese Civil War, 1946-1950*, Stanford, Stanford University Press, 2003.

WESTON Timothy, *The Power of Position. Beijing University, Intellectuals, and the Chinese Political Culture, 1898-1929*, Berkeley, University of California Press, 2004.

WIEGER Léon, *Chine moderne*, Hien-hien, Imprimerie de la mission catholique, dix volumes, 1921-1932.

WILKINSON Endymion, « How Do we Know what we Know about Chinese History ? », in M. SZONYI (dir.), *A Companion to Chinese History*, Chichester, John Wiley & Sons, 2017, p. 11-27.

—, *Chinese History, a New Manual*, Cambridge, Harvard University Asia Center, 2018 (5e édition).

WILL Pierre-Étienne, « Bureaucratie officielle et bureaucratie réelle à la fin de l'Empire », *Études chinoises*, 1989, vol. 8, n° 1, p. 69-142.

—, « Le contrôle de l'excès de pouvoir sous la dynastie des Ming », in M. DELMAS-MARTY et P.-É. WILL (dir.), *La Chine et la démocratie*, Paris, Fayard, 2007, p. 111-156.

—, « La Génération 1911 : Xi'an, 1905-1930 », in Y. CHEVRIER et X. XIAO-PLANES (dir.), *Citadins et citoyens dans la Chine du XXe siècle*, Paris, Éditions de la MSH, 2010, p. 353-424.

WOON Yuen-fong, *Social Organization in South China, 1911-1949. The Case of the Kuan Lineage in K'ai-p'ing County*, Ann Arbor, Centre for Chinese Studies, 1984.

WOU Odoric, *Militarism in Modern China. the Career of Wu P'ei-Fu, 1916-39*, Canberra, Australian National University Press, 1978.

—, *Mobilizing the Masses : Building Revolution in Henan*, Stanford, Stanford University Press, 1994.

WRIGHT Tim, *Coal Mining in China's Economy and Society, 1895-1937*, Cambridge, Cambridge University Press, 1984.

—, « Distant Thunder : The Regional Economies of Southwest China and the Impact of the Great Depression », *Modern Asian Studies*, vol. 34, no. 3 (juillet 2000), p. 697-748.

WU Jen-shu 巫仁恕, *Jiehou tiantang : kangzhan lunxian hou de Suzhou chengshi shenghuo* 劫後天堂 ：抗戰淪陷後的蘇州城市生活, Taipei, Taida chuban zhongxin, 2017.

WU Sufeng, « The Nationalist Government's Attitude Towards Post-War Japan », in H. VAN DE VEN, D. LARY et S. MACKINNON (dir.), *Negociating China's Destiny in World War II*, Stanford, Stanford University Press, 2015.

XIAO-PLANES Xiaohong 蕭小紅, *Éducation et politique en Chine. Le rôle des élites du Jiangsu, 1905-1914*, Paris, Éditions de l'EHESS, 2001.

—, « Marché, capital et pouvoir entrepreneurial en Chine – Fan Xudong et l'édification de l'industrie sel-soude-acide (1914-1945) », *Études chinoises*, vol. XXII (2003), p. 47-92.

—, « Constitutions et constitutionnalisme : les efforts pour bâtir un nouvel ordre politique (1908-1949) », in M. DELMAS-MARTY et P.-É. WILL (dir.), *La Chine et la démocratie*, Paris, Fayard, 2007, p. 259-295.

—, « Zhanshi qiye yu zhengfu : cong minying changkuang neiqian kan dui minzu guojia mubiao de rentong 戰時企業與政府：從民營廠礦內遷看對民族國家目標的認同 (1937-1939) », *Minguo yanjiu* 民國研究, n° 19 (printemps 2011), p. 118-145.

XU Dixin 許滌新 et WU Chengming 吳承明 (dir.), *Zhongguo zibenzhuyi fazhan shi*中國資本主義發展史, Pékin, Renmin chubanshe, 2003.

XU Xiaoqun, *Trial of Modernity. Judicial Reform in Early 20th Century China*, Stanford, Stanford University Press, 2008.

YAMAMURO Shin'ichi, *Manchuria Under Japanese Dominion*, Philadelphie, University of Pennsylvania Press, 2006 [1re édition en japonais, 1993].

YAN Bao, « The Influence of Chinese Fiction on Vietnamese Literature », in C. SALMON (dir.), *Literary Migrations. Traditional Chinese Fiction in Asia (17th-20th Centuries)*, Singapour, Institute of Southeast Asian Studies, (1re édition, 1987), p. 163-195.

YANG Benjamin, *From Revolution to Politics. Chinese Communists on the Long March*, Boulder, Westview Press, 1990.

YANG Tianshi, « Chiang Kai-shek and the Battles of Shanghai and Nanjing », in M. PEATTIE, E. DREA et H. VAN DE VEN, *The Battle for China. Essays on the Military History of the Sino-Japanese War of 1937-1945*, Stanford, Stanford University Press, 2011, p. 143-158.

YEH Wen-hsin, *The Alienated Academy : Culture and Politics in Republican China, 1919-1937*, Cambridge, Harvard University Press, 1990.

—, *Shanghai Splendor. Economic Sentiments and the Making of Modern China 1843-1949*, Berkeley/Los Angeles, University of California Press, 2007.

YOUNG Arthur, *China's Nation-Building Effort. 1927-1937 : the Financial and Economic Record*, Stanford, Hoover Institution Press, Stanford University, 1971.

YOUNG Ernest, *The Presidency of Yuan Shih-k'ai. Liberalism and Dictatorship in Early Republican China*, Ann Harbor, The University of Michigan Press, 1977.

ZANASI Margherita, *Saving the Nation. Economic Modernity in Republican China*, Chicago, University of Chicago Press, 2006.

*ZARROW Peter, *China in War and Revolution, 1895-1949*, Londres, Routledge, 2005.

—, *After Empire, the Conceptual Transformation of the Chinese State, 1885-1924*, Berkeley/Stanford, University of California Press, 2012.

ZHAI Tunjian, « Étude comparative des monographies locales de la préfecture de Hui et du district de She », in M. BUSSOTTI et J.-P. DRÈGE (dir.), *Imprimer sans profit ? Le livre non commercial dans la Chine impériale*, Genève, Droz, 2015, p. 289-337.

ZHANG Jiayan, *Coping with Calamity : Environmental Change and Peasant Response in Central China, 1736-1949*, Vancouver, University of British Columbia Press, 2014.

ZHANG Xiaohui 張曉輝, *Minguo shiqi Guangdong shehui jingji shi* 民國時期廣東社會經濟史, Canton, Guangdong renmin chubanshe, 2005.

ZHANG Yinde, *Le Monde romanesque chinois au* XX*e* *siècle. Modernités et identités*, Paris, Honoré Champion, 2003.

ZHANG Yongguang 張永廣, *Jindai Zhong-Ri jidujiao jiaoyu bijiao yanjiu* 近代中日基督教教育比較研究, Shanghai, Shanghai shehui kexueyuan chubanshe, 2012.

ZHONG Zhuoan 鐘卓安, *Chen Jitang* 陳濟棠, Canton, Guangdongsheng ditu chubanshe & Jinan daxue chubanshe, 1999.

ZHOU Yongming, *Historicizing Online Politics : Telegraphy, the Internet, and Political Participation in China*, Stanford, Stanford University Press, 2006.

ZHUANG Guotu, « China's Policies on Chinese Overseas. Past and Present », in TAN Chee-Beng (dir.), *Routledge Handbook of the Chinese Diaspora*, Londres/New York, Routledge, 2013, p. 31-41.

Table des illustrations

Les calligraphies de la page de titre ont été réalisées par Madame Toshiko Yasumoto-Martin.

TABLE DES CARTES

Toutes les cartes ont été réalisées par Noël Meunier.

Index

TABLE DES MATIÈRES

CAHIER DES CARTES

I : Limites des provinces

II : Ports ouverts, territoires à bail
et colonies européennes en 1926

Source : Li Xin 李新 (dir.), *Zhonghua minguo shi* 中華民國史, Zhonghua shuju, 2011.

III : La révolution

IV : Zones des principaux seigneurs de la guerre en 1922

V : L'expédition du Nord

VI : Les voies de chemin de fer

VII : Zone occupée par le Japon entre 1938 et 1944

VIII : Zone occupée par le Japon et bases communistes entre 1944 et 1945

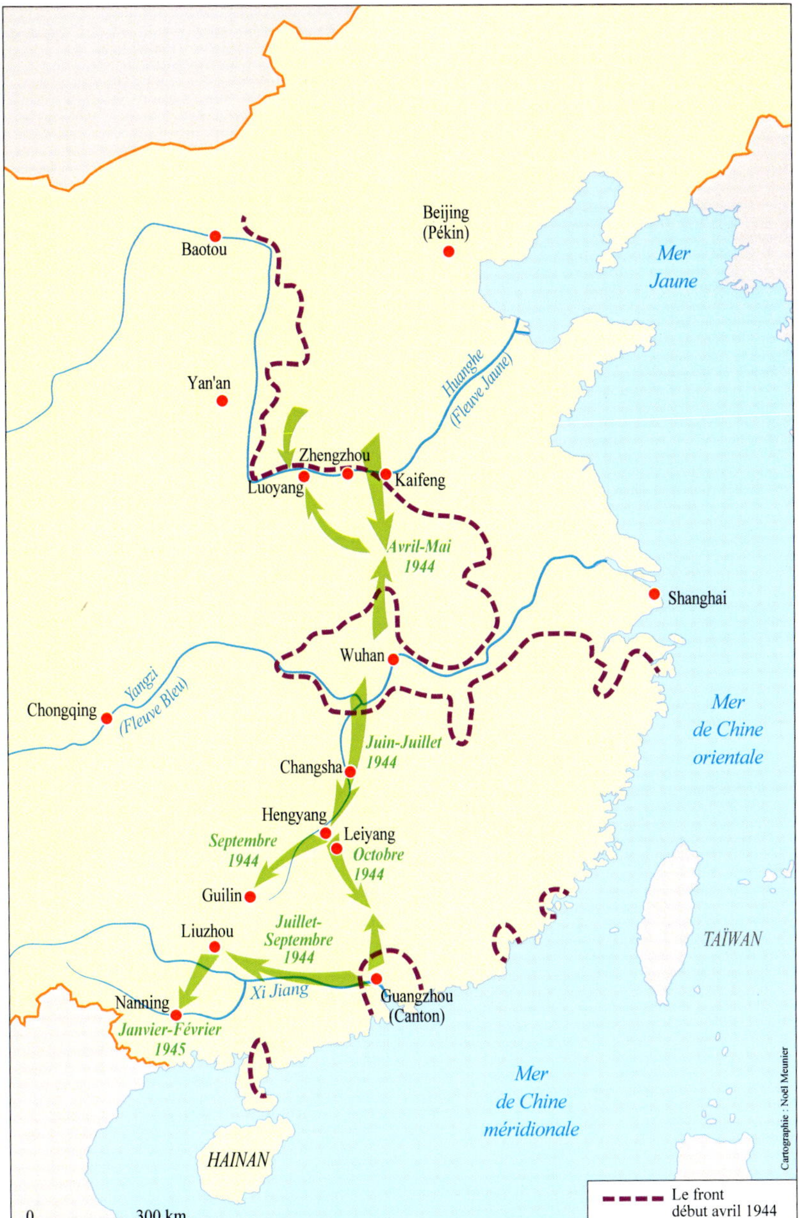

Source : Drea (Edward), Peattie (Mark), et van de Ven (Hans), *The Battle for China. Essays on the Military History of the Sino-Japanese War of 1937-1945*, Stanford, Stanford university press, 2011.

IX : L'offensive Ichigō

X : Les migrations

COLLECTION HISTOIRE

CLASSEMENT CHRONOLOGIQUE

[Généralités sur l'Histoire]

[H 142] Alain BOUREAU, *Kantorowicz. Histoires d'un historien*

[H 128] Gérard DELILLE, *L'Économie de Dieu. Famille et marché entre christianisme, hébraïsme et islam*

[H 88] Kurt FLASH, *Prendre congé de Dilthey. Que serait un néohistorisme en histoire de la philosophie ?* suivi de *Congé à Dilthey*

[H 137] David. S. LANDES, *L'Heure qu'il est. Les Horloges, la mesure du temps et la formation du monde moderne*

[H 8] Daniel Shabetaï MILO, *Trahir le temps (Histoire)*

[H 10] Daniel Shabetaï MILO & Alain BOURREAU, *Alter Histoire. Essais d'histoire expérimentale*

[Généralités sur l'Antiquité]

[H 102] Polymnia ATHANASSIADI, *Vers la pensée unique. La montée de l'intolérance dans l'Antiquité classique*

[H 7] Jérôme CARCOPINO, *Les Bonnes Leçons*

[H 3] Moses Immanuel FINLEY, *On a perdu la guerre de Troie. Propos et polémiques sur l'Antiquité*

[H 33] Peter GARNSEY, *Famine et approvisionnement dans le monde gréco-romain. Réactions aux risques et aux crises*

[H 68] Peter GARNSEY, *Conceptions de l'esclavage d'Aristote à saint Augustin*

[H 118] Peter GARNSEY, *Penser la propriété. De l'Antiquité jusqu'à l'ère des révolutions*

[H 28] Fritz GRAF, *La Magie dans l'Antiquité gréco-romaine. Idéologie et pratique*

[H 1] Pierre GRIMAL, *Les Erreurs de la liberté*

[H 114] Alfredo LÓPEZ AUSTIN & Leonardo LÓPEZ LUJÁN, *Le Passé indigène. Histoire pré-coloniale du Mexique*

[H 31] Einar MÁR JÓNSSON, *Le Miroir. Naissance d'un genre littéraire*

[H 64] Ramsay MACMULLEN, *Les Émotions dans l'Histoire, ancienne et moderne*

[H 15] Arnaldo MOMIGLIANO, *Les Fondations du savoir historique*

[H 135] Vivian NUTTON, *La Médecine antique*

[H 84] Louis ROBERT, *Choix d'écrits*

[H 66] Youval ROTMAN, *Les Esclaves et l'esclavage. De la Méditerranée antique à la Méditerranée médiévale (VIe-XIe siècles)*

[H 39] Aline ROUSSELLE, *La Contamination spirituelle. Science, droit et religion dans l'Antiquité*

[H 17] Édouard WILL & Claude ORRIEUX, *« Prosélytisme juif » ? Histoire d'une erreur*

[L'Extrême Orient]

[H 104] Damien CHAUSSENDE, *Des Trois royaumes aux Jin. La légitimation du pouvoir impérial en Chine au IIIe siècle*

[H 129] Cédric FERRIER, *L'Inde des Gupta (IVe-VIe siècle)*

[H 154] Christian LAMOUROUX, *La Dynastie des Song. Histoire générale de la Chine (960-1279)*

[H 109] Pierre MARSONE, *La Steppe et l'Empire. La formation de la dynastie Khitan (Liao). IVe-Xe siècles*

[H 119] Yuri PINES, *L'Invention de la Chine éternelle. Comment les maîtres-penseurs des Royaumes combattants ont construit l'empire le plus long de l'histoire (Ve-IIIe siècles avant J.-C .)*

[H 136] Michèle PIRAZZOLI-T'SERSTEVENS & Marianne BUJARD, *Les Dynasties Qin et Han. Histoire générale de la Chine (221 av. J.-C. - 220 apr. J.-C.)*

[H 151] Franciscus VERELLEN, *Conjurer la destinée. Rétribution et délivrance dans le taoïsme médiéval*

[Histoire Grecque]

[H 77] Alain DUPLOUY, *Le Prestige des élites. Recherches sur les modes de reconnaissance sociale en Grèce entre les Xe et Ve siècles avant J.-C.*

[H 74] Pierre ELLINGER, *La Fin des maux. D'un Pausanias à l'autre. Essai de mythologie et d'histoire*

[H 76] Christian HABICHT, *Athènes hellénistique. Histoire de la cité d'Alexandre le Grand à Marc Antoine*

[H 25] Mogens Herman HANSEN, *La Démocratie athénienne à l'époque de Démosthène. Structures, principes et idéologie*

[H 50] Mogens Herman HANSEN, Polis *et cité-État. Un concept antique et son équivalent moderne*

[H 92] Mogens Herman HANSEN, Polis. *Une introduction à la cité grecque*

[H 5] Victor Davis HANSON, *Le Modèle occidental de la guerre. La bataille d'infanterie dans la Grèce classique*

[H 36] Jean IRIGOIN, *Tradition et critique des textes grecs*

[H 148] Donald KAGAN, *Le Déclenchement de la guerre du Péloponnèse. Nouvelle histoire de la guerre du Péloponnèse, I.*

[H 153] Donald KAGAN, *La Guerre d'Archidamos. Nouvelle histoire de la guerre du Péloponnèse, II.*

[H 155] Donald KAGAN, *La Paix de Nicias et l'expédition de Sicile. Nouvelle histoire de la guerre du Péloponnèse, III.*

[H 157] Donald KAGAN, *La Chute de l'Empire athénien. Nouvelle histoire de la guerre du Péloponnèse, IV.*

[H 57] Nicole LORAUX (dir.), *La Grèce au féminin*

[H 63] John MA, *Antiochos III et les cités de l'Asie Mineure occidentale*

[H 42] Irad MALKIN, *La Méditerranée spartiate. Mythe et territoire*

[H 9] Christian MEIER, *De la tragédie grecque comme art politique*

[H 79] Charalampos ORFANOS, *Les Sauvageons d'Athènes ou la didactique du rire chez Aristophane*

[H 147] Robert PARKER, *Miasma. Souillure et purification dans la religion grecque archaïque et classique*

[H 112] Stéphane RATTI, *Polémiques entre païens et chrétiens*

[H 113] Nicolas RICHER, *La Religion des Spartiates. Croyances et cultes dans l'Antiquité*

[H 53] Annie SCHNAPP-GOURBEILLON, *Aux origines de la Grèce (XIIIe-VIIIe siècles avant J.-C.). La genèse du politique*

[H 70] Pierre VIDAL-NAQUET, *Le Miroir brisé. Tragédie athénienne et politique*

[H 72] Pierre VIDAL-NAQUET, *L'Atlantide. Petite histoire d'un mythe platonicien*

[Histoire Romaine]

[H 95] Maria Grazia BAJONI, *Les Grammairiens lascifs. La grammaire à la fin de l'Empire romain*

[H 117] Véronique BOUDON-MILLOT, *Galien de Pergame. Un médecin grec à Rome*

[H 19] André CHASTAGNOL, *Le Sénat romain à l'époque impériale. Recherches sur la composition de l'Assemblée et le statut de ses membres*

[H 97] Pierre CHUVIN, *Chronique des derniers païens. La disparition du paganisme dans l'Empire romain, du règne de Constantin à celui de Justinien*

[H 27] Eugen Cizek, *L'Empereur Aurélien et son temps*
[H 11] Alexandre Grandazzi, *La Fondation de Rome. Réflexion sur l'Histoire*
[H 14] Ramsay MacMullen, *Le Déclin de Rome et la corruption du pouvoir*
[H 58] Ramsay MacMullen, *La Romanisation à l'époque d'Auguste*
[H 13] Régis François Martin, *Les Douze Césars. Du mythe à la réalité*
[H 32] Jean-Marie Pailler, *Bacchus. Figures et pouvoirs*
[H 101] Rose Mary Sheldon, *Renseignement et espionnage dans la Rome antique*
[H 110] Giusto Traina, *Carrhes, 9 juin 53 avant J.-C. Anatomie d'une défaite*
[H 2] Robert Turcan, *Les Cultes orientaux dans le monde romain*
[H 24] Robert Turcan, *Mithra et le mithriacisme*
[H 6] Zvi Yavetz, *César et son image. Des limites du charisme en politique*

[Antiquité tardive]

[H 134] Peter Brown, *À travers un trou d'aiguille. La richesse, la chute de Rome et la formation du christianisme*
[H 40] Ramsay MacMullen, *Christianisme et paganisme du IVe au VIIIe siècle*
[H 89] Ramsay MacMullen, *Voter pour définir Dieu. Trois siècles de conciles (253-553)*
[H 127] Éric Rebillard, *Les Chrétiens de l'Antiquité tardive et leurs identités multiples*
[H 108] Suzanne Teillet, *Des Goths à la nation gothique. Les origines de l'idée de Nation en Occident du Ve au VIIe siècle*
[H 99] Giusto Traina, *428. Une année ordinaire à la fin de l'Empire romain*

[Histoire Médiévale]

[H 126] Thomas N. Bisson, *La Crise du XIIe siècle. Pouvoir et seigneurie à l'aube du gouvernement européen*
[H 22] Alain Boureau, *L'Événement sans fin. Récit et christianisme au Moyen Âge*
[H 62] Alain Boureau, *La Loi du royaume. Les moines, le droit et la construction de la nation anglaise (XIe-XIIIe siècles)*
[H 80] Alain Boureau, *La Religion de l'État. La construction de la République étatique dans le discours théologique de l'Occident médiéval (1250-1350)*
[H 85] Alain Boureau, *L'Empire du livre. Pour une histoire du savoir scolastique (1200-1380)*
[H 93] Alain Boureau, *De vagues individus. La condition humaine dans la pensée scolastique*
[H 94] Alain Boureau, *Théologie, science et censure au XIIIe siècle. Le cas de Jean Peckham*
[H 103] Alain Boureau, *L'Inconnu dans la maison. Richard de Mediavilla, les franciscains et la vierge Marie à la fin du XIIIe siècle*
[H 125] Alain Boureau, *Le Désir dicté. Histoire du vœu religieux dans l'Occident médiéval*
[H 133] Alain Boureau, *L'Errance des normes. Éléments d'éthique scolastique (1220-1320)*
[H 132] Gianluca Briguglia, *Le Pouvoir mis à la question. Théologiens et théorie politique à l'époque du conflit entre Boniface VIII et Philippe le Bel*
[H 152] Julie Claustre, *Faire ses comptes au Moyen Âge. Les mémoires de besogne de Colin de Lormoye*
[H 121] Arsenio Frugoni, *Arnaud de Brescia dans les sources du XIIe siècle*
[H 123] Arsenio Frugoni & Chiara Frugoni, *Une journée au Moyen Âge*
[H 111] Chiara Frugoni, *Le Moyen Âge sur le bout du nez. Lunettes, boutons et autres inventions médiévales*

[H 131] Chiara Frugoni, *Le Moyen Âge par ses images*

[H 105] Joseph Goering, *La Vierge et le Graal. Les origines d'une légende*

[H 122] Christophe Grellard, *Jean de Salisbury et la renaissance médiévale du scepticisme*

[H 31] Einar Már Jónsson, *Le Miroir. Naissance d'un genre littéraire*

[H 138] Joel Kaye, *Histoire de l'équilibre (1250-1375). L'apparition d'un nouveau modèle d'équilibre et son impact sur la pensée*

[H 38] Peter Linehan, *Les Dames de Zamora. Secrets, stupre et pouvoirs dans l'Église espagnole du XIIIe siècle*

[H 81] Elsa Marmursztejn, *L'Autorité des maîtres. Scolastique, normes et société au XIIIe siècle*

[H 12] Robert Ian Moore, *La Persécution. Sa formation en Europe (Xe-XIIIe siècles)*

[H 75] Donald MacGillivray Nicol, *Les Derniers Siècles de Byzance (1261-1453)*

[H 145] Agostino Paravicini Bagliani, *Le Bestiaire du pape*

[H 143] Gian Luca Potestà, *Le Dernier Messie. Prophétie et souveraineté au Moyen Âge*

[H 156] Jean-Louis Roch, *Vivre la misère au Moyen Âge*

[H 66] Youval Rotman, *Les Esclaves et l'esclavage. De la Méditerranée antique à la Méditerranée médiévale (VIe-XIe siècles)*

[H 73] Steven Runciman, *Le schisme d'Orient. La papauté et les Églises d'Orient (XIe-XIIe siècles)*

[H 90] Steven Runciman, *Les Vêpres siciliennes. Une histoire du monde méditerranéen à la fin du XIIIe siècle*

[H 45] Joseph Shatzmiller, *Shylock revu et corrigé. Les juifs, les chrétiens et le prêt d'argent dans la société médiévale*

[H 45] Joseph Shatzmiller, *Shylock revu et corrigé. Les juifs, les chrétiens et le prêt d'argent dans la société médiévale*

[H 140] Catherine Verna, *L'Industrie au village. Essai de micro-histoire (Arles-sur-Tech, XIVe et XVe siècles)*

[H 120] Nicolas Weill-Parot, *Points aveugles de la nature. La rationalité scientifique médiévale face à l'occulte, l'attraction magnétique et l'horreur du vide*

[H 150] Nicolas Weill-Parot, *Le vol dans les airs au Moyen Âge. Essai historique sur une utopie scientifique.*

[H 17] Édouard Will & Claude Orrieux, *« Prosélytisme juif » ? Histoire d'une erreur*

[Histoire Moderne]

[H 87] Florin Aftalion, *L'Économie de la Révolution française*

[H 96] Marcel Bataillon, *Les Jésuites dans l'Espagne du XVIe siècle*

[H 106] Robert Descimon & Élie Haddad (sous la direction de), *Épreuves de noblesse. Les expériences nobiliaires de la haute robe parisienne (XVIe-XVIIIe siècle)*

[H 82] Ralph Giesey, *Le Rôle méconnu de la loi salique. La succession royale XIVe-XVIe siècles*

[H 23] Anthony Grafton, *Faussaires et critiques. Créativité et duplicité chez les érudits occidentaux*

[H 91] Sophie Houdard, *Les invasions mystiques. Spiritualités, hétérodoxies et censures au début de l'époque moderne*

[H 65] Annick Lempérière, *Entre Dieu et le roi, la République. Mexico, XVIe-XIXe siècles*

[H 83] Sabrina Loriga, *Soldats. Un laboratoire disciplinaire : l'armée piémontaise au XVIIIe siècle*

[H 98] Evyatar Marienberg, *Niddah. Lorsque les juifs conceptualisent la menstruation*

[H 29] Hélène Merlin-Kajman, *Public et littérature en France au XVIIe siècle*

[H 49] Hélène Merlin-Kajman, *L'Excentricité académique. Littérature, institution, société*

[H 139] Robert Muchembled, *La Civilisation des odeurs (XVIe-début XIXe siècle)*

[H 47] Jean-Christophe Saladin, *La Bataille du grec à la Renaissance*

[Histoire Contemporaine]

[H 60] Gilles Bataillon, *Genèse des guerres internes en Amérique centrale (1960-1983)*

[H 55] Delphine Bechtel *et alii* (sous la direction de), *Écriture de l'histoire et identité juive. L'Europe ashkénaze (XIXe-XXe siècles)*

[H 51] Christopher Robert Browning, *Politique nazie, travailleurs juifs, bourreaux allemands*

[H 69] Christopher Robert Browning, *Des hommes ordinaires. Le 101e bataillon de réserve de la police allemande et la Solution finale en Pologne*

[H 86] Christopher Robert Browning, *Les Origines de la Solution finale. L'évolution de la politique antijuive des nazis (septembre 1939-mars 1942)*

[H 107] Christopher Robert Browning, *À l'intérieur d'un camp de travail nazi. Récits des survivants : mémoire et histoire*

[H 78] Giuliana, Marisa, Gabriella Cardosi, *À la frontière. La question des mariages mixtes durant la persécution antijuive en Italie et en Europe (1935-1945)*

[H 61] Renée Dray-Bensousan, *Les Juifs à Marseille (1940-1944)*

[H 44] Gabriel Gorodetsky, *Le Grand Jeu de dupes. Staline et l'invasion allemande*

[H 144] Gilles Guiheux, *La République populaire de Chine. Histoire générale de la Chine (1949 à nos jours)*

[H 46] Katy Hazan, *Les Orphelins de la Shoah. Les maisons de l'espoir (1944-1960)*

[H 100] Maury Klein, *Le Krach de 1929*

[H 52] Tamara Kondratieva, *Gouverner et nourrir. Du pouvoir en Russie (XVIe-XXe siècles)*

[H 141] Tamara Kondratieva, *Bolcheviks et Jacobins. Itinéraire des analogies*

[H 59] Guenter Lewy, *La Persécution des Tziganes par les nazis*

[H 98] Evyatar Marienberg, *Niddah. Lorsque les juifs conceptualisent la menstruation*

[H 54] Mark Mazower, *Dans la Grèce d'Hitler (1941-1944)*

[H 124] Hervé Mazurel, *Vertiges de la guerre. Byron, les philhellènes et le mirage grec*

[H 146] Xavier Paulès, *La République de Chine. Histoire générale de la Chine (1912-1949)*

[H 48] Robert Neel Proctor, *La Guerre des nazis contre le cancer*

[H 18] Claude Singer, *Vichy, l'Université et les Juifs. Les silences et la mémoire*

[H 37] Claude Singer, *L'Université libérée. L'Université épurée (1943-1947)*

[H 56] Claude Singer, *Le Juif Süss et la propagande nazie. L'Histoire confisquée*

[H 149] Benn Steil, *Le Plan Marshall. À l'aube de la Guerre Froide*

[H 116] Adam Tooze, *Le Salaire de la destruction. Formation et ruine de l'économie nazie*

[H 130] Adam Tooze, *Le Déluge. 1916-1931. Un nouvel ordre mondial*

[H 115] Sylvain Venayre, *Panorama du voyage (1780-1920). Mots, figures, pratiques*

Composition et mise en pages
Nord Compo à Villeneuve-d'Ascq

Ce volume,
le cent quarante-sixième
de la collection « Histoire »
publié aux Éditions Les Belles Lettres,
a été achevé d'imprimer
en avril 2024
sur les presses
de La Manufacture Imprimeur
52205 Langres Cedex, France

N° d'éditeur : 10942
N° d'imprimeur : 240303
Dépot légal : 2019